UI
시스템
블랙북

UI 시스템 블랙북: UI 그래픽스 동작 원리와 핵심 개념

초판 1쇄 발행 2024년 1월 9일 **지은이** 박춘언 **펴낸이** 한기성 **펴낸곳** (주)도서출판인사이트 **편집** 정수진 **영업마케팅** 김진불 **제작·관리** 이유현 **용지** 월드페이퍼 **인쇄·제본** 천광인쇄사 **등록번호** 제2002-000049호 **등록일자** 2002년 2월 19일 **주소** 서울시 마포구 연남로5길 19-5 **전화** 02-322-5143 **팩스** 02-3143-5579 **이메일** insight@insightbook.co.kr **ISBN** 978-89-6626-418-6 책값은 뒤표지에 있습니다. 잘못 만들어진 책은 바꾸어 드립니다. 이 책의 정오표는 https://blog.insightbook.co.kr에서 확인하실 수 있습니다.

프로그래밍 인사이트

UI 시스템 블랙북

UI 그래픽스 동작 원리와 핵심 개념

박춘언 지음

인사이트

무한한 지지를 아끼지 않은 아내와 동료들에게
우리의 미래를 이끌어 줄 독자분들께
오늘도 경험과 지식을 공유하는 전 세계 기여자분들께

차례

6장 비주얼 인터랙션 381

추천의 글

과학을 실생활에 직접적으로 도움이 되는 응용 과학과 그 기반이 되는 기초 과학으로 나눌 수 있는 것처럼, 컴퓨팅 분야도 시대의 필요와 요구에 따라 발전하는 응용 프로그램/서비스와 해당 응용 프로그램/서비스를 가능하게 하는 운영 체제 및 소프트웨어 플랫폼 분야로 나눠볼 수 있습니다. IT 기술은 아주 빠르게 발전할 뿐만 아니라 트렌드에 따라 그때그때 유행하는 컴퓨팅 분야가 있습니다. 최신의 IT 기술 트렌드를 좇아 앱과 서비스에 집중하다 보면 운영 체제나 플랫폼에 대해서는 간과하기 쉽습니다.

다양한 응용 프로그램이 동작할 수 있는 환경을 제공해 주는 소프트웨어 플랫폼은 UI, 멀티미디어, 네트워크, 보안 등 다양한 기술 도메인을 담당하는 부분 시스템들이 모여 구성됩니다. 이 중에서 UI 시스템은 그래픽 사용자 인터페이스(GUI)를 제공하는 응용 프로그램을 뒷받침하는 기술 부분으로, 그래픽스, 폰트, 렌더링과 같은 낮은 단계의 기능부터 UI 컴포넌트 및 테마 지원과 같은 상위 단계의 기능까지 아우르는, 소프트웨어 플랫폼에서 UI에 관련된 모든 기능을 제공하는 소프트웨어의 집합체입니다. UI 시스템을 구성하는 개별 요소에 대한 기술 서적은 많이 있지만, 이러한 각각의 요소 기술들을 조합해서 서로 유기적으로 맞물려 잘 동작하게 하는 전체 시스템에 대한 서적은 찾기 어렵습니다.

이 책은 저자가 십여 년간 소프트웨어 플랫폼과 오픈 소스 분야에서 활동한 경험을 바탕으로 집필한 것으로 UI 시스템에 대한, 특히 그래픽과 관련한 기술 내용 전반을 다루고 있습니다. UI 시스템이 제공해야 하는 기능과 해당 기능을 지원하기 위한 기술을 예제 코드와 함께 자세히 설명하고 있습니다. 소프트웨어 플랫폼 개발을 꿈꾸는 모든 분에게 도움이 될 것입니다. 또한, 응용 프로그램 개발자도 소프트웨어 플랫폼이 동작하는 기본 원리를 이해하게 되어 향후 개발 과정에 많은 도움을 받을 수 있을 것입니다. 소프트웨어 플랫폼 개발을 목표로 하는 분들뿐만 아니라 그래픽 사용자 인터페이스와 관련된 기능이 소프트웨어 플랫폼에서 어떻게 처리되고 제공되는지 그 전반적인 내용을 알고 싶은 모든 분에게 이 책을 추천합니다.

이종민, 타이젠 플랫폼 수석 아키텍트(삼성전자)

서문

저자의 말

삼성전자에서 근무하던 당시, 타이젠 플랫폼 팀에서 UI 시스템 기술 개발을 담당했었다. 당시에 필자는 팀에 새로 합류한 친구들이 필수 역량을 빠르게 습득할 수 있는 가이드라인, 특히 웹, 안드로이드, iOS 프로그래밍과 같이 특정 플랫폼에 국한되지 않는 범용한 기술에 대한 학습 자료가 필요하다고 생각했다. 그 시절에는 (지금도 그렇지만) UI 시스템과 관련된 전공서는 찾아볼 수 없었고, 목마른 자가 우물을 판다는 심정으로 집필을 시작하게 되었다.

UI 시스템과 관련된 주제는 산업 표준이 아니라 플랫폼, 대상 제품의 특성, 그리고 사용자 경험과 디자인에 크게 의존하기 때문에 공통적으로 널리 쓰이는 기술을 다루기 어려운 점이 있다. 그럼에도 불구하고 UI 시스템에 대한 독자들의 흥미를 고려하여 공통적으로 사용하는 기술을 다룰 주제를 찾고자 노력했다. 그 결과 UI 시스템의 핵심 기술 개념에 중점을 두고, 이 분야에서 틀을 세우고 내용을 정리하면 의미가 있을 것이라 생각했다. 또한, 상대적으로 개발자들의 관심이 높은 그래픽스라는 주제에 비중을 두면서도 IT 분야에서 종사하는 개발자뿐만 아니라 학생부터 다양한 분야의 전문 소프트웨어 엔지니어들까지 부담 없이 책을 읽을 수 있도록 집필하려고 노력했다.

결과적으로 이 책은 완성된 기능을 보여주기보다는 기본 원리를 이해하고 습득하는 데 중점을 두게 되었다. 기술적으로 지나치게 어려운 책은 독자들에게 부담이 될 수 있으며 전문가 수준의 해결책은 다양한 상황에 적용하기 어렵다고 생각한다. 그 대신, 기본 원리와 이를 뒷받침할 수 있는 지식을 제공한다면 독자가 자신만의 경험과 지식을 더하여 문제를 해결할 수 있을 것이다. 원래 계획과 달리 이 책에서 제외되거나 정리가 미흡한 주제가 있어 아쉽지만 이는 추후에 보완할 수 있기를 기대해 본다.

정리하면, 이 책은 UI 시스템 관점에서 필요한 컴퓨터 공학 지식, 그래픽스,

프로그래밍 역량을 학습하는 데 초점을 맞추고 있다. UI 도메인 기술을 중점으로 자료 구조 및 알고리즘, 객체 지향 설계, 그래픽스, 프로그래밍, 설계 기법 등 소프트웨어 개발의 필수 지식을 다루며, 특정 프로그래밍 언어를 선택하지 않고 가상의 객체 지향 언어를 활용하여 문법에 너무 지나치게 얽매이지 않고 핵심 내용에 집중할 수 있도록 집필했다. 이 책에서 다루는 프로그래밍 언어는 서문의 코드 규칙에서 가볍게 학습할 수 있을 것이다.

이 책이 완성될 때까지 도움을 주신 모든 분들께 감사의 말씀을 전한다. 책의 기술적 완성도를 향상시키기 위해 기여해주신 모든 리뷰어들과 함께 책을 출판할 수 있도록 기회를 제공해 주신 인사이트 출판사에 깊은 감사를 표한다. 마지막으로, 본 서적의 완성도를 높이는 데 끝까지 힘써주신 정수진 편집자님께도 감사 인사를 남긴다.

책 소개

이 책은 UI 시스템 관점에서 필요한 컴퓨터 공학 지식, 그래픽스, 그리고 프로그래밍 능력을 학습하는 데 초점을 맞춘다. UI 시스템은 시스템 도메인 및 디바이스 환경에 따라 정의와 기능 범주가 다를 수 있지만, UI 시스템의 핵심 기능은 크게 UI 툴킷, 엔진, 그리고 렌더링 세 부분으로 나눌 수 있다. 이 책은 이 세 가지 기능을 중심으로 다루며, 특히 독자들의 관심이 큰 렌더링(그래픽스) 기술에 많은 부분을 할애한다. 또한, 사용자 관점뿐만 아니라 엔진 내부 기술 구현을 직접 조망함으로써 어려운 프로그래밍 기술과 그 적용 사례를 학습하고 원리를 이해할 수 있도록 구성했다.

1장에서는 UI 툴킷 개발에 중점을 둔다. UI의 핵심 구성 요소를 정리하고, 이러한 요소를 UI 앱 관점에서 구현하는 사례를 통해 현대 UI 앱의 작동 원리를 파악한다. 더불어 스케일러블 UI의 다양한 예와 테마 커스터마이징과 같은 UI 툴킷의 주요 기능을 탐구한다. 이 과정을 통해 UI 툴킷이 필요로 하는 주요 기능을 이해하고 시스템 설계 관점에서 UI 툴킷과 시스템을 학습할 수 있다.

2장에서는 UI 렌더링에 사용되는 캔버스 기능을 개발한다. 캔버스는 렌더링 기능을 UI 시스템에 맞게 추상화하는 역할을 수행하며, 렌더링 엔진과 시스템

간의 출력 동작을 조율하고 드로잉 인터페이스를 통해 UI 앱에서 요청한 비주얼 요소를 화면에 렌더링한다. 이 과정을 통해 캔버스를 탐구함으로써 렌더링 엔진 설계 단계 및 다양한 렌더링 기법과 메모리 관리 기술을 학습한다.

3장에서는 렌더링 엔진을 구성하는 중요한 기술 중 하나인 벡터 그래픽 기술을 탐구한다. 벡터 그래픽은 다양한 해상도를 지원하면서도 품질을 유지하고 모션 그래픽을 구현하는 핵심 기술이다. 도형, 선, 색상 칠하기 기능 등을 구현하면서 벡터 그래픽 엔진을 직접 개발하고, 래스터 기술을 통해 더 효과적으로 출력하는 방법을 학습한다.

4장에서는 이미지 데이터 처리 기술을 학습한다. 이미지는 벡터 그래픽스와 함께 UI를 더욱 풍부하게 만드는 중요한 역할을 한다. 주요 이미지 포맷 중 하나인 PNG 파일을 예로 들어 이미지 파일의 특성부터 화면에 출력하는 과정을 살펴보고 크기 변환, 회전, 블렌딩과 같은 대표적인 이미지 후처리 기술도 함께 학습한다.

5장에서는 폰트와 텍스트 기술을 학습한다. 텍스트는 UI 앱의 기능 요소를 직접 전달하는 중요한 구성 요소이며, 폰트는 텍스트의 특성을 형성하는 필수 구성 요소이다. OTF와 TTF와 같은 산업 표준 포맷을 기반으로 폰트의 특성을 이용하여 화면에 출력할 글리프를 생성하고 텍스트를 구성하는 과정을 따라가면서 폰트와 텍스트의 작동 원리를 이해한다.

마지막 장인 6장에서는 사용자 상호 작용에 대한 UI 효과를 구현하는 방법과 관련된 기술을 다룬다. 시스템 통합 관점에서 애니메이션을 구동하는 다양한 기술과 기법을 탐구하고, 디바이스에서 발생한 입력 신호를 어떻게 활용하여 애니메이션과 사용자 입력을 처리하는지를 구현 예시를 통해 살펴본다. 또한 애니메이션을 더 효과적으로 다루기 위한 병렬화 기법도 함께 학습한다.

용어 정리

다음은 이 책에서 언급하는 컴퓨터 프로그램 용어를 정리한 것이다.

- 시스템: 소프트웨어의 조합으로 구성된 복잡한 기술적 엔터프라이즈를 말한다. 시스템은 특정 목적을 위해 설계되며, 데이터 처리 및 문제 해결을 위

한 다양한 컴포넌트와 하위 시스템으로 구성할 수 있다. UI 시스템은 UI 앱을 구동하기 위한 필요 기능들의 집합이라 할 수 있다.

- 엔진: 엔진은 특정 작업을 자동화하거나 실행하기 위한 소프트웨어 핵심 구성 요소이다. 예를 들어 그래픽 엔진은 그래픽 처리를 관리하고, UI 툴킷 엔진은 UI 요소를 생성하고 이들 기능 동작을 수행하는 데 사용된다.

- 프레임워크: 소프트웨어 개발을 위한 구조나 기반을 제공하는 추상화된 템플릿 또는 라이브러리 집합을 가리킨다. 프레임워크는 개발자가 특정 작업을 보다 쉽게 수행하도록 도와주며, 코드의 재사용성과 일관성을 증가시킨다. 예를 들어, 반복적으로 작성해야 할 코드를 하나의 기능 호출로 대신할 수 있게 하거나, 여러 모듈을 조합해 완성할 수 있는 복잡한 기능 구현을 직관적이면서도 간단한 인터페이스 호출로 대신할 수 있게 도와준다.

- 라이브러리: 다양한 프로그래밍 언어에서 사용 가능한 코드 모음을 말한다. 이는 기능 재사용을 촉진하며 개발 시간을 단축시킨다. 일반적으로 라이브러리에는 특정 작업을 수행하기 위한 함수, 클래스 및 기능이 포함되며, 개발자는 라이브러리를 활용하여 소프트웨어를 개발할 수 있다. 라이브러리 사용 방식은 동적 라이브러리와 정적 라이브러리로 구분한다. 동적 라이브러리는 프로그램과 라이브러리가 런타임에 연동되는 방식을 사용하며, 정적 라이브러리는 프로그램 패키징(컴파일) 시점에 프로그램과 라이브러리가 연동되는 방식을 채택한다.

- 모듈: 소프트웨어의 작은 독립 단위로, 특정 작업 또는 기능을 수행하는 코드 조각을 나타낸다. 코드의 재사용을 촉진하고 유지·보수를 단순화하는 데 도움을 준다. 모듈은 주로 라이브러리(또는 파일) 단위로 구성하여 사용한다. 예를 들어 하나의 엔진은 여러 작은 모듈로 구성될 수 있으며, 모듈을 교체함으로써 엔진의 기능을 달리 할 수 있다.

- 인터페이스: 두 개체 또는 시스템 간의 상호 작용을 가능하게 하는 규격 또는 계약을 말한다. 이는 코드의 분리와 상호 운용성을 제공하며, 다른 시스템이나 모듈과 통신하는 데 사용할 수 있다. 인터페이스는 클래스나 모듈 외부와의 상호 작용을 정의하며 어떤 메서드 또는 함수를 호출하고 어떤 데

이터를 주고받을 수 있는지 규정한다. UI 앱은 API(인터페이스)를 통해 UI 시스템의 기능을 호출할 수 있다.

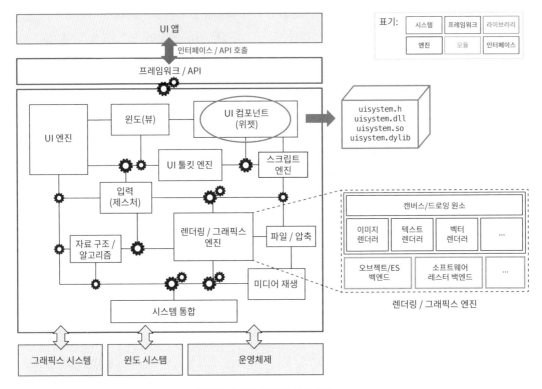

그림 0.1 컴퓨터 프로그램 용어 정리

코드 규칙

다음은 이 책에서 활용한 코드 예제의 프로그래밍 문법과 작성 규칙이다.

1. 코드는 페이지 공간 제약을 최소화하기 위해 두 자의 들여쓰기 규칙을 적용한다. 또한 각 구절은 브래킷({,})으로 구분하는 대신 들여쓰기로 이를 구분한다. 기능은 도메인을 구분하기 위해 클래스(class), 메서드(method)로 구현하고, 그렇지 않은 경우에는 함수(function)로도 구현할 수 있다. 최종 선언은 콜론(:)으로 한다.

코드 0.1 클래스, 메서드, 조건문

```
01  ClassA:        // 클래스 선언
02    methodA():   // 메서드 선언
03      // 이하 methodA() 구현부
04      ...
05      // repeat가 참인 동안 while 구문 실행
06      while repeat
07        if conditionA or conditionB
08          // 이하 코드는 conditionA 또는 condition B가 참인 구문에 해당
09          ...
10          break   // while 구문 종료
11        else
12          // 이하 코드는 conditionA와 conditionB가 거짓인 구문에 해당
13      // while() 종료
14    // methodA() 종료
15  // ClassA 종료
16
17  // 함수 선언
18  funcA():
19    ...
20  // funcA 종료
```

2. 예제에서 클래스 상속(inheritance)을 구현한다. 확장 클래스는 기능을 확
   장(extends)하거나 인터페이스를 구현(implements)할 수 있다. 이때 오버
   라이드(override) 키워드를 활용하여 메서드를 구현 또는 재정의한다. 부모
   클래스의 기능을 호출할 때는 super 키워드를 활용한다.

코드 0.2 인터페이스 구현과 클래스 확장

```
01  // 인터페이스 선언. update() 동작 정의
02  interface UIObject:
03    update()
04
05  // UIObject 인터페이스를 구현한 UIBaseBody
06  UIBaseBody implements UIObject:
07    // update() 동작 구현
08    override update():
09      ...
10
11  // UIBaseBody를 확장하여 UIShape 정의
12  UIShape extends UIBaseBody
13    override update():
```

```
14      // UIBaseBody의 update() 호출
15      super.update()
16      ...
```

3. 내장 데이터 타입으로 var, bool, string 세 가지를 제공한다. var 형은 정수, 실수와 문자를 수용하고 bool 형은 참(true), 거짓(false) 값을 표현한다. string은 문자열 값을 표현한다. 타입 선언은 생략할 수 있고 선언은 행을 종료함으로써 완성한다.

코드 0.3 변수 선언 및 초기화

```
01  var x, y           // 정수 내지 실수 데이터 선언
02  a = 0, b = -20.2   // 선언과 동시에 값을 초기화함으로써 타입 생략
03
04  // 이하 불(boolean) 변수 선언
05  bool repeat = true
06  condition = false
07
08  name = "ClassA" // string 타입
```

4. 이 책에서는 배열과 리스트를 구분하지 않는다. 프로그래밍보다는 내용의 본질에 집중하기 위해 모든 복수 데이터를 리스트 하나로 취급한다. 단, 변수에 브래킷([])을 선언함으로써 본 데이터가 리스트임을 명시할 수 있다.

코드 0.4 리스트와 반복문 활용

```
01  // 크기가 10인 var 타입의 값을 원소로 갖는 리스트 선언
02  data[] = {1, 2, 3, 4, 5, 6, 7, 8, 9, 10}
03
04  sum = 0
05
06  // data를 순회하며 각 원소를 val로 전달
07  // for()가 끝난 시점에 sum 값은 55
08  for val : data
09    sum += val
10
11  // 크기가 10x10인 var 타입의 값을 원소로 갖는 이차원 리스트
12  var data2[10, 10]
13
```

```
14  // for(i = 0; i < data.size; ++i) 동일
15  for i : data2.size
16    for j : data2[].size
17      data2[i][j] = data[j]
18
19  // for(i = 0; i < 10; i+=2) 동일
20  for i : [0 ~ 10], i+=2
21    data[i] /= 2
22
23  // 크기가 명시되지 않은 리스트 선언
24  var list[]
25
26  list.add(10)  // list[0] = 10
27  list.add(20)  // list[1] = 20
28  list.add(30)  // list[2] = 30
29
30  sum = 0
31
32  // list를 순회하며 각 원소를 val로 전달
33  // for가 끝난 시점에 sum 값은 60
34  for val : list
35    sum += val
```

5. 클래스는 생성자(constructor)와 소멸자(destructor)를 지원하며 이들은 객체의 생성과 소멸 시점에 자동 호출된다.

코드 0.5 **생성자와 소멸자**

```
01  ClassA:
02    x = 0, y = 0
03
04    constructor(x, y):
05      .x = x, .y = y
06
07    destructor():
08      ...
09
10  // example() 종료 시점에 ClassA.destructor() 호출
11  example():
12    a = ClassA(10, 20)  // ClassA.constructor(x, y) 호출
```

6. 메서드의 파라미터(parameter)와 반환(return) 타입 선언은 생략한다. 필요 시 주석(@p)으로 설명을 보충하고 내용 설명에서 중요하지 않은 파라미터 는 …으로 생략한다. 인스턴스 자신의 멤버 변수 내지 메서드를 가리키기 위해서는 점(.) 또는 self 키워드를 활용한다.

코드 0.6 메서드 인자, 반환 값 활용

```
01  ClassA:
02    var x, y
03
04    // @p x: var, 이동할 좌표 X 값
05    // @p y: var, 이동할 좌표 Y 값
06    move(x, y):
07      newPos = Vector2(x, y)
08
09      // 메서드 인자 x, y를 멤버 변수 x, y 값에 기록
10      .x = x
11      self.y = y
12
13      // 메서드 종료 시 true 값 반환
14      return true
```

7. 메서드 반환 시 단일 또는 복수의 값을 반환할 수 있으며 필요하면 조건을 덧붙일 수 있다.

코드 0.7 반환 조건 및 복수 값 반환 방식

```
01  calle(x):
02    // x가 0 보다 작으며, 0, 0을 반환
03    return 0, 0 if x < 0
04    // x가 0 보다 크거나 같으면 3, 2를 반환
05    return x + 2, x * 2
06
07  caller():
08    // a와 b의 값은 각각 5, 6
09    a, b = calle(3)
```

8. 멤버 변수를 갱신하는 방법은 여러 가지이지만 이 책에서는 독자들에게 효 과적으로 의미를 전달하는 데에만 집중한다. 따라서 이 책에서는 데이터 가

시성(visibility)과 데이터에 접근하기 위한 인터페이스는 따로 언급하지 않는
다. 다만 코드 0.8은 멤버 변수를 갱신하는 과정을 확인하기 위한 예시다.

코드 0.8 멤버 변수 값 갱신

```
01  Vector2:
02    x = 0, y = 0
03
04    x(x):
05      .x = x
06
07    Vector2(x, y):
08      .x = x
09      .y = y
10
11  ClassA:
12    Vector2 pos
13
14    constructor(x, y):
15      .pos(x, y)        // ClassA.pos(x, y) 호출
16
17    pos(x, y):
18      .pos.x = x        // Vector2.x(x) 호출
19      .pos.y = y        // Vector2.y(y) 호출
20
21  example():
22    a = ClassA(10, 20)  // ClassA.constructor(x, y) 호출
23    a.pos(20, 30)       // ClassA.pos(x, y) 호출
24    a.pos = {20, 30}    // Vector2(x, y) 호출
25    a.pos.x = 20        // Vector2.x(x) 호출
26    a.pos.y = 30        // Vector2.y에 직접 접근 기록
```

9. UI를 쉽고 빠르게 작성하기 위해 선언형 UI와 친숙한 프로그래밍 스타일을
   적용한다. 가령, 객체 생성 후 객체의 속성(property)을 설정하거나 이를 기
   반으로 다른 UI 객체를 합성(composing)할 경우 콜론 후 들여쓰기와 함께
   작성할 수 있다. 합성 시에는 .contain()을 이용한다.

코드 0.9 메서드 인자, 반환 값 활용

```
01  // 버튼 객체 생성
02  myBtn = UIButton():
03    .text = "My Button"              // 버튼 텍스트
```

```
04    .geometry = {110, 80, 200, 130}  // 버튼 위치 및 크기 지정
05
06 // 수직 선형 레이아웃 생성 후 두 개의 버튼 추가
07 myLayout = UIVerticalLinearLayout():
08   .contain():
09     UIButton():
10       .text = "Button 1"
11     UIButton():
12       .text = "Button 2"
```

10. 예제에서는 이벤트 주도 방식의 프로그래밍을 유도하며 많은 경우 콜백 함 수를 선언하고 구현한다. 이때 콜백 함수는 람다(lambda)를 이용하여 작성 한다. 대부분의 람다 함수는 자신을 호출한 객체(obj)를 인자로 전달한다.

코드 0.10 람다 함수 이용한 이벤트 구현

```
01 myBtn = UIButton():                    // 버튼 생성
02   .text = "My Button"                  // 버튼 텍스트
03   .geometry = {110, 80, 200, 130}     // 버튼 위치 및 크기
04
05 /*
06  * 버튼 클릭 이벤트를 람다 함수로 구현
07  * Clicked 이벤트 발생 시 func() 수행
08  * obj 인자로 myBtn 인스턴스 전달
09  */
10 func(UIButton obj):
11   obj.text = "Button Pressed!" // 버튼 레이블 변경
12
13 myBtn.EventClicked += func        // 클릭 이벤트 수행 함수 func() 등록
```

독자들이 코드를 지면에서 분석하기 어려울 수 있다는 점을 고려하여, 이 책의 모든 예제 코드를 필자의 깃허브(*https://github.com/hermet/ui-system-blackbook*) 에서 볼 수 있다. 필요한 경우 깃허브에서 코드를 다운로드하여 확인하길 바 란다.

1장

UI System Blackbook

UI 툴킷과 앱

UI 앱에서 사용자 경험은 매우 중요하다. 데스크톱과 모바일 환경의 경계가 사라진 지금 앱 스토어에 등록된 앱은 셀 수 없을 정도로 다양하고 기능이 유사하거나 목적이 같은 소프트웨어도 무수하다. 이 때문에 세련된 디자인은 물론 사용하기 편한 앱을 사용자가 더 주목하는 시대이다. 다시 말해, 같은 기능을 제공하는 앱이라면 사용자 경험이 더욱 뛰어난 소프트웨어가 사용자에게 매력을 호소할 수 있다.

이러한 이유로 앱 개발자는 차별화된 UI 앱을 구현하기 위해 디자인 확장이 유연하면서도 개발이 쉽고 성능이 뛰어난 UI 시스템을 선호한다. UI 시스템은 정교하게 설계된 프로그래밍 인터페이스는 물론, 다양한 환경에서도 동일한 동작을 보장할 수 있는 호환성을 갖춰야 한다. 뿐만 아니라 시스템 내부 동작과 UI 앱의 기능 로직을 연결하기 위한 프레임워크, UI 컴포넌트, 그래픽스 엔진과 같은 핵심 기능 로직을 라이브러리로 제공해야 한다. 이러한 제반 기능 요소와 함께 툴킷(Toolkit)을 완성된 형태로 제공함으로써 앱 개발자가 쉽고 빠르게 앱 UI를 완성할 수 있도록 도와주어야 한다. 여기서 툴킷은 UI를 구동하는 프로그램(라이브러리)뿐만 아니라 UI를 작성하기 위한 도구(에디터)를 포함한다. 앱 개발자는 UI 에디터를 통해 화면에 UI 요소를 빠르게 배치하고, 스크립트와 API를 통해 사용자와 앱 사이의 상호 작용 로직을 구현한다.

이번 장에서는 UI 툴킷의 주요 기능을 학습하면서 UI 컴포넌트와 앱 개발에 필요한 기반 지식을 배우게 된다. 여러분이 UI 개발 경험이 충분치 않다면 이번 장은 여러분에게 멋진 도입부가 될 것이다.

☑ **학습 목표**

이번 장을 통해 다음 사항을 학습한다.

- UI 구성 요소와 이를 활용하는 기본 메커니즘
- 스케일러블 UI 개념과 여러 응용 사례
- 메인 루프 개념과 동작 원리
- 수명 주기를 기반으로 프레임워크를 구축하는 과정
- 뷰와 이를 관리하는 메커니즘
- 테마 지원 기술 구현 방안

1.1 UI 기능 이해

1.1.1 그래픽 요소

본격적인 시작에 앞서 UI의 그래픽 요소를 먼저 살펴볼 것이다. UI의 그래픽 요소는 앱 UI를 구성하기 위한 최소 필수 기능 조건이다. 다음과 같은 앱 UI를 구성하기 위해서 어떤 리소스가 필요할까?

그림 1.1은 우리가 잘 알고 있는 크롬 브라우저(Chrome browser)의 구글 페이지 화면이다. 크롬 역시 하나의 UI 앱으로 간주할 수 있다. 얼핏 보면 UI가 복잡해 보이지만 UI를 조목조목 따져 보면 결국에는 이미지와 텍스트 두 가지 그래픽 요소로 구성되어 있음을 확인할 수 있다.

결국 앱의 화면을 구성하는 기본 그래픽 요소(primitive graphical element)는 화면을 화려하게 장식해 주는 이미지와 문맥 정보를 전달하는 텍스트 두 개로 축약할 수 있다. 이 두 기능만 있으면 원시적인 형태일지라도 어떠한 종류의 앱 화면도 정확히 구현할 수 있다. 코드 1.1에서 그림 1.1의 검색 상자(Search Box)를 어떻게 구현할 수 있는지 보여준다.

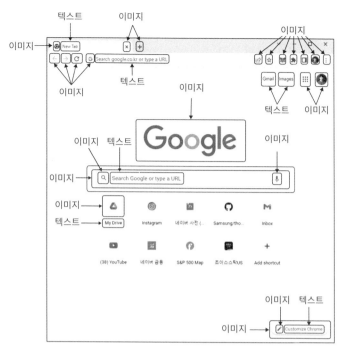

그림 1.1 UI 앱 화면을 구성하는 그래픽 요소(Google Chrome)

코드 1.1 이미지와 텍스트를 이용한 앱 UI 구현

```
01  // 검색 상자
02  searchBox = UIImage():              // 이미지 생성
03    .path = "./res/SearchBox.png"     // 이미지 리소스
04    .geometry = {140, 400, 620, 55}   // 이미지 위치 및 크기
05
06  // 검색 상자 검색 아이콘
07  searchIcon = UIImage():             // 이미지 생성
08    .path = "./res/SearchIcon.png"    // 이미지 리소스
09    .geometry = {160, 410, 35, 35}    // 이미지 위치 및 크기
10
11  // 검색 상자 가이드 텍스트
12  guideText = UIText():                       // 텍스트 생성
13    .text = "Search Google or type a URL"     // 텍스트 설정
14    .color = "lightgray"                      // 텍스트 색상
15    .geometry = {200, 410, 235, 35}           // 텍스트 위치 및 크기
16
17  // 검색 상자 음성 아이콘
18  voiceIcon = UIImage():              // 이미지 생성
19    .path = "./res/VoiceIcon.png"     // 이미지 리소스
20    .geometry = {700, 410, 35, 35}    // 이미지 위치 및 크기
```

코드 1.1과 같이 이미지와 텍스트를 이용하면 그림 1.1의 다른 UI도 동일한 방식으로 구현할 수 있다. 이때 도형 출력 기능을 이용할 수 있다면 별도의 이미지 데이터를 사용하지 않고도 UI 화면을 구현할 수 있다. 코드 1.2는 코드 1.1의 검색 상자 이미지를 도형을 이용한 방식으로 구현한다.

```
코드 1.2 도형을 이용한 UI 화면 구성
01  // 검색 상자
02  searchBox = UIRoundRect():          // 모서리를 둥글린 사각형 생성
03    .geometry = {140, 400, 620, 55}   // 위치 및 크기
04    .cornerRadius = 27.5              // 모서리 둥근 정도
05    .fill = UIColor.White            // 색상 (흰색)
06    .stroke = UIStroke():            // 검색 상자 테두리
07      .width = 1                     // 테두리 두께
08      .color = UIColor.Gray          // 테두리 색상 (회색)
09
10  // 이하 코드 1.1과 동일
11  ...
```

마찬가지로 텍스트도 미리 준비된 이미지로 대체할 수 있지 않을까 생각할 수 있다. 불가능한 것은 아니지만 사용자 설정 또는 시스템 환경에 따라 언어와 폰트 등이 바뀔 수 있으므로 UI 앱이 직접 텍스트를 이미지로 대체하여 출력하는 방법[1]은 제약이 많고 비효율적이다.

정리하면, 현대의 UI 앱은 도형, 이미지 그리고 텍스트에 해당하는 그래픽 원소를 활용함으로써 원하는 화면 비주얼을 완성할 수 있다. 따라서 UI 앱을 구동하는 시스템은 최소 이 세 가지 그래픽 출력 기능을 제공함으로써 UI 앱의 필요 조건을 충족할 수 있다.

1.1.2 UI 컴포넌트

안드로이드, 맥OS, MS 윈도우 등 주요 플랫폼에서 동작하는 UI 앱을 개발해 본 적이 있다면, 앱 개발자가 앞선 예시와 같은 원시적 방법으로 UI를 구현하는 환경은 상상하기 어렵다. UI 시스템은 UI 컴포넌트(버튼, 스위치, 달력 등)[2]를

---

1 사실, 텍스트도 UI 렌더링을 거쳐 이미지(글리프)로 생성되어 출력된다.
2 UI 컨트롤이나 위젯도 같은 의미로 해석할 수 있다.

통해 화면을 구성하는 공통된 기능과 특성을 제공하므로 앱 개발자는 쉽고 빠르게 UI를 구성할 수 있다. 프로그래밍 관점에서 보면 UI 컴포넌트는 UI 객체로 통용되기도 한다.

코드 1.3 UI 컴포넌트를 이용한 앱 UI 구현

```
01  // 검색 상자 UI 컴포넌트(코드 1.1 대체 버전)
02  searchBox = UISearchBox():               // 검색 상자 생성
03    .text = "Search Google or type URL"    // 가이드 텍스트 설정
04    .searchIcon = "./res/SearchIcon.png"   // 검색 아이콘 설정
05    .voiceIcon = "./res/VoiceIcon.png"     // 음성 아이콘 설정
06    .geometry = {140, 400, 620, 55}        // 검색 상자 위치 및 크기
```

기본적으로 UI 컴포넌트는 크게 비-컨테이너와 컨테이너 두 종류로 구분할 수 있다. 비-컨테이너는 외양을 기반으로 사용자와 상호 작용을 수행하는 UI 컴포넌트다. 대표적으로 앞서 등장한 검색 상자(SearchBox)가 이에 해당하며 버튼(Button), 토글(Toggle), 체크박스(Checkbox) 등이 있다. 반면 컨테이너는 비-

그림 1.2 다양한 종류의 UI 컴포넌트(Polaris UI)

컨테이너 컴포넌트를 화면에 배치하기 위한 레이아웃 기능을 제공한다. 대체로 컨테이너는 외양이 없거나 이를 부수적으로 제공하며, 스케일러블 UI(1.2절)를 보장하기 위한 원칙과 기능 동작을 구현한다. 여기서 '컨테이너'는 UI 시스템에서 쓰이는 표준 용어는 아니지만 통용되는 용어로 어떤 콘텐츠를 담는 기능을 말한다. 컨테이너 컴포넌트와 관련된 내용은 1.1.4 "레이아웃"에서 살펴본다.

다시 코드 1.3을 살펴보면, UI 컴포넌트를 이용하여 코드 1.1과 동일한 기능을 재구현하고 있음을 확인할 수 있다. 결과적으로 앱의 UI 구현이 더 간단해졌다. 또 UI 컴포넌트는 사용자와의 상호 작용을 위한 기능도 제공한다. 검색 상자가 사용자가 입력한 텍스트를 실시간 반영하여 출력하는 상황을 생각해 보면, UI 컴포넌트는 앞서 이미지와 텍스트를 이용한 원시적 구현 방식과는 비교할 수 없을 정도로 구현이 쉽고 간단하다. 실제로 버튼 컴포넌트는 사용자의 클릭 이벤트를 전달받고 앱에 그 상태를 전달한다. 이를 위해 버튼은 클릭 이벤트를 구현하며 클릭에 대한 상태 정의(Normal, Press)와 상태별 이미지를 다르게 출력하는 기능을 수행한다. 상태 전이 애니메이션 효과가 있다면 그러한 기능까지 모두 구현한다.

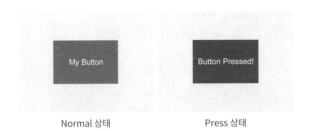

Normal 상태   Press 상태

그림 1.3 버튼 클릭 상태 전이

이처럼 UI 컴포넌트는 앱 개발자 대신 색상, 이미지, 텍스트 등 UI 기본 요소를 내부적으로 조합, 배치함으로써 컴포넌트의 비주얼을 완성하고 동작 기능도 제공한다. UI 앱 개발자는 미리 완성된 UI 컴포넌트를 적재적소에 배치하고 각 컴포넌트가 제공하는 이벤트 동작을 구현함으로써 앱 UI를 빠르게 완성할 수 있다.

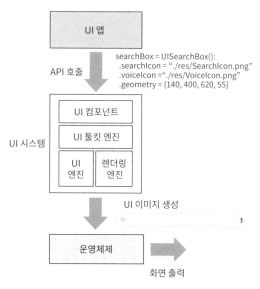

그림 1.4 UI 시스템 구성

그림 1.4는 UI 컴포넌트 기능을 탑재한 UI 시스템의 구성과 동작 흐름을 개략적으로 보여준다. UI 컴포넌트와 UI 툴킷 엔진은 UI 엔진(1.3절 참고)과 렌더링 엔진(2.1절)에 의존하여 기능을 수행한다. 여기서 UI 컴포넌트는 여러 컴포넌트 기능을 구현하는 패키지 형태의 모듈을 가리킨다. 대표적으로 버튼(Button), 토글(Toggle), 아이콘(Icon), 레이블(Label), 캘린더(Calendar) 등의 기능이 여기에 속한다. UI 툴킷 엔진은 앞서 언급한 여러 컴포넌트의 공통 기능을 하나의 통합 요소로 분리함으로써 기능 구성을 최적화한다. 대표적으로 UI 툴킷 엔진은 클래스 확장 방식을 이용하는 경우 기반 컴포넌트 클래스(base class)를 정의하고 이를 툴킷 엔진의 여러 인프라 기능과 연동, 구현한다. 이후 버튼, 토글과 같은 실용 UI 컴포넌트는 기반 컴포넌트를 확장하는 방식을 통해 쉽고 안정적으로 기능을 추가할 수 있다. 툴킷 엔진은 1.4절에서 좀 더 자세히 설명한다.

한편, UI 엔진은 UI 컴포넌트 기능을 제외한 UI 핵심 기능을 정의한다. 시스템 통합, 이벤트, 입출력, 메인 루프(1.3.1절) 등이 이에 해당한다. 렌더링 엔진은 캔버스를 기반으로 UI를 드로잉하고 화면에 출력하는 기능을 담당한다. 여기서 캔버스는 UI 시스템의 구현 전략 중 하나로, 시스템 특성에 따라 다르게 설계/구현할 수 있다. UI 컴포넌트는 렌더링 엔진에서 제공하는 원시 기능(예: 도형, 이미지, 텍스트를 출력하는 기능)을 활용하여 컴포넌트 고유의 비주얼을 완성하고 컴포넌트 고유의 기능을 앱이 사용할 수 있도록 API를 제공한다.

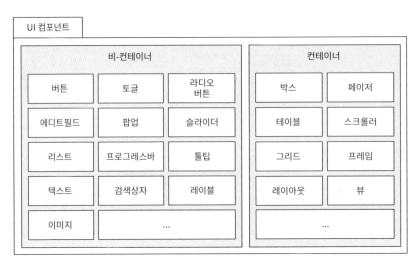

그림 1.5 UI 컴포넌트 패키지 기능 구성

그림 1.5는 UI 컴포넌트 패키지 내 세부 기능을 정리한 것이다. UI 컴포넌트는 앱에 필요한 다양한 종류의 기능 요소를 구성하여 탑재, 제공한다. 하나의 라이브러리 형태의 모듈[3]로 제공할 수도, 각 컴포넌트별로 독립 모듈로 제공할 수도 있다. 컴포넌트 종류는 UI 시스템이 제공하는 디자인 정책을 비롯하여 모바일, 데스크톱, 태블릿, TV 등의 디바이스 프로파일별로 차이가 있지만 오늘날 UI 앱에서 필요로 하는 UI 컴포넌트 범주는 상당 부분 정형화되어 있으므로 큰 맥락에서 살펴보면 컴포넌트 종류 및 기능은 서로 유사하다.

1.1.3 이벤트 처리

버튼은 UI 컴포넌트 중에서도 우리에게 가장 친숙한 기능이라 할 수 있다. 버튼의 핵심 기능은 사용자가 신호를 알릴 수 있도록 하는 것으로, 사용자가 버튼을 클릭하면 앱으로 신호를 전달한다. 앱이 버튼 신호를 전달받으면 그에 상

---

3 so, dylib 또는 dll과 같은 형태의 파일

응하는 어떤 동작을 취할 수 있다. 그림 1.6을 보면 버튼을 눌렀을 때 UI 컴포넌트 신호 처리를 설명하기 위해 버튼의 문구가 바뀐다.

그림 1.6 버튼 눌림 전(왼쪽)/ 후(오른쪽)의 상태 변화

코드 1.4 버튼 생성 및 클릭 이벤트 등록

```
01  myBtn = UIButton():                // 버튼 생성
02    .text = "My Button"              // 버튼 텍스트
03    .geometry = {110, 80, 200, 130}  // 버튼 위치 및 크기
04
05  /*
06   * 버튼 클릭 이벤트를 람다 함수로 구현
07   * Clicked 이벤트 발생 시 func() 수행
08   * obj 인자로 myBtn 인스턴스 전달
09   */
10  func(UIButton obj, ...):
11    obj.text = "Button Pressed!"  // 버튼 레이블 변경
12
13  myBtn.EventClicked += func        // 클릭 이벤트 수행 함수 func() 등록
```

코드 1.4의 구현 코드를 통해 사용자가 버튼을 클릭하면 func()를 수행한다는 사실을 짐작할 수 있다. 사실 이러한 이벤트 처리는 UI 시스템, 즉 UI 컴포넌트와 UI 엔진 내부의 복잡한 과정을 거쳐 발생하지만(6.3절 참고) 앱 개발자는 그러한 지식을 알지 못하더라도 버튼의 이벤트 기능을 쉽게 구현할 수 있다.

UI 컴포넌트를 잘 활용하기 위해서는 앱 개발자가 해당 컴포넌트가 제공하는 기능과 이벤트 종류를 알 수 있어야 한다. 버튼의 경우 기본적으로 클릭 이벤트를 제공하지만 눌림(pressed), 눌림 해제(unpressed), 길게 누름(long-pressed)[4]과 같은 다른 이벤트도 제공할 수 있다. 앱 개발자는 버튼 이벤트에

4 일정 시간(약 0.25초) 버튼을 누르고 있을 때 발생하는 이벤트.

대한 명세서를 이해하고 이벤트를 적재적소에 활용함으로써 사용자 시나리오
에 맞는 비즈니스 로직을 구현할 수 있다.

코드 1.5 버튼 복수 이벤트 등록

```
01  // 눌림 이벤트 발생 시 pressedCb() 수행
02  pressedCb(UIButton obj, ...):
03    ...
04
05  // 눌림 해제 이벤트 발생 시 unpressedCb() 수행
06  unpressedCb(UIButton obj, ...):
07    ...
08
09  // 롱프레스 이벤트 발생 시 longpressedCb() 수행
10  longpressedCb(UIButton obj, ...):
11    ...
12
13  myBtn.EventPressed += pressedCb
14  myBtn.EventUnpressed += unpressedCb
15  myBtn.EventLongpressed += longpressedCb
```

물론, UI 시스템은 다양한 컴포넌트 기능과 구현 방법을 이해할 수 있도록 앱
개발자가 참고할 명확한 개발 가이드 문서를 제공해야 한다.

코드 1.6 Doxygen 형식에 맞춰 작성한 버튼 개발 가이드 문서 예시

```
01  /**
02   * @defgroup UIButton Button
03   * @ingroup UIComponent
04   *
05   * This is a push-button. Press it and run some function. It can contain
06   * a simple text and icon object and it also has an autorepeat feature.
07   *
08   * This widget inherits from the @ref Layout one, so that all the
09   * functions acting on it also work for button objects.
10   * ...
11   * This control emits the following signals,
12   * besides the ones sent from Layout.
13   * @li EventClicked: the user clicked the button (press/release).
14   * @li EventPressed: button was pressed.
15   * @li EventUnpressed: button was released after being pressed.
16   * @li EventLongpressed: the user pressed the button without releasing it.
17   * ...
```

프로젝트에 따라 개발 가이드 문서는 API 헤더 파일을 통해 직접 제공하거나 웹 페이지 및 참고 서적 등의 링크로 제공할 수 있다.

한편, UI 컴포넌트 기능을 설계할 때는 가급적 일반적인 경우를 중심으로 다양한 응용 또는 확장 가능성을 고려해야 한다. 이는 UI에 국한된 사항이 아닌 소프트웨어 개발의 일반적인 내용이다. 일반화가 잘 되어 있을수록 견고한 인터페이스를 제공할 수 있으며, 앱 개발자는 배경 지식을 통해 새로운 기능을 쉽고 빠르게 습득할 수 있다. 앱 개발자가 하나를 배우면 다른 UI 컴포넌트 기능들도 빠르게 이해하고 응용할 수 있도록 하는 것이 좋다.

코드 1.7 일반적인 UI 컴포넌트 인터페이스

```
01  myRadio = UIRadio():  // 라디오 버튼 컴포넌트
02
03  // Clicked 이벤트 발생 시 본 동작 수행
04  func(UIRadio obj, ...):
05    obj.text = "Radio selected!"
06
07  // 버튼을 학습한 경우, Clicked 이벤트 동작을 쉽게 유추 가능
08  myRadio.EventClicked += func
```

하나의 UI 컴포넌트에 여러 이벤트 수행 함수를 등록하는 것도 고려한다. 예를 들어 버튼이 클릭되었을 때 어떤 메시지를 출력함과 동시에 특정 이미지를 출력하고 싶다고 해보자. 두 동작을 하나의 이벤트 수행 함수에서 처리할 수 있지만, 경우에 따라 개별적으로 동작한다면 이들을 분리하여 코드를 작성하는 편이 낫다. 이렇게 하면 앱 개발자가 로직을 견고하고 확장성 있게 작성할 수 있다. 결과적으로 보면 이벤트 처리도 복수 등록이 가능하도록 인터페이스를 설계해야 앱 개발이 유연하다.

코드 1.8 복수 이벤트 등록

```
01  // EventClicked 이벤트 발생 시 func1() 수행
02  func1(UIRadio obj, ...):
03    // 메시지 출력...
04
05  // EventClicked 이벤트 발생 시 func2() 수행
06  func2(UIRadio obj, ...):
```

```
07    // 이미지 출력...
08
09  myRadio.EventClicked += func1
10  myRadio.EventClicked += func2
```

복수의 이벤트 수행 함수가 등록된 경우, 시스템은 어떤 함수가 먼저 호출되는지 정책을 명확히 제시해야 한다. 함수 호출 순서에 따라 앱 로직이 달라질 수 있기 때문이다. 따라서 후입선출(Last-In-First-Out, LIFO)나 선입선출(First-In-First-Out, FIFO)로 이벤트 수행 함수 호출 순서를 정할 수 있지만 다양한 유스케이스(Use Case)를 만족하기 위해서는 앱 개발자가 이벤트 수행 함수 호출 순서를 변경할 수 있는 방침도 필요하다.[5]

코드 1.9 이벤트 수행 우선순위 지정

```
01  myRadio.EventClicked += {func1, priority = 2}  // 우선순위: 2
02
03  // 위 이벤트보다 우선순위가 높기 때문에 func2가 우선 호출
04  myRadio.EventClicked += {func2, priority = 1}  // 우선순위: 1
```

경우에 따라 등록한 이벤트를 해지할 수도 있다.

코드 1.10 등록한 이벤트 호출 제거

```
01  func(UIButton obj, ...):
02  ...
03
04  // 이벤트 호출을 해지하기 위해 반환한 핸들 보유
05  myEvent = (myBtn.EventClicked += func)
06  ...
07  // 등록한 이벤트 호출 해제
08  myBtn.EventClicked -= myEvent
```

---

5 이벤트 수행 함수가 호출 순서에 의존한다면 로직을 개선할 수 있는지 검토해 보아야 한다. 각 이벤트 함수의 기능 로직은 독립적이어야 로직 복잡도를 줄일 수 있다. 만약 이벤트 함수 사이에 의존성이 있다면 차라리 이를 하나의 함수로 합치는 것이 앱 유지 관리 측면에서 바람직하다. 분리된 두 함수를 유지하되 이들 호출 순서를 보장하는 중재자(mediator)를 이벤트 함수로 등록하는 방법도 가능하다.

특정 조건이 만족되지 않으면 앱의 일부 기능을 비활성화하는 경우가 있다. 이때 기능을 발동하는 UI 컴포넌트를 비활성 상태로 변경한다. UI 컴포넌트를 비활성화하는 기능을 제공하면 사용자는 해당 기능이 존재하지만 현재는 사용할 수 없다는 점을 인지할 수 있다. 보통 비활성화된 UI 컴포넌트는 컴포넌트 고유 동작은 물론 제공하는 어떤 이벤트도 발동하지 않지만, 화면 배치와 관련된 레이아웃 기능은 계속 동작한다.

코드 1.11 버튼 비활성화

```
01  /* 버튼 비활성화. 다시 활성화하려면 false 입력 */
02  myBtn.disable = true
```

그림 1.7의 비활성화된 버튼은 UI 외양이 달라졌을 뿐만 아니라, 클릭과 같은 이벤트 동작 역시 수행하지 않는다.

그림 1.7 비활성화된 버튼

1.1.4 레이아웃

제한된 화면 공간에서 다수의 앱 기능을 사용자에게 효과적으로 전달하기 위해서는 레이아웃을 설계하는 것이 좋다. 레이아웃을 번역하면 '화면 배치'로 표현할 수 있다. UI 앱은 잘 설계한 레이아웃을 통해 필요한 기능의 UI 컴포넌트들을 UI 앱 화면 내에 알맞게 배치함으로써 사용자 경험을 높일 수 있다. 일반적으로 UI 시스템은 UI 컴포넌트와 함께 다양한 종류의 컨테이너 기능을 제공하고, 컨테이너는 서로 다른 레이아웃 구성을 제공한다(그림 1.8). 앱 개발자는 시스템에서 제공하는 컨테이너를 조합하여 앱 화면을 쉽고 빠르게 구성할 수 있다. 컨테이너는 앱 개발자가 컴포넌트들의 크기 제약(1.2.4절)이나 UI 컴포넌트의 특성을 충분히 이해하고 있지 못해도 쉽게 사용할 수 있게, 기기의 화면 크기와 사용자 입력 장치에 맞는 최적의 화면 구성을 보장할수록 유용하다. 이는 컨테이너가 자신이 포함하고 있는 컴포넌트의 고유 특성을 파악하고 직접 제어할 수 있기 때문에 가능하다. 결과적으로 호환성이 높은 UI를 구성하기 위해 UI 컴포넌트를 화면에 직접 배치하는 것보다 컨테이너를 활용하는 편이 효율적이다.

그림 1.8 컨테이너별 레이아웃 구성도

그림 1.8과 같이 UI 툴킷에서 제공할 수 있는 컨테이너 종류는 다양하다. 종류와 기능 정의는 시스템마다 차이가 있지만, 컨테이너의 핵심 기능은 크게 다르지 않다. 일부 UI 툴킷은 테이블(table), 그리드(grid), 프레임(frame), 스택(stack), 박스(box) 등의 컨테이너를 제공한다. 앱 개발자는 툴킷에서 제공하는 다양한 컨테이너를 적재적소에 사용할 수 있고 여러 컨테이너를 조합하면 다양하고 효율적인 화면 구성도 가능하다. 그림 1.9는 이러한 예시를 보여준다. 많은 UI 툴킷은 그림 1.8과 같이 구성 요소를 위에서 아래(수직), 또는 왼쪽에서 오른쪽(수평) 순서대로 배치하는 선형 레이아웃 컨테이너를 제공한다. 코드 1.12는 이를 코드로 구현한 것이다.

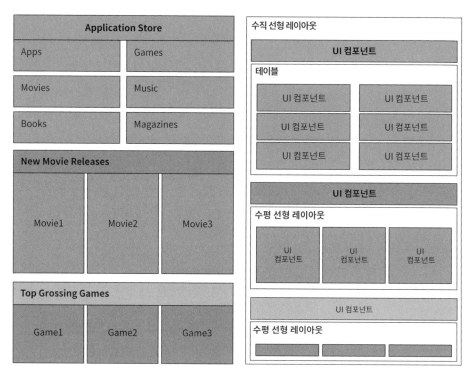

그림 1.9 컨테이너 조합을 통한 화면 구성

코드 1.12 선형 레이아웃 사용 예

```
01  // 수직 선형 레이아웃 생성.
02  myLayout = UIVerticalLinearLayout():
03      // 상대 좌표계 활용. 생성한 레이아웃을 윈도 공간 전체 영역에 고정
04      .relative = {0, 0, 1, 1}
05      // 레이아웃을 윈도 영역에 종속
06      .relativeTo = .myWnd
07      // 레이아웃에 버튼 1, 2, 3 추가
08      .contain():
09          myBtn1 = UIButton():
10              .text = "Button 1"
11          myBtn2 = UIButton():
12              .text = "Button 2"
13          myBtn3 = UIButton():
14              .text = "Button 3"
```

코드 1.12는 수직 선형 레이아웃을 생성한 후 세 개의 버튼을 순차적으로 레이아웃에 추가한다. 본 예시에서 수직 선형 레이아웃은 상대 좌표계(1.2.1절 참고)를 이용하고, 종속된 윈도 크기에 맞춰 레이아웃 전체 영역을 확보한다. 이후 영역을 균등히 분할하여 세 개의 버튼을 배치하는 작업을 수행한다. 이러한 작업은 UI 툴킷 엔진을 기반으로 수직 선형 레이아웃 내부 구현을 통해 완성할 수 있다. 버튼은 수직 선형 레이아웃으로부터 화면에 위치할 영역을 전달받고 최종적으로 화면에 출력된다. 수평 선형 레이아웃의 경우 추가한 버튼을 수평 방향으로 전개한다. 이와 같은 수행 원칙에 따라 각 컨테이너는 크기가 변경될 때마다 위치, 크기 계산을 수행하고 그 결과를 컨테이너가 포함된 컴포넌트의 영역으로 지정함으로써 레이아웃 작업을 수행한다.

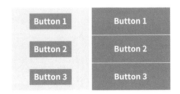

그림 1.10 선형 레이아웃을 이용한 버튼 배치

여기서 컨테이너에 추가된 버튼 위치와 크기를 각기 다르게 하려면 어떻게 해야 할까? 이에 대한 방안으로 여러 UI 툴킷에서 가중치(weight)와 정렬(align)이라는 개념을 도입한다. 가중치는 UI 컴포넌트가 할당받을 수 있는 영역 비중을 지정한다. 예를 들어 높이가 200인 수직 선형 레이아웃에 두 개의 버튼을 추가한다고 가정해 보자. 여기서 추가하는 두 버튼의 가중치가 모두 1.0(최대 크기)이라면 두 버튼이 영역을 동등하게 100씩 나눠 가짐으로써 버튼 높이는 각각 100이 된다. 하지만 이 중 하나는 0.5, 다른 하나는 1.0이라면 50(100×0.5)과 150으로 영역을 재조정할 수 있다. 만약 버튼이 세 개이고, 하나는 0.5 다른 두 버튼은 1.0이라면 50, 75, 75의 크기로 배정한다. 요약하면, 컨테이너에 있어서 가중치는 컨테이너 영역을 차지하는 UI 컴포넌트 간 땅따먹기 싸움과도 같다. 주의할 점은 가중치 값이 0에 수렴하더라도 객체의 최소 크기(1.2.4절)는 보장해야 한다. 그렇지 않으면 컨테이너 공간에 따라 UI가 훼손되는 문제가 발생할 수 있다.

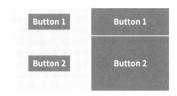

그림 1.11 가중치를 0.5, 1.0으로 적용한 버튼

그림 1.11은 가중치 적용의 예로, 가중치 0.5와 1.0으로 적용한 두 버튼을 컨테이너에 배치한 결과를 보여준다. 왼쪽 그림은 버튼의 기본 크기를 유지한 채 컨테이너 공간에 버튼을 중앙 정렬하여 표시하고, 오른쪽 그림은 컨테이너 공간에 맞게 각 버튼의 크기를 확장한 것이다.

컨테이너에 추가된 UI 컴포넌트는 앞선 가중치 개념을 토대로 가중치를 설정할 수 있는 기능을 제공할 수 있다.

코드 1.13 가중치 지정 예

```
01  // 너비 = 1.0, 높이 = 0.5 가중치 설정 예
02  myBtn.weight = {1.0, 0.5}
```

정렬은 컨테이너가 할당한 영역 내에서 UI 컴포넌트를 어느 곳에 위치시킬지를 결정한다. 만약 UI 컴포넌트가 할당받은 영역을 가득 채우지 않는다면 정렬을 활용하여 UI 객체를 컨테이너 영역 중 어느 한 지점에 배치할 수 있다.

그림 1.12 컨테이너 공간 내 콘텐츠 배치 결과

코드 1.14 정렬 지정 예

```
01  myBtn.align = {UIAlignment.Left, UIAlignment.Top}        // 왼쪽, 상단 (0, 0)
02  myBtn.align = {UIAlignment.Right, UIAlignment.Bottom}  // 오른쪽, 하단 (1, 1)
03  /* 가운데 정렬 (0.5, 0.5) */
04  myBtn.align = {UIAlignment.Center, UIAlignment.Center}
05  /* 정렬 대신 컴포넌트 크기를 확장하여 영역을 가득 채움 */
06  myBtn.align = {UIAlignment.Fill, UIAlignment.Fill}
07  myBtn.align = {0.25, 0.25}                              // 특정 위치 지정
```

코드 1.15는 선형 레이아웃 컨테이너에서 콘텐츠의 위치와 크기를 결정하는
일부 주요 로직을 구현한다.

코드 1.15 가중치와 정렬을 고려한 레이아웃 계산

```
01  /* 콘텐츠(UI 컴포넌트)를 수직 배치하는 레이아웃 기능 수행 */
02  UIVerticalLinearLayout extends UILinearLayout:
03
04    // 다음 속성은 상위 클래스에서 정의될 수 있다.
05    UIObject contents[]          // 컨테이너에 추가된 콘텐츠 목록
06
07    /* 컨테이너가 보유한 콘텐츠의 위치 및 크기 결정. 그 외 로직은 생략 */
08    update():
09      ...
10      Size contentSize[contents.count] // 컨테이너에 추가된 콘텐츠들의 크기
11      finished = false                 // 계산 완료 여부
12
13      // 레이아웃 계산 시작
14      while not finished
15        newSize = {0, 0}               // 컨테이너 새 크기
16        idx = 0
17        finished = true
18
19        for content : .contents
20          // 콘텐츠 크기 갱신
21          content.update()
22
23          // 가중치는 0 ~ 1 범위 허용
24          weight = content.weight
25
26          // 가중치 기반으로 크기 결정
27          // 각 콘텐츠에 할당된 공간은 동일하다고 가정
28          contentSize[idx].w = .geometry.w * weight.w
```

```
29        contentSize[idx].h = (.geometry.h / .contents.count) *
                                weight.h
30
31        // 콘텐츠 최소 크기 보장. 최대 크기는 생략
32        if content.minSize.w > contentSize[idx].w
33          contentSize[idx].w = content.minSize.w
34        if content.minSize.h > contentSize[idx].h
35          contentSize[idx].h = content.minSize.h
36
37        // Layout 크기 결정
38        if newSize.w < contentSize[idx].w
39          newSize.w = contentSize[idx].w
40        newSize.h += contentSize[idx].h
41
42        ++idx
43
44      // 계산한 레이아웃 크기가 이전보다 크면 최신 기준 재갱신
45      if newSize.w > .geometry.w
46        .geometry.w = newSize.w
47        finished = false
48
49      if newSize.h > .geometry.h
50        .geometry.h = newSize.h
51        finished = false
52
53      /* 실제 컨테이너 크기 대비 콘텐츠가 요구하는 크기 차이 계산
54         만약 컨테이너 영역에 여분이 존재하면 남은 영역 재분배 */
55      Size diff = {.geometry.w - newSize.w, .geometry.h - newSize.h}
56      if (diff.x not 0) or (diff.y not 0)
57        finished = false
58
59    idx = 0
60
61    // 콘텐츠 시작 위치
62    baseY = .geometry.y
63
64    for content : .contents
65      // 최종 너비 결정
66      if content.align.x == UIAlignment.Fill
67        content.geometry.w = .geometry.w
68      else
69        content.geometry.w = content.weight.w * newSize.w
70
71      // 정렬이 Fill인 경우 계산한 크기를 콘텐츠의 크기로 지정
72      if content.align.x == UIAlignment.Fill
```

```
73        content.geometry.w = .geometry.w
74        content.geometry.x = .geometry.x
75    // 콘텐츠 가로 위치 결정
76    else
77        content.geometry.w = contentSize[idx].w * content.weight.w
78        x = (contentSize[idx].w - content.geometry.w) *
              (var) content.align.x
79        if x < 0
80          x = 0
81        content.geometry.x = (.geometry.x + x)
82
83    // 정렬이 Fill인 경우 계산한 크기를 콘텐츠의 크기로 지정
84    if content.align.y == UIAlignment.Fill
85        content.geometry.h = contentSize[idx].h
86        content.geometry.y = baseY
87    // 콘텐츠 세로 위치를 결정
88    else
89        content.geometry.h = contentSize[idx].h * content.weight.h
90        y = (contentSize[idx].h - content.geometry.h) *
              (var) content.align.h
91      if y < 0
92        y = 0
93        content.geometry.y = (baseY + y)
94
95    // 다음 콘텐츠 시작 위치
96    baseY += contentSize[idx].h
97
98    ++idx
```

코드 1.15는 선형 레이아웃 컨테이너 계산 로직의 주요한 내용을 일부 보여준다. 컨테이너와 콘텐츠의 크기를 상호 참조하며 연쇄적으로 계산하고 있음을 주목하자. 가중치를 토대로 콘텐츠 크기를 계산하고 이를 참고하여 컨테이너 (레이아웃) 크기를 계산한다. 만약 컨테이너 크기가 변경되면 새 크기를 기반으로 콘텐츠의 크기를 재계산한다. 컨테이너 크기를 확정한 후에는 정렬을 참조하여 콘텐츠의 최종 위치와 크기를 결정한다.

지금까지 살펴본 가중치와 정렬을 이용하면 앱 개발자는 컨테이너 정책 범위 내에서 UI 컴포넌트를 원하는 방식으로 배치할 수 있다. 물론 가중치와 정렬은 하나의 전통 방안을 제시할 뿐 UI 툴킷마다 방식은 상이할 수 있다. 하지만, 앞서 살펴본 예제처럼 컨테이너에 UI 컴포넌트를 배정할 때 위치 및 크기

를 결정할 수 있는 메커니즘은 반드시 필요하다. 컨테이너는 콘텐츠를 대상으로 확장 가능한 UI를 보장하고, 콘텐츠가 최대 크기를 초과하거나 최소 크기 이하로 작아지는 문제 등을 방지할 수 있어야 한다. 자세한 내용은 1.2.4절을 참고한다.

1.2 스케일러블 UI

모바일 기기, 데스크톱, TV 등 다양한 기기와의 호환성을 갖춘 UI를 완성하기 위해서 UI 시스템과 앱은 기기 특성을 프로파일별로 분류하고 해상도와 DPI (Dots Per Inch)를 고려한 스케일러블 UI를 설계, 구현해야 한다. 여기서 스케일러블 UI(Scalable UI)란 다양한 해상도와 크기의 화면에 대응하는 UI를 의미한다. 크기에 따라 UI의 구성과 입력 방식을 달리 할 수 있다는 점을 고려하면 스케일러블 UI는 다양한 확장성을 가지고 있으며 동시에 주의해야 할 다양하고도 복잡한 잠재적 경우의 수를 내재하고 있다. 극단적이지만 사용자가 데스크톱에서 앱 윈도의 크기를 최대한 작게 줄여볼 가능성도 있다. 이 경우 앱은 콘텐츠를 클리핑(3.4.2절 참고)하거나 콘텐츠 최소 크기 이하로 윈도 크기를 줄이는 것을 막을 수 있다. 이는 하나의 예시일 뿐이지만 해상도나 앱 화면 크기에 따른 UI와 콘텐츠 크기 결정 문제는 변수가 많기 때문에 그에 대한 해답도 앱에서 상황에 맞춰 결정할 수 있으면 좋다. 따라서 UI 시스템은 앱 개발자들이 스케일러블 UI 문제를 쉽고 빠르게 대응할 수 있도록 방편을 마련해 주는 것이 좋다. 다양한 변수에 대응할 수 있도록 스케일러블 UI 원칙을 정의하고, 이를 토대로 일관성 있는 기능 구현을 완성해야 한다. 견고한 인터페이스와 가이드를 제공하면 앱 디자이너는 물론 개발자가 직관적이고 단순한 설계로 호환성을 갖춘 UI를 구현하도록 도와줄 수 있다. 이번 절에서는 스케일러블 UI의 기본 동작과 함께 몇 가지 문제 사례와 대응 방안을 확인해볼 것이다.

1.2.1 좌표계

스케일러블 UI를 위해서는 가장 먼저 UI 좌표계를 이해해야 한다. 기본적으로 UI 시스템에서 도입할 수 있는 좌표 개념으로는 절대, 정규, 상대, 전역, 지역 좌표계 등이 있으며 상황마다 적합한 좌표계도 달라진다. 따라서 각각의 특성을 이해하고 상황에 따라 적합한 좌표계를 이용하는 것이 좋다.

절대 좌표계

절대 좌표계(Absolute Coordinate)는 말 그대로 절대적 위치와 크기를 가리키는 방식이다. 이는 원점(origin)으로부터 지정한 거리만큼 떨어진 화소 위치를 가리키고 크기는 절대적인 화소 수를 가리킨다. 일반적으로 앱에서 원점은 앱화면의 왼쪽 상단이지만 UI 시스템 또는 앱의 선택에 따라 화면의 왼쪽 하단 또는 화면 중심이 원점이 될 수도 있다. 절대 좌표계는 종종 전역 좌표계라고도 부른다. 좌표계의 수치 단위는 화소(정수)이지만 서브픽셀 정밀도를 지원하는 시스템이라면 소수점 이하로도 좌표 지정이 가능하다. 코드 1.16은 버튼의 위치, 크기(geometry)를 절대 좌표로 지정한 경우다.

코드 1.16 절대 좌표계를 이용한 화면 배치

```
01  myBtn = UIButton():              // 버튼 생성
02    .geometry = {50, 50, 100, 100}  // 버튼 위치 및 크기(단위는 화소)
```

코드 1.16에서 버튼은 앱 화면 원점을 기준으로 (50, 50) 떨어진 화소 위치에서 100×100 화소 크기로 출력된다. 절대 좌표계는 추가 변환 작업을 거치지 않아 직관적이기 때문에 쉽게 구현할 수 있다. 문제는 단위가 화소인 까닭에 앱 화면 크기가 가변적인 경우 절대 좌표계는 유용하지 않다.

　그림 1.13을 보면, 200×200 해상도에서는 앱의 의도에 맞게 버튼이 화면 중앙에 위치하지만 300×300 해상도에서는 버튼이 왼쪽 상단으로 치우치면서 UI 심미성을 훼손시킨다. 더 큰 문제는 100×100 해상도의 경우인데, 이 경우 사용자는 버튼의 용도조차 확인할 수가 없다. 결과적으로 절대 좌표계는 앱 개발 관점에서 직관적이고 구현하기 쉬운 장점이 있으나 해상도 변경에 대응하지 못하므로 고정된 환경의 앱 개발이 아니라면 정규나 상대 좌표계를 이용하여 UI를 구성해야 한다.

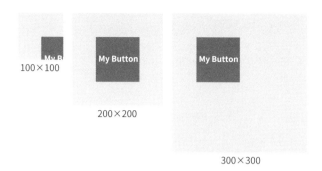

100×100

200×200

300×300

그림 1.13 화면 해상도별 절대 좌표 출력 결과

정규 좌표계

정규 좌표계(Normalized Coordinate)는 좌표 단위가 화소가 아닌 정규화된 범위이다. 예를 들면 화면 크기 가로, 세로의 범위를 각각 0~1 사이로 정규화했다고 하자. 이때 좌표 (0, 0)은 화면 왼쪽 상단 꼭짓점에 해당하고 (0.5, 0.5)는 화면의 중앙, (1, 1)은 화면 오른쪽 하단 꼭짓점에 해당한다. 정규 좌표를 이용하면 앱 개발자는 임의의 화면 크기에 대응하는 UI 객체를 배치할 수 있으며 절대 좌표계의 고정 UI 문제점을 개선할 수 있다.

정규 좌푯값을 구하는 식은 단순하다. 배치할 UI 객체의 절대 좌푯값을 앱의 화면 크기(또는 UI 공간의 크기)로 나눠주면 정규화된 좌푯값을 계산할 수 있다. 참고로, 수식 1.1에서 각 변수에 -1을 더하는 이유는 보통 위치 지정에서 화면에 표시되는 시작 위치가 (0, 0)에 해당하기 때문이다. 따라서 크기가 100인 경우, 그 범위는 0부터 99까지로 간주한다.

$$\left.\begin{array}{l} x_{\mathrm{norm}} = \dfrac{x-1}{n_x - 1} \\[2mm] y_{norm} = \dfrac{y-1}{n_x - 1} \end{array}\right\}$$

수식 1.1 정규 좌표계 식(n_x: 화면 가로 크기, n_y: 화면 세로 크기)

코드 1.17은 정규 좌표계를 이용한 버튼 출력 영역을 지정하는 예이다. 여기서 인터페이스는 geometry()와 별개로 relative()를 추가하여 구분하기 쉽게 한다.

코드 1.17 정규 좌표계를 이용한 화면 배치

```
01    /* 왼쪽 상단 꼭짓점 위치: (50/200, 50/200)
02      오른쪽 하단 꼭짓점 위치: (150/200, 150/200) */
03    myBtn.relative = {0.25, 0.25, 0.75, 0.75}
```

코드 1.17과 같이 정규 좌푯값을 이용하면 화면 해상도에 비례하는 버튼의 크기를 지정할 수 있다. 정규 좌표계의 경우 화면 해상도가 높은 기기에서는 버튼 크기가 커지고 낮은 경우에는 버튼 크기가 작아진다. 만약 해상도가 200×200인 경우 버튼의 위치는 (50, 50), 크기는 100×100이 되며 해상도가 300×300인 경우 버튼 위치는 (75, 75), 크기는 150×150이 된다. 결과적으로 버튼은 해상도에 상관없이 화면 영역 (0.25, 0.25) 위치부터 (0.75, 0.75) 위치까지의 영역에 배정된다.

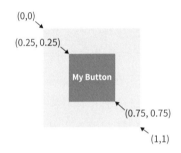

그림 1.14 정규 좌표계를 이용한 버튼 배치

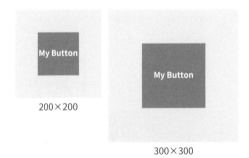

그림 1.15 화면 해상도별 정규 좌표 출력 결과

스케일러블 UI를 구현하기 위해 정규 좌표를 활용하는 것이 능사는 아니다. 정규 좌표계는 위치 및 레이아웃 영역을 지정할 때 유용하지만 콘텐츠의 크기는 고정 크기가 적합할 경우가 많다. 예로 그림 1.14와 같이 아이콘 크기를 정규 좌푯값으로 지정하면 버튼 크기에 따라 모양이 훼손될 수 있다.

그림 1.16 정규 좌표계를 잘못 사용한 경우

앱 UI를 구성하다 보면 그림 1.16의 사례처럼 콘텐츠의 종횡비를 유지하거나 크기를 고정해야 하는 경우가 빈번히 발생한다. 앱 개발자가 UI 가이드를 의도적으로 무시한 경우가 아니라면 UI 컴포넌트는 예외의 경우일지라도 외양이 훼손되지 않아야 하고 앱 개발자는 이러한 문제를 신경 쓰지 않고 UI 기능을 이용할 수 있어야 한다. UI 컴포넌트 기능을 설계하고 구현하는 관점에서는 최종 사용자 시나리오뿐만 아니라 앱 개발 관점도 염두에 둬야 한다.

정규 좌표계를 이용할 경우, 시스템은 UI 객체의 정규 좌푯값을 절대 좌푯값으로 변환하는 작업을 추가로 수행한다. 절대 좌푯값은 결과적으로 화소 위치와 동일시된다.

코드 1.18 정규 좌푯값으로부터 절대 좌푯값 계산

```
01  /* UI 컴포넌트의 기저 클래스에 해당하며 기본 동작 및 속성을 구현
02     자세한 사항은 2.2.2절에서 설명한다. */
03  UIObject:
04    Geometry geometry = {0, 0, 0, 0}  // 절대 좌푯값 기하 정보
05    Geometry relative = {0, 0, 0, 0}  // 정규 좌푯값 기하 정보
06    bool useRelative = false          // true인 경우 정규 좌푯값 이용
07    ...
08
09    /*
10     * 객체의 기하 정보를 절대 좌푯값으로 지정
11     * @p x: var
12     * @p y: var
13     * @p w: var
14     * @p h: var
15     */
16    geometry(x, y, w, h):
17      .geometry = {x, y, w, h}
```

```
18     .useRelative = false   // 절대 좌표계 이용
19     ...
20
21     /*
22     * 객체의 기하 정보를 정규 좌푯값으로 지정
23     * @p x1: var
24     * @p y1: var
25     * @p x2: var
26     * @p y2: var
27     */
28     relative(x1, y1, x2, y2):
29       .relative = {x1, y1, x2, y2}  // 새로운 좌표 저장
30       .useRelative = true           // 정규 좌푯값 이용
31       ...
32
33     /* 객체 상태 갱신 */
34     update(...):
35       ...
36       // 상대 좌표계를 이용 중인 경우 절대 좌푯값 계산
37       if .useRelative
38         .geometry.x = (.canvas.size.w - 1) * .relative.x1
39         .geometry.y = (.canvas.size.h - 1) * .relative.y1
40         .geometry.w = (.canvas.size.w - 1) * .relative.x2 - .geometry.x
41         .geometry.h = (.canvas.size.h - 1) * .relative.y2 - .geometry.y
42         ...
```

코드 1.18을 보면 update()는 메인 루프(1.3.1절)로부터 매 프레임마다 호출되는 메서드이며 객체의 상태 정보를 새로 갱신한다(그림 1.39). update()에서 정규 좌푯값을 이용할 경우 정규 좌표계 식(수식 1.1)을 역산하여 객체의 기하 정보의 절대 좌푯값을 계산한다. 이렇게 계산한 geometry는 객체를 렌더링하기 위한 영역 계산에 활용할 수 있다. 참고로 코드에서 canvas는 캔버스 객체로, 현재는 객체가 출력되는 가상 공간을 구현하는 객체 정도로 생각해도 무방하다. 이는 2장에서 자세히 다룬다.

상대 좌표계

상대 좌표계(Relative Coordinate)는 지역 좌표계라고도 부른다. 상대 좌표계는 객체가 위치할 전체 공간(전역 공간[6])으로부터 특정 객체를 기준으로 하는

---

6 앱 화면 공간 내지 2장에서 살펴볼 캔버스 공간과도 같다.

공간으로 변경한 것으로 이해할 수 있다. 가령, A 객체가 B 객체를 대상으로 상대 좌표계를 활용하면, A 객체는 B 객체 영역을 기준으로 상대 배치된다. 특히 컨테이너와 같이 어떤 UI 컴포넌트가 특정 컴포넌트의 위치와 크기에 의존하는 경우 상대 좌표계가 유용하다. UI를 구현하는 과정에서 객체의 크기와 위치를 미리 결정할 수 없는 경우가 종종 발생한다. 예를 들어 길이가 가변적인 텍스트의 오른쪽에 어떤 아이콘을 배치한다고 가정해 보자. 텍스트의 길이는 폰트의 크기, 스타일, 언어 등에 영향을 받기 때문에 구현 단계에서는 텍스트 길이를 알 수 없으므로 아이콘 위치를 정확하게 지정할 수 없다.

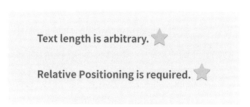

그림 1.17 상대 좌표가 필요한 경우

상대 좌표계는 정규 좌표계와 함께 사용할 수 있으며 상대 좌표계의 대상을 지정하기 위해서는 인터페이스를 추가로 제공할 수 있다.

```
코드 1.19 상대 좌표 구현 예
01  /* 이미지 생성. 좌표 공간은 앱 화면 공간(캔버스) 기준 */
02  myImg = UIImage():
03    .path = "./res/star.png"
04    .relative = {0.0, 0.0, 0.25, 0.25}
05
06  /* 이미지 생성. 좌표 공간은 myImg의 기하 영역 기준 */
07  myImg2 = UIImage():
08    .path = "./res/star.png"
09    .relativeTo = myImg  // 상대 좌표 대상 지정
10    .relative = {1.0, 0.0, 2.0, 1.0}
```

코드 1.19에서 myImg2는 myImg를 대상으로 relativeTo()를 호출함으로써 상대 좌표계를 지정한다. 따라서 myImg2의 왼쪽 상단 좌표 (1.0, 0.0)은 myImg의 오른

쪽 상단에 위치하고 오른쪽 하단 좌표 (2.0, 1.0)은 정확히 myImg와 동일한 크기를 갖는 위치를 가리킨다. 이를 그림으로 표현하면 그림 1.18과 같다.

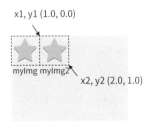

그림 1.18 코드 1.19의 출력 결과

기능을 좀 더 확장할 수도 있다. relativeTo()를 세분화하여 x1, y1(relative1)과 x2, y2(relative2)에 대해 상대를 지정할 수 있는 인터페이스(relative1To, relative2To)를 각각 제공하는 것도 고려해 볼 만하다. 이를 통해 객체의 위치와 크기를 결정하는 요소를 더욱 다양하게 활용할 수 있으며 결과적으로 복잡하고 역동적인 UI 구현 시나리오를 최대한 수용한다.

코드 1.20 상대 지정 인터페이스 세분화

```
01  myObj.relative1To = target1    // 왼쪽 상단 꼭짓점 상대 좌표 대상 지정
02  myObj.relative1 = {1.0, 1.0}   // target1의 오른쪽 하단 꼭짓점을 가리킴
03  myObj.relative2To = target2    // 오른쪽 하단 꼭짓점 상대 좌표 대상 지정
04  myObj.relative2 = {0.0, 0.0}   // target2의 왼쪽 상단 꼭짓점을 가리킴
```

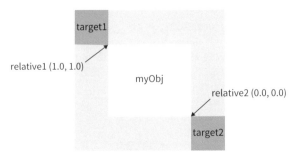

그림 1.19 코드 1.20의 출력 결과

1.2.2 기기 독립적인 화소

제품의 디스플레이 장치와 관계없이 물리적으로 동일한 크기의 UI를 제공하면 사용자는 일관성 있는 사용자 경험을 얻을 수 있다. 이를 위한 개념으로 기기 독립적인 화소 또는 밀도 독립적인 화소가 있다. 이를 이용하면 앱 개발자가 지정한 UI 객체의 위치/크기 단위가 논리적 단위로서 DPI/PPI에 비례하여 적용된다. 여기서 DPI(Dots Per Inch)는 1인치 내에 존재하는 점의 개수를 의미한다. DPI는 본래 프린터에서 정밀도를 나타내는 단위로, 수치가 높을수록 정교한 프린터 출력이 가능하다. 유사 용어인 PPI(Pixels Per Inch)는 디스플레이 장치에서 1인치 범위 내 표현 가능한 화소 수를 의미한다. PPI 역시 수치가 높을수록 정교한 화면 출력이 가능하다. 결과적으로 DPI/PPI가 높다는 의미는 그만큼 고해상도 출력이 가능하다는 뜻이다. 그림 1.20을 보면 디스플레이의 크기가 물리적으로 동일하더라도 DPI/PPI 수치가 다르면 해상도도 달라진다.

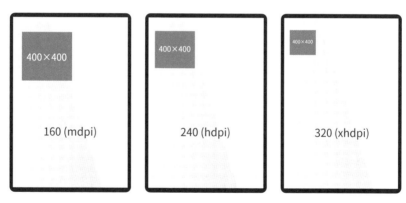

그림 1.20 DPI에 따라 물리적인 출력 크기에 차이가 있다.

상대 좌표를 이용하거나 컨테이너 동작 정책에 의존하지 않고 절대 좌표 위치 및 크기를 지정할 경우 그림 1.20처럼 DPI별 출력 결과가 다를 수 있다. 따라서 UI 시스템에서는 기기 독립적인 화소를 지원하고 디자이너/앱 개발자는 해당 개념을 적용함으로써 스케일러블 UI를 완성할 수 있다. 이를 위해 안드로이드에서는 dp(dip) 단위를 제시함으로써 본 개념을 지원한다.

코드 1.21 기기 독립적인 화소 지정(안드로이드)

```
01  LinearLayout layout = new LinearLayout(this);
02  LinearLayout.LayoutParams layoutParams = (LinearLayout.LayoutParams)
03  layout.getLayoutParams();
04  layoutParams.height = dpToPx(context,400);   // dp 단위에서 화소 단위로 변환
05  layoutParams.width = dpToPx(context,400);
06  layout.setLayoutParams(layoutParams);
```

코드 1.22 dp 단위에서 화소 단위로 변환하는 함수(안드로이드)

```
01  dpToPx(Context context, int dp) {
02      /* 안드로이드 시스템에서 정한 기준 dpi는 160이다.
03         따라서 160dpi 환경에서는 density의 값으로 1을 반환한다. */
04      float density = context.getResource().getDisplayMetrics().density;
05      return Math.round((float) dp * density);
06  }
```

안드로이드 시스템은 160을 기준 DPI로 지정하였기에 1dp는 160dpi에서 1화
소와 매칭되며 이때 반환되는 디스플레이 density의 값은 1이 된다. 160보다
높은 DPI에서는 반환되는 density의 값도 높아진다. 또한, DPI 범위별 그룹을
지정하고 가이드를 제시함으로써 앱 UI 제작 시 지향하는 제품군에 따라 리소
스 해상도를 결정하도록 돕는다.

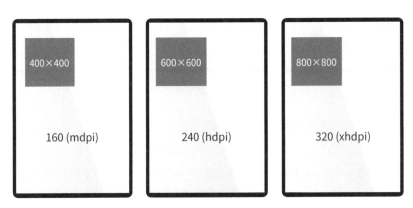

그림 1.21 기기 독립적인 화소 적용 후 DPI별 물리적 출력 크기 차이

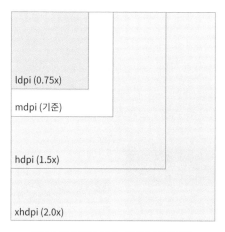

그림 1.22 DPI별 크기 차이(안드로이드)[7]

1.2.3 스케일 팩터

기기 독립적인 화소를 지원하는 다른 방안으로 스케일 팩터(scale factor)를 꼽을 수 있다. 스케일 팩터를 해석하면 크기 조정 값이라고 할 수 있다. 동작 핵심은 기기마다 적용할 스케일 팩터 값을 결정하고, UI 시스템 내부(UI 툴킷 엔진)에서 UI를 구성하는 시각적, 비시각적 요소의 기하 정보(위치, 크기)를 스케일 팩터 값으로 재조정하는 것이다. 예를 들어 UI 시스템에서 FHD(1920×1080)를 기준 해상도로 정하면, FHD 기기에서 스케일 팩터 값은 1이 되고 QHD(2560×1440) 기기에서의 스케일 팩터 값은 1.33이 된다. QHD에서 앱을 구동할 경우 레이아웃 위치와 크기, 폰트 크기, 콘텐츠의 고정 영역(1.2.4절 참고), 최소 크기(1.2.4절 참고), 패딩(padding)과 마진(margin)[8] 등 UI의 위치, 크기에 영향을 주는 모든 속성 값에 스케일 팩터 값1.33을 동일하게 곱하여 크기를 확장할 수 있다. 스케일 팩터를 적용하면 기기의 특성에 적합한 크기로 앱 UI를 재조정함으로써 다양한 기기에서 최적의 UI를 표현할 수 있다. DPI에 상관없이 물리적으로 동일한 크기의 UI를 출력할 수 있을 뿐만 아니라 디스플

7　l은 low, m은 medium, h는 high, x는 extra high를 말한다.
8　패딩은 객체의 기하 정보와 실제 콘텐츠 사이에 여백 공간을 부여하고, 마진은 객체의 기하 정보를 기준으로 외곽에 추가 여백을 부여한다.

레이 장치의 물리적 크기와 해상도에 비례하는 UI도 모두 표현 가능하다. 또한 스케일 팩터는 UI 앱에서 논리 단위를 사용하지 않고 화소 단위를 그대로 이용할 수 있다는 점에서 유용하다. 단, 앞서 설명한 예시처럼 UI 시스템에서 결정한 스케일 팩터의 기준 해상도를 반드시 명시해 주어야[9] 다른 스케일을 기준으로 작성된 UI 패키지들이 기준 스케일과 비교하여 크기를 조정할 수 있다.

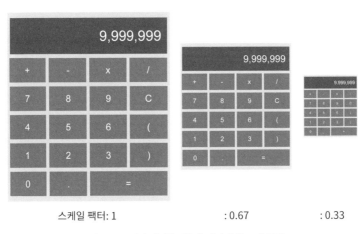

스케일 팩터: 1   : 0.67   : 0.33

그림 1.23 스케일 팩터를 이용한 계산기 앱 크기 변경

스케일 팩터를 시스템에 도입할 때 유념할 점은 UI를 구현하는 패키지마다 스케일 팩터 값이 다를 수 있다는 점이다. 가령, FHD 해상도 기기에 설치된 시스템 UI는 FHD 기준으로 작성되었더라도 다운 받아 설치하는 써드파티(3rd Party)[10] 앱은 그렇지 않을 수 있다. 일부 앱은 FHD 기준으로 UI를 구현했을 수 있지만, 일부 앱은 다른 해상도를 기준으로 앱 UI를 구현했을 수도 있다. 만약 앱의 기준 UI가 HD(1280×720)라면 현재 기기에서 앱 UI에 적용할 스케일 팩터 값은 1.5가 되고 시스템 UI에 종속된 UI의 스케일 팩터 값은 1.0이 된다. 따라서 기준 해상도 값은 UI를 구현하는 모듈 또는 패키지 단위로 명시되어야 하고, UI 시스템에서는 이를 참조하여 모듈이나 패키지 단위로 UI의 크기를 조정한다(그림 1.24).

---

9 개발자가 이를 숙지할 수 있도록 UX 가이드에 명시하고, UI 기능 툴에서 기능을 보조할 수 있다.
10 시스템에 기본 탑재된 앱이 아닌 앱 스토어에 등록된 앱들이 이에 해당한다.

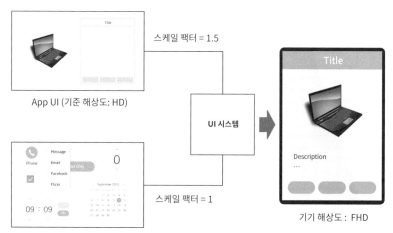

그림 1.24 패키지 단위로 스케일 팩터 적용

UI 시스템에서는 테마를 구성하는 패키지 또는 앱 패키지 단위로 기준 스케일을 입력할 수 있어야 하고, 이는 패키지를 구성하는 매니페스트(Manifest) 또는 코드에서 직접 명시할 수 있다. 예를 들어 프레임워크에서는 코드 1.23(5행)에서와 같은 인터페이스를 제공하여 UI 앱의 기준 해상도를 입력받는다.

코드 1.23 App UI 스케일 팩터 적용

```
01  /* 앱 런칭 시점에 UIApp 클래스를 이용하여 해상도를 결정. 이후 UI 엔진은
02     런타임에 현 기기의 해상도 정보를 얻고 스케일 팩터 값을 도출한다.
03     UI 툴킷(에디터)이 잘 구비되어 있다면 본 설정을 앱 개발자가 직접 수행할
04     필요가 없다. */
05  UIApp.targetResolution = {1280, 720}
06
07  ...
08
09  /* UI 앱에서 구현한 기하 정보에 스케일 팩터를 적용한 예시.
10     현재 앱에서 명시한 버튼의 기하 정보는 FHD 해상도 기준이므로
11     다른 해상도의 기기에서는 스케일 팩터 값을 적용하여 크기를 재조정한다.
12     _S() 매크로는 입력 값에 스케일 팩터 값을 곱한 값을 반환한다고 가정 */
13  myBtn = UIButton():
14    .text = "My Button"
15    .geometry = {_S(50), _S(50), _S(100), _S(100)}
```

한편, 시스템 UI도 기준 스케일을 지정한다. 시스템 UI는 말 그대로 시스템에서 제시하는 UI이므로 UI 시스템 내부 로직에서 수행한다고 가정한다(코드 1.24).

코드 1.24 시스템 UI 스케일 팩터 적용

```
01  // 시스템 UI에 기준 스케일을 지정
02  systemUI = UITheme():
03    // SystemUI_Theme은 시스템 UI를 구현한 정보를 보관
04    .open("SystemUI_Theme")
05    /* 이해를 돕기 위한 예시일 뿐이다. 실제 해상도 정보는 코드가 아닌
06       SystemUI_Theme 데이터 내에 기록될 수 있다. */
07    .targetResolution = {1440, 2560}
```

1.2.4 크기 제약

앞서 학습한 컨테이너, 정규 또는 상대 좌표계를 활용하여 스케일러블 UI를 구축하다 보면 UI 크기가 무한으로 커지거나 작아지는 상황이 연출될 수 있다. 심각한 문제는 사용자가 입력을 할 수 없거나 정보를 인식하기 어려울 정도로 UI가 작아질 때 발생한다. 이는 종종 화면 크기가 작은 기기로 UI 앱이 이식되거나 한정된 공간 대비 표현하고자 하는 콘텐츠의 양이 많은 경우에 생긴다. 이러한 공간 제약 문제는 콘텐츠 크기를 축소하는 대신 가상의 무한 공간을 할당하고 스크롤 기능을 구현하여 가상 공간 내에서 UI를 탐색하는 방식을 이용하여 해결한다.[11] 또한 컨테이너에 추가된 UI 컴포넌트(또는 콘텐츠)들은 최소/최대 크기를 지정하여 해당 크기 범주를 벗어나지 않도록 해야 하며, 고정 영역과 가변 영역을 설정하여 어떠한 경우에도 외양이 훼손되지 않도록 설계하는 작업이 필요하다.

텍스트

크기 제약 문제와 연관지어 텍스트를 살펴보자. 미리 언급하지만 가변 해상도, 가변 폰트 크기, 다국어를 지원하면 텍스트가 요구하는 공간이 매번 달라질 수

---

11 최후의 해결책으로서 고려한다. 스크롤 진입 없이 기능에 바로 접근할 수 있는 단순한 화면 구성을 설계하는 방안을 최우선으로 고려하자.

있기 때문에 텍스트가 출력될 최적의 공간을 미리 확보하는 작업은 논리적으로 불가능하다. 그렇기 때문에 스케일러블 UI를 위한 텍스트 동작 정책이 필요하다. 예컨대 코드가 1.17과 같고 해상도가 100×100이라면 이 경우 결과물은 그림 1.25와 같다.

그림 1.25 100×100 해상도에서 정규 좌표계를 이용한 버튼 출력 결과

그림 1.25에서는 정규 좌표계를 이용하여 버튼 크기를 의도한 대로 축소하는 데 성공했지만 버튼 텍스트는 줄어들지 않아서 텍스트가 버튼 영역을 벗어났다. 우선 생각해 볼 수 있는 해결 방법은 폰트 크기를 줄이는 것이다. 가령, 텍스트 컴포넌트는 갱신 단계(update)에서 출력할 텍스트의 길이를 계산한다. 이때 텍스트 컴포넌트가 배정된 공간 내에 텍스트를 모두 출력할 수 없다고 판단했다면, 폰트 크기를 한 단계 줄이고 계산과 비교 과정을 다시 거친다. 이 과정을 반복하다 보면 최적의 폰트 크기를 결정할 수 있다. 결과적으로 보면 폰트 크기를 줄여서 텍스트 길이를 자연스럽게 줄일 수는 있지만, 폰트 크기가 무한정 줄어들 경우(달리 말해 텍스트 출력 공간이 충분하지 않을 경우) 너무 작은 글씨로 인해 사용자 경험은 떨어질 것이다.

다른 방법으로는 텍스트 축약 방식을 이용할 수 있다. 버튼 텍스트를 '…'과 같이 생략하여 텍스트 길이를 줄임으로써 텍스트가 주어진 공간을 벗어나지 않도록 방지하는 것이다.[12] 이를 위해 UI 툴킷에서는 텍스트 축약(ellipsis) 기능을 제공하여 출력 영역이 부족할 경우 텍스트를 자동으로 생략할 수 있도록 해준다.

코드 1.25 텍스트 축약 기능 활성화

```
01  myBtn.textEllipsis = true
```

---

12 이 문제를 해결하기 위해 일부 UI 툴킷에서는 마치 전광판처럼 텍스트가 이동하며 전체를 보여주는 기능을 제공하기도 한다.

그림 1.26 텍스트 축약 기능 적용 결과

텍스트 축약 기능은 이 문제를 해결하기 위해 많이 활용하는 보편적인 방법이지만 사실 완벽한 해결책이 될 수는 없다. UI 컴포넌트 안의 내용물이 텍스트만 존재한다고 가정할 수 없을 뿐만 아니라 글자 길이를 줄이는 방식이 항상 옳은 것도 아니다. 그림 1.27은 물건 구매를 위한 예시 화면이다. 왼편의 정상적인 화면과 달리 오른편 화면의 경우 영역의 부족으로 하단 버튼의 텍스트가 축약 처리되었다. 오른쪽 화면의 이미지 버튼을 보면 텍스트가 무엇을 전달하고자 하는지 사용자가 이해하기 어렵다.

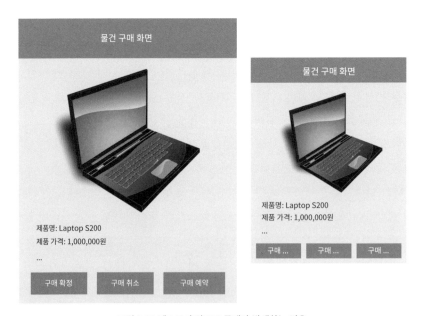

그림 1.27 텍스트 축약으로 문제가 발생하는 경우

이 시나리오는 하나의 극단적인 예이지만 실제 이와 유사한 문제를 많이 볼 수 있다. 참고로 이 문제에서는 버튼 크기를 유지하되 스크롤 기능을 활성화하거

나 툴팁(Tooltip)을 제공하여 사용자가 버튼의 텍스트 전체를 확인할 수 있게
한다.

스크롤

앱 출력 공간(윈도 또는 스크린)이 현재 UI 화면의 최소 크기보다 작다면 스케
일 팩터를 적용하여 화면 전체를 축소할 수도 있지만 스크롤 기능을 활성화해
서 이 문제를 해결할 수도 있다. 일반적으로 앱 UI를 구성할 때 핵심 콘텐츠 영
역에는 스크롤을 적용하지만, 앱 개발자가 미처 고려하지 못한 상황이 전개되
면 앱 출력 영역이 부족할 수 있다. 스케일러블 UI를 잘 구축하였을지라도 최
소 크기는 보장돼야 하므로 자동 스크롤은 최후의 보루로 적용할 수 있다.

　자동 스크롤의 핵심은 앱 개발자가 스크롤을 직접 구현하지 않더라도 UI 툴
킷 엔진을 통해 UI 화면 단위에서 자동으로 스크롤을 적용하는 것이다. 일반
적인 상황에서 스크롤 기능은 비활성화 상태이며 앱 UI에 영향을 주지 않지만,
앱 출력 공간이 부족할 경우(현재 화면의 UI와 콘텐츠를 합한 최소 크기가 앱
출력 공간보다 클 경우) 이를 활성화함으로써 UI가 무용해지는 것을 방지할 수
있다. 여러 기기 간 호환성을 고려하지 않은 앱을 보호할 수 있는 장치로, UI 툴
킷 엔진이 해당 기능을 구현할 수 있다.

그림 1.28 공간 제약 시 자동 스크롤 활성

가변/고정 영역

스케일러블 UI를 위해서는 크기를 변경할 수 있는 가변 영역과 변경할 수 없는
고정 영역을 구분한다. 그림 1.29와 같이 끝을 둥글린 사각형 버튼을 예로 들
어 보자.

그림 1.29 버튼 UI

버튼은 보조 콘텐츠인 아이콘과 텍스트, 버튼 몸체에 해당하는 배경 이미지로 구성되어 있다. 이때 배경 이미지는 보조 콘텐츠에 맞춰 버튼의 가로/세로 길이를 조절할 수 있을 것이다. 문제는 버튼 크기 변경 시 종횡비(aspect ratio)를 다르게 적용하면 버튼 외양이 훼손될 수 있다는 점이다.

그림 1.30 크기 변화로 인해 훼손된 모서리 외양

그림 1.30에서 문제가 되는 부분은 배경 이미지의 네 모서리로, 이들을 고정 영역으로 지정함으로써 문제를 개선할 수 있다. 고정 영역은 절대 크기를 보장해야 한다.

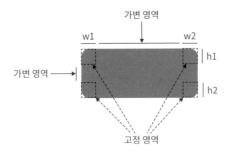

그림 1.31 가변 영역과 고정 영역

다시 말해, 고정 영역은 UI 컴포넌트의 크기에 상관없이 항상 동일한 크기 내지 일정한 종횡비를 보장한다. 이때 오해하지 말아야 할 점은 고정 영역에도 스케일 팩터를 적용하여 해상도 변경에 따른 고정 영역 크기 변경은 수행해야 한다는 점이다. 스케일 팩터의 목적은 전체 화면을 대상으로 모든 UI의 가로/세로 크기를 동일한 비율로 변경하는 것이다.

가변 영역과 고정 영역을 구현하는 방법으로 이미지 나인패치(9-patch)가 있다. 이미지 나인패치는 하나의 완성된 이미지를 위해 아홉 장의 이미지 리소스를 따로 준비한 후 응용 단계에서 이들을 결합하는 방식이다. 구현 핵심은 UI 컴포넌트에 맞게 아홉 장의 이미지를 배치하되, UI 컴포넌트의 위치, 크기가 바뀔 때마다 아홉 장의 이미지의 위치와 크기를 재계산하여 배치하는 것이다. 이때 가변 영역의 이미지(그림 1.32의 2, 4, 5, 6, 8)는 크기와 위치를 변경하지만 고정 영역의 이미지(그림 1.32의 1, 3, 7, 9)는 위치만 재조정할 뿐 크기는 변경하지 않는다. 구현이 다소 번거롭게 들릴 수 있지만 각 영역에 대한 크기를 알 수 있다면 구현 알고리즘 자체는 직관적이다.

그림 1.32 이미지 나인패치

이미지 나인패치는 기능적으로 효과적이지만 한 장의 완성된 이미지를 위해 아홉 장의 부분 이미지를 준비해야 한다는 점에서 앱 개발자에게 다소 부담이 될 수 있다. UI 툴킷이나 엔진에서 고정 영역을 지정할 수 있는 기능을 제공한다면 사용자 편의를 높일 수 있다. 코드 1.26은 이러한 기능을 보여준다.

코드 1.26 이미지 고정 영역 지정

```
01  myImg = UIImage():
02    .path = "./res/button.png"
03    .fixedRegion = {w1, w2, h1, h2}  // 고정 영역 지정(좌, 우, 상, 하)
04    .geometry = {x, y, w, h}         // 고정 영역은 영향을 받지 않음
```

코드 1.26에서는 이미지를 대상으로 고정 영역을 지정하기 위해서 `fixedRe-gion` 인터페이스를 통해 좌, 우, 상, 하 영역의 크기를 전달한다. 이후 UI 엔진에서는 이미지를 갱신(update)하는 단계에서 아홉 개의 영역을 분리하여 이미지 스케일링(4.3절) 작업을 수행한다. 이때 2, 8 영역은 가로 길이를 변경하고, 4, 6은 세로 길이를 변경한다. 5번 영역은 가로, 세로를 모두 변경한다.

안드로이드 시스템[13]의 경우 가변 영역을 이미지 리소스에 직접 기재할 수 있다. 이를 위해 그림 1.33과 같이 이미지 리소스 왼쪽과 상단 모서리에 검은 선으로 영역을 기록한다. `fixedRegion`을 앱 사용자가 직접 입력하는 과정 없이 이미지에서 고정 영역과 가변 영역을 구분하여, 프로그래밍과 디자인 작업의 의존을 앱으로부터 분리할 수 있다. 이를 위해 UI 엔진은 이미지를 불러오는 과정에서 변의 검은 선의 화소 길이를 탐색함으로써 고정, 가변 영역을 구분한다.[14] 이후 이미지 스케일링 과정은 앞서 설명한 개념과 동일하다.

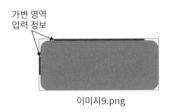

가변 영역
입력 정보

이미지9.png

그림 1.33 이미지 가변 영역(안드로이드)

최소/최대 크기

최소/최대 크기는 UI 컴포넌트가 가질 수 있는 크기의 한계를 정의한다. 특히 정규 좌표계를 이용할 때처럼 화면 크기에 의존할 경우 컴포넌트 크기에 제약을 두어 UI가 훼손되지 않도록 한다. 가령, UI 컴포넌트의 고정 영역은 크기가 변하지 않는 영역으로서, 이들의 합은 컴포넌트의 최소 크기에 해당한다. 그림 1.34는 이러한 개념을 토대로 그림 버튼의 최소 크기를 나타낸다.

---

13 참고로, 안드로이드의 기본 UX는 벡터 기반의 디자인으로 대체되었으나 이미지 나인패치 기능은 여전히 유효하다.
14 이미지를 불러올 때마다 이미지 나인 패치 작업을 시도하면 성능상 비효율적이므로 파일의 확장자 (.9.png)를 통해 나인 패치 이미지 여부를 구분한다.

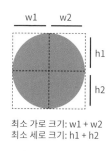

최소 가로 크기: w1 + w2
최소 세로 크기: h1 + h2

그림 1.34 버튼 최소 크기

버튼에 아이콘을 추가했다면 버튼의 최소 크기는 달라진다. 종횡비를 유지하는 선에서 버튼 크기에 맞춰 아이콘도 크기 조절이 가능하지만, 설계에 따라 아이콘 크기를 고정할 수도 있다. 또한 버튼의 텍스트를 온전히 출력해야 한다면[15] 이 역시 버튼의 최소 크기에 영향을 준다. 그림 1.35는 이러한 가정을 보여준다.

최소 가로 크기: w1 + w2 + w3 + w4
최소 세로 크기: max(h1 + h2, h3, h4)

그림 1.35 아이콘, 텍스트를 포함한 버튼 최소 크기

UI 컴포넌트의 최소 크기를 결정할 때 최소 필요 조건은 사용자가 UI를 통해 기능을 이해하고 입력할 수 있어야 한다는 점이다. 예를 들어, 터치 스크린 환경에서 버튼의 크기가 너무 작아 사용자가 정확히 터치할 수 없다면 이 버튼 설계는 잘못된 것이다. UI 툴킷 엔진은 버튼이 결정한 최소 크기와 손가락으로 터치 입력 가능한 최소 크기(시스템에서 지정한 크기)를 비교하고 두 값 중 큰 값으로 최소 크기를 결정할 수 있다. 이처럼 스케일러블 UI의 컴포넌트 크기는 환경에 따라 다양하게 변하므로 UI 시스템은 이와 관련해 생길 수 있는 문제를 미리 예상하여 컴포넌트 크기를 결정할 수 있다.

---

15 버튼의 텍스트가 가변적이고 텍스트 축약(ellipsis) 기능을 적용한다면 최소한 "…" 출력 크기를 버튼의 최소 영역에 포함해야 한다.

한편, UI의 최대 크기를 명시함으로써 크기 제약을 설정한다. 이는 UI나 콘텐츠가 불필요하게 커지는 것을 막고자 할 때 적용할 수 있는 방식이다. 일반적으로 UI는 최적의 크기를 지향하기 때문에 최소 크기를 우선으로 하며 크기가 커서 발생하는 심각한 오류는 상대적으로 많지 않다.[16] 오히려 최대 크기가 너무 작으면 문제가 될 수 있으므로 최대 크기는 무한대(infinite)를 기본으로 한다.

코드 1.27 최소/최대 크기 지정

```
01  /* 객체(컴포넌트)의 최소, 최대 크기 지정.
02     이는 기하 정보(geometry) 입력 값보다 우선순위가 높다. */
03  obj.minSize = {100, 100}
04  obj.maxSize = {1000, 1000}
05  ...
06  /* 아래 요청한 크기는 최소, 최대 크기를 벗어나므로 허용하지 않는다.
07     이 경우 시스템은 실패를 반환하거나 입력한 크기를 최소, 최대 크기
08     범위 내로 재조정한다. */
09  obj.size = {50, 50}
10  obj.size = {2000, 2000}
```

앞서 버튼 예시를 살펴본 것처럼 UI 컴포넌트를 설계할 때는 디자인 기반의 가변/고정 영역, 최소/최댓값 개념을 반영하고 엔진 내부에서는 이들 값을 계산에 반영하여 위치와 크기를 결정한다. 이렇게 하면 스케일러블 UI의 안정성을 한층 더 향상시킬 수 있다.

이번 장에서 학습한 스케일러블 UI의 내용을 토대로 버튼 UI를 코드로 옮기면 코드 1.28과 같다.

코드 1.28 버튼 UI 구성

```
01  /* 그림 1.35의 버튼 UI 구성
02     w1 = 10, w2 = 25, w3 = 가변, w4 = 10
03     h1 = 10, h2 = 10, h3 = 25, h4 = 가변
04     코드가 다소 복잡하다면 그림을 그려가면서 이해해 보자. */
05  composeButtonUI();
```

16 앞서 살펴본 자동 스크롤과 같은 장치를 통해 문제를 해소할 수 있다.

```
06    // 버튼
07    btn = UIButton()
08
09    // 배경 이미지
10    bg = UIImage():
11      .path = "./res/button.png"
12      .fixedRegion = {w1, w4, h1, h2}   // 이미지 고정 영역
13      .relativeTo = btn                 // 상대 좌표 대상 지정
14
15    // 아이콘
16    icon = UIImage():
17      .path = ...                // 앱 개발자가 요청한 이미지 리소스 명시
18      .padding = {w1, 0, 0, 0}   // 좌, 우, 상, 하 여백 설정(단위는 화소)
19      .relativeTo = bg           // 상대 좌표 대상 지정. 아이콘은 bg 영역에 종속
20      .align = {0, 0.5}          // 아이콘 기준은 bg 왼쪽 중심
21      .minSize = {25, 25}        // 아이콘 최소 크기
22      .maxSize = {25, 25}        // 아이콘 최대 크기
23
24    // 텍스트 (크기는 텍스트 출력 결과에 의존)
25    text = UIText():
26      .text = ...                  // 앱 개발자가 요청한 문자열 명시
27      .padding = {w1 + w2, w4, 0, 0}  // 여백 설정
28      .relativeTo = bg    // 상대 좌표 대상 지정. 텍스트는 bg 영역에 종속
29      .align = {0, 0.5}   // 텍스트 기준은 bg 왼쪽 중심
30      .fontName = "Sans"  // 폰트 이름
31      .fontSize = 20      // 폰트 크기
32
33    // 버튼 최소 크기
34    w = w1 + icon.size.w + text.length + w4
35    h = max(h1 + h2, text.size.h)
36
37    /* 시스템에서 지정한 최소 크기와 비교.
38       여기서는 그 값을 fingerSize라고 명명 */
39    if UIConfig.fingerSize > w
40      w = UIConfig.fingerSize
41    if UIConfig.fingerSize > h
42      h = UIConfig.fingerSize
43
44    btn.minSize = {w, h}
```

코드 1.28을 자세히 살펴보자. 18행의 padding은 UI 객체의 여백을 할당한다. 할당된 여백은 객체의 크기에 포함되므로 실질적으로 아이콘 크기는 35×25와 같다. 20행의 align은 지정된 영역에서 객체 배치 기준을 지정한다. 인자로 가

로, 세로 값을 받으며 0~1 사이의 값을 지정한다. 예제에서는 아이콘의 크기가 35×25이고 배치될 영역은 상대 좌표로 지정된 bg에 해당하므로 아이콘을 bg 영역의 왼쪽, 가운데로 정렬한 것과 동일하다. 최소 크기를 구하기 위해 호출한 34행의 text.length는 객체 크기가 아닌 실제 텍스트의 가로 길이를 반환한다. 이때 텍스트 컴포넌트의 length() 메서드 내부에서는 폰트와 텍스트 설정값을 토대로 텍스트 길이를 계산하여 반환한다고 가정한다.

1.2.5 어댑티브 UI

스케일러블 UI는 다양한 화면 크기의 디바이스에서 동일한 UI 경험을 사용자에게 제공하는 현실적인 방법이지만 사용자에게 최고의 경험을 제공한다고 볼 수는 없다. 가령, 스마트폰을 위해 디자인한 앱은 컴팩트한 UI를 고려하지만, 비교적 화면 공간이 여유 있는 데스크톱용 앱이라면 좀 더 다양한 기능의 UI를 사용자에게 동시에 제공할 수 있다. 실제로 스마트폰을 위한 UI가 데스크톱에서도 최적의 디자인이라고 보긴 어렵다. 그 대안으로 UI 앱은 기기 특성(프로파일별 또는 앱 화면 해상도)별로 다른 UI를 구성할 수 있다. 이때 앱의 핵심 비즈니스 로직은 프로파일 간에 공유하여 개발 비용을 최소화한다.

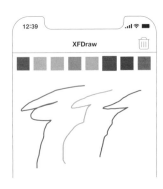

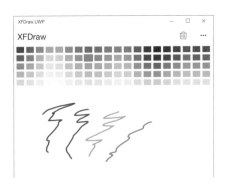

모바일 전용 색상 선택 UI   데스크톱 전용 색상 선택 UI

그림 1.36 어댑티브 UI 예(Xamarin Forms)

구현 핵심은 디바이스 또는 해상도별 프로파일을 지정하고 프로파일 단위로 지원할 UI를 각각 구현하는 것이다. 모바일 환경에서는 세로 모드(Portrait), 가로 모드(Landscape)에 따라 다른 UI를 구현할 수도 있다. 그리고 하나의 패키지에 공용의 비즈니스 로직과 여러 UI 구현부를 프로파일별로 분리하여 제공할 수도 있다. 이렇게 어댑티브 UI를 이용하는 방식은 사용자에게 디바이스 또는 스크린 해상도별 최적의 UI를 제공함으로써 앱의 호환성을 높이고 사용자 경험을 향상시킨다.

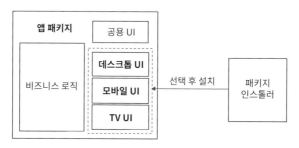

그림 1.37 프로파일별 UI 패키지 구성도

코드 1.29 디바이스 프로파일별 UI 구현

```
01  // 디바이스 타입에 따라 앱 요구 사항에 맞는 레이아웃 구성
02  switch UIConfig.deviceProfile
03    // 데스크톱 UI
04    DeviceProfile.Desktop:
05      ...
06    // 모바일 UI
07    DeviceProfile.Mobile:
08      ...
09    // TV UI
10    DeviceProfile.TV:
11      ...
```

코드 1.30 해상도 프로파일별 UI 구현

```
01  // 현 해상도에 맞는 최적의 UI 구성
02  switch window.screenProfile
03    WVGA, WSVGA, HD:
04      ...
05    1080P, WUXGA:
06      ...
07    2K, UWHD, WQHD:
08      ...
```

프로파일 단위로 UI 구현부를 모듈화할 경우 UI 시스템은 현재 구동 중인 디바이스의 환경에 가장 적합한 리소스를 선택하여 앱 UI로 적용할 수 있다. 이 경우 UI 모듈별 메타 정보를 기록하는 별도의 리소스(XML, JSON 등과 같은 메타 기반 UI 구성 정보)를 앱 패키지에 작성할 수 있도록 플랫폼 SDK 또는 UI 툴킷에서 기반을 제공해 주어야 하고, UI와 앱 로직 간 의존성을 분리할 수 있는 UI 시스템을 설계하여 UI 모듈의 교체로 인한 호환성 문제가 없도록 구조화해야 한다. 그렇게 함으로써 앱 개발자는 디바이스, 해상도별 경우의 수를 고려한 코드를 일일이 작성하지 않고도 어댑티브 UI를 비교적 쉽고 안정적으로 구현할 수 있다.

1.3 앱 기능 연동

1.3.1 메인 루프

UI 엔진은 UI 앱을 동작하는 중추 역할을 담당한다. 일반적으로 UI 앱의 프로세스[17]가 시작되면 UI 엔진은 런타임[18]을 기반으로 기능 동작을 수행한다. 이때 UI 엔진은 메인 루프를 구축함으로써 시스템 정책을 기반으로 주어진 일련의 작업들을 순차대로 수행한다. 여기서 메인 루프(Main-Loop)란, 논리 구조와 제어를 반복 수행하는 루프를 말하며, 이벤트 주도 방식의 UI 프로그램을 구축할 때 유용하다.[19] 쉽게 말하자면, 무한 루프(예: while 구문)를 가동한 후 어떤 이벤트 또는 메시지가 발생할 때마다 이들을 처리하는 방식이다. 현대의 많은 UI 시스템이 자체적인 UI 엔진을 구축함으로써 이벤트 주도 방식의 앱 동작 사이클을 구축한다. 그림 1.38은 전형적인 메인 루프의 동작 과정을 보여준다.

그림 1.38을 보면 메인 루프 가동 전에 초기화 작업을 수행할 수 있는데 이때 앱에서 필요한 리소스를 불러오고 데이터를 초기화하며 수명 주기(1.3.3절) 동작을 설정한다. 이 과정에서 여러 이벤트 등록과 함께 앱의 최초 화면을 구성

---

17 네이티브 앱의 경우 독립 프로세스를 가지며 웹 앱은 웹 브라우저의 프로세스에 종속되거나 자식 프로세스로 동작한다.
18 컴퓨터 프로그램이 실행되고 있는 동안의 동작
19 게임처럼 상태 기반의 로직을 반복 수행하는 경우에도 메인 루프를 적용할 수 있다.

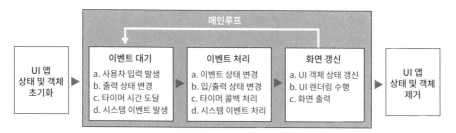

그림 1.38 메인 루프 수행 절차

하기도 한다. 다음으로 앱을 구동하기 위해 메인 루프에 진입한다. 메인 루프의 수행 절차는 크게 세 단계로 나눌 수 있다. 본 절차의 작업은 메인 루프를 종료하는 이벤트가 발생할 때까지 반복한다.

1. 이벤트 대기: 기본적으로 메인 루프는 대기(idle) 상태를 유지한다. 대기하는 동안에는 프로세스 파워를 점유하지 않도록 수면(sleep) 상태를 유지할 수 있다. 대기 단계에서 특정 이벤트가 발생했다면 이벤트 처리 단계로 진입한다. 사용자 입력, UI 앱 화면의 가시 상태 변화, 네트워크를 통한 데이터 전송, 등록한 타이머가 특정 시간에 도달하면 발생하는 이벤트 등이 이에 해당한다. 여기서 타이머는 주어진 시간 간격(또는 1회)으로 이벤트를 발생시키는 장치이다.

2. 이벤트 처리: 이벤트가 발생했다면 발생한 이벤트를 해석(dispatch)하고 이벤트에 부합하는 동작을 수행한다.[20] 가령, 버튼 클릭 이벤트(코드 1.4) 구현을 수행하거나 네트워크를 통해 전달받은 패킷 정보를 가공할 수 있다. 또는 윈도 크기가 변경되었다면 그에 맞게 UI 크기 변경 작업을 수행하고, UI 앱이 백그라운드로 전환되면 수행 중인 애니메이션을 중단하거나 동작을 일시 정지 상태로 변경할 수도 있다.

3. 화면 갱신: 이벤트 처리 후 UI 객체(UI 컴포넌트)에 변화가 발생했는지 확인한다. UI 객체에 변화가 있다면 이를 반영하여 렌더링을 수행하고 최종적으로 앱 화면을 갱신한다.

---

20 코드 레벨의 내부 구현은 사용자 상호작용(6.4절)에서 확인할 수 있다.

코드 1.31 메인 루프 기본 로직

```
01  /* 엔진 가동 */
02  UIEngine.run():
03      // 메인 루프 가동 전 필요 작업 수행
04      ...
05
06      // 이하 메인 루프 수행
07      while running
08          // 1. 이벤트 대기(6장 참고)
09          waitForEvents()
10          // 2. 이벤트 처리(6장 참고)
11          processEvents()
12          // 3. 화면 갱신(2장 참고)
13          renderScreen()
14
15      // 메인 루프 종료 후 필요 작업 수행
16      ...
```

코드 1.31은 앞서 설명한 수행 절차를 토대로 메인 루프를 가동하는 UIEngine 코드의 틀(template)을 보여준다. UIEngine.run()을 호출하면 메인 루프를 가동하되, 앱 종료 요청이 발생하면 메인 루프를 멈추고 엔진을 종료할 수 있다. 이후에는 엔진에서 제공하는 UI 뿐만 아니라 UI 앱 전용 리소스를 정리하고 프로세스를 종료한다. 일단은 큰 그림을 이해하고, 각 단계별 구체적인 내용은 2장과 6장에서 자세히 살펴볼 예정이다.

앞서 설명한 메인 루프를 이해하고 나면 본 시스템에서 제시하는 UI 앱의 동작 방식을 쉽게 파악할 수 있다. 요약하면, 본 UI 시스템에서 제시하는 메인 루프의 동작 핵심은 큰 맥락에서 대기-이벤트 처리-렌더링의 세 과정을 반복한다고 볼 수 있다. 시스템은 디바이스로부터 발생한 사건(전원, 키, 터치, 네트워크 송·수신 입력 등)을 신호로 바꿔서 UI 엔진에 전달하거나 이를 서비스 이벤트(알림 메시지, 앱 일시 정지 및 종료 등)로 가공하여 전달할 수 있다. 사용자(UI 앱)는 필요한 이벤트 수신을 등록함으로써 해당 이벤트에 맞는 기능 동작을 완성한다. 물론 이러한 기능 동작에는 UI도 포함된다. 메인 루프 절차에 따라 UI 객체(UI 컴포넌트)에 변화가 발생했는지 확인하고, UI 객체에 변화가 있다면 이를 반영하여 렌더링을 수행한 다음 최종적으로 최신 상태의 UI를 화면에 출력한다(그림 1.39).

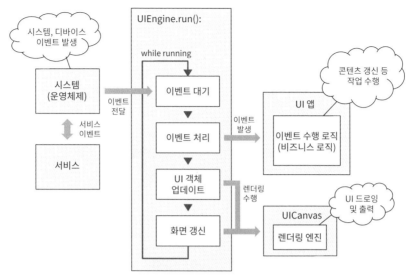

그림 1.39 이벤트 주도 기반의 UI 앱 로직 수행 절차

1.3.2 프레임워크

UI 앱은 UI 시스템에서 제공하는 다양한 기능을 효과적으로 활용하기 위해 UI 프레임워크를 기반으로 앱을 구축한다. UI 프레임워크를 사용해 UI 시스템 기저에서 필요한 작업들을 연결하고 UI 앱이 갖춰야 할 주요 동작에 대한 구현 인터페이스를 체계화함으로써 UI 앱을 쉽게 만들 수 있다. 그림 1.40은 UI 시스템의 내부 구조를 대략적으로 보여준다.

그림 1.40에서는 모듈 간 커뮤니케이션을 실선으로 표시하였다. 본 그림에서는 정확성보다는 서로 복잡하게 얽혀 있다는 점에 유념한다. 각 모듈은 서로 의존성이 있고, 그런 의존성을 참고해서 전체적인 UI 기능을 완성한다. 예를 들어 UI 컴포넌트는 툴킷 엔진과 스크립트 엔진(UI 테마 기능 제공) 기능이 연동되어 동작하고 동시에 윈도/뷰를 통해 UI를 화면에 표시한다. 또한 툴킷 엔진은 UI 엔진과 렌더링 엔진을 통해 출력할 영상(image)을 생성한다. 렌더링 엔진은 시스템 통합(OS 및 디바이스 연동 기능 제공)을 거쳐 현재 기기에서 최종 영상을 디스플레이 장치에 출력할 수 있다. UI 시스템은 내부에서 발생하는 많은 작업 요청과 수행 방식을 UI 앱에 직접 노출하는 대신, UI 프레임워크 기

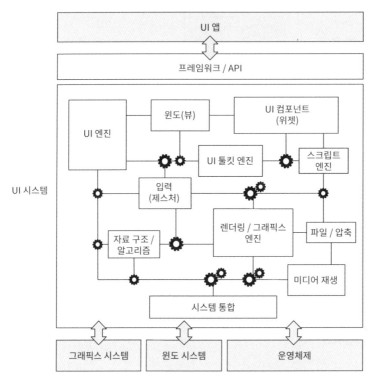

그림 1.40 UI 프레임워크 통합

반하에 각 모듈 간의 통합을 수행한다. UI 프레임워크를 통해 엔진을 초기화하고 테마와 같은 필요 리소스를 불러온다. 뿐만 아니라 메인 루프를 가동하여 앱의 수명 주기 신호와 함께 시스템에서 발생하는 다양한 서비스 신호들을 앱으로 전달하는 역할을 돕는다. 1.3.3절에서 학습하겠지만, UI 엔진은 앱의 수명 주기를 구동하는 주체로서 시스템과 연동된 다양한 이벤트를 무대 뒤에서 열심히 처리한다.

사실, UI 앱을 개발하는 관점에서는 UI 시스템 내부를 자세히 몰라도 큰 문제가 되지는 않는다. 원론적으로 보면 사용하기 좋은 UI 프레임워크일수록 앱 개발자가 UI 시스템의 동작에 간섭을 받지 않고 쉽고 빠르게 UI 앱을 개발할 수 있다. 그럼에도 앱 개발자가 UI 시스템 내부 동작 원리를 이해하고 있다면, 문제 해결은 물론 앱 최적화 측면에서 도움이 될 수 있다.

코드 1.32 프레임워크 기반의 앱 구현

```
01  main():
02    // 앱 인스턴스 생성 후 실행
03    myApp = UIApp()
04    myApp.run()
05
06  /* UI 프레임워크 기반의 인터페이스 제공. 클래스 및 메서드 이름은 임의로 정함 */
07  UIApp:
08    /* UI 엔진뿐만 아니라 여러 라이브러리 및 서비스 초기화 */
09    constructor():
10      ...
11      UIEngine.init()
12      ...
13    /* UIEngine.run() 전후로 여러 기능이 수행되지만 UI 엔진 가동이 핵심 */
14    run():
15      ...
16      UIEngine.run()
17      ...
18    /* UI 엔진뿐만 아니라 여러 라이브러리 및 서비스 종료 */
19    destructor():
20      ...
21      UIEntine.term()
22      ...
```

코드 1.32는 UI 시스템에서 요구하는 여러 필수 작업을 main()에서 호출하는 예시를 개략적으로 보여준다. 예시의 main() 코드를 보면, UI 앱에서 구현하는 로직이 얼마나 짧고 단순한지 한눈에 파악할 수 있다. 익숙하겠지만, main() 은 C++, 자바, 러스트 등 현대의 대표적인 프로그래밍 언어의 진입 함수다. 코드 1.32의 핵심은 UIApp이라는 클래스에 있다. 예시에서는 UIApp이라는 클래스를 도입함으로써 UI 시스템의 내부 기능 구현을 감춘다. 강조하지만, UIApp은 UI 앱이 아닌 UI 툴킷에서 제공하는 기능 구현에 해당하며, 프레임워크 예시를 축약하여 보여준다. UIApp 생성자(constructor)에서는 UIEngine.init()을 통해 엔진에 필요한 리소스를 불러오고, 엔진을 원활히 구동할 수 있도록 사전 준비 작업을 수행한다. run()에서는 생성자에서 준비한 리소스를 토대로 UIEngine.run()을 호출하여 엔진 즉, 메인 루프를 가동한다. 이후에는 앱 종료 요청을 받기 전까지 메인 루프를 계속 수행한다. 이때 UI 앱의 이벤트 수행 함수에서

UIEngine.stop()을 호출한다면, while 구문의 조건에 해당하는 running을 false 로 전환하여 메인 루프를 종료할 수 있을 것이다(코드 1.31). 이후 run()을 종료함으로써 앱 프로세스 역시 main() 함수와 함께 종료될 수 있다. 이때 UIApp의 소멸자(destructor)가 수행될 것이고 UIEngine을 포함한 다른 시스템이나 서비스 기능 등의 리소스를 정리할 수 있다. 소멸자에서 UIEngine.term()을 호출하면 UI 엔진은 사용한 UI 엔진의 리소스를 모두 정리하는 작업을 수행한다.

1.3.3 수명 주기

앞 절에서 살펴본 UIApp의 기능은 초기화(init), 가동(run), 종료(term)이지만 사실 UI 앱에는 UI 기능 범주 외에도 수명 주기를 포함하여 시스템 정책과 기타 여러 서비스 기능 구현이 필요하다. 따라서 UIApp 클래스는 일련의 필수 동작들을 위해 내부에서 기능들을 통합하고 관리해 주는 역할을 수행할 수 있다. 이를 구체적으로 살펴보기 위해 UIApp.run()을 호출한다고 가정해 보자. 앱을 가동하면 앱은 첫 화면으로 무언가를 출력해야 한다. 이때는 UI 컴포넌트를 배치할 앱 윈도(window)도 필요하다. 여기서 윈도는 디스플레이 장치에서 앱이 출력될 영역을 결정하는 출력 장치로 이해해도 좋다. 데스크톱 환경의 윈도 시스템을 이용해 보았다면 윈도 개념은 익숙할 것이다.[21] 본 예시의 시스템에서 UI 앱은 윈도를 생성하고 여기에 여러 UI 컴포넌트들을 적절히 배치함으로써 첫 화면을 구성할 수 있다.

코드 1.33 윈도 기반의 UI 구성

```
01  myWnd = UIWindow():        // 윈도 생성
02    .title = "My Window"     // 윈도 타이틀
03    .size = {400, 400}       // 윈도 크기
04    // 윈도 내 필요한 UI 컴포넌트 추가
05    .contain():
06      view = UILinearLayout():  // 컨테이너 생성
```

---

21 윈도는 플랫폼마다 정의나 특성이 조금씩 다를 수 있다. 안드로이드의 경우 하나의 앱이 여러 뷰(View), 정확하게는 액티비티(Activity)를 보유하고 액티비티마다 윈도를 할당하는 반면, MS 윈도우나 리눅스 같은 전통 윈도 시스템에서는 하나의 앱이 하나의 윈도를 보유하며 윈도 내에서 여러 논리적 뷰를 구성한다.

```
07        .align = {UIAlignment.Fill, UIAlignment.Fill}
08        .weight = {1, 1}
09        // 컨테이너 내 필요한 UI 컴포넌트 추가
10        .contain():
11          ...
```

그림 1.41 윈도를 통한 앱 화면 출력(Enlightenment)

UIApp.run() 호출 전에 윈도를 생성하고 UI 컴포넌트를 배치하는 작업을 수행하되, 프레임워크로서 UIApp을 통해 사용자에게 UI를 생성할 시점을 직관적으로 알려주면 더 좋다. 가령, UIApp 클래스는 create() 인터페이스를 제공함으로써 앱이 UI를 구축할 수 있는 기회를 제공할 수 있다. 여기에 더하여, 앱은 시스템의 통제를 받으며 기능을 수행하기 때문에 UIApp에서 견고하게 앱 동작을 완성할 수 있는 기틀을 제공하면 좋다. 이를 위해 앱의 수명 주기(Life Cycle)를 개념을 정의한다. 수명 주기를 토대로 앱 동작은 크게 생성(create), 수행(activate), 정지(deactivate), 종료(destroy) 상태로 분류할 수 있다. 예를 들면, 어떤 앱이 동작 중에 통화 호출이 발생하여 전화 앱이 활성화되면 해당 앱은 정지 상태가 될 수가 있다. 이 경우 앱은 수행 중인 작업을 임시 중단한다. 또 다른 예로, 사용자가 작업 관리자(Task Manager)를 통해 앱을 강제 종료할 수 있다. 이 경우 앱은 사용 중인 리소스를 정리하는 등의 정상 종료를 수행해야 한다. 실제로 플랫

폼의 앱 수명 주기 정의와 실제 동작 시나리오는 본 설명보다 훨씬 다양하고 복잡할 것이다. 게다가 뷰 기반 UI 앱 작성 모델에서는 뷰 단위로 수명 주기를 확장할 수 있다(그림 1.49). 여기서는 수명 주기 모델을 최대한 단순화하여 기본 개념만 이해하고 넘어가겠다. 그림 1.42는 윈도우-10 UWP(Universal Windows Platform) 앱의 수명 주기를 보여주는 그림이다. 윈도우 10 UWP에서는 앱을 활성화한 후 포어그라운드(foreground)와 백그라운드(background) 상태에 따라 앱을 구동하거나 정지하는 상태를 수행한다.

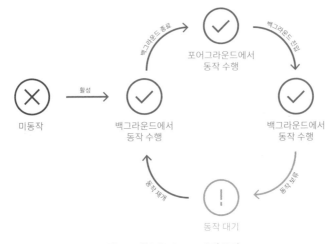

그림 1.42 윈도우10 UWP 수명 주기

현재 사용자가 사용하고 있는 앱이 포어그라운드에 해당하고 그 외의 앱은 백그라운드 상태이다. 보통 윈도 전환을 통해 포어그라운드 또는 백그라운드에 진입하며 백그라운드 상태에서는 앱이 보이지 않거나 사용자의 입력을 받지 않는다. 정리하면, 수명 주기 상태는 UI 앱 스스로 결정할 수도 있지만 수명 주기와 관련된 시스템 요청이 우선시되어야 하므로 앱은 수명 주기 상태 신호를 기반으로 적절한 동작을 수행하는 것이 좋다. 그리고 이러한 정책의 기능 동작은 프레임워크(UIApp)를 통해 완성한다. UIApp은 앱 개발자가 앱 수명 주기 상태에 맞는 동작을 구현할 수 있는 인터페이스를 제공하고 앱은 이에 맞는 수행 기능을 구현한다.

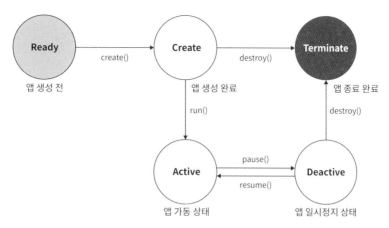

그림 1.43 앱 수명 주기 모델

코드 1.34는 앞선 설명을 토대로 UIApp과 AppLifeCycle을 통해 수명 주기 인터 페이스를 제공하는 예시를 보여준다. 또한 앱은 UIApp 클래스를 확장함으로써 수명 주기 상태별 동작을 완성한다.

코드 1.34 AppLifeCycle 인터페이스

```
01  /* AppLifeCycle은 앱 수명 주기 인터페이스 제공 */
02  interface AppLifeCycle:
03    /* 앱 구동에 필요한 사전 작업 수행 */
04    create()
05    /* 앱 종료 시 호출. 앱 관리자에 의해 강제 종료되는 경우 등 해당 */
06    destroy()
07    /* 앱이 백그라운드(Background)로 전환되는 경우 */
08    deactivate()
09    /* 앱이 포어그라운드(Foreground)로 전환되는 경우 */
10    activate()
```

코드 1.34는 네 개의 수명 주기 상태를 인터페이스로 정의한다. 다양한 구현 시나리오를 고려한다면 앱의 동작 상태도 더 세밀하게 분류할 수도 있을 테지 만 여기서는 프레임워크의 구현 맥락을 짚는 데 집중한다. 이제 UIApp은 App LifeCycle을 구현하고 프레임워크로서 임무를 보완한다.

코드 1.35 UIApp의 수명 주기 구현

```
01  /* UIApp에서 수명 주기 기본 동작 구현 */
02  UIApp implements AppLifeCycle:
03    UIWindow myWnd   // 윈도 객체를 보관할 인스턴스
04
05    override create():
06      // 윈도 생성 및 기본 설정 작업 수행
07      .myWnd = UIWindow():
08      ...
09
10    override destroy():
11      .wnd = invalid   // 윈도 삭제
12
13    override deactivate():
14      .wnd.visible = false          // 윈도 비활성화
15      AnimationCore.freeze = true   // 동작 중인 모든 애니메이션 정지
16      UIEngine.throttle = UIEngineThrottlePolicy.Low   // 수행 속도 감소
17      UISystem.flushCaches()                           // 캐시 메모리 정리
18      ...
19
20    override activate():
21      UIEngine.throttle = UIEngineThrottlePolicy.High
22      AnimationCore.freeze = false
23      .wnd.visible = true   // 윈도 활성화
24      ...
25
26    /* 라이브러리 및 서비스 초기화 */
27    init():
28      UIEngine.init()
29      ServiceMgr.register(self)
30      ...
```

코드 1.35에서 UIApp은 AppLifeCycle의 인터페이스를 구현하고 시스템 정책을 따르는 필수 작업을 수행한다. UI 앱으로서 갖춰야 할 기본 윈도를 생성하고 각 수명 주기 상태에서 취해야 할 동작들을 구현한다. 여기서 주목할 점은, 앱 개발자가 시스템 내부에 대한 이해 없이 이러한 동작들을 직접 구현하기는 어렵다는 점이다. 달리 말하면, 앱에서 구현하기 어렵거나 놓치기 쉬운 작업들을 프레임워크가 대신 완성해 줌으로써 개발 난이도를 낮추고 생산성을 향상시킬 수 있다.

deactivate()에서는 윈도를 감추고 시스템에서 동작 중인 모든 애니메이션을 일시 정지 상태로 변경한다.[22] 또한 UIEngine의 수행속도(framerates)를 고의적으로 낮춤으로서 시스템 가용율을 높이도록 돕는다. 이를 위해 throttle이란 기능을 도입하고 있는데 이는 메인 루프에 대기 시간을 의무적으로 더하는 방식으로 메인 루프의 수행 성능을 떨어뜨리는 역할을 한다고 가정한다. 이를 통해 현재 활성화된 앱이 더 많은 시스템 리소스를 점유할 수 있도록 돕는다. 또한 누적된 불필요한 캐시 리소스를 정리함으로써 여유 메모리를 확보한다. activate()는 deactivate()의 반대 기능을 수행한다. 수행 속도와 애니메이션, 윈도 상태를 복원하고 앱이 정상적으로 동작할 수 있게 한다. init()에서는 앱 수명 주기 구현을 ServiceMgr에 등록한다. 코드 수준까지 다루지 않지만 ServiceMgr 내부에서는 시스템 전반적으로 발생하는 다양한 이벤트들을 통제하고 현재 동작 중인 앱들에 수명 주기 이벤트를 전달하는 역할을 수행한다고 가정한다. ServiceMgr는 여러 UI 앱과 동시에 실시간 통신을 수행해야 하므로 데몬(Demon)처럼 백그라운드에서 상주하는 프로세스로 간주한다.

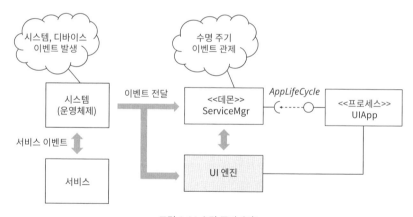

그림 1.44 수명 주기 호출

코드 1.36은 UIApp을 이용한 앱 개발 코드 예시를 보여준다. 코드 설명은 주석으로 대체했다. UIApp 내부에서 중요하면서도 자질구레한 작업들을 구현해 줌으로써 앱 개발자는 오직 첫 화면을 구축하는 데 집중할 수 있음에 주목하자.

22 AnimationCore은 6장에서 확인할 수 있다.

코드 1.36 UIApp을 확장한 MyApp 구현 코드

```
01   /* UIApp을 확장하여 앱에서 필요한 수명 주기 상태별 기능을 수행 */
02   MyApp extends UIApp:
03
04     /* 앱 화면 구현 */
05     override create():
06       super()
07       .wnd.title = "My Window"    // 윈도 타이틀
08       .wnd.size = {400, 400}      // 윈도 크기
09
10       // 윈도에 필요한 UI 컴포넌트 추가
11       .wnd.contain():
12         myBtn = UIButton():            // 버튼 생성
13           .text = "Exit"              // 버튼이 출력할 텍스트
14           .geometry = {50, 50, 100, 100}  // 버튼 위치 및 크기
15           // 버튼 클릭 시 앱 종료
16           func(UIButton obj, ...):
17             self.exit()
18           .EventClicked += func
19
20   main():
21     app = MyApp():
22       .init()
23       .run()
24       .term()
```

마지막으로 정리하면, 프레임워크는 일련의 복잡한 작업들을 수행하기 위해 시스템에 존재하는 여러 서브 시스템 내지 엔진들을 통합하고 기능을 연결하며 파사드(Façade) 패턴[23] 같은 역할을 제공한다. 프레임워크를 구축하지 않는다면 사용자(UI 앱)가 각 모듈들을 직접 설정하고 통합한 후 필요한 기능 순서대로 이들을 호출하여 UI 앱을 완성해야 할 것이다. 따라서 시스템이 거대하고 복잡할수록 난도와 작업 공수 비용은 증가할 수밖에 없다. 그러므로 프레임워크를 설계할 때는 앱 개발자가 작업을 쉽고 안정적으로 수행할 수 있도록 사용하기 쉽고 직관적인 인터페이스를 제공하는 데 초점을 두어야 한다.

---

23 복잡한 하위 시스템을 의식하지 않고 사용할 수 있도록 간단한 인터페이스를 제공하는 방식.

1.3.4 뷰

UI 앱은 다양한 기능을 수용하기 위한 하나의 방편으로 뷰(View) 단위의 기능을 구축한다. 여기서 뷰는 UI 앱이 그래픽 요소를 화면 공간에 배치하여 나타낸 결과물을 의미하며, 기능적으로 관리 가능한 화면 매개체로 보면 된다. UI 앱은 여러 뷰를 오가면서 문맥을 전환하고, 현재 활성화된 뷰가 기능을 수행한다. 가령, 앱의 A 뷰에서 특정 기능을 발동하면 B 뷰로 전환하고 반대로 정해진 시나리오에 따라 B 뷰에서 A 뷰로 전환할 수 있다. 쉽게 말해 사용자 시나리오에 따른 뷰의 전개는 브라우저 앱에서 웹 페이지 전환 방식과 유사하다. 차이점은 앱에서의 이전 뷰는 비활성 상태로 문맥 정보를 유지한다는 점이다. 뷰를 전개할 때마다 이전 뷰 객체는 스택(stack)과 같은 구현 메커니즘으로 보존될 수 있다.

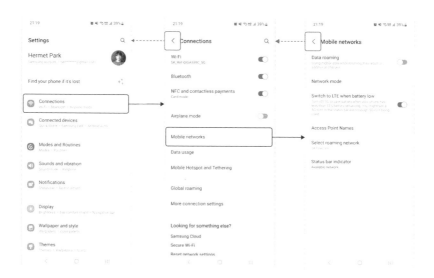

그림 1.45 세팅 앱 뷰 전환(One UI)

그림 1.46은 하나의 가상 앱에서 뷰를 구축하고 특정 시나리오에서 뷰의 전이 단계를 그림으로 표현한 것이다. 여기서 뷰는 A에서 시작하여 C, E, F, H, I 순으로 전환한 후, 호출 순서의 역으로 원래의 A로 복귀할 수 있다. 뷰 전이 정책은 사용자가 일시적으로 문맥을 전환하여 기능을 수행하고 원래의 뷰로 돌아와 이전에 사용하던 기능을 계속해서 수행하는 사용자 시나리오에 효과적이기 때문에 호출된 이전 뷰들은 상태를 보존할 수 있어야 한다. 이는 앱에서 생성

된 뷰의 객체를 리스트(list)나 스택(stack) 자료 구조를 이용하여 유지하고 상태 정보와 문맥을 기록/복구하는 방식으로 구현할 수 있다.

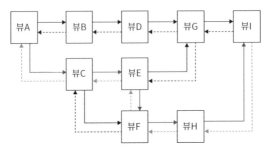

그림 1.46 뷰 전이 시나리오

UI 앱에서 뷰는 모바일 앱과 같이 화면 공간 제약이 있는 경우 특히 유용하다. 상대적으로 화면 공간에 제약이 있는 모바일 기기에서는 뷰를 전환함으로써 다양한 기능을 전개할 수 있다. 이를 위해 UI 시스템은 뷰를 논리적 단위로서 윈도 또는 UI 컴포넌트 객체(예: 컨테이너)로 지정할 수 있으며 이들을 교체함으로써 뷰를 전환한다. 대표적으로 안드로이드 시스템의 뷰(View)가 이를 윈도 수준으로 구현하고 있고, iOS UIKit의 내비게이션 바(UINavigationBar)가 뷰를 컴포넌트 수준으로 구현한다.

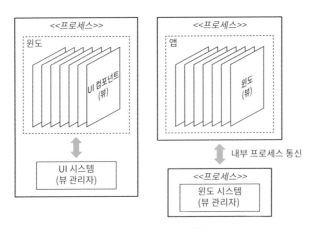

그림 1.47 뷰 정의에 따른 설계 방식 차이

그림 1.47은 전통적인 윈도 시스템을 기반으로 동작하는 뷰 정의를 논리적 단위로 보여준다. 그림에서 왼쪽은 뷰의 단위가 UI 컴포넌트로, 하나의 윈도를 생성하고 윈도 내에 복수의 UI 컴포넌트를 구축함으로써 뷰를 완성하고 전환할 수 있다. 이때 뷰 관리는 앱이 직접 수행하거나 UI 시스템이 담당할 수 있다. 컴포넌트 단위의 뷰는 뷰 기능 구현이 앱에 종속되기 때문에 상대적으로 유연하고 적은 비용으로도 기능을 구축할 수 있다. 반면 오른쪽 그림의 뷰의 단위는 윈도로, 하나의 앱은 다수의 윈도를 생성함으로써 뷰를 전환할 수 있다. 윈도 객체는 윈도 시스템에서 직접 관장하기 때문에 뷰 관리 또한 윈도 시스템에서 직접 수행하는 것이 적절하다. 윈도 단위의 뷰는 윈도 시스템과 각 뷰 간 내부 프로세스 통신(Inter-process communication, IPC)을 수행한다는 점에서 설계와 구현이 상대적으로 복잡하고 더 많은 수행 비용을 요구하는 단점이 있다. 대신 윈도 수준의 뷰는 앱의 프로세스를 벗어나 다른 앱 간 뷰 전이를 수용할 수 있는 확장성의 장점을 갖는다.

현대의 모바일 앱은 앱들이 제공하는 뷰를 서로 공유함으로써 앱에서 다른 앱 기능을 호출할 수 있다. 가령, A라는 앱에서 큰 용량의 데이터를 내려 받기 위해 와이파이 기능을 이용한다고 가정하자. 기기에 와이파이 기능이 비활성화되어 있다면, 사용자가 이를 활성화하도록 요청할 수 있다. 이때 설정(Setting) 앱의 와이파이 기능 뷰를 호출하여 사용자로 하여금 이를 자연스럽게 이용할 수 있도록 안내한다. 이러한 기능 연동은 각 앱마다 동일 기능을 재사용할 수 있어 생산성을 높인다. 다만 이는 UI 시스템의 범주를 넘어서 시스템 전체의 정책과 설계 방침에 영향을 받으며, 이러한 의존성은 복잡도를 크게 증가시킨다.

그림 1.48은 뷰의 단위가 윈도라는 전제하에, 앱 1에서 앱 2가 보유한 기능(뷰B)을 요청하는 과정을 추상적으로 표현한 것이다. 앱 1은 서비스 관리자(ServiceMgr)를 통해 A 기능(와이파이 설정)을 요청한다. 서비스 관리자는 사전에 등록된 기능과 앱 간의 매핑 정보를 탐색하여 해당 기능을 보유한 앱 패키지(앱 2) 및 뷰 정보(와이파이)를 확인하고 뷰 정보와 함께 해당 앱을 런칭한다. 이때 앱 패키지 정보는 매니페스트(manifest) 파일 등을 이용할 수 있다. 앱 2가 이미 실행되었지만 비활성화 상태인 경우에는 이를 활성화 상태로 변경 요청한다. 이때의 이벤트 전달은 1.3.3절에서 살펴본 수명 주기 이벤트를 확장

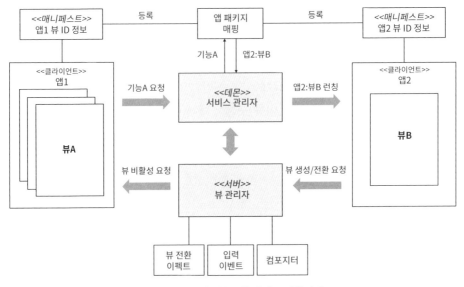

그림 1.48 기능 협력을 통한 앱 간 뷰 전환 과정

하여 완성할 수 있다. 앱 2는 요청 받은 기능(뷰B)을 즉시 실행하고 뷰 관리자를 통해 이를 보여준다. 그림에서 뷰 관리자는 전통적인 윈도 관리자(Window Manager)[24]로 해석해도 무방하다. 윈도 관리자는 활성화된 뷰들을 그래픽적으로 추가 장식하거나 합성한 후 출력하고 뷰 간의 전환 효과를 구현하며, 입력(마우스, 키, 터치, 음성 등) 이벤트로부터 제스처를 해석하고 최종적으로 활성화된 뷰에 정보를 전달하는 역할을 담당한다.

한편, 앱 2는 요청받은 기능(뷰B)을 즉각 실행할 수 있는 구조가 필요하다. 앞에서 살펴본 프레임워크를 뷰 단위 실행이 가능한 구조로 개선한다면 요구 사항을 쉽게 만족할 수 있다. 기술적으로 동작 과정에는 큰 차이가 없지만 다수의 뷰를 관리하기 위해서는 뷰 인터페이스(UIView)와 스택 기반의 뷰 관리(UIViewMgr)가 필요하다.

코드 1.37 **뷰와 뷰 관리자 기능 구현**

```
01  /* 앱이 아닌 뷰 단위의 수명 주기 인터페이스 설계
02      예시의 인터페이스는 AppLifeCycle과 동일하다.
```

---

24 GUI 환경에서 각 앱의 윈도를 다루는 시스템 프로그램

```
03      앱은 UIView를 구현함으로써 뷰를 정의하고 동작을 완성한다. */
04   UIView:
05
06      /* 뷰 생성 시 뷰 관리자에 추가 */
07      constructor():
08        UIApp.viewMgr.push(self)
09
10      /* 뷰 구동에 필요한 사전 작업 수행 */
11      create()
12      /* 뷰 종료 시 호출. 뷰 관리자에 의해 강제 종료되는 경우 등 해당 */
13      destroy()
14      /* 뷰가 백그라운드(Background)로 전환되는 경우 */
15      deactivate()
16      /* 뷰가 포어그라운드(Foreground)로 전환되는 경우 */
17      activate()
18      /* 뷰 ID 정보(var) 반환 */
19      id()
20
21   /* 뷰 관리자: 다수의 뷰를 관리하고 기능 조작을 담당하는 역할 수행 */
22   UIViewMgr:
23      UIView views[]   // 생성된 뷰 목록
24      UIView current   // 현재 활성화된 뷰
25      ...
26
27      /* 새로운 뷰를 추가하고 이를 활성화 */
28      push(view):
29        // 기존 활성화 뷰를 비활성화 상태로 변경
30        if .current.valid()
31          .current.deactivate()
32        .current = view
33        // 목록에 뷰 추가
34        .views.add(view)
35        // 새 뷰의 콘텐츠 생성 요청
36        view.create()
37        // 새 뷰를 활성화 상태로 전환
38        view.activate()
39        ...
40
41      /* 현재 뷰를 삭제하고 이전 뷰를 활성화 */
42      pop():
43        // 예외: 뷰가 없는 경우
44        return if .current.invalid()
45        // 기존 활성화 뷰를 비활성화 상태로 변경
46        .current.deactivate()
47        // 기존 뷰 삭제 요청
48        .current.destroy()
```

```
49      // 목록에서 뷰 삭제
50      .views.remove(.current)
51      // 이전 뷰를 현재로 뷰로 전환
52      .current = view.last
53      // 이전 뷰를 활성화 상태로 전환
54      .current.activate()
55      ...
56
57      /* 모든 뷰를 비활성화 상태로 전환하고 삭제 */
58      clear():
59        // 최상위 뷰부터 역으로 비활성화
60        reverse_for view :.views
61          view.deactivate()
62          view.destroy()
63        .views.clear()
64
65      /* 뷰 검색: 주어진 id와 일치한 뷰를 찾아 반환 */
66      get(id):
67        for view :.views
68          return view if view.id == id
69        return invalid
```

코드 1.37은 UIView와 UIViewMgr 클래스의 일부 기능만을 보여준다. 이들은 앱
을 구현하는 데 필요한 인터페이스를 제시하면서 동시에 기능을 구현하여 프레
임워크로서 역할을 완수한다. UI 앱은 UIView에서 제시하는 인터페이스를 구
현하여 앱에서 필요한 새로운 뷰를 정의하고 뷰 기능을 완성할 수 있다. UIView
Mgr는 앱에서 생성한 다수의 뷰를 관리한다. 또한 뷰의 전개 방식에 맞춰 스택
구조를 이용하여 뷰를 추가(push)하고 제거(pop)하는 기능을 제공한다. 사용자
(앱)는 커스텀 뷰를 생성한 후 UIViewMgr에 뷰를 추가함으로써 화면에서 새로운
뷰를 활성화할 수 있다. 코드 예시에서는 일부 핵심 인터페이스만을 제시하였
지만 실제 사례에서는 뷰를 특정 위치에 삽입하거나 삭제하고 스택에 쌓인 뷰
의 순서를 조정하는 등의 기능이 필요할 것이다. 또한 뷰 전환 효과(transition)
가 있을 경우 애니메이션 시작, 종료 시점을 알 수 있는 인터페이스도 고려 대상
이다. 코드 1.38은 코드 1.35를 기반으로 UIViewMgr를 추가 구현한 UIApp 클래스
를 보여준다. 여기서는 프레임워크 내부에서 필수 동작을 직접 구현하여 사용
자(앱)가 복잡한 뷰 관리에 신경 쓰지 않아도 된다는 점에 주목하자.

코드 1.38 UIViewMgr를 이용한 UIApp 구현

```
01  /* UIApp에서 수명 주기 기본 동작 구현
02     UIViewMgr를 이용하여 사용자(앱) 뷰들을 관리 */
03  UIApp implements AppLifeCycle:
04    UIViewMgr viewMgr
05
06    constructor():
07      .viewMgr = UIViewMgr()
08
09    /* 앱 구동에 필요한 사전 작업 수행.
10       ServiceMgr는 생성하고자 하는 뷰 정보(viewId)를 전달한다. */
11    override create(viewId):
12      // 이미 뷰가 존재하면 해당 뷰를 활성화
13      view = .viewMgr.get(viewId)
14      if view.valid()
15        view.activate()
16        return true
17
18      // 기존에 존재하지 않은 뷰일 경우
19      return false
20
21    /* 앱 종료 시 호출. 앱 관리자에 의해 강제 종료되는 경우 등 해당 */
22    override destroy():
23      // 생성된 모든 뷰를 정리
24      viewMgr.clear()
25
26    /* 앱이 백그라운드(Background)로 전환되는 경우 */
27    override deactivate():
28      // 현재 뷰 비활성화
29      view = viewMgr.current
30      view.deactivate()
31
32      AnimationCore.freeze = true   // 동작 중인 애니메이션 멈춤
33      UIEngine.throttle = UIEngineThrottlePolicy.Low // 수행 속도 감소
34      UISystem.flushCaches()                      // 캐시 메모리 정리
35      ...
36
37    /* 앱이 포어그라운드(Foreground)로 전환되는 경우 */
38    override activate():
39      // 상태 복원
40      UIEngine.throttle = UIEngineThrottlePolicy.High
41      AnimationCore.freeze = false
42      // 뷰 활성화
43      view = viewMgr.current
44      view.activate()
```

마지막으로 코드 1.39에서는 앱에서 뷰 생성 예시를 보여준다. SettingApp은 매니페스트에서 나열한 ID에 매칭되는 뷰를 클래스 단위로 구현하고, 요청 시 해당 뷰를 생성하는 작업을 수행한다.

코드 1.39 UIApp을 확장한 SettingApp 구현

```
01  /* UIApp을 확장한 SettingApp 뷰 구현 */
02  SettingApp extends UIApp:
03
04    /* 앱 구동에 필요한 사전 작업 수행.
05       ServiceMgr는 생성하고자 하는 뷰 정보를 전달한다. */
06    override create(viewId):
07      // 뷰가 이미 생성되어 있는 경우 활성화 후 종료
08      return true if super()
09
10      // 요구한 뷰 ID에 해당하는 뷰 생성.
11      // 각 커스텀 뷰는 SettingApp 패키지에서 UIView를 확장하여 구현
12      switch viewId
13        SettingMain:
14          view = UIMainView()
15        SettingWifi:
16          view = UIViewWifi()
17        SettingConnection:
18          view = UIViewConnection()
19        SettingMobileNetwork:
20          view = UIViewMobileNetwork()
21        ...
22
23      return true
```

코드 1.39의 뷰 기반의 UI 앱 구현 예시에서 추가적으로 주목할 부분은 앱의 수명 주기를 뷰 단위로 확장했다는 점에 있다. 결과적으로 UI 앱은 뷰 단위에서 수명 주기 이벤트를 전달받음으로써 각 뷰마다 독립적인 문맥을 유지할 수 있게 된다.

　실제 예로 그림 1.49는 2015년 필자가 타이젠 시스템의 뷰 수명 주기를 설계했을 당시의 동작 과정을 보여준다. 본 시스템에서는 뷰 전환 애니메이션 등 실질적인 기능을 구현하기 때문에 수명 주기 상태(Inactive, Active, Load, Unload, Pause, Resume, Destroy)가 더욱 세분화되어 있는 점을 확인할 수 있

다. 또한 알림과 같이 동작 흐름에서 뷰 위에 다른 프로세스의 UI가 오버레이(overlay)되는 경우나 전화 호출 등으로 화면 전환이 발생하는 시스템 인터럽션 등의 시나리오를 참고할 수 있다.

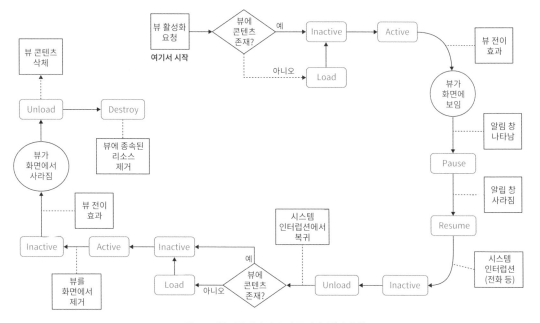

그림 1.49 뷰 단위의 수명 주기 동작 흐름(타이젠)

1.4 UI 툴킷 확장

이번 절에서는 UI 툴킷을 완성하기 위해 UI 툴킷 엔진에서 다뤄야 할 추가 기능 요소를 살펴본다. 기본적으로 UI 툴킷 엔진은 UI 컴포넌트를 구동하는 공통된 기능 특성을 구현한다. UI 컴포넌트의 디자인 원칙과 구현 정책을 바탕으로 다양한 종류의 컴포넌트를 확장·구현한다. 이론적으로 UI의 확장 범위는 무궁무진하므로 UI 컴포넌트의 공통 기능을 설계할 때 컴포넌트의 기본 동작 정책을 준수하면서 사용자 컴포넌트 확장에 열려 있도록 인터페이스를 심사숙고하여 설계해야 한다. 또한 툴킷 엔진은 각 컴포넌트에 적용할 테마 기술을 완성하여 컴포넌트의 룩앤필(Look & Feel)[25] 기술을 지원한다. 이는 테마를 구현하는 외부 리소스(테마 파일)와 각 컴포넌트와의 정적 또는 동적 결합(binding) 방식을 통해 완성할 수 있다. 결과적으로 이는 제품 디자인이나 사용자 선호를 만족시킬 수 있는 다양한 UX 경험 환경을 제공한다. 뿐만 아니라 UI 툴킷 엔진은 포커스(Focus) 기능을 구현하여 사용자 입력 환경에서 특정 컴포넌트를 선택하고 해당 컴포넌트의 기능을 작동시킬 수 있는 기반을 마련한다. 이는 디자인 정책을 기반으로 컴포넌트 트리를 순회하며 화면에 배치된 특정 UI로 이동할 수 있는 기능을 구현하고, 소프트 키보드(Soft Keyboard)[26]는 물론, 제스처 인식, 음성 재생과 같은 입출력 기능을 연동함으로써 접근성(accessibility) 기능을 강화할 수 있다. 접근성은 시·청각 장애인이 기기를 원활하게 사용할 수

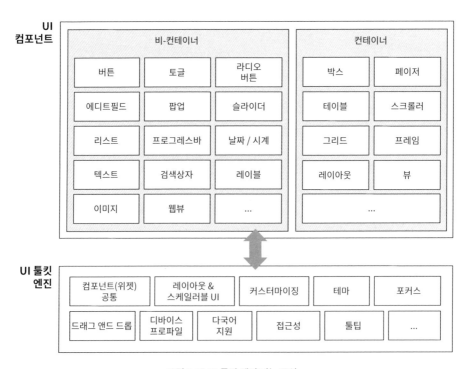

그림 1.50 UI 툴킷 엔진 기능 구성

25 소프트웨어 디자인에서 UI의 느낌과 모양을 뜻하며 여기에는 색상, 모양, 레이아웃, 글꼴을 비롯하여 버튼 등 UI 컴포넌트의 동작까지 포함한다.
26 프로그램을 통해 화면에 출력한 가상 키보드

있도록 돕는 기술을 말하며 화면에 비치된 UI 컴포넌트 기능을 문구로 표시하거나 소리 내어 읽어 주는 기능인 TTS(Text-To-Speech)가 이에 해당한다. 그 외에도 UI 툴킷 엔진은 윈도 시스템과의 프로토콜 연동을 통해 드래그 앤드 드롭(Drag & Drop) 이벤트를 구현함으로써 컴포넌트 간 또는 다른 프로세스 간 앱이 보유한 정보(콘텐츠)를 주고받는 작업을 구현하고 모바일, 데스크톱, 태블릿, TV 등 다른 형태의 디바이스를 지원하기 위한 프로파일 정보 구축, 다국어 텍스트, 툴팁 지원을 위한 기능 인프라를 구축한다.

1.4.1 테마

현대의 UI 시스템에서 UI 컴포넌트는 룩앤필을 구현하기 위해 그래픽 요소를 이용하여 외양을 표현하고, 여기에 애니메이션, 이벤트, 사용자 입력 처리 등의 필수 기능을 컴포넌트 특성에 맞춰 구현한다. 이때 변경 가능한 룩앤필을 지원하기 위해 UI 시스템은 테마 기능 요소를 추가로 구성한다. 쉽게 말해 테마는 프로그램 관점에서 디자인의 구현 결과물이며, 디자인 리소스와 기능 동작을 기록한 데이터로 해석할 수 있다. 테마 기능을 구성해 두면 동일한 UI 컴포넌트에 어떤 테마를 적용하느냐에 따라 다른 룩앤필을 보여줄 수 있다. 만약 제품이나 앱이 고유의 디자인을 갖추고자 한다면 독자 테마를 구현, 적용하여 디자인 요구 사항을 해소할 수 있다.[27]

그림 1.51은 버튼, 프로그레스 바, 시계, 세 개의 동일한 UI 컴포넌트(프로그램)에 서로 다른 테마 정보(리소스)를 적용했을 때의 결과물을 예시로 보여준

그림 1.51 테마별 UI 컴포넌트 외양 차

---

27 무분별한 테마 변경은 디자인 원칙을 훼손하고 오히려 사용자 경험을 떨어뜨릴 수 있다. 더불어 호환성 및 프로그래밍의 난도에도 영향을 미치므로 UI 시스템은 사용성, 디자인 원칙, 기능 설계를 토대로 수정 가능한 범위를 심사숙고하여 테마 기능을 개방해야 한다.

다. 유념할 점은 각 UI 컴포넌트마다 일관성 있는 룩앤필을 완성해야 하므로 패키지 내 모든 UI 컴포넌트가 동일한 테마를 가져야 한다는 것이다. 그렇게 함으로써 앱은 일관성을 갖춘 UI를 최종적으로 사용자에게 보여줄 수 있다(그림 1.52).

그림 1.52 테마별 동일 UI 앱 출력 결과(타이젠)

테마 기능을 설계할 때는 UI 컴포넌트에서 룩앤필과 관련된 디자인 요소, 그리고 컴포넌트의 기능 요소를 분리할 수 있도록 미리 고려해야 한다. 분리한 디자인 요소는 별도의 데이터(파일)로 기록하고, 각 컴포넌트가 런타임에 이를 적용하는 방식을 취함으로써 확장 가능한 테마 기능을 지원할 수 있다. 또한 테마 데이터를 설계할 때는 UI 구성 요소들이 사용하는 리소스(폰트, 이미지, 사운드 등)는 서로 공유될 수 있도록 공유 자원 영역을 구축하여 데이터 중복을 방지한다. 작성한 UI의 데이터 구조는 재현이 가능하도록 트리 데이터 구조(2.2.2 "계층 모델" 참고)를 보존하되, 컴포넌트 단위로 탐색을 용이하게 한다. 딕서너리 같은 자료 구조를 통해 공유 자원 및 컴포넌트 탐색을 용이하게 할 수 있다.

요약하면, 테마를 지원하기 위해서는 다음과 같은 기능 사항을 고려해야 한다.

1) 테마 작성 규칙
2) 테마 바이너리 포맷 정의(컴포넌트 구성 정보 및 속성)
3) 테마 스크립트 텍스트 - 바이너리 변환기(UI 테마 컴파일러)
4) 테마 정보를 읽고 해석할 수 있는 런타임 로더(테마 로더)
5) 해석한 테마 정보를 UI 컴포넌트 인스턴스 속성 정보에 연동(테마 관리자)

코드 1.40은 가상의 스크립트[28]를 이용하여 테마를 구현한 코드 예시를 보여준다. 테마 그룹을 가리키는 UI_Components 하위에 실제 컴포넌트 정보를 나열하는데, 여기서는 대표로 버튼만 보여준다. 예시에서 버튼은 기본, 호버(hover)[29], 눌림, 비활성화 네 가지 상태를 가지고 있고 각 상태마다 비주얼을 어떤 식으로 표현할지 명시한다. 기본 상태를 살펴보면, 버튼 크기 외에 배경 이미지(Base)와 아이콘, 레이블 세 개의 그래픽 요소를 갖추고 있음을 알 수 있다. 각 상태별로 그래픽 요소를 달리함으로써 버튼의 출력 상태를 각각 다르게 표현한다.

코드 1.40 테마 작성 규칙 예

```
01  UI_Components:  // 테마 정보
02    Version: 1.0  // 작성 버전 정보
03    Button:       // 버튼 컴포넌트
```

---

[28] UI 툴킷에서 프로그래밍 모델은 생산성에 큰 영향을 미치며 이를 위한 인프라 개선은 UI 툴킷 개발에 있어서 지속적인 숙제이다. 모던 UI 프로그래밍으로서 선언형(Declarative) UI도 에에 해당하며 Flutter, SwiftUI, Jetpack Compose 등이 있다.
[29] 포커스 또는 마우스 커서가 버튼 객체에 있을 때의 상태를 가리킴

```
04      Name = "ButtonStyle1"   // 버튼 스타일 명
05      State:                  // 버튼 상태
06       /* 버튼 기본 상태 */
07       Default:
08        Size:                 // 최소, 최대 크기
09         Min = 100 50
10         Max = 300 100
11        Base:                 // 기본 이미지
12         Image:
13          Path = "background.png"
14        Icon:                 // 버튼 아이콘
15         Image:
16          Path = "default_icon.png"
17         Align = 0.0 0.5  // 아이콘 위치: 왼쪽, 중앙 정렬
18         Size:                // 아이콘 크기
19          Default = 50 50
20          Min = 25 25
21          Max = 100 100
22        Text:   // 버튼 레이블
23         Font: // 레이블 폰트 속성
24          Name = "Arial"
25          Size = 10
26          Align = 0.0 0.5  // 레이블 위치: 왼쪽, 중앙 정렬
27       /* 버튼 호버 상태 */
28       Hovered:
29        Override = Default   // 버튼 기본 속성을 상속
30        Base:                 // 버튼 호버 이미지
31         Image:
32          Path = "hovered.png"
33       /* 버튼 눌림 상태 */
34       Pressed:
35        Override = Hovered
36        Base:
37         Image:
38          Path = "pressed.png"
39       /* 버튼 비활성 상태 */
40       Disabled:
41        Override = Default
42        Base:
43         Fill = "#4A86E8";   // 버튼 비활성 상태 색상
44         Opacity = 50         // 반투명 정보
```

앱에서 필요한 UI 컴포넌트를 UI 툴킷에서 제공하지 않거나 제공은 하지만 앱
콘셉트와 부합하지 않는다면, 직접 만든 이미지와 텍스트로 앱 화면을 구성할

수도 있다. 다만, 유지보수 및 확장성을 고려했을 때 효과적인 방법은 아니므로 프로토타입 및 테스트 수준의 앱 개발에서 임시적으로 고려할 만한 선택이다. 근본적인 접근법은 UI 컴포넌트의 디자인을 수정하거나 사용자 정의(Custom) 컴포넌트를 제작하는 방식이다. 일반적으로 UI 시스템에서 제공하는 테마 커스터마이징 기능은 기본 기능 범주에 해당한다.

코드 1.41 사용자 정의 테마 적용

```
01  // 정의한 테마 적용. 앱에서 호출
02  UITheme.override = "./res/CustomUI.theme"
```

코드 1.42 사용자 정의 테마 적용(컴포넌트 지정)

```
01  // 사례 1: 정의한 테마를 모든 UI 컴포넌트에 적용
02  UITheme.override = "./res/CustomUI.theme"
03
04  // 사례 2: 특정 UI 컴포넌트 인스턴스에만 사용자 정의 테마를 적용
05  button = UIButton():
06    .style("./res/CustomUI.theme", "ButtonStyle1")
```

그림 1.53은 테마를 지원하기 위해 구성한 기능 구조 예시를 보여준다. 시스템은 UI 컴포넌트에서 공통된 기능 특성을 UI 툴킷 엔진으로 분리하고 여기에 테마 관리자(Theme Mgr)를 구현한다. 테마 관리자는 적용할 테마 리소스를 선정한 후 이를 해석하여 UI 컴포넌트에 적용하는 역할을 수행한다. 시스템 테마(System.theme)는 UI 컴포넌트가 사용하는 리소스 정보를 갖추고 UI 앱은 시스템 테마를 통해 기본 디자인을 유지할 수 있다. 또한 앱에 고유 테마(CustomUI.theme)를 만들어 두면 앱 고유 테마로도 출력이 가능하다.

　그림 1.53에서 주목할 곳은 테마 리소스를 독립 데이터(파일)로 구성하는 부분이다. 테마 정보를 별도의 리소스 데이터로 분리하면 UI 구현 로직과 리소스 데이터가 분리됨으로써 시스템, 앱 구분 없이 테마의 추가, 삭제, 변경이 용이하다. 또한 이러한 특성에 기반해 스크립트 언어로 테마를 쉽게 작성할 수 있는 구조를 갖출 수도 있다. 실제 모던 UI 시스템에서는 이러한 장점을 활용하여 테마를 별도의 리소스 형태로 구성하며, 별도의 패키지를 통해 테마를 설

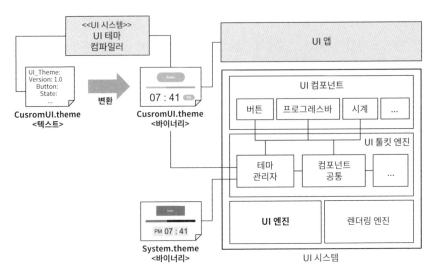

그림 1.53 테마를 지원하는 UI 시스템

치/삭제함으로써 다양한 룩앤필을 실시간 지원할 수 있게 한다. 이 구조의 또 다른 장점은 앱 종료 없이 UI 변경이 가능한 점이다. UI 라이브 에디트를 지원하는 툴킷에서 디자인 리소스만 핫 리로딩(hot reloading)함으로써 앱 소스 코드를 다시 컴파일하지 않고도 실시간으로 UI 수정이 가능하다. 달리 말하면, 핫 리로딩 방식을 이용하면 앱에서 테마 원본 파일을 실시간 감시하여 테마 파일이 변경될 때마다 이를 비동기 컴파일한 다음 다시 불러올 수 있다.

그림 1.54는 분리된 테마 정보로부터 핫 리로딩을 수행하는 UI 에디터(UI 앱)의 동작 과정을 보여준다. 기본적으로 UI 툴킷 엔진의 테마 관리자는 지정된 테마 정보를 불러오는 과정에서 파일 시스템의 도움[30]을 받아 테마 파일을 감시할 수 있다(5번). 이후 UI 에디터는 사용자가 작성한 스크립트 정보를 파일에 기록하고(1번), UI 테마 컴파일러를 이용하여 컴파일을 수행한다(2, 3번). 이러한 작업은 라이브 에디트의 백그라운드에서 실시간 진행됨으로써 사용자가 이를 알아채지 못하고 작업을 진행하도록 해준다. 컴파일 후 생성된 바이너리 파일은 기존 테마 파일과 교체한다(4번). 파일 갱신이 발생하면 파일 시스템은 이 사실을 테마 관리자에 통보한다(6번). 이후 테마 관리자는 새로 생

---

30 리눅스 커널에서는 inotify 기능을 활용할 수 있다.

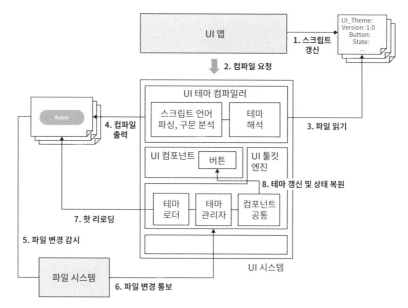

그림 1.54 분리된 테마 정보로부터 핫 리로딩을 수행하는 과정

성된 테마 파일을 다시 불러온 후 이를 관련 UI 컴포넌트에 적용한다(7, 8번). 이때 자연스러운 화면 갱신을 위해서는 각 UI 컴포넌트의 동작 상태를 유지해야 하며, 이를 위해 필요 시 각 컴포넌트의 상태를 복원하는 작업을 수행한다(8번). 사용성을 위해 시스템은 컴파일 작업을 최소화하여 시간을 단축해야 한다. 이를 위해서는 테마 정보를 하나의 집합체(Collection)로 관리하되 하위의 구성 요소(뷰 또는 컴포넌트 수준)를 파일 단위로 분리하여 관리하는 것도 방법이다. UI 에디트는 스크립트 수정 중에 이를 선택적으로 적용하고 패키지 배포 단계에서는 하나의 데이터로 합성할 수 있다.

기본적으로 테마 정보는 xml, json과 같은 가독성 있는 텍스트 포맷, 또는 자체 정의 포맷으로 작성하고, 성능과 보안을 위해 이들을 변환/압축한 바이너리 포맷으로 만들 수 있다. 성능을 우선으로 한다면 바이너리 형태가 적합하다. 이 경우 작성한 테마 정보를 바이너리로 변환할 수 있는 UI 테마 컴파일러가 필요하다. 기본적으로 UI 테마 컴파일러는 앱 패키징 단계에서 수행하며, 패키지 리소스 크기를 줄이고 앱 로딩 시간을 절약한다. 테마 데이터를 구축할 때는 테마에서 참조하는 이미지와 사운드 같은 리소스 데이터도 테마 바이너

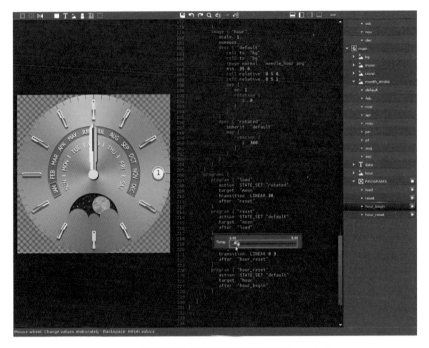

그림 1.55 핫 리로딩을 이용한 UI 라이브 에디터(Enventor)

리에 포함할 수 있는데, 이 경우 완성된 테마 정보를 하나의 파일 또는 별도의
외부 파일로 유지할 수 있다. 이 부분은 사용자 상황에 맞게 컴파일러 옵션을
제공하는 방식을 취한다. 단, 바이너리 특성상 버전 호환성을 보장하는 방법
이 필요하므로 버전 정보를 기록하여 호환성 여부를 점검하고 버전별 해석 방
식을 달리할 수 있다. 또한 바이너리 데이터에 UI 컴포넌트들의 정보를 기록할
때는 속성 정보(Tag)와 값을 쌍(Pair)으로 기록하는 것도 하나의 방법이다. 이
경우 기록된 속성 값의 의미를 태그를 통해 해석할 수 있으므로 호환성 보장이
용이하다.[31] 바이너리 크기를 줄이기 위해서 모든 속성을 기록하는 대신 기본
정보 값을 생략하는 방법도 고려할 수 있다.

---

31 여기서 태그-속성은 키-값 관계로 해석해도 무방하다. 저자가 개발한 벡터 그래픽 엔진(*www.thorvg.
  org/about*) 데이터 포맷(TVG Picture)이 이 방식으로 데이터 호환성을 보장한다.

1.5 정리하기

지금까지 앱 개발에 필요한 UI 툴킷의 기본 기능 요소와 구현 방안을 살펴보았다. UI를 구성하는 가장 원시적인 방법으로 이미지와 텍스트를 이용하는 방법이 있으며, UI 컴포넌트를 이용하면 더욱 쉽고 빠른 앱 UI 구현이 가능하다. UI 컴포넌트는 그래픽 출력뿐만 아니라 사용자와 앱 간의 상호 작용을 위한 기능을 제공하며 이러한 기능은 UI 컴포넌트의 이벤트로 구현할 수 있다. 확장성을 위해 스케일러블 UI 개념을 알아보았고 여러 응용 사례도 함께 살펴보았다.

　전통적으로 UI 앱은 윈도를 통해 화면 출력 영역을 확보하며 뷰 단위로 레이아웃을 구축하고 UI를 배치함으로써 화면을 구성할 수 있다. 또한 뷰 단위로 기능을 구축하면 모바일과 같은 제약된 화면 공간에서도 앱 시나리오를 전개하기가 용이하다. 앱의 핵심 구동 로직에 해당하는 메인 루프의 개념과 동작 원리에 대해 학습하였고, 이를 토대로 앱의 수명 주기를 설계하고 프레임워크 기반에 앱을 연동하는 과정을 살펴보았다. 마지막으로 UI 툴킷의 기능 요소를 살펴보고 대표적으로 테마에 필요한 기능 요소와 구현 전략을 살펴보았다.

2장

UI 렌더링의 심장, 캔버스

캔버스(Canvas)란 단어의 원래 뜻은 유화를 그릴 때 쓰는 평직물을 가리킨다. 이와 동일한 맥락에서 UI 엔진에서의 캔버스는 UI 객체를 화면에 출력하기 위한 드로잉 영역으로 이해할 수 있다. 사용자에게 그림 도구를 제공함은 물론, 이들이 화면에 출력될 수 있는 복잡한 기능을 내부적으로 구현한다. 가령, 리테인드(Retained) 그래픽 시스템(2.1.3절)의 캔버스는 도형, 이미지, 텍스트 출력 기능을 제공함과 동시에 캔버스에 배치된 UI 객체를 관리하고, 이들이 적절한 시점에 화면에 출력될 수 있도록 도움을 준다. 이러한 기능을 수행하기 위해 캔버스는 UI 객체를 엔진 내부에서 관리하며, UI 객체가 사용자와 상호 작용할 수 있도록 사용자 입력 이벤트를 처리하고 최적의 렌더링을 위한 로직을 직접 수행한다.

이번 장에서는 UI 렌더링 엔진에 해당하는 캔버스 모델과 여기서 제공하는 핵심 기능을 살펴본다. 캔버스를 분석함으로써 UI 렌더링의 동작 원리를 이해하고, 범용 렌더링 엔진을 구현할 수 있는 그래픽과 프로그래밍 지식을 얻게 될 것이다. 궁극적으로는 UI 객체의 개념과 이들을 통해 화면에 그래픽 요소를 출력하는 동작 흐름 전반을 이해하게 된다.

이번 장을 통해 다음 사항을 학습한다.

- UI 렌더링 엔진의 기본 구성과 동작
- 래스터 작업을 위한 화소와 출력 버퍼 개념
- 렌더링 백엔드 기반의 고성능 렌더링 모델
- UI 객체와 캔버스 모델의 핵심 기능
- 장면 그래프 기반 렌더링 모델
- 렌더링 최적화를 위한 객체 컬링과 부분 렌더링
- 객체 메모리 관리를 위한 가비지 컬렉션의 개념과 기본 동작 구현

2.1 렌더링 엔진

2.1.1 UI 렌더링 엔진 구성

많은 수의 복잡한 UI 컴포넌트들을 효과적으로 출력하기 위해 UI 시스템은 이를 전담하는 렌더링 엔진을 구축한다. 여기서 렌디링(Rendering)이라 컴퓨터 프로그램을 이용하여 특정 입력 데이터로 이미지 영상을 만들어 내는 작업을 뜻하며 렌더링 과정 중에는 벡터 그래픽을 처리하거나 이미지 래스터(Raster-ize) 작업[1] 등을 수행한다. 기본적으로 렌더링 작업은 CPU 연산을 기반으로 수행하지만, 고해상도의 화소 데이터를 생성하는 작업에는 많은 연산이 필요하기 때문에 대부분 그래픽 전용의 하드웨어(GPU)에 의존한다. 특히 GPU 기반의 래스터 작업은 시스템에 따라 지원 기능과 동작이 다를 수 있으므로 렌더링 엔진과 그래픽 시스템을 잘 통합하기 위해 모듈을 분리하고 추상화 설계를 도입하여 렌더링 엔진을 완성한다.

그림 2.1은 UI 시스템 내의 UI 렌더링 엔진 구조를 보여준다. UI 렌더링 엔진은 UI 엔진과 연동되어 사용자 입력이나 애니메이션 출력 신호 등의 동작을 유기적으로 처리하면서 기본 드로잉 요소를 출력할 수 있는 캔버스 기능을 사용

---

1 화소 정보를 생성하고 이를 출력 공간(메모리 버퍼)에 기록하는 작업

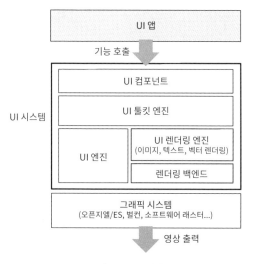

그림 2.1 UI 렌더링 엔진 구조

자(UI 앱)에 제공한다. 뿐만 아니라 UI 툴킷 엔진이 UI 렌더링 엔진에서 제공하는 UI 기본 요소를 활용하여 UI 컴포넌트를 완성할 수 있도록 기능을 제공한다. 렌더링 백엔드(Graphics Backends)는 UI 시스템이 구동 중인 그래픽 시스템(예: 오픈지엘(OpenGL)이나 벌컨(Vulkan), 다이렉트3D(Direct3D)와 같은 그래픽 가속 출력 인터페이스)과 연동하여 동작할 수 있도록 렌더링 엔진과 분리해서 외부 모듈로 구현한다. 지원하는 그래픽 장치의 기능 범주는 그래픽 시스템과 버전별 구현 방법에 차이가 있고 GPU 사양에 따라 지원되는 기능 범주도 다르므로, 렌더링 백엔드를 모듈화하여 시스템과 호환되는 루트(route)를 선택적으로 채택하고 최적의 가용성을 확보한다.

　UI 렌더링 엔진의 내부 동작을 조금 더 자세히 살펴보면 그림 2.2와 같다. 제공하는 기능과 설계에 따라 구조나 동작 방식에 차이가 있지만, 일반적으로 UI 렌더링 엔진은 이미지(Image), 텍스트(Text) 그리고 벡터(Vector) 렌더링 기능을 주요 기능으로 제공한다. 이 세 렌더링 기능을 기반으로, 이들이 만들어낸 부분 결과물을 조합하여 최종 결과 이미지를 화면에 출력한다. 이러한 결과물은 버튼 등의 UI 컴포넌트에도 해당한다.

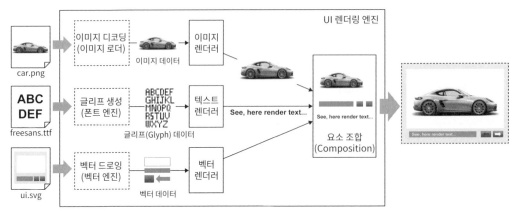

그림 2.2 UI 렌더링 기능 내부 동작 과정

벡터 렌더러(Vector Renderer)는 선, 원 그리고 다각형을 그리는 기능을 담당한다. 대표적으로 SVG(Scalable Vector Graphics) 리소스 데이터를 이용하거나 사용자가 입력한 기하 정보로부터 도형 이미지를 생성할 때, 또는 폰트 글리프(Glyph) 이미지를 생성할 때 벡터 렌더링을 수행한다. 이러한 벡터 렌더링은 벡터 그래픽 엔진을 토대로 완성할 수 있다. 이미지와 텍스트만으로도 UI 리소스를 완성할 수 있지만, 벡터 그래픽을 이용하면 해상도에 영향 받지 않는 최적의 장면을 생성할 수 있고 리소스 데이터 역시 이미지 대비 적은 편이다. 게다가, 벡터 그래픽은 이미지만으로 구현하기 어려운 역동적인 애니메이션을 실시간으로 만들어 낼 수 있는 장점도 있다. 대신 벡터 그래픽은 구현이 상대적으로 복잡하고 연산 또한 이미지에 비해 많은 편이다.[2] 대표적으로 안드로이드의 머티리얼(Material) UI가 벡터 그래픽 기반의 UI를 제공한다. 벡터 그래픽에 대한 자세한 사항은 3장에서 다룬다.

이미지 렌더러는 JPEG, PNG 포맷 등의 여러 이미지 데이터(파일)로부터 비트맵 정보를 생성하는 역할을 담당하며 그 과정에서 기하 변환, 색 공간 변환, 색상 혼합, 필터 효과 등을 수행한다. 물론 이미지 포맷에 따라 데이터 구성 및 해석 방식이 다르기 때문에 이미지 포맷마다 이미지를 불러오는 과정도 다르다. 이미지 로더에서 수행하는 디코딩 작업은 이미지 포맷에 의존하고 이미지

2 벡터 그래픽은 장면이 복잡할수록 연산량이 증가한다.

그림 2.3 안드로이드 머티리얼 UI

압축 방식에 따라서 디코딩 작업 내용도 상이하다. 그렇기 때문에 이미지 로더를 UI 렌더링 엔진 내부에 직접 구현하기보다는 포맷마다 외부 모듈로 구성하는 것이 개발이나 확장성 측면에서 효과적이다. 이미지 렌더링에 대한 자세한 사항은 4장에서 살펴본다.

텍스트 렌더러는 폰트 데이터로부터 생성한 글리프(Glyph)를 레이아웃에 맞게 조합, 배치하여 가독성을 갖춘 텍스트로 완성, 출력한다. 글리프는 하나의 문자 이미지를 가리키며, 글리프를 생성하는 폰트 엔진은 폰트 정보가 저장되어 있는 폰트 파일로부터 글꼴은 물론 스타일, 크기 그리고 레이아웃 정보 등을 해석하고 래스터 단계를 거쳐 최종 문자 이미지를 완성한다. 대중적인 폰트 포맷으로는 OTF(Open Type Font), TTF(True Type Font), AAT(Apple Advanced

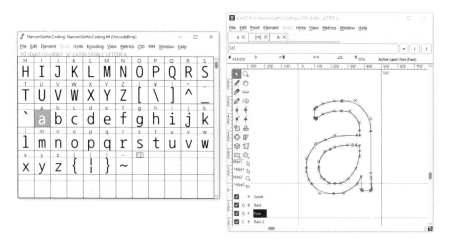

그림 2.4 폰트 파일에 기록된 글리프 정보(FontForge)

Typography Font) 등이 있다. 일부 폰트 엔진은 내장 래스터 작업을 수행하여 글리프 이미지를 완성하기도 하지만, UI 시스템 내에 범용 벡터 그래픽 엔진을 구축했다면 이를 통해 글리프 이미지를 생성할 수 있다. 대표적으로 프리타입 (Freetype) 오픈 소스 프로젝트는 텍스트를 출력하는 안정적이고 성능이 우수한 무료 소프트웨어를 제공한다. 폰트와 텍스트에 대해서는 5장에서 살펴본다.

2.1.2 비트맵과 화소

UI 렌더링 엔진은 UI 툴킷이나 UI 앱에서 요청한 드로잉 명령을 수행하는 역할을 담당한다. 가령, UI 기본 요소 출력 요청을 해석하여 내부의 렌더러로 작업을 전달하고, 렌더러는 요청받은 정보를 토대로 결과 이미지를 생성한다. 이후 렌더러는 사용자가 입력한 UI 객체 위치, 크기, 색상 결합 방식(blending) 등을 토대로 결과 이미지를 합성하는 작업을 수행한다.

완성한 이미지는 32비트 포맷이고, 이미지를 구성하는 화소 정보는 ABGR 또는 ARGB 색상 정보를 갖고 있다.[3] 예를 들어 400×400 크기의 이미지라고 가정하면 400×400×32 크기의 데이터가 필요하며, 이 중 하나의 화소 데이터는 32비트 크기를 차지한다. 또한 하나의 화소는 A(알파, 투명도), R(적색), G(녹색), B(청색) 채널을 구성하고 각 채널당 데이터 크기는 8비트이다. 이는 2^8 크기에 해당하므로 한 채널당 256개의 색상 정보를 보유할 수 있다. 결과적으로 각 채널을 조합하면 하나의 화소가 나타낼 수 있는 색상 값은 256^4인 4,294,967,296개인 셈이다.[4] 이 정도의 많은 색상 수는 자연 이미지를 출력하기에 적합하다.

요약하면, 렌더링 엔진은 이와 같은 화소 구성을 통해 최종 결과물인 비트맵 이미지 정보를 생성하는 과정을 담당한다. 이후 비트맵 이미지 정보는 커널이나 그래픽 드라이버와 같은 운영 체제의 저수준(low-level) 그래픽 시스템의 도움을 받아 디지털 신호 프로세싱(DSP) 과정을 거쳐 디스플레이 장치로 출력된다. 결국 하나의 화소 정보는 디스플레이 장치의 물리적 화소와 1:1 대응함으로써 화면에 표시된다.

---

3 32비트 크기의 화소 시스템이 많이 활용되고 있으며 시스템 설계에 따라 데이터 크기 및 화소의 채널 구성은 다를 수 있다.
4 알파 값(투명도)을 제외한 순수 색상의 경우 16,581,375개가 된다.

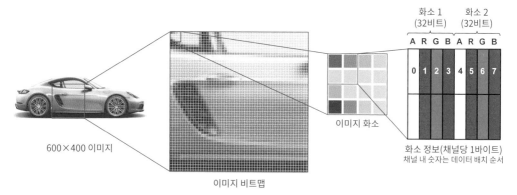

화소 1 (32비트)　화소 2 (32비트)

이미지 화소

화소 정보(채널당 1바이트)
채널 내 숫자는 데이터 배치 순서

600×400 이미지

이미지 비트맵

그림 2.5 비트맵을 구성하는 화소 구성 정보

비트맵을 구현하기 위해서는 일련의 메모리가 필요하다. 메모리에 화소 값을 기록함으로써 비트맵 이미지를 완성하기 때문이다. 비트맵에 기록하는 각 화소의 채널 순서는 시스템 환경에 따라 다르게 지정될 수도 있다. 코드 2.1은 화소 채널이 R, G, B, A일 때 비트맵에 화소 정보를 직접 기록하는 코드다.

코드 2.1 32비트 비트맵에 색상 값 기록

```
01  // 4바이트 크기의 가로 10, 세로 10 크기의 비트맵 데이터
02  RGBA32 bitmap[10, 10]
03
04  bitmap[0, 0] = 0xff0000ff  // 첫 번째 행의 첫 번째 화소 색상은 적색
05  bitmap[0, 1] = 0x00ff00ff  // 첫 번째 행의 두 번째 화소 색상은 녹색
06  bitmap[0, 2] = 0x0000ffff  // 첫 번째 행의 세 번째 화소 색상은 청색
07  ...
08  bitmap[1, 0] = 0xffff00ff  // 두 번째 행의 첫 번째 화소 색상은 황색
09  bitmap[1, 1] = 0xff00ffff  // 두 번째 행의 두 번째 화소 색상은 보라색
10  bitmap[1, 2] = 0xffffffff  // 두 번째 행의 세 번째 화소 색상은 흰색
11  ...
12  bitmap[9, 7] = 0x000000ff  // 열 번째 행의 여덟 번째 화소 색상은 검정
13  bitmap[9, 8] = 0x00ffffff  // 열 번째 행의 아홉 번째 화소 색상은 청록색
14  bitmap[9, 9] = 0xffffffff  // 열 번째 행의 열 번째 화소 색상은 흰색
```

코드 2.1은 10×10 크기의 비트맵 메모리를 준비하고 각 화소 위치에 색상을 기록하는 예시를 보여준다. 4행을 보면 (0, 0) 위치에 적색을 기록하는 내용을 확인할 수 있다. 기록하는 값은 16진수로 표현하였지만 각 채널별 16진수 값을 10진수로 변환하면 [R:255, G:0, B:0, A:0]와 동일하다.

예제의 비트맵 데이터는 알파 채널 즉, 투명 속성을 지닌 영상 데이터다. 그렇다면 여기서 알파 값을 배제한 최종 출력할 색상 값은 무엇인지 의문이 들 것이다. LED 디스플레이의 발광 다이오드는 물리적으로 R, G, B 세 개가 하나의 화소를 구성하므로 실제 영상 출력을 위해서는 R, G, B 세 개의 채널을 갖는 24비트 화소 데이터의 비트맵 영상 데이터가 필요하다. 달리 말하면, RGBA 데이터에서 각 화소의 A 값을 R, G, B 채널 값에 적용함으로써 최종 출력할 색상 값을 결정하는 단계가 필요하다. 이러한 단계는 UI 시스템이나 렌더링 엔진의 설계 방침에 의존한다. 결과적으로 이는 비트맵 화소 데이터에 투명 정보를 기록하는 방식에도 영향을 주는데 시스템에 따라 선적용(pre-multiplied) 방식과 비-선적용(non pre-multiplied)[5]으로 구분한다. 선적용 방식은 알파 채널 값을 미리 계산하여 화소 값을 결정한 비트맵 데이터를 말한다. 이는 수식 2.1의 RGB에 각 채널의 값을 대입하여 도출한 값을 RGB′로 합성한 결과에 해당한다. 코드 2.2의 로직을 비트맵에 적용한 결과값으로 볼 수 있다.

$$RGB' = RGB \times \frac{A}{255}$$

수식 2.1 알파 값 계산식

코드 2.2 화소에 알파 값 적용

```
01  /*
02   * 화소 데이터 투명 값 적용 식: RGB * (A / 255)
03   * @p src: RGBA32, 비-선적용 알파 픽셀
04   */
05  preMultiplyAlpha(src):
06    A = src & 0x000000ff
07    R = ((src >> 24) & 0xff) * (A / 255)
08    G = ((src >> 16) & 0xff) * (A / 255)
09    B = ((src >> 8) & 0xff) * (A / 255)
10    return (R << 24 | G << 16 | < B << 8 | A)
```

그림 2.6은 알파 값(0.5)을 선적용한 비트맵과 적용하지 않은 비트맵을 각각 입력했을 때의 시스템 동작 시나리오를 보여준다. 선적용의 경우 알파 값이 화소

---

5 스트레이트(straight) 방식으로 해석하기도 한다.

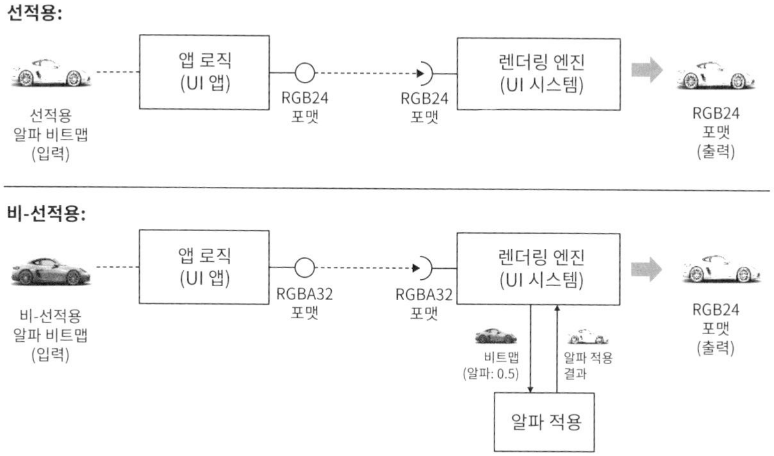

그림 2.6 알파 선적용 vs 비-선적용

의 RGB 채널 값에 미리 반영되어 있으므로 추가 계산 없이 비트맵을 직접 출력할 수 있지만 반대의 경우에는 렌더링 엔진 내에서 주어진 비트맵 데이터에 알파 값을 적용하는 과정(알파 적용)을 추가로 수행한다. 이러한 작업은 비트맵 해상도에 비례하여 성능 부담으로 이어지므로 가능하면 알파 값을 선적용한 비트맵 데이터를 전달하도록 시스템을 설계하면 좋다.

그래픽 처리 과정 중 시스템에 따라 컴포넌트나 프로세스 간 비트맵 데이터를 주고받는 단계가 필요한데, 데이터 공유 및 처리 과정을 효율적으로 하기 위해서 입출력 비트맵 포맷을 통일하는 것이 좋다. 그렇지 않으면 직접적으로 데이터를 공유할 수 없거나 포맷 변환을 추가로 수행해야 한다. 이 경우 데이터 복사가 필연적으로 발생하게 되므로 고성능 시스템을 설계할 때는 데이터 복사를 최소화하기 위해 범용 데이터 포맷을 선정하고 이를 위한 인터페이스를 설계하는 것이 좋다.

그림 2.7은 컴포넌트 간 데이터 포맷이 일치할 경우와 일치하지 않을 경우의 시스템 동작을 도식화한 것이다. 아래쪽 그림은 포맷이 일치하지 않아 데이터 변환을 추가로 수행하는 시나리오를 보여준다. 이 경우 비트맵 데이터를 직접 공유할 수 없게 되어 비트맵 포맷 변환을 수행하게 되며 비트맵 이미지의 데이터 복사가 필연적으로 발생한다. 결과적으로, 성능 최적화 관점에서 불리한 시스템 구조로 볼 수 있다.

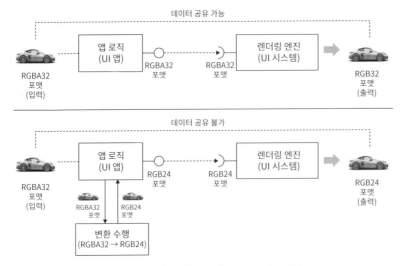

그림 2.7 이미지 포맷에 따른 데이터 공유 가능 여부

2.1.3 렌더링 방식

기본적으로 사용자(앱)는 드로잉 요소를 화면에 출력하기 위해 렌더링 엔진에 드로잉 요청을 한다. 하지만 렌더링 엔진에 따라 렌더링 엔진이 직접 드로잉 시점을 결정하고 렌더링을 수행하기도 한다. 이러한 동작 정책을 바탕으로 이미디어트(Immediate)와 리테인드(Retained) 모델로 구분할 수 있다. 이미디어트 렌더링은 사용자가 렌더링 문맥(Context)을 관리하면서 그래픽 요소의 드로잉을 직접 요청하는 방식이고, 리테인드 렌더링은 반대로 렌더링 엔진이 렌더링할 정보와 문맥을 구축하고 그래픽 요소를 드로잉하는 방식이다. 리테인드 렌더링 모델은 사용자가 렌더링에 직접 관여할 부분이 적다. 어느 정책을 선택하느냐에 따라 렌더링 최적화 전략이 달라지며, 최적화 위치 또한 사용자나 렌더링 엔진에 부여될 수 있다. 기본적으로 렌더링 엔진을 설계할 때는 두 방식 중 하나를 고려하지만, 경우에 따라 사용자 선택이 가능하도록 두 방식 모두 지원하는 방안도 고려할 수 있다.

이미디어트 렌더링

이미디어트 방식에서 사용자는 렌더링 영역과 시점을 직접 결정하고 장면을 완성한다. 또한 사용자가 드로잉 커맨드를 호출하는 시점에 렌더링을 수행하기 때문에 사용자는 렌더링 작업에 많은 신경을 써야 한다. 가령, UI 앱은 불필요한 드로잉 요청을 피해야 하고 무효(invalid) 영역만을[6] 대상으로 화면을 갱신해야 효율적으로 렌더링을 수행할 수 있다. 그렇기 때문에 사용자는 드로잉을 수행할 UI 요소를 파악하고 드로잉 영역 계산도 직접 수행해야 한다. 이러한 특성으로 인해 렌더링 엔진의 구현은 상대적으로 단순하고 가볍다. 뿐만 아니라 사용자는 렌더링 영역과 렌더링 시점을 직접 조작할 수 있기 때문에 매우 복잡한 화면 구성에 대해서도 공격적인 최적화를 시도할 수 있다. 물론 이 경우 사용자 구현이 복잡해지는 단점도 존재한다. 성능을 무시할 수 있을 정도로 그래픽 성능 비중이 높지 않거나 반대로 공격적인 최적화가 필요한 경우에 이미디어트 렌더링이 적합하다.

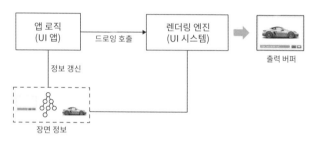

그림 2.8 이미디어트 렌더링

코드 2.3 이미디어트 렌더링 구현 예

```
01  /* 이미지를 교체하고 버튼의 위치를 이동
02      버튼과 이미지의 인스턴스는 이전에 생성, 초기화되었다고 가정 */
03  update():
04    // 새 이미지를 불러온다.
05    img.path = "sample.png"
06
07    // 변경된 이미지를 화면에 그리기 위해 무효 영역 설정
08    invalidateRegion(img.geometry)
09
10    // 버튼 변화를 위해 변경 전 영역을 무효 영역으로 설정
11    invalidateRegion(btn.geometry)
12
13    // 버튼 위치가 (200, 200)에서 (300, 300)으로 이동
14    btn.position = {300, 300}
```

---

6   이전 프레임 대비 화면에서 변경된 영역만을 추려 무효 영역을 결정한다.

```
15
16      // 버튼 새 위치를 기준으로 화면을 다시 그림
17      invalidateRegion(btn.geometry)
18
19      // 무효 영역 지정 후에는 이미지와 버튼 렌더링 수행
20      render()
21
22      // 이 시점에 화면에서 이미지와 버튼 위치가 바뀐 것을 확인할 수 있다.
23      ...
```

대표적인 이미디어트 렌더링 방식으로는 전통 그래픽 시스템인 그놈(Gnome)의 카이로(Cairo), 마이크로소프트의 GDI, GDI+, 3D 그래픽스 인터페이스인 오픈지엘과 다이렉트3D가 있으며 안드로이드의 스키아(Skia) 또한 이미디어트 렌더링 방식을 제공한다.

리테인드 렌더링

리테인드 렌더링의 가장 큰 장점은 앱에 필요한 렌더링 작업을 렌더링 엔진에서 알아서 수행한다는 점에 있다. 특히 렌더링 엔진은 불필요한 렌더링이 발생하지 않도록 렌더링 문맥을 유지하며 전반적인 렌더링 작업에 관여하는데 이는 가려진(occluded) 그래픽 객체를 걸러내고 클리핑(3.4.2절)을 거쳐 드로잉 영역을 최소화하는 등의 작업을 거친다.[7] 이는 그래픽 객체 정보의 문맥을 엔진이 직접 보유하고 관리하기 때문에 가능하며, 최종적으로 무효 영역이 발생하면 렌더링 엔진이 해당 영역을 다시 그리는 작업을 수행할 수 있다. 이러한 특성 덕분에 앱 개발자는 렌더링 작업보다는 앱 로직에 집중하여 개발할 수 있고, 그만큼 앱 개발이 쉽고 빠르며 효율적이다. 다만 리테인드 렌더링 엔진의 구성과 기능이 복잡해지고 그만큼 구현도 어렵기 때문에 엔진 개발 난이도와 비용은 증가할 수밖에 없다. 그 외에도 리테인드 렌더링은 렌더링과 관련된 정보가 엔진 내에 은닉되어 있어서 사용자가 렌더링 작업에 직접 관여할 수 없는 한계도 있다. 이러한 이유로 일부 그래픽스 시스템은 리테인드와 이미디어트 방식의 장점을 적절히 조합하여 제공하기도 한다. 보통의 경우, 잘 만든 고성

---

7 2.2.3절 객체 컬링과 부분 렌더링 참고

능 리테인드 렌더링 방식을 통해 앱 개발 비용을 줄이고 안정적인 성능을 제공하는 편이 효율적이다.

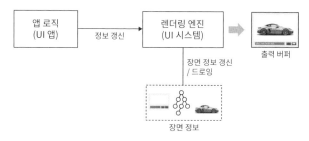

그림 2.9 리테인드 렌더링

코드 2.4 리테인드 렌더링 구현 예

```
01  /* 이미지를 교체하고 버튼의 위치를 이동
02      버튼과 이미지의 인스턴스는 이전에 생성, 초기화되었다고 가정 */
03  update():
04    // 새 이미지를 불러온다.
05    img.path = "sample.png"
06
07    // 버튼 위치가 (200, 200)에서 (300, 300)으로 이동
08    btn.position = {300, 300}
09
10    /* 이미디어트 렌더링에 비해 코드가 간소하다. 렌더링을 직접 요청하지도
11       않는다. 하지만 이 시점에서 화면상에 이미지와 버튼 위치가
12       바뀌었을까?... 사용자 입장에서는 알 수 없다. */
13    ...
```

대표적인 리테인드 렌더링 방식으로는 MS 윈도우의 WPF(Windows Presentation Foundation)와 그보다 최신인 UWP(Universal Windows platform), 그리고 맥 OS의 Quartz2D가 있으며 타이젠(Tizen)의 EFL(Enlightenment Foundation Libraries) 역시 이에 해당한다.

2.1.4 렌더링 백엔드

범용 UI 렌더링 엔진을 설계할 때는 그래픽 시스템과의 상호 운용성(interoperability)을 함께 고려한다. UI 시스템을 탑재한 기기에서 지원하는 그래픽 장치로부터 최적의 가용 장치를 선택한 후 동작할 때 상호 운용성이 확대되며, 결

과적으로 기기(device) 호환성과 함께 최적의 성능을 갖출 수 있다. 이를 위한 대중적인 설계 방안으로 RHI(Render Hardware Interface)[8]를 시스템에 도입할 수 있다. 렌더링 백엔드는 RHI 개념을 구현하는 전략과 동일하며, 그래픽 시스템의 추상화 레이어를 UI 시스템에 도입함으로써 그래픽 장치에 의존하는 로직을 렌더링 엔진으로부터 분리한다. 그래픽 장치는 순수 메모리 버퍼를 비롯하여 DirectFB(Direct Frame Buffer)[9], 다이렉트3D, 메탈[10], 오픈지엘 등이 있으며 렌더링 백엔드는 OS나 플랫폼에서 지원하는 전용 그래픽 시스템과의 연동을 구현한다.

그림 2.10은 렌더링 백엔드 구조를 간단하게 그린 것이다. UI 렌더링 엔진은 렌더링 백엔드 접착 레이어(또는 추상 레이어)를 통해 그래픽 출력 기능을 호출한다. 이 접착 레이어는 각기 다른 그래픽 출력 포트로 범용 인터페이스를 제공하는 방식으로 렌더링 엔진과 그래픽 시스템과의 의존성을 분리한다. 렌더링 백엔드 구현 모듈은 시스템에서 사용 가능한 그래픽 출력 기능과의 연동을 담당한다. 이때 각 모듈은 렌더링 백엔드 추상화의 인터페이스를 구현하되 독립 바이너리(so, dylib, dll 파일 등)로 완성함으로써 UI 렌더링 엔진과의 동적 링킹(Dynamic Linking)을 수행할 수 있다. 이 경우 제품에 탑재된 그래픽 시스템을 런타임에 조회하고 필요한 백엔드 모듈을 연동할 수 있다. 또는 시스템 빌드를 수행하는 단계에서 이를 파악하여 필요한 모듈만 설치할 수도 있다. 동적 링킹은 시스템에 설치된 백엔드 모듈과 그 심볼들을 연동함으로써 가능하다.[11] 정적 링킹(Static Linking), 또는 빌드 시간에 렌더링 백엔드를 결정할 경우에는 빌드 스크립트에서 설치할 렌더링 백엔드 모듈을 지정한다.

렌더링 백엔드를 도입할 때 난도가 높은 곳은 렌더링 백엔드 추상화의 인터페이스를 설계하는 부분이다. 각기 다른 그래픽 시스템을 이해하는 문제뿐만 아니라, 동작 방식이 복잡하고 구현 방법도 각기 다르기 때문에 이들의 구현 메커니즘을 수용하면서도 공동의 인터페이스를 정의하는 작업은 도전적인 과제이다. 이 작업은 렌더링 문맥을 생성하고 필요한 리소스를 구축한 후, 최종

---

8 HAL(Hardware Abstraction Layer) 개념에 해당한다.
9 리눅스 시스템을 위해 설계된 그래픽 하드웨어 및 사용자 입력 가속 추상 레이어
10 애플 운영 체제(iOS, iPadOS, macOS, tvOS)의 저수준 그래픽 하드웨어 가속 시스템 인터페이스 제공
11 dlopen(), dlsym(), dlclose(), LoadLibrary(), GetProcAddress(), FreeLibrary()를 참고한다.

적인 드로잉 커맨드를 전달하기까지의 과정을 공통의 인터페이스로 일원화함으로써 완성한다. 렌더링 백엔드 인터페이스는 렌더링을 효율적으로 수행하는 데 적지 않은 영향을 주기 때문에 렌더링 엔진에서 지원하는 모든 렌더링 백엔드의 그래픽 시스템에 대해 깊이 이해해야 한다.

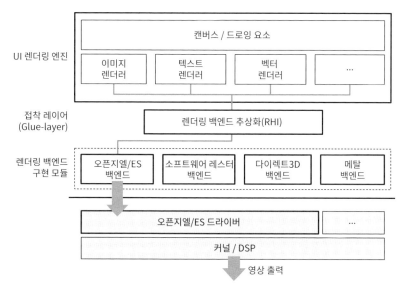

그림 2.10 렌더링 백엔드 구조

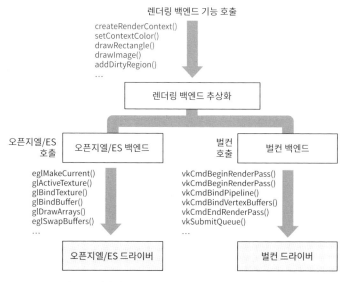

그림 2.11 인터페이스 일원화를 통한 복수 렌더링 백엔드 구현

마지막으로 렌더링 백엔드를 설계할 때는 성능을 위해 다음과 같은 조건을 수용할 수 있는지 고려하면 좋다.

- 이미지 데이터 공유
- 렌더링 문맥 전환 최소화
- 그래픽 데이터 스트리밍 최적화
- 렌더 스레드 병렬화

첫 번째 항목은 UI 앱으로부터 전달받은 이미지 리소스가 렌더링 엔진과 렌더링 백엔드 모듈을 거쳐 최종적으로 그래픽 시스템에 이르기까지의 이미지 데이터 복사 과정을 최소화하기 위한 고려 사항이다. 이를 위해 공유 메모리 기법을 도입하여 이미지 데이터를 공유하되 데이터 안정성을 위해 이미지 공유 전용의 인터페이스를 도입한다. 이는 그래픽 시스템이 이미지 공유 인터페이스를 직접 제공하면서도 사용 정책과 방법을 명시적으로 정의하여 호출자가 허용하지 않은 데이터 접근 및 변조로부터 우선적으로 보호함을 의미한다. 인터페이스를 구현하는 관점에서는 그래픽 시스템이 이미지 데이터의 읽기/쓰기 동작에 대한 소유를 기록하고, 쓰기를 제외한 복수 읽기를 허용함으로써 공유 데이터의 효율성을 극대화할 수 있다. 또한 이미지 리소스를 기록할 데이터 공간을 직접 할당함으로써 시스템 허용하에 CPU와 GPU 간에 접근 가능한 메모리를 사용할 기회도 마련할 수 있다. 결과적으로 그래픽 시스템이 이미지 공유 기능을 제공하는 경우 UI, 윈도, 멀티미디어 등 시스템 전반에서 이미지 데이터를 효율적으로 공유하기 용이하다.

그림 2.12는 이미지 공유 예시를 보여준다. NativeBuffer라는 인터페이스를 도입해서 UI 앱 로직에서부터 렌더링 엔진을 거쳐 그래픽 시스템에 이르기까지 이미지를 공유한다.[12] 단순 비트맵 이미지 데이터와 달리 이미지 속성뿐만 아니라 부가적인 공유 정보도 NativeBuffer 내에서 관리하기 때문에 데이터를 안정적으로 관리할 수 있다. 그림에서 정확하게 나타나지는 않지만 공유 이미지는 읽기와 쓰기를 동시에 수행할 수 없으므로, 앱에서 이미지 데이터를 기록

---

12 업계 표준 공유 이미지 인터페이스로는 Khronos 그룹의 eglImage를 참고한다.

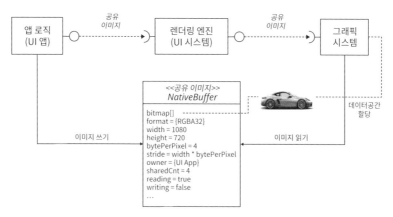

그림 2.12 이미지 공유 인터페이스 설계 및 이미지 데이터 공유

할 때 그래픽 시스템은 읽기 작업을 보류해야 한다. 그 반대의 경우 그래픽 시스템에서 이미지를 읽는 중에는 앱에서 이미지 데이터를 기록할 수 없다.

두 번째로 렌더링 문맥 전환은 쉽게 장면 전환으로 설명할 수 있다. 최종 UI 화면을 구성하기 위해 여러 파생 장면을 구축할 경우 장면마다 렌더링 문맥 정보가 필요하다. 이때 문맥 정보를 기록하고 불러오기 위한 비용도 발생하지만 그래픽 시스템에서 기대하는 렌더링 파이프라인(Rendering Pipeline)의 수행 절차상에도 효율이 감소할 수 있다. 대표적인 문맥 전환 시나리오는 중간 단계의 장면 이미지를 생성하거나 하나의 UI 앱에서 다수의 윈도 화면을 출력할 때 발생한다. 사용자 시나리오 관점에서 보면 마스킹(Masking), 블러(Blur)와 같은 필터 효과 기능이 중간 단계의 장면 이미지를 생성한다. 이 점을 고려하여 생성하고자 하는 장면의 조건을 파악하고 주 렌더링 문맥과 공유가 가능할 경우엔 별도의 문맥 전환 없이 즉각적으로 주 렌더링 타깃에[13] 영상을 출력함으로써 렌더링 문맥 전환을 최소화한다. 이러한 공격적인 최적화는 전체 렌더링 맥락을 조정하는 렌더링 엔진과 렌더링 백엔드가 유기적으로 동작해야 하기 때문에 로직의 복잡도가 증가하므로 성능과 유지보수 양면을 고려한 후 결정해야 한다.

13 2.2.1절의 프레임 버퍼가 이에 해당한다.

세 번째, 그래픽 데이터 구조 변환을 통해 하나의 연속된 데이터 형태로 구성한다. 그림 2.13과 2.14는 그래픽 데이터 변환을 통해 렌더링 문맥 전환 및 그래픽 출력 호출 수를 줄인 결과를 보여준다.

먼저 그림 2.13을 살펴보면, 단일 색상과 텍스처(텍스트 이미지)를 사용하여 렌더링을 수행하는 것을 확인할 수 있다. 객체 단위로 렌더링을 수행하기 때문에 동일 리소스(단일 색상과 텍스처)가 반복적으로 출력되면서 불필요한 문맥전환이 발생함을 알 수 있다. 그러나 공통된 리소스를 하나의 드로잉 절차로 합성하여 출력한다면 이러한 문맥 전환을 축소할 수 있으며, 동시에 그래픽 데이터양도 줄일 수 있다. 이를 구현하기 위해서는 스트리밍된 데이터 구조를 변환해야 한다. 그림 2.14를 살펴보면 요소 3과 요소 4의 드로잉 요소가 달라진 것을 볼수 있다. 공통된 단일 색상의 출력 정보를 하나의 데이터 정보로 구성하고, 공통된 텍스처 출력 정보 또한 하나의 데이터 정보로 구성함으로써 중복된 데이터 정보를 제거하고 단 한 번의 문맥 전환으로 동일한 출력 결과물을 생성할 수 있다.

이러한 그래픽 데이터 최적화 과정은 3D 래스터에 최적화된 모던 그래픽스 장치가 연속된 폴리곤 배열 데이터로 입력 데이터를 전달하는 반면, UI 시스템(특히 리테인드 렌더링 방식)에서 출력하는 객체는 불연속적인 단일 사각형 (quad) 형태의 독립 객체들로 구성되어 있기 때문에 유용하다. 따라서 그래픽 시스템에서 기대하는 효과를 얻기 위해서는 UI 렌더링 엔진을 거쳐 객체 단위로 렌더링을 수행할 때도 렌더링 백엔드에서 최적화된 그래픽 데이터 스트림 정보를 구성하는 것이 좋다.

마지막으로 렌더 스레드 병렬화는 메인 루프나 작업 스레드들의 작업 대기를 완화하고 성능 향상을 위해 다중 CPU 환경에서 렌더링만을 위한 별도의 스레드를 추가하는 것을 목적으로 한다.(6.1.1절 참고). 이를 위한 기술로 렌더링 커맨드 큐를 도입할 수 있다. 기본적으로 커맨드 큐는 비동기 처리 방식에서 유용하다. 렌더링 백엔드 구조에서 렌더링 커맨드 큐는 전달받은 렌더링 명령을 순차적으로 실행함으로써 래스터 작업을 완성한다. UI 앱 로직을 가동하는 주 스레드에서 렌더링 엔진을 가동하고, 렌더링 백엔드의 스레드를 주 스레드와 분리함으로써 스레드 동기화 부담을 줄일 수 있다. 또한, 렌더링 백엔드는 커맨드 큐에 기록된 명령을 가져와 해석(dispatch)하는 과정에서 일련의 렌더

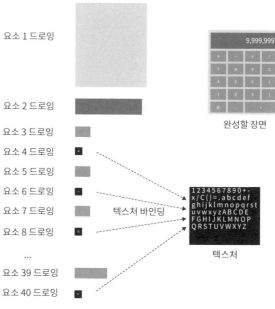

요소 1 드로잉

완성할 장면

요소 2 드로잉

요소 3 드로잉

요소 4 드로잉

요소 5 드로잉

요소 6 드로잉

요소 7 드로잉　　　텍스처 바인딩

요소 8 드로잉

...

요소 39 드로잉

요소 40 드로잉

텍스처

그림 2.13 UI 객체 단위의 래스터 수행

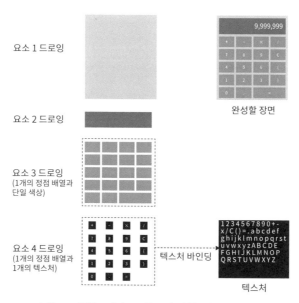

요소 1 드로잉

완성할 장면

요소 2 드로잉

요소 3 드로잉
(1개의 정점 배열과
단일 색상)

요소 4 드로잉
(1개의 정점 배열과　　텍스처 바인딩
1개의 텍스처)

텍스처

그림 2.14 동일 그래픽 요소를 수집, 병합한 후 래스터 수행

링 명령과 데이터를 그래픽 시스템에서 요구하는 최적의 형태로 재구성할 수 있다. 이는 앞서 설명한 그래픽 데이터 스트리밍 최적화 작업과 병행하기에도 적합하다.

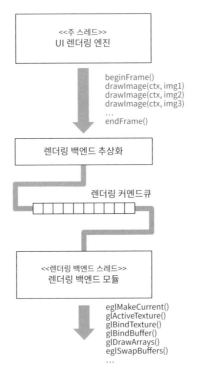

그림 2.15 커맨드 큐 기반의 렌더링 백엔드 구조

정리하면, 렌더링 백엔드를 설계할 때는 현재 설계하고자 하는 UI 렌더링 엔진의 렌더링 최적화 전략 요소들을 먼저 도출하고, 이를 주 렌더링 엔진과 렌더링 백엔드에서 상호 보완적으로 구현할 수 있는지 고민할 필요가 있다. 이를 기반으로 공통의 렌더링 인터페이스를 도출해야 다양한 그래픽 시스템을 지원하는 데 유연성과 성능을 모두 확보할 수 있다. 결과적으로 보면 이러한 설계 전략은 범용적이고 확장 가능한 고성능 렌더링 엔진을 완성하는 데 도움이 된다.

2.2 캔버스

이번 장 서두에서 설명했듯이, 캔버스는 사용자가 화면에 드로잉 요소를 출력할 수 있는 드로잉 영역과 함께 색상을 출력할 수 있는 그림 기능을 제공하는 데 목적을 둔다. 구현 관점에서 보면, 캔버스 기능을 이용하여 드로잉 영역에 보여주고자 하는 그림의 화소를 기록하는 것이다. 이를 위해 캔버스는 렌더링 백엔드와 호환되는 출력 버퍼를 설정할 수 있어야 한다. 그림 기능은 선, 원, 도형, 이미지 그리고 텍스트 등 드로잉의 기본 요소를 그리는 것을 의미하는데 캔버스는 이들 기능을 직접 제공함으로써 사용자가 드로잉 영역에 실질적인 비주얼을 출력할 수 있도록 돕는다. 결과적으로 보면, UI 앱이나 UI 컴포넌트는 이러한 원시적인 그림 도구 기능들을 활용하여 다양한 형태의 UI와 콘텐츠를 보여줄 수 있다.

이번 절에서는 캔버스를 직접 설계/구현해 보면서 세 가지를 학습할 것이다. 첫 번째는 캔버스의 출력 버퍼, 두 번째는 캔버스 그림 기능에 해당하는 UI 객체 모델, 마지막으로 캔버스의 핵심 렌더링 로직을 학습한다. 캔버스를 구현할 때는 이미디어트보다 상위 개념인 리테인드 방식의 렌더링 엔진 모델에 기반한다. 리테인드 방식에서 캔버스는 렌더링할 UI 객체를 직접 관리하며, 객체의 최신 상태가 화면에 출력될 수 있도록 기능을 수행한다. 이러한 특징은 그림 기능을 UI 객체로 구성하여 구현할 수 있다.

2.2.1 출력 버퍼

일반적으로 영상의 출력 버퍼는 크게 두 가지로 구분할 수 있다. 첫 번째는 스크린 버퍼(screen buffer)로 이는 최종 출력 버퍼에 해당한다. 스크린 버퍼는 기기에서 출력하는 실제 화면과 동일한 내용을 담고 있는, 캔버스의 영상 비트맵을 기록한 정보로 이해할 수 있다. 두 번째는 오프스크린 버퍼(off-screen buffer)로, 캔버스의 장면 정보 비트맵을 기록하되 실제 기기 화면에는 출력하지 않는 정보이다. 경우에 따라 프레임 버퍼(frame buffer)로 부르기도 한다. 후처리 효과 또는 영상 처리 목적으로 활용하며 버퍼 정보를 다른 기능 모듈과 공유하기도 한다. 전통적인 윈도 시스템 환경에서는 프레임 버퍼를 구축한 후 여기에 UI 앱의 화면 정보를 기록한다. 이후 윈도 시스템을 통해 다른 윈도의 UI 앱들과 함께 프레임 버퍼의 영상 정보를 화면으로 송출한다.

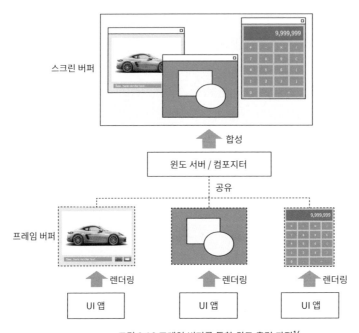

그림 2.16 프레임 버퍼를 통한 윈도 출력 과정[14]

그림 2.16에서 UI 앱은 프레임 버퍼를 출력 버퍼로 활용하되 각 UI 앱과 프레임 버퍼는 1:1 매핑 관계를 갖는다. 그림에서는 생략했지만 앞에서 학습한 내용을 토대로 해석하면, 각 UI 앱은 캔버스를 생성하고 UI 객체를 렌더링하여 UI 앱의 장면 결과를 프레임 버퍼에 기록한다. 다수의 UI 앱 출력 장면은 다시 컴포지터에 의해 합성되어 최종 장면으로 완성되고, 컴포지터는 이를 스크린 버퍼로 송출한다. 이 과정에서 UI 앱은 윈도를 통해 스크린 내 출력 영역(위치, 크기)을 결정할 수 있으며[15] 이러한 출력 정보는 클라이언트에 해당하는 UI 앱과 윈도 서버가 통신 과정에서 공유할 수 있다. 또한 UI 앱에서 출력한 렌더링 결

---

14 그림에서는 컴포지터가 윈도 데코레이션(창 기능)을 완성하지만, 윈도 시스템에 따라 클라이언트가 그 역할을 수행할 수도 있다. 실제로 X Window와 Wayland 시스템의 차이점이 이 부분이다.
15 윈도 서버의 지배하에 결정될 수 있으며 이는 윈도 시스템 정책에 따라 다르다.

과물을 컴포지터와 공유하기 위해서 프레임 버퍼는 공유 이미지를 활용한다. 이를 위해 NativeBuffer(그림 2.12 참고)와 같은 인터페이스를 고려할 수 있다. 이미지 비트맵은 비교적 데이터가 크고 해상도에 비례하여 비용이 증가하므로 UI 앱과 컴포지터 간 데이터 복사 없이 비트맵 정보를 공유하면 성능 측면에서 효과적이다.

X Window와 Wayland

실제로 많은 리눅스 배포판은 윈도 시스템으로 X Window와 Wayland을 활용하고 있으며 WindowClient처럼 전용 프로토콜을 제공함으로써 UI 시스템과 윈도 시스템 간 통합을 수행한다. X Window는 1984 MIT에서 고안한 윈도 시스템으로, 현재 버전 11까지 개발되었으며 긴 역사만큼 많은 기능들을 소화한다. 그에 반해 Wayland는 2012년에 배포된 윈도 시스템으로, 최신 기능에 초점을 맞춘 비교적 경량화한 윈도 시스템이다. 특히 불편하고 복잡한 인터페이스를 개선하고 X Window 시스템에서 사용되지 않은 불필요한 요소를 배제하였기 때문에 공개 당시 많은 관심을 불러모았다. Wayland는 클라이언트에서 프레임 버퍼를 직접 생성/관리하고 이를 컴포지터와 공유, IPC 과정의 보안 취약 요소를 제거하여 안정적이고 효율적이다. 최근 몇 년 사이 많은 시스템이 X Window에서 Wayland로 전환하였으며 GNOME, KDE, EFL 등 여러 리눅스 기반 UI 시스템이 Wayland 기반에서 동작한다.

출력 버퍼를 구현하기에 앞서 출력 버퍼에 매핑할 윈도(UIWindow) 코드 일부를 살펴보자. 윈도는 개념적으로 UI 앱을 출력하는 뷰(1.3.4절)로 이해할 수 있으며 데스크톱 환경에서 UI 앱을 출력하는 전통적인 윈도 시스템의 기능이다. 코드 2.5에서 제시하는 윈도는 UI 앱의 출력 영역을 결정하고 내부적으로는 캔버스 객체와 출력 버퍼를 생성하는 1:1 매핑 관계를 구현한다. 또한 생성한 캔버스를 UI 엔진에 등록하여 메인 루프에서 렌더링을 호출할 수 있도록 한다. 일단은 캔버스(UICanvas)를 블랙박스인 채로 이해해도 좋다.[16]

---

16 윈도 사용 예시 코드는 1.3.3절을 참고한다.

코드 2.5 윈도 초기화 및 캔버스 매핑 과정

```
01  // 전통적인 윈도 기능을 구현한다. UI 앱을 출력하는 뷰로 해석할 수 있다.
02  UIWindow:
03    /* 윈도 관리자는 윈도 형식에 따라 관리 정책을 달리 적용
04      일부 선택 옵션은 앱의 권한에 따라 허용이 불가할 수 있다.
05      Basic: 일반 UI 앱 윈도
06      Gadget: 데스크톱 작업 공간에 배치되는 가젯 형태의 윈도
07      Popup: 일시적인 문맥 전환을 위한 윈도. 타 윈도보다 우선순위가 높다.
08      Notification: 사용자에게 알림 정보를 보여주기 위한 윈도
09      그 외 필요에 따라 다른 형식의 윈도를 정의, 설계할 수 있다.  */
10    UIWindowType = [Basic, Gadget, Popup, Notification, ... ]
11    UIWindowType type   // 현 윈도 객체의 형식
12    UICanvas canvas     // 윈도에 매핑할 캔버스 객체
13
14    /* 윈도 시스템에서 제공하는 통신 객체. 윈도 서버와
15      윈도 상태 등의 정보 메시지를 주고받기 위한 클라이언트 통신 수행 */
16    WindowClient client
17
18    // 윈도 생성 시 형식 결정(기본값: Basic)
19    constructor(parent, type = UIWindowType.Basic):
20      // 윈도의 부모-자식 관계 구축
21      parentClient = parent.valid() ? parent.client : invalid
22
23      // 네이티브 윈도를 생성
24      switch type
25        UIWindowType.Basic, UIWindowType.Gadget:
26          .client = WindowClient(parentClient, ClientType.TopLevel)
27        UIWindow.TypeNotification, UIWindow.TypePopup:
28          .client = WindowClient(parentClient, ClientType.Modal)
29        ...
30
31      // 윈도 크기 변환 이벤트 발생 시 수행할 동작 구현
32      // client: 윈도 클라이언트 객체
33      // size: 변경하고자 하는 윈도 크기
34      func(client, size):
35        /* 출력 버퍼 크기를 size에 맞게 재생성하고 윈도 내 UI 및 레이아웃
36          도 재조정해야 한다. */
37        ...
38
39      /* 윈도 서버가 클라이언트에 윈도 상태 변경을 요청하면
40        등록해 놓은 이벤트를 통해 필요한 UIWindow의 동작 수행.
41        동일 방식으로 Visibility, Position 등의 상태도 존재할 것이다. */
42      .client.EventSize += {func, ...}
43      ...
44
```

```
45      /* 캔버스 객체 초기화. 윈도 클라이언트를 전달하여 렌더링 엔진이
46         프레임 버퍼를 윈도에 매핑할 수 있는 연결고리 생성 */
47      .canvas.setup(.client, ...)
48
49      // 캔버스를 UI 엔진(전역 객체)에 등록
50      UIEngine.register(.canvas)
51      ...
52
53  /* UIWindow의 크기 변경
54     캔버스의 출력 버퍼(프레임 버퍼) 크기를 바꾸고 윈도 서버에도 그 정보를 전달 */
55  size(w, h):
56      // 캔버스 크기 변경
57      .canvas.size(w, h)
58      // 윈도 서버에 크기 변경 사실을 알림
59      .client.request(w, h)
60      ...
```

코드 2.5에서 주목할 부분은 UIWindow 내부적으로 WindowClient를 생성하는 내용이다(26, 28행). 여기서 WindowClient는 윈도 시스템에서 정의한 윈도 클라이언트 기능에 해당하고 서버에 해당하는 윈도 관리자와 기능 협업을 위한 프로세스 간 통신 프로토콜을 구현한다고 가정한다. 이 경우 UIWindow는 UI 앱에서 요청한 윈도 동작을 WindowClient 인터페이스를 통해 윈도 서버로 전달한다고 이해할 수 있다. 예를 들어 UI 앱에서 윈도 크기를 변경하기 위해 size()를 호출하여 크기를 지정하였다면 캔버스의 출력 버퍼를 변경한 후 WindowClient를 통해 윈도 크기 변경을 요청한다(55~59행).

반대로 윈도 관리자가 윈도 정책에 따른 UI 앱의 윈도 상태를 요청할 때는 UIWindow가 WindowClient를 통해 메시지를 전달받는다(31~42행). 여기서 UI-Window는 WindowClient를 통해 Size 이벤트를 등록한다. 이후 사용자가 윈도 창 크기를 변경한다면,[17] 윈도 관리자는 WindowClient에 이벤트를 전달하고 결과적으로 콜백 함수(func)를 수행할 것이다. 콜백 함수에서는 요청받은 윈도 크기에 맞게 UIWindow의 크기를 변경해야 하며, 이러한 작업에는 출력 버퍼 크기 조정이나 UIWindow 내 배치된 UI들의 레이아웃 재조정 작업 등이 포함된다.

---

[17] 사용자가 윈도 창의 테두리를 커서로 클릭하고 이동하여 크기를 줄이거나 키울 수 있다.

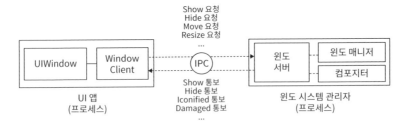

그림 2.17 윈도 클라이언트와 윈도 서버 간 메시지 통신

코드 2.5의 50행을 보면, UIWindow는 보유한 캔버스(UICanvas) 인스턴스를 UI Engine에 등록한다. 이로써 UIEngine은 메인 루프를 수행하며 매 프레임마다 전달받은 캔버스를 대상으로 렌더링을 요청할 수 있다. 이를 위한 UIEngine 코드는 코드 2.6에서 확인할 수 있다. 다만 여기서는 간결성을 위해 UIEngine 객체(메인 루프)마다 하나의 캔버스를 등록할 수 있도록 제약을 두었지만 기능 확장성을 고려하면 하나의 앱이 복수의 윈도나 뷰를 보여줄 수 있도록 하는 편이 좋다. 이 경우 캔버스를 리스트로 구축하고 메인 루프를 통해 일괄적으로 출력하도록 한다. 복수의 윈도를 지원하기 위해 하나의 앱에서 복수의 엔진 객체(메인 루프)를 운용한다면, 사용자 입력 이벤트를 비롯하여 프로세스 내에 발생하는 다양한 이벤트에 대한 상호 운용을 고려해야 한다. 뿐만 아니라 각 메인 루프에 연동된 캔버스 간의 프레임 동기화도 고려해야 한다. 이러한 부분은 엔진 내부 구성과 기능 복잡도를 크게 증가시킨다.

코드 2.6 UI 엔진과 캔버스의 연동

```
01  /*
02   * UIEngine은 UI 엔진을 구동하는 클래스
03   * 주 역할은 메인 루프를 가동하고 시스템과 사용자 이벤트를 처리.
04   * 메인 루프를 수행하면서 캔버스가 렌더링을 수행하도록 호출한다.
05   */
06  UIEngine:
07      UICanvas canvas  // 등록한 캔버스 객체
08      ...
09      /*
10       * 렌더링을 수행할 캔버스 지정
11       * @p canvas: UICanvas
12       */
13      register(canvas):
```

```
14        /* 다수의 윈도를 생성하는 앱을 허용할 경우 단일 캔버스가 아닌
15           캔버스 목록을 고려해야 함. 아니면 엔진당 하나의 캔버스로 제한을 둘까? */
16        .canvas = canvas
17
18    // 메인 루프 가동
19    run():
20      while running
21        // 이벤트 대기
22        ...
23        // 이벤트 처리
24        ...
25        // 캔버스 갱신 후 렌더링 수행
26        if .canvas.update()
27          .canvas.render()
28        ...
```

윈도와 엔진을 살펴봤으니 이번에는 캔버스를 살펴보자. 캔버스는 렌더링 백엔드를 통해 출력 버퍼를 생성함으로써 출력 버퍼를 외부로부터 은닉한다. 외부에서 출력 버퍼 생성 작업에 접근한다면 여러 위험에 노출될 수 있으니 설계에 유념해야 한다. 공유 데이터에 대한 다중 접근 위험 등이 이에 해당한다. 그림에노 불구하고 출력 버퍼를 외부에서 생성해야 한다면 출력 버퍼를 사용자와 캔버스가 공유할 수 있도록 인터페이스를 설계한다. 물론, 데이터 복사를 최소화하기 위해 출력 버퍼를 컴포지터와 공유할 수 있어야 한다. 이를 위해 캔버스 출력 버퍼는 프로세스에 종속된 메모리가 아닌 공유 메모리 특성을 가질 수 있다. 2.1.4절에서 언급한 NativeBuffer 같은 안전성과 시스템 호환성을 갖춘 이미지 공유 방법을 적용할 수 있을 것이다.

앞선 개념을 바탕으로 코드 2.7의 UICanvas 코드 일부를 살펴보자. 본 에시에서 UICanvas는 UIWindow와 RenderEngine과 각각 1:1의 연관 관계를 갖는다.

코드 2.7 캔버스와 렌더링 엔진 연동 부분

```
01  /*
02   * UICanvas는 출력 버퍼를 설정하고 장면 그래프(Scene-Graph) 기반으로
03   * UI 객체의 동작을 제어한다.
04   */
05  UICanvas:
06    RenderEngine engine   // 캔버스에 연동된 렌더링 백엔드 엔진
```

```
07    ...
08
09    /*
10     * 렌더링 백엔드 설정. 윈도는 출력 버퍼에 필요한 정보를 제공하고
11     * 이를 토대로 캔버스의 출력 버퍼를 생성한다.
12     * @p client: NativeWindow
13     */
14    setup(client, ...):
15      // 캔버스가 이용할 렌더링 백엔드 생성. 기본값으로 software를 명시
16      .engine = RenderEngine.load("software")
17      .engine.setup(client, .width, .height, ...)
18      ...
19
20    /* 캔버스 크기 조정 */
21    size(w, h):
22      .engine.size(w, h)
23      .width = w
24      .height = h
25      ...
26      updated = true    // 캔버스가 변경되었다는 상태 설정
27
28    /* 렌더링 수행 */
29    render():
30      ...
31      .engine.flush()  // 렌더링 엔진에 출력 요청
```

코드 2.7에서 UICanvas의 핵심은 캔버스에 연동할 렌더링 엔진을 구현하는 데 있다. UICanvas는 setup()을 통해 사용할 렌더링 백엔드를 결정하고 엔진을 초기화한다. 이때 WindowClient를 렌더링 엔진으로 전달하여 렌더링 엔진 내부에서 윈도에 매핑할 출력 버퍼를 직접 구현할 수 있게 한다. 위의 로직에서는 렌더링 백엔드로 "software"를 명시적으로 지정했지만 시스템 동작 환경과 사용자 선택 사항을 통해 이를 유연하게 결정하도록 로직을 개선해야 한다. 캔버스 크기를 지정하는 size()에서는 렌더링 엔진에서 출력 버퍼를 재생성할 수 있도록 알리며, render()에서는 출력 버퍼를 화면에 출력하도록 flush()를 호출한다.

이어서 RenderEngine 구현부를 살펴보자.

코드 2.8 렌더링 엔진 출력 버퍼 구현부

```
01  /* 이하 SW 렌더링 백엔드 엔진 */
02  SwEngine implements RenderEngine:
03    EngineContext:
04      WindowClient client      // 클라이언트 윈도. UIWindow와 공유
05      WindowDisplay display     // 출력 장치 정보
06      NativeSurface surface     // 서피스 매핑 정보
07      NativeBuffer buffers[]    // 캔버스 출력 버퍼
08      var bufferIdx             // 현재 출력 중인 버퍼 번호
09    EngineContext curCtx        // 현재 렌더링 엔진 문맥 정보
10    EngineContext prvCtx        // 이전 렌더링 엔진 문맥 정보(백업용)
11
12    override setup(client, ...):
13      /* 기존 렌더링 문맥 정보 보관. 현 시점에는 화면 출력에 쓰이고 있을 수
14         있으므로 당장 리소스를 제거하지 않고 다음 프레임에 이를 수행 */
15      .prvCtx = curCtx
16
17      /* 새 렌더링 문맥 정보 설정. 문맥 정보의 구체적인 사항은 임의로
18         작성하였으며 여기선 중요하지 않다. */
19      .ctx.client = client
20      .ctx.display = client.display   // 출력 장치 정보 요청
21      .ctx.surface = client.surface   // 매핑 정보 요청
22      .ctx.bufferIdx = 0              // 현재 출력 버퍼 번호
23      .ctx.bufferCnt = 3              // 사용할 출력 버퍼 수
24      ...
25      size(client.width, client.height)
26
27    /* 지정한 크기의 출력 버퍼 생성(서피스에 종속) */
28    override size(w, h):
29      ...
30      // 트리플 버퍼 생성
31      for .idx:bufferCnt
32        .ctx.buffers[idx] = NativeBuffer(w, h, RGBA32, IPC_PRIVATE,
                                           IO_WRITE + IO_READ ...)
33        .ctx.bufferIdx = 0;
34      // 출력 버퍼 매핑
35      .ctx.surface.map(.ctx.buffers[.ctx.bufferIdx])
36
37    /* 컴포지터로 클라이언트 화면 출력 요청
38       신호를 받은 컴포지터는 매핑된 출력 버퍼를 이미지로 활용 */
39    override flush():
40      .ctx.surface.map(.buffers[bufferIdx])
41      .client.commit(.ctx.bufferIdx, WindowClient.CommitAsync)
42      .ctx.bufferIdx++
```

```
43    if .ctx.bufferIdx >= .ctx.bufferCnt
44      .ctx.bufferIdx = 0
45    ...
```

코드 2.8은 소프트웨어 렌더링 백엔드를 수행하는 렌더링 엔진 코드의 일부다. 렌더링 엔진을 초기화하는 setup()은 WindowClient를 인자로 전달받는다. WindowClient는 클라이언트와 컴포지터 간 메시지를 주고받을 통신 프로토콜 역할을 수행함과 동시에 여러 출력 환경 정보를 제공한다. 렌더링 엔진은 출력 정보를 관리할 렌더링 엔진 문맥 정보를 생성하고 필요한 출력 정보를 수집한다. 여기서 NativeSurface는 클라이언트의 출력 정보를 추상화한 데이터로 가정한다. NativeSurface에서 매핑되어 출력될 실제 데이터는 NativeBuffer이고 NativeSurface.map()을 통해 이들 데이터를 연동한다. NativeSurface와 NativeBuffer는 윈도와 그래픽 시스템 간 호환성과 확장성을 보장하기 위해 표준화한 가상의 인터페이스에 해당한다.[18] 실제 NativeBuffer를 생성하는 과정은 size() 메서드에서 볼 수 있다. 주목할 부분은 NativeBuffer를 하나가 아니라 세 개를 생성하고 출력 번호(bufferIdx)를 통해 생성한 버퍼를 번갈아 가면서 활용한다는 점이다. 매우 단순화한 로직이지만 이는 트리플 버퍼를 활용하는 과정을 모방한 것이다(6.1.3절 "다중 버퍼링" 참고).

캔버스 렌더링으로부터 최종적으로 flush()가 호출되면, 렌더링 엔진은 출력할 버퍼를 선택하고(40행) WindowClient.commit()을 호출함으로써 그림을 완성했다는 메시지를 컴포지터로 보낸다(41행). 이후 컴포지터는 NativeSurface를 통해 공유 데이터 NativeBuffer를 입력 데이터로 활용하고 다른 윈도 화면과 합성하여 최종적으로 스크린 버퍼로 출력할 수 있다. 필요하다면 이 과정에서 윈도 효과를 클라이언트 화면에 추가할 수 있다. 렌더링 엔진과 컴포지터 간 출력 버퍼 공유 구조를 도식화하면 그림 2.18과 같다.

정리하면, UI 앱은 윈도를 통해 출력 영역을 결정하고 윈도는 캔버스를 통해 렌더링 작업을 수행한다. 이때 캔버스를 UI 엔진에 등록함으로써 메인 루프를

---

18 임베디드 시스템의 openGL/ES는 동일한 목적을 위해 eglDisplay, eglSurface, eglImage 등을 제공한다.

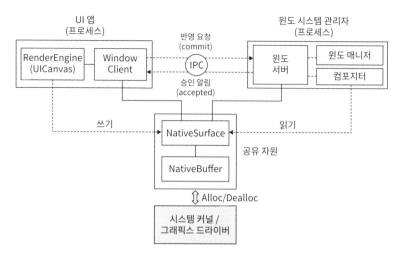

그림 2.18 UI 앱과 컴포지터 간 출력 버퍼 공유

통해 주기적으로 렌더링을 수행할 수 있다. 또한 캔버스는 렌더링 엔진을 통해 다수의 출력 버퍼를 생성하고 이를 컴포지터와 공유할 수 있는 출력 데이터 구조를 가짐으로써 멀티 윈도 환경을 지원한다. 이러한 전반적인 작업 과정은 안정성과 앱 구현 편의를 위해 엔진 내부에서 수행하도록 설계했다.

2.2.2 UI 객체

클래스 설계

앞 절에서 학습한 캔버스의 출력 버퍼를 통해 UICanvas가 화면에 무언가를 기록할 준비를 마쳤음을 이해했다. UIEngine은 메인 루프를 가동하며 매 사이클 UICanvas의 update()와 render()를 호출하여 렌더링을 요청할 것이다. 이때 UICanvas는 UI 객체를 통해 드로잉에 필요한 정보를 수집하고 렌더링 작업을 수행한다. 이 과정에서 다양한 종류의 UI 객체를 효율적으로 관리하고 렌더링하기 위해서 객체 모델(Class)을 정의하고 동작 인터페이스를 설계하는 것이 좋다. 이를 통해 캔버스가 렌더링을 주도적으로 수행하고, 동시에 UI 앱은 그래픽 데이터를 효과적으로 구축한다. 여기서 확장 가능한 객체 모델을 설계한다면 다양한 형태의 UI 객체를 쉽게 추가할 수 있다. 캔버스 엔진 수정 없이 UI

객체를 확장할 수 있기 때문에 설계 관점에서 고려해 볼 만한 사항이다. 뿐만 아니라, UI 객체의 공통된 기능을 재사용할 수 있어서 UI 객체 확장이 한결 수월해지고 인터페이스를 통일할 수 있다. 실제로 UI 시스템에서는 객체지향 관점에서 UI 객체를 상속 구조로 확장하거나 인터페이스를 구현하는 경우가 많다. iOS의 경우, NSObject라는 기저(base) 클래스를 구현하고 이를 확장함으로써 다양한 UI 컴포넌트를 추가할 수 있다.

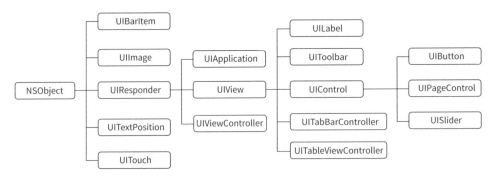

그림 2.19 IOS UIKit 클래스 일부 상속 구조

한편, UI 객체를 확장하는 메커니즘으로서 클래스 상속은 기능 확장 측면에서는 용이할 수 있으나 기저 클래스와 파생 클래스 간 의존성이 증가하면 호환성이 떨어지는 문제점이 생길 수 있다. 이 때문에 일부 UI 시스템에서는 기능 확장 메커니즘으로 구조적 언어 기반에서 객체 조합 방식(Composite Aggregation)을 지향하기도 한다.[19]

본 시스템 설계에서 UIObject는 UI 컴포넌트의 최상위 클래스로서 UI 객체가 수행해야 할 기본 동작 인터페이스를 정의한다. UICanvas는 UIObject를 호출함으로써 다양한 형태의 UI 객체로 기능을 확장할 수 있다. 가령, 1.1절에서 등장한 UISearchbox와 UIButton은 UIObject의 자식 클래스로 정의한다.

그림 2.20은 UI 객체와 UI 컴포넌트 관계를 단순화한 예로, UIObject 클래스가 어떤 위치에 있는지 보여준다. 핵심은 UIObject를 확장한 클래스가 UIObject에서 제시하는 인터페이스를 구현[20]함으로써 독자적인 기능을 완성하고, 동시

---

19 대표적으로 다트(Dart) 프로그래밍 언어가 있다.
20 이 책에서는 구현과 확장을 동일한 개념으로 사용한다.

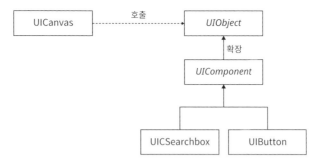

그림 2.20 UIObject 클래스 상속 예

에 UICanvas는 UIObject의 인터페이스를 호출함으로써 확장한 클래스와 유기적으로 동작을 수행하는 데 있다. 결과적으로 UI 앱은 UICanvas나 UIObject 내부 수정 없이 기능 확장을 지원할 수 있다.[21]

참고로, 클래스에 가상 메서드 테이블을 구축하고 이곳에 확장한 클래스의 메서드 주소를 동적 매핑함으로써 인터페이스로부터 확장 클래스의 구현부를 호출할 수 있다. 가상 메서드 테이블(virtual method table, 줄여서 VTable)은 런타임에 메서드를 바인딩하기 위한 메커니즘으로, 객체 지향 언어에서 활용하는 기술이다. 일반적으로 VTable은 컴파일러가 컴파일 시점에 클래스의 멤버 데이터로 추가한다. 컴파일 시점에는 인터페이스와 연동할 확장 클래스가 명시적이지 않기 때문에 인스턴스의 가상 메서드 목록만 구축하고, 이후 런타임 시점에 실제 바인딩할 확장 클래스의 메서드 주소를 결정함으로써 확장 클래스의 메서드가 호출될 수 있도록 한다. 이해를 돕기 위해 코드 2.9를 살펴보자.

코드 2.9 가상 메서드 테이블 동작 원리 구현 예

```
01  UIObject:
02    /* 컴파일 시점에 vtable 내장 변수 추가.
03       이때 update 인터페이스를 vtable[0]로 지정한다. */
04    Address vtable[]
05    ...
06
```

---

21 설계 원칙 중 개방 폐쇄 원칙(Open Closed Principle)에 해당한다.

```
07    /* 객체 상태 갱신 동작 정의 */
08    update():
09      ...
10
11    constructor():
12      /* 컴파일러는 객체 생성 단계에 vtable[0]에 UIObject.update 주소를
13        기록하는 코드를 생성할 수 있다. */
14      .vtable[0] = self.update
15      ...
16
17  /* UIObject를 확장한 새로운 객체 정의 */
18  UICustomObject extends UIObject
19    /* 컴파일 시점에 vtable 내장 변수 추가.
20      이때 update 인터페이스를 vtable[0]로 지정한다. */
21    Address vtable[]
22    ...
23
24    override update():
25      ...
26
27    constructor():
28      /* 컴파일러는 객체 생성 시점에 vtable[0]에 UICustomObject.update 주소
29        기록 */
30      .vtable[0] = self.update
31      ...
32
33  /* 어떤 수행 코드 */
34  func():
35    /* UICustomObject을 생성함으로써 vtable[0]은 UICustomObject.update를
36      가리킨다. */
37    UIObject obj = UICustomObject()
38    ...
39    /* obj.update()를 UICanvas 내부에서 호출한다고 가정한다. 이때 해당
40      코드는 컴파일 시점에 obj.vtable[0]()로 대처할 수 있다. 결과적으로
41      이는 UICustomObject.update()를 호출한다. */
42    obj.update()
```

코드 2.9에서는 생성자에서 인스턴스 단위로 가상 테이블을 구축하지만, 실제로는 가상 테이블을 전역 정보로 구축하고 같은 형식의 인스턴스들이 테이블을 공유할 수 있다. 이 경우 가상 테이블 비용을 줄일 수 있다. 여기서는 해당 부분을 생략했다.

그림 2.21은 UICanvas에서 동작하는 UIObject의 클래스 다이어그램을 보여

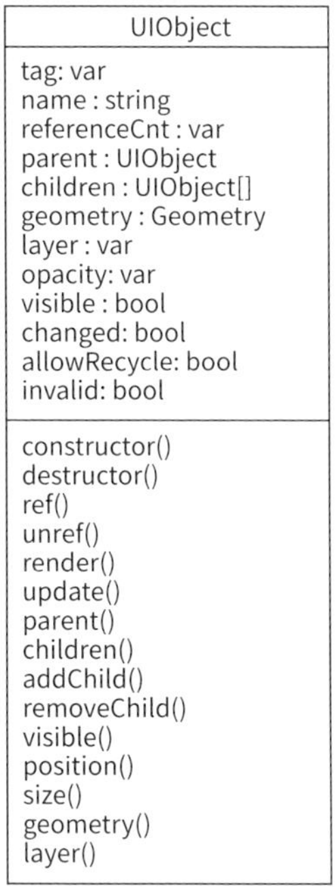

```
┌─────────────────────────────┐
│           UIObject          │
├─────────────────────────────┤
│ tag: var                    │
│ name : string               │
│ referenceCnt : var          │
│ parent : UIObject           │
│ children : UIObject[]       │
│ geometry : Geometry         │
│ layer : var                 │
│ opacity: var                │
│ visible : bool              │
│ changed: bool               │
│ allowRecycle: bool          │
│ invalid: bool               │
├─────────────────────────────┤
│ constructor()               │
│ destructor()                │
│ ref()                       │
│ unref()                     │
│ render()                    │
│ update()                    │
│ parent()                    │
│ children()                  │
│ addChild()                  │
│ removeChild()               │
│ visible()                   │
│ position()                  │
│ size()                      │
│ geometry()                  │
│ layer()                     │
└─────────────────────────────┘
```

그림 2.21 UIObject 클래스 정의

준다. UIObject를 통해 객체 지향 시스템에서의 UI 객체 정의를 확인할 수 있다. 여기서는 이 책에서 언급하는 주요 속성과 메서드를 약식으로 표현했지만 실질적으로는 이보다 더 많은 종류의 데이터와 메서드가 필요할 것이다.

다음 목록은 주 속성을 설명한 것이다.

- tag: 객체 메모리가 유효한지 여부 기록. 일종의 식별자
- name: 객체 고유 명사를 문자열로 기록한다. 가령 UIButton의 경우 "UIButton"이 된다.
- referenceCnt: 현재 객체를 참조하고 있는 수
- parent: 부모 객체
- children: 자식 객체 목록
- geometry: 위치와 크기 정보
- layer: 레이어 위치. 레이어의 값이 클수록 상단에 표시
- opacity: 객체 투명도(0(완전 투명)~100(완전 불투명))

- visible: 화면에 출력할지 여부를 결정하는 가시 상태 기록
- changed: 객체에 변화가 발생했는지 여부 기록
- allowRecycle: 본 객체를 GC로부터 재사용할지 여부 기록
- invalid: 유효한 객체인지 여부 기록

다음은 주요 메서드 목록이다.

- constructor(): 객체 생성
- destructor(): 객체 파괴
- ref(): 참조 수 증가
- unref(): 참조 수 감소
- render(): 객체 렌더링 수행
- update(): 객체 정보 및 상태 갱신
- parent(): 부모 객체 등록
- children(): 자식 객체 목록 반환
- addChild(): 새 자식 객체 추가
- removeChild(): 요청받은 자식 객체 제거
- visible(): 화면에 출력할지 여부 결정(또는 반환)
- position(): 객체의 위치 결정(또는 반환)
- size(): 객체의 크기 결정(또는 반환)
- layer(): 객체의 레이어 위치 결정(또는 반환)

계층 모델

하나의 UIObject 객체는 계층 구조 모델을 통해 다수의 자식을 보유할 수 있다. 예를 들면 그림 2.22는 검색 상자를 표현하는 배경 이미지, 가이드 텍스트 그리고 아이콘 등 다수의 UI 객체를 조합하여 검색 상자라는 새로운 UI 객체를 구축한다. 계층 구조 모델은 컴포지트 패턴[22]과 일맥상통한다. UI 객체들을 조합

---

22 자세한 사항은 디자인 패턴(Design Patterns) 관련 서적 및 글을 참고하자.

함으로써 새로운 UI 객체들을 파생할 수 있는 기반을 제공함과 동시에 UI 객체의 기능 인터페이스를 일원화하는 장점을 갖는다. 또한 이는 장면 그래프 렌더링(2.2.3절)을 수행하기에도 적합하다.

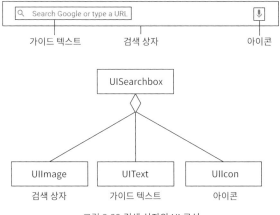

그림 2.22 검색 상자의 UI 구성

UI 객체 모델과 장면 그래프에서 사용하는 계층 구조는 불균형 트리[23] 자료 구조를 적용하여 구현할 수 있다. 이때 객체는 트리 노드로 간주할 수 있으며 트리 정렬을 수행하진 않는다. 또한 부모-자식 노드를 동적으로 지정하여 임의의 트리를 완성하고, 각 노드는 N개의 자식 노드(n-ary tree)를 보유할 수 있다. 트리 기능은 비교적 단순하며, 캔버스에 배치된 UI 객체들을 순회(tree traversal)하는 기능을 갖추는 정도면 충분하다. 단, 트리를 구축할 때 사용자 실수로 순환 참조 오류가 발생하지 않도록 주의해야 한다. A, B 두 개의 컨테이너 컴포넌트가 있다고 가정할 때 A에 B를 추가하고 다시 B에 A를 추가하는 식이다. 이 경우 A-B-A와 같은 무한 루프 형태의 트리 링크가 형성되고, 결과적으로 트리 순회 및 객체 삭제 과정에서 심각한 오류를 유발할 수 있다. 일반적이지는 않지만, UI 구성이 복잡할수록 이러한 오류를 범하기 쉽다(그림 2.23).

---

23 불균형 트리란 자식 노드들의 트리 높이 차가 2 이상인 경우를 가리킨다.

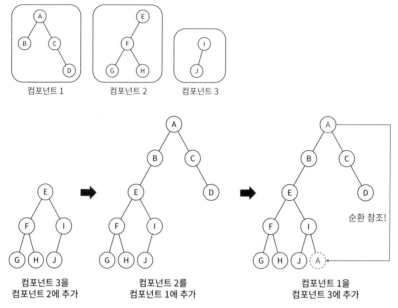

그림 2.23 계층 모델에서 순환 참조 예

코드 2.10은 트리 자료 구조의 특성을 토대로 계층 구조를 지원하는 UIObject
를 구현한다. 이를 위해 parent와 children을 멤버 변수로 추가하고 parent(),
addChild(), removeChild() 메서드를 구현한다. 더욱 실용적인 객체 모델을 고
려할 경우, 자식들을 지원하는 클래스(예: UICompositeObject)와 그렇지 않은
단독 클래스(UIObject)를 분리하여 정의하는 것도 고려할 수 있다. 단말 노드
(Leaf Node)에 해당하는 객체는 자식을 운용하는 기능을 배제함으로써 최적의
객체 데이터를 구성할 수 있기 때문에 바람직하다. 여기서는 단순하게 하기 위
해 이들을 하나로 통일하였으며 트리를 구축하는 기능만 작성했음을 염두에
두자.

코드 2.10 **UIObject 트리 기능 구축**

```
01  /* UIObject는 UIComponent의 기저 클래스. UI 객체의 공통 특성을 구현. */
02  UIObject:
03    UIObject parent = invalid
04    UIObject children[]
05    ...
06
```

```
07   /*
08    * UIObject 생성자
09    * @p name: string
10    * @p parent: UIObject
11    */
12   constructor(name, parent, ...):
13     .name = name
14     if .parent.valid()
15       // 주어진 부모와 현재 객체를 자식으로 연결
16       .attach(parent)
17     ...
18
19   /* UIObject 파괴자 */
20   destructor():
21     // 자식과 연결 해제
22     for child : .children
23       child.attach(invalid)
24     // 부모와 연결 해제
25     .attach(invalid)
26
27   /*
28    * 부모 지정. 주어진 부모가 invalid할 경우 현재 객체는 트리에서
29    * 제외되는(dangling) 점을 유념한다.
30    * @p parent: UIObject
31    */
32   attach(parent):
33     // 동일 부모
34     return if .parent == parent
35
36     // 기존 부모로부터 현재 객체 제거
37     if .parent.valid()
38       .parent.removeChild(self)
39       .parent.unref()  // 참조 수 감소
40
41     // 새로운 부모가 유효하지 않을 수도 있다.
42     if parent.vaild()
43       parent.addChild(self)
44       parent.ref()  // 참조 수 증가
45
46     .parent = parent
47
48 // 개발 단계에서만 동작. 최상단 노드(root)를 찾고 트리 탐색 시도.
49 #if DEVEL_MODE
50     root = parent
51     while root.valid()
```

```
52        break if root.parent.invalid()
53        root = root.parent
54      findCircularRef(root, self, 0, 0)
55  #endif
56
57    /*
58     * 자식 객체 추가. 주어진 자식이 invalid인 경우는 허용하지 않는다.
59     * @p child: UIObject
60    */
61    addChild(child):
62      .children.add(child)
63      child.ref()  // 참조 수 증가
64
65    /*
66     * 자식 객체 제거
67     * @p child: UIObject
68    */
69    removeChild(child):
70      children.remove(child)
71      child.unref()  // 참조 수 감소
72
73  /* 깊이 우선 순위 탐색 시도, 타깃이 두 번 이상 발생했거나 무한 루프에
74     빠졌는지 검증 */
75  findCircularRef(obj, target, depth, foundCnt):
76    // 순환 참조 발생 간주. 오류 메시지 등 필요 조치를 취한다.
77    if depth > MAX_DEPTH
78      ...
79    return if obj.invalid()
80
81    if obj == target
82      ++foundCnt
83      // 순환 참조 발생. 오류 메시지 등 필요 조치를 취한다.
84      if foundCnt > 1
85        ...
86
87    // 자식에 대해서 탐색 시도
88    for child : obj.children
89      findCircularRef(child, target, depth + 1, foundCnt)
```

코드 2.10에서 주목할 메서드는 attach()다. 이는 부모-자식을 연결하는 파사드(Façade) 기능을 수행한다. attach()에서 부모는 addChild()를 통해 자식을 추가하고 이후 자식 객체에 접근하여 객체의 기능 동작을 제어할 수 있다. 반대로 자식은 부모 객체에 접근하여 어떤 정보의 변경 사실을 알릴 수 있다. 이

는 특히 장면 그래프 구조(2.2.3절 참고)에서 필요하며, 자식의 속성에 변화가 발생했을 때 그 사실을 부모에게 알림으로써 부모로부터 렌더링을 수행할 수 있는 조건을 충족시킨다. 또한 attach()에서는 순환 참조가 발생하는 것을 방지하기 위해 부모 객체들을 추적하고, 현재 자식으로 추가되는 노드와 동일한지 여부를 판단한다(48~55행). 순환 참조가 발생했다면 어떤 시점에 부모와 현재 자식이 일치하는 상황이 생길 것이다(80행). 이때 로깅(메시지 정보 출력) 및 프로그램 중단을 통해 개발자가 즉시 프로그램을 수정할 수 있도록 알린다. 이러한 검증 과정은 프로그램 개발 단계에서만 수행하여 배포 버전에서 프로그램 수행 부하를 최소화할 수 있다. 코드에서 부모와 자식을 대상으로 호출하는 ref(), unref()[24]는 각 노드들의 참조 수를 증감함으로써 각 노드가 참조되고 있는지 여부를 기록한다. 이와 관련된 자세한 내용은 2.3.1절에서 다룬다.

계층 구조 모델을 설계할 때 유념할 점이 있다. 만일 자식 객체에 사용자(UI 앱)가 직접 접근할 수 있다면 부모 객체와 사용자 모두 자식 객체에 접근이 가능하므로 호출 충돌이 발생할 수 있다. 예를 들어 사용자가 UISearchbox의 아이콘을 허용되지 않은 방식으로 변경하거나 삭제한다면 UISearchbox는 본연의 기능을 제대로 수행하지 못한다. 따라서 프레임워크는 이러한 예외 가능성을 염두에 두어 UI 객체의 인터페이스를 설계해야 한다. OCP(Open Closed Principle)[25] 규칙을 준수함과 동시에 다양한 예외 가능성을 염두에 두어 기능 확장 과정에서 불안정한 동작을 야기하지 않도록 한다. 이를 위한 하나의 방편으로, 자식 객체의 주요 속성이 변경될 때마다 부모 객체가 그 사실을 알아차릴 수 있다면 그와 관련된 대응을 수행할 수 있을 것이다. 객체의 삭제, 크기, 위치 등의 정보가 이에 해당한다. 이는 객체 속성 변경에 대한 구독(subscribing)을 수행하고 속성 변경 시 관련 이벤트를 통보함으로서 구현 가능하다.[26] 또한, 객체 안정성 기능을 구현하는 것도 이러한 예외 케이스를 안전하게 처리하기 위한 수단으로 볼 수 있다.

---

24 reference, unreference를 줄인 명칭
25 개방-폐쇄 원칙: 코드를 변경하지 않고 새로운 코드를 추가함으로써 기능을 추가하거나 변경한다.
26 디자인 패턴 중 옵저버(Observer) 패턴을 참고한다.

객체 안정성

속성 정보에서 태그(tag)는 일종의 식별자로서 UI 객체를 위해 할당한 메모리를 안정적으로 통제할 목적으로 사용한다. 이는 메모리를 직접 제어하는 프로그래밍 환경[27]에서 유효하지 않은 메모리 접근을 방지하기 위한 비법이라고 볼 수 있다. 태그는 생성한 UI 객체의 특정 메모리 필드로, 이곳에 특수 값을 기록한다. 이후 UI 객체에 접근할 때마다 필드 값을 비교하고 UI 객체의 메모리가 정상인지 여부를 검증한다. 객체 접근 시 태그 값이 일치하지 않는다면 UI 객체는 유효하지 않거나 삭제된 객체로 판단하고 객체 접근을 방지할 수 있다. 다만, 현대의 OS에서는 태그를 적용하더라도 UI 시스템 전용의 예약된 메모리를 사용하지 않는다면 메모리 접근 위반, 즉 세그멘테이션 폴트(Segmentation Fault)가 발생할 수 있다. 세그멘테이션 폴트는 프로그램이 허용되지 않은 메모리 영역에 접근하거나, 허용되지 않은 방법으로 메모리 영역에 접근할 때 발생하는 오류를 말한다. 세그멘테이션 폴트가 발생하면 결과적으로 OS는 예외를 던지고 프로세스를 중단한다. 이러한 동작 결과는 운영 체제의 메모리 관리 유닛(Memory Management Unit, MMU)에 따라 다를 수 있으며, UI 시스템을 구동하는 운영 체제에 따라 일관성이 없는 결과를 초래할 수 있다.

그러나 사용자 영역의 메모리를 해제했는데도 시스템이 해당 주소의 메모리를 계속 유지하면, 해제된 객체에 접근할 때 세그멘테이션 폴트를 방지할 수 있다. 이를 위해 UI 시스템은 가비지 컬렉션 및 메모리 풀(Memory Pool)과 같은 메모리 관리 기법을 추가로 도입하고, 해제된 객체에 대해서도 UI 시스템 전용 메모리 공간을 계속 확보함으로써 앱 크래시(crash)가 발생하지 않도록 안전을 보장할 수 있다.

그림 2.24는 태그를 활용한 객체 유효성 검증을 시각적으로 나타낸 것이다. 객체가 생성될 때 고유한 값(F3E68A0B)이 tag에 기록되며, 이후 객체에 접근할 때 동일한 값이 아니면 메모리가 손상되었거나 유효하지 않은 것으로 본다.

태깅은 비단 유효 메모리 데이터를 검증하는 것뿐만 아니라 주어진 객체가 구체적으로 어떤 타입인지 식별할 때도 활용할 수 있다. UIObject를 기저로 다

---

27 대표적으로 C/C++ 프로그래밍 언어가 이에 해당한다.

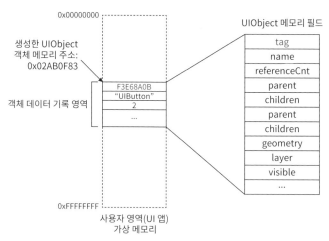

그림 2.24 태그(Tag) 식별

양한 형태의 파생 클래스가 존재할 수 있으므로 태그 값을 비교하면 처리하고 자 하는 객체가 어떤 타입의 객체인지를 런타임에 가늠할 수 있다. 이는 어떤 함수로 전달된 객체를 저렴한 비용으로 검증하고 위반으로부터 차단할 때 유용하다. 유사 기능으로서 RTTI(Runtime Type Information) 메커니즘은 런타임에 객체 타입 정보를 확인할 수 있는 기능이며 대부분 객체 지향 언어에서는 유사 기능을 포함하여 제공한다.[28]

프로그램 안정성을 위한 다른 보조 수단으로 로깅(logging)을 도입할 수 있다. 본래 로깅은 이번 절에서 설명하는 객체 관리 범주가 아니라 프로그램 개발에서 필요한 정보를 출력하는 목적으로 사용한다. 로깅을 이용하면 개발자는 개발 단계에서 예상할 수 있는 정보를 미리 기입하고, 프로그램 동작 중 발생한 상황을 관측할 수 있다. 특히 이는 디버깅 시 작성한 로직이 예상대로 동작하는지 또는 예외가 발생하는지를 확인하는 용도로 많이 활용한다. 가령, 메모리 태깅을 도입했을 때 메모리 오류가 발생할지라도 앱 크래시를 방지함으로써 마치 앱이 정상 동작하는 것처럼 오해할 수 있다. 이 경우 로깅을 활용하여 메모리 오류가 발생했다는 정보를 보완하여 출력한다면 앱의 안정성을 확

---

28 프로그래밍 언어 차원에서 제공하는 RTTI를 적용할 경우 바이너리, 메모리 크기에 영향을 주므로 태깅처럼 시스템에 필요한 최적의 기능을 자체 도입할 수 있다.

보함과 동시에 잠재적인 오류도 차단할 수 있다. 예를 들어보자. 객체 파괴, 즉 destructor()를 수행한 객체를 대상으로 UI 앱 개발자가 어떤 API를 호출할 경우, 이것은 명백한 로직 오류에 해당한다. 비록 태깅 기법을 통해 프로그램은 안전할 수 있으나 프로그램이 의도한 기능을 수행하는 데 실패했다는 사실을 알려준다면 디버깅에 도움이 될 수 있다. 이 경우 오류 메시지를 출력하거나 견고한 프로그램을 위해 프로그램을 즉각 중단시킨다.[29]

코드 2.11 로깅을 통한 디버깅 정보 제공

```
01  /* 어떤 함수 내지 메서드에서 UIObject를 인자로 요구 */
02  func(obj):
03     // 본 객체는 정상적인 UIObject가 아니다.
04     if obj.tag not 0xF3E68A08
05  #if DEVEL_MODE  // 개발 단계에서만 동작
06     // 시스템에서 제공하는 메시지 출력 기능
07     System.printError("This object(%p) is invalid!", obj)
08     abort()
09  #endif
10     return
11     ...
```

코드 2.11을 개선해 보면 UI 시스템 전용 로깅 또는 디버깅 환경을 구축하고 이를 일괄 적용할 수 있다.

코드 2.12 로깅 시스템 활용 예시

```
01  /*
02   * UIButton에 아이콘 객체 설정
03   * @p obj: UIIcon
04   */
05  UIButton.icon(obj):
06     return if obj.valid() == false
07     ...
08
09  /* 주어진 객체가 UIIcon 클래스인지 확인. UIIcon은 UIImage를 상속받는다. */
10  UIIcon.valid():
11     // 부모 클래스에 대해서 검증 수행
```

---

29 abort()를 호출하여 프로세스를 종료한다. 개발 단계에서는 이러한 사실을 빠르게 인지함으로써 잠재적 오류를 사전 차단할 수 있다.

```
12    return false if super() == false
13
14    // UI_ICON_CLASS_TAG는 Icon 클래스를 식별할 수 있는 고유 값 지칭
15    return true if .tag == UI_ICON_CLASS_TAG
16
17    // UI 로깅 기능을 구축하고 이를 활용
18    UISystemLog.print(UISystemLog.Critical, "This object(%p) is not
                        UIIcon class! (expected = %d, current = %d)",
                        self, UI_ICON_CLASS_TAG, .tag)
19
20    return false
```

코드 2.12를 좀 더 자세히 살펴보자. 12행에서 UIIcon은 super.valid()를 호출하여 해당 객체가 부모 클래스에 해당하는 UIImage로서 유효 객체인지 먼저 판단한 후, 정상이면 UIIcon으로 검증을 수행한다. 이때 super.valid()는 UIImage.valid()를 호출하는 것과 동일하며, 동일한 메커니즘으로 UIImage의 부모 클래스를 거쳐 최종적으로 UIObject의 valid()가 호출될 수 있음을 예상할 수 있다.[30] 15행에서 가리키는 객체의 태그 필드(tag)는 UIObject가 아닌 UIIcon의 태그 필드를 가리킨다. 이는 상속받은 클래스마다 개별 태그 필드를 가진다는 의미이다. 그렇기 때문에 다중 상속 관계에서 하나의 객체는 여러 태그를 갖고 상황에 따라 각 클래스에 맞는 태그 값을 확인할 수 있다.

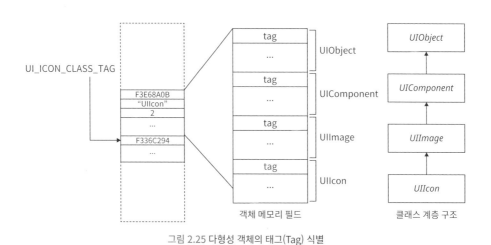

그림 2.25 다형성 객체의 태그(Tag) 식별

---

30 이 같은 예시는 정석을 보여주기 위해 작성하였지만 성능 효율성을 고려하면 UIIcon에서 UIObject.valid()를 바로 호출하는 것만으로도 충분하다.

18행의 UISystemLog.print()는 요청한 메시지를 파일 또는 콘솔에 출력하거나 네트워크를 통해 메시지를 전달하는 기능을 구현한다. 로그 수준은 Fatal, Error, Warning, Information 등으로 구분할 수 있으며 내부적으로 개발 모드(DEVEL_MODE) 시 로그 수준에 따라 abort() 수행 여부를 결정한다. 이때 UISystemLog.print() 내부에서는 객체 정보는 물론 해당 프로세스와 관련된 부가 정보(콜 스택 등)도 같이 출력하여 디버깅 작업에 도움을 줄 수 있으며, 소프트웨어 배포 시에는 내부 동작을 비활성화할 수 있는 옵션도 고려할 수 있다.

마지막으로 코드 2.13은 최상단 기저 클래스를 검증하는 UIObject의 valid()와 invalid() 메서드 주요 코드를 보여준다.

코드 2.13 UIObject 유효성 검증

```
01  /* UIObject는 UIComponent의 기저 클래스. UI 객체의 공통 특성을 구현. */
02  UIObject:
03      // 이하 멤버 변수 설명은 "객체 모델" 절 참고
04      var tag = UI_OBJECT_CLASS_TAG
05      string name = "noname"
06      /* 삭제된 객체인지 여부 확인. 로깅에서 어떻게 참조하는지가 중요하며
07         용도는 당장 중요하지 않다(2.3.1절 참고) */
08      bool invalid = false
09      ...
10
11      /* UIObject 파괴자 */
12      destructor():
13          ...
14          // 더 이상 유효하지 않은 객체이므로 태그를 삭제
15          .tag = 0x00000000
16
17      /* 객체가 UIObject로서 유효한지 검증 */
18      valid():
19          // 명시적으로 삭제를 요청받았으나 아직 참조되고 있는 상황
20          if .invalid
21              UISystemLog.print(UISystemLog.Critical, "This object(%p) is
                                  already deleted! (Type = %s)", self, .name)
22              return false
23
24          return verifyTag()
25
26      /* valid()의 역에 해당. 편의를 위해 제공. */
27      invalid():
```

```
28      // toggle()은 true -> false, false -> true로 변환 수행
29      return (.valid().toggle())
30
31   /* 태그 검증 */
32   verifyTag():
33      // UI_OBJECT_CLASS_TAG == 0xF3E68A08
34      return true if .tag == UI_OBJECT_CLASS_TAG
35
36      UISystemLog.print(UISystemLog.Critical, "This object(%p) is not
                           UIObject class! (expected = %d, current = %d)",
                           self, UI_OBJECT_CLASS_TAG, .tag)
37      return false
```

2.2.3 UI 렌더링

객체 컬링

앞 절에서 학습한 출력 버퍼와 UI 객체는 캔버스가 그림을 그리기 위한 기반 도구이다. 이를 토대로 캔버스는 윈도로부터 화면에 배치된 UI 컴포넌트, 그리고 원시적인 드로잉 요소를 탐색하고 이들을 해석한 후 출력 버퍼에 이미지를 완성한다. 한편 캔버스는 최적의 렌더링 작업을 위해 객체 컬링(culling)을 수행하고 렌더링 대상 객체를 선별할 수 있다. 그래픽스에서 컬링은 화면에 보이지 않은 드로잉 요소를 추려내는 작업을 일컫는다. 캔버스는 컬링을 위해 캔버스에 배치된 최상위(root) 객체 목록을 리스트로 관리하고 객체 상태를 추적한다. 상태는 크게 두 항목으로 추릴 수 있다.

1. 객체가 화면에 출력될 대상인가(렌더링 객체인가)?
2. 객체를 다시 그려야 하는가(객체 속성이 변경되었는가)?

여기서 렌더링 객체란, 쉽게 말해 화면에 보일 객체인지를 말한다. 렌더링 객체인지 판별하기 위해 확인해야 할 핵심 사항은 객체의 가시성이다. 객체가 화면에 보이지 않는다면 렌더링 대상에서 배제한다. 사용자가 객체를 화면에 출력하도록 요청했는지, 객체가 캔버스 영역 내에 존재하는지, 다른 객체로 인해 완전히 가려졌는지 등을 판단하여 렌더링 제외 여부를 결정할 수 있다. 컨테이너 컴포넌트처럼 객체가 비시각적인 경우에도 컬링 대상에 해당한다. 캔버스

가 부분 렌더링(partial rendering)을 고려하지 않는 모델이라면 1번 사항만 고려하면 된다. 부분 렌더링이란 화면에서 변화가 발생한 일부 영역만 렌더링을 수행하는 것을 말한다.

만약 부분 렌더링을 고려한 모델이라면 2번의 객체 속성을 추가로 확인한다. 부분 렌더링은 객체가 가시적일지라도 이전 프레임과 비교하여 변화가 없으면 렌더링을 생략할 수 있기 때문에 객체 속성에 변화가 발생했는지 여부를 추가로 확인한다. 변화를 확인하는 속성에는 대표적으로 객체의 기하 및 색상 정보, 객체가 출력하고자 하는 리소스 데이터 변화 등이 있다.

고성능의 객체 모델 기반 렌더링 엔진을 설계하기 위해서는 더 효율적인 객체 관리 방법이 필요하다. 캔버스에 상주할 객체 수는 UI 앱 시나리오에 따라 결정되며 캔버스는 생성을 요청받은 객체를 선형 리스트로 관리할 수 있다. 만약 객체 추가/삭제보다 탐색 위주의 시나리오가 많이 전개된다면, 트리나 공간 분할 기법을 이용하여 분할한 공간에 객체를 추가해 관리하는 방법도 고려할 수 있다.

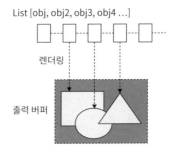

그림 2.26 UI 객체 목록을 순회하면서 렌더링 수행

코드 2.14 **UICanvas 주요 로직**

```
01  UICanvas:
02    ...
03    UIObject objs[]              // 생성한 UI 객체 전체 목록
04    UIObject renderObjs[]        // 렌더링 객체 목록
05    UIObject occludingObjs[]     // 차폐 객체 목록
06    bool dirty                   // 캔버스 변화 발생 여부
07
08    /* 캔버스에 등록한 UI 객체를 대상으로 상태 갱신 수행 */
```

```
09  update():
10    dirty = false            // 반환값(코드 2.6 참고)
11
12    .renderObjs.clear()       // 렌더링 객체 목록 초기화
13    .occludingObjs.clear()  // 차폐 객체 목록 초기화
14
15    // 렌더링 객체와 가려진 객체들 취합하고 부분 렌더링 영역 계산
16    for obj : .objs
17      // 객체 업데이트 후 렌더링 객체 등록
18      if obj.update()
19        renderObjs.push(obj)
20        dirty = true
21
22    // 렌더링 백엔드에서 필요한 작업 수행...
23    if dirty
24      .engine.update()
25
26    return dirty
27
28  /* 렌더링 작업 수행 */
29  render():
30    ...
31    // 렌더링 객체를 대상으로 엔진이 보유한 출력 버퍼에 UI 드로잉 수행
32    for obj : .renderObjs
33      obj.render(.engine, ...)
34    ...
35    .engine.flush()  // 렌더링 엔진에 출력 요청(코드 2.8 참고)
```

코드 2.14의 update()와 render()는 UICanvas의 핵심 메서드를 보여준다. UI
Canvas는 update() 과정을 거쳐 렌더링 객체를 선별하고, 이를 대상으로 렌더
링을 수행한다. 그리고 obj.update()를 호출함으로써 각 객체의 상태를 갱신한
다. 각 객체의 update()는 클래스 확장으로 구현을 달리하지만 근본적으로는
객체 속성을 갱신하는 작업을 수행한다. update() 내부에서는 객체의 changed
멤버 변수 값을 확인하여 참(true)인 경우에만 갱신 작업을 수행하고 해당 값
을 반환할 수 있다. 거짓(false)인 경우에는 갱신과 렌더링 작업 모두 건너뛸
수 있다. 이때 changed는 UI 객체가 제공하는 메서드에서 속성 값(색상, 위치,
크기 변경 등)을 변경할 때 true로 변경하고, render()를 수행한 후에는 false
로 초기화함으로써 렌더링 후 변화가 없는 객체를 판별할 수 있다.

코드 2.15 객체 변경 사항 추적 및 반영

```
01  /* 객체 기하 정보 설정 */
02  UIObject:
03    ...
04    /* 기하 정보 변경 */
05    geometry(geometry):
06      // 값이 동일한 경우 생략
07      return if .geometry == geometry
08      .geometry = geometry
09      /* 변경 사항을 세부적으로 추적하기 위해서는 속성별로 changed 값을
10          따로 분리할 수 있다. */
11      .changed = true
12
13    /* 객체 상태 갱신 */
14    update():
15      // 유효하지 않은 객체는 수행 중단
16      return false if .invalid
17
18      /* 명시적으로 가시 상태가 아니거나 객체 비주얼이 완전 투명한 경우
19          렌더링을 수행하지 않는다. */
20      return false if .visible == false or .opacity == 0
21
22      // 본 객체를 차폐물로 등록
23      if self.occluding()
24        .canvas.addOccluder(self)
25
26      // 변경 사항이 없으므로 렌더링을 수행하지 않는다.
27      return false if .changed == false
28
29      // 객체 속성 갱신 작업 수행
30      ...
31      return true
32
33    /* 객체가 차폐물로서 유효한지 여부 확인. 파생 클래스의 경우 본
34        메서드를 오버라이딩(overriding) 후 조건을 추가하여 정확도를
35        높이거나 복잡한 차폐 연산을 생략할 수 있다. */
36    occluding():
37      return false if .visible == false
38      return false if .opacity < 100
39      return false if .geometry.size == 0
40      ...
41      return true
42
43    /* 객체 렌더링 수행 */
44    render(engine):
```

```
45        // 유효하지 않은 객체는 렌더링 중단
46        return if .invalid
47
48        // 다른 객체에 의해 가려진 경우 렌더링 생략
49        return if .canvas.occluded(self)
50
51        // 래스터 작업 수행
52        ...
53        .changed = false   // 화면에 반영 완료했으므로 상태 초기화
```

코드 2.15를 살펴보면, 객체 갱신 과정 중 해당 객체가 렌더링 대상에 해당하는지 여부를 속성을 통해 빠르게 확인하여 렌더링 대상에서 객체를 제외한다 (20행). 여기서는 대표적으로 가시성(visibility)과 투명도(opacity)를 확인하지만 UI 객체 특성에 따라 다른 조건들도 추가할 수 있다. 또한 객체 컬링을 수행하기 위해 객체의 update() 단계에서 캔버스를 이용하여 차폐 객체를 수집한다 (23~24행). 이후 객체의 render() 단계에서는 앞서 수집한 캔버스의 차폐 객체 목록과 렌더링할 객체 간 기하 정보의 교차 여부를 비교하여 완전히 가려졌는지 여부를 검사하고 렌더링 수행 여부를 결정한다(49행).

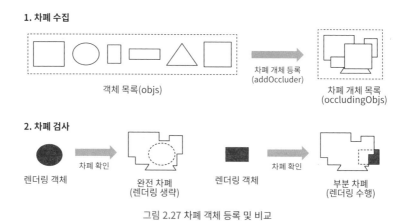

그림 2.27 차폐 객체 등록 및 비교

차폐 객체 수집과 검사 작업은 차폐 객체 수와 기하 형태의 복잡도에 따라 비용이 비싼 작업이 될 수 있으므로 모든 객체를 차폐물로 지정하기보다는 확실하면서도 최소 비용으로 이를 판단할 수 있는 객체만 등록하는 편이 효과적이다.

예를 들면, 이미지(PNG)를 출력하는 객체의 경우 윤곽선을 파악하기보다는 픽셀 단위로 알파 채널 값을 확인하여 투명 여부를 비교하는 쪽이 확실하다. 문제는 이런 방식으로 차폐 여부를 판단하는 것은 성능면에서 굉장히 비효율적이다. 또한 객체의 출력 결과물이 복합한 기하 형태의 다각형일 경우에도 차폐 비교보다 렌더링을 우선 수행하는 편이 성능상 더 나을 수 있다. 따라서, UI 객체와 렌더링 엔진의 특성을 토대로 객체 차폐의 적절한 조건을 도출하면 더 성능이 뛰어난 렌더링 엔진을 완성할 수 있다. 특히 객체가 불투명하면서도 사각형과 같은 단순한 형태의 기하 정보를 갖거나 투명 속성이 없는 이미지라면 차폐 비교 대상으로 적합하다. UI의 많은 비주얼 요소가 사각형, 원, 둥근 사각형을 사용하는 점을 고려하면 충분히 효과적이다.

그림 2.28 객체 종류별 차폐 영역 약식 계산

그림 2.28은 UI의 대표적 비주얼 요소인 이미지(사각형), 둥근 사각형, 원의 차폐 영역을 보여준다. 주목할 점은, 정밀한 컬링을 수행하기보다는 최소 크기의 바운딩 박스[31]로 대략적인 차폐 영역을 구하고 컬링을 수행한다는 것이다. 모서리를 둥글린 사각형, 원과 같이 객체 형태가 사각형이 아닌 경우에는 계산을 빠르게 수행할 수 있는 간단한 차폐 도형(사각형)을 따로 구축하는 것도 도움이 된다.

---

31 바운딩 박스(Bounding Box): 도형의 윤곽을 포함하는 사각형

코드 2.16 객체 차폐 여부 파악

```
01  /* 차폐 여부 확인. Geometry는 최소 바운딩 박스에 해당. */
02  UICanvas.occluded(obj):
03
04  /* GeometryCollection은 기하 도형 목록으로부터 하나의 큰 기하 도형을
05    구성. Geometry와 차폐 도형의 영역이 겹칠 경우 크기가 작은
06    Geometry로 영역을 재구성함으로써 다각형 구현(그림 2.29) */
07  geometry = GeometryCollection(obj.geometry)
08
09  // 주어진 기하 정보(geometry)와 모든 차폐 객체들의 기하 정보와 교차 여부 비교
10  for occluder : .occludingObjs
11    continue if obj == occluder
12    /* 주어진 기하 정보가 차폐 객체의 기하 정보 외부에 있는 경우
13      즉, 겹치는 구간이 없는 경우에 해당 */
14    continue if geometry.outside(occluder.geometry)
15    /* 차집합 도출. 교차된 정보가 없는 경우는 주어진 기하 정보가
16      차폐 객체의 기하 내부에 존재한 경우. 즉 완전 차폐. */
17    return true if geometry.subtract(occluder.geometry) == false
18    /* 차집합 결과의 기하 정보 넓이가 0인 경우 */
19    return true if geometry.areaSize == 0
20
21  // 부분 차폐 또는 차폐가 전혀 안된 경우에 해당
22  return false
```

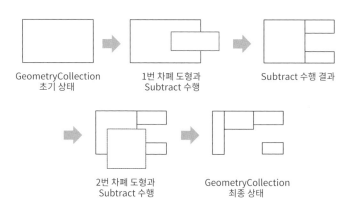

GeometryCollection
초기 상태

1번 차폐 도형과
Subtract 수행

Subtract 수행 결과

2번 차폐 도형과
Subtract 수행

GeometryCollection
최종 상태

그림 2.29 GeometryCollection 차폐 영역 제거 과정

그림 2.29는 코드 2.16에서 도입한 GeometryCollection의 구성 정보를 표현한 것이다. 차폐 도형 형태가 사각형이라고 가정할 경우, GeometryCollection은 객체의 원래 영역으로부터 차폐물에 가려진 영역을 제거하고 남은 영역을 어

러 작은 사각형으로 분할하여 보관한다(17행). 도형을 분할할 때는 최적의 도형 넓이를 찾기보다 단순하면서도 빠른 계산 방법을 적용하는 편이 효과적이다. 결과적으로 보면 모서리에서 발생한 교차점에서 x 또는 y 축을 기준으로 도형을 일괄 분할하는 것과 같다(그림 2.30). 마지막으로 등록된 차폐물과 비교하는 과정에서 GeometryCollection의 크기(도형 넓이)가 0이 될 경우, 완전 차폐로 간주하고 렌더링 작업을 생략할 수 있다(19행).

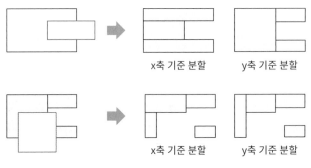

그림 2.30 차폐 영역 분할 방법

계층 모델 기반으로 객체 목록을 구성할 경우, 각 트리의 하위 객체를 선별하는 작업도 필요하다. 이를 위해서 객체 목록(objs)을 순서대로 갱신해야 하고, 각 객체에 추가된 자식 객체들도 탐색을 수행해서 이들을 렌더링 객체 목록(renderObjs)에 추가한다. 탐색 시 주목할 점은 너비 우선 탐색(Breadth First Search)과 전위 순회(Preorder Traversal)를 수행한다는 점이다. renderObjs에 추가한 개체의 순서가 곧 렌더링 순서와 동일하기 때문이다. UI에서 레이어 우선순위를 구현하기 위해서는 반드시 객체의 렌더링 순서도 유지해야 한다.

코드 2.17은 코드 2.14의 update()를 재구현한다. 여기서는 너비 우선 탐색으로 객체 트리를 순회하며 renderObj에 자식들을 추가하는 로직을 보여준다.

코드 2.17 계층 모델에서의 UICanvas 갱신 작업

```
01  /* 캔버스에 등록한 UI 객체를 대상으로 상태 갱신 수행(계층 모델 ver.) */
02  UICanvas.update():
03      dirty = false  // 반환값(코드 2.6 참고)
```

```
04
05    // 객체를 업데이트 후 렌더링 객체 취합
06    for obj : .objs
07      // 너비 우선순위 탐색을 위한 큐 자료 구조
08      Queue queue
09      queue.push(obj)
10
11      // 너비 우선순위 탐색 시작
12      while queue.exist()
13        obj = queue.pop()
14        // 객체를 렌더링 후보 목록에 추가
15        if obj.update()
16          renderObjs.push(obj)
17          dirty = true
18          // 계층 모델에서 자식들을 갱신하기 위해 자식들을 큐에 추가
19          for child : obj.children
20            queue.push(child)
21    ...
```

레이어

UI 세계에서 z축 선상에서의 UI 객체 순서를 결정하기 위해 레이어 개념을 도입할 수 있다. 구현 관점에서 보면 이는 화면상에 겹겹으로 놓인 UI들의 출력 우선순위를 결정하기 위한 방법으로 이해해도 무방하다. 따라서 UI 앱에서 어떤 UI가 화면 상단에 놓이고 하단에 놓일지 결정하고자 한다면 레이어의 값을 변경해야 한다. 코드 2.18은 UI 앱이 레이어 인터페이스를 이용하여 UI의 출력 순서를 변경하는 예시를 보여준다.

코드 2.18 레이어 지정 인터페이스

```
01  obj.layer = 3      // obj의 레이어 순서를 세 번째로 지정
02  obj.above = obj2   // obj를 obj2 바로 위로 이동
03  obj.below = obj2   // obj를 obj2 바로 밑으로 이동
04  obj.raise()        // obj의 레이어 한 칸 상승
05  obj.lower()        // obj의 레이어 한 칸 하강
06  obj.top()          // obj를 최상단으로 지정
07  obj.bottom()       // obj를 최하단으로 지정
```

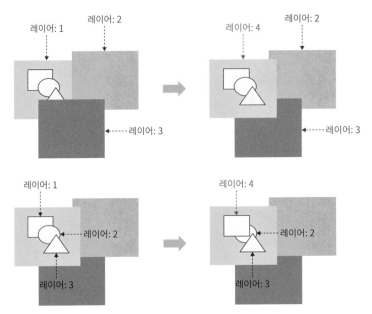

그림 2.31 계층 모델에서의 레이어 변경

그림 2.31은 계층 모델에서의 레이어 변경 시나리오 두 가지를 예로 보여준다. 상단의 경우 부모 레이어의 순서를 변경했을 때 그에 종속된 자식들도 같이 이동하는 결과를 보여준다. 하단 그림은 부모 객체를 그대로 둔 채, 자식 객체들 간의 레이어 순서를 변경함으로써 컴포넌트 내 화면 구성을 바꾸는 과정을 보여준다.

계층 모델에서 레이어 기능을 설계할 때 자식 객체의 레이어를 부모 객체의 레이어에 종속시킬 것인지 여부를 결정해야 한다. 자식 객체의 레이어가 부모 레이어를 벗어날 경우 의도하지 않게 다른 독립 UI에 영향을 미칠 수 있기 때문이다(그림 2.32). 이러한 결과는 화면 구성 과정에서 의도치 않게 발생할 수 있으므로 UI 앱 개발자는 더 많은 주의를 기울여야 하고 결과적으로 더 많은 코드를 작성해야 한다. 따라서 자식 객체의 레이어를 부모 객체의 레이어에 종속시키는 정책은 직관적이고 유용하다. 이 정책을 적용하면 UI 객체를 혼합한 컴포넌트 객체를 설계할 때 다른 UI 객체가 해당 컴포넌트 레이어 내로 개입하는 경우를 방지하고, UI 앱은 예측 가능하고 올바른 장면을 구축하기 쉬워진다.

앞선 개념을 반영하여 UICanvas를 구현할 때 최상위 부모는 다른 최상위 부

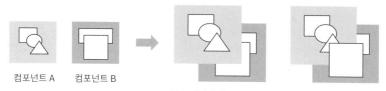

컴포넌트 A   컴포넌트 B

부모 레이어에 종속된 경우   부모 레이어에 독립적인 경우

그림 2.32 레이어 독립적인 계층 모델 적용 시 발생할 수 있는 레이어 순서 문제

모들과 레이어 우선순위를 경합하고 자식 객체는 그의 형제들과 레이어 우선순위를 경합하도록 로직을 구축한다. 레이어가 객체의 출력 순서에 의존하는 점을 고려하여 해당 객체가 추가된 목록을 대상으로 객체 순서를 재조정한다. 사용자가 UI 객체의 레이어 순서를 별도로 지정하지 않는 경우(기본값인 경우)에는 객체를 목록의 맨 끝에 추가함으로써 장면에서 최상단에 위치하게 할 수 있다. 최상위 부모는 캔버스 엔진의 객체 목록(objs)에 추가된 순서에 영향을 받고, 자식의 레이어 순서는 부모의 children 목록에 추가된 순서에 영향을 받는다. 객체의 레이어 값이 변경될 때마다 해당 객체가 추가되어 있는 각 목록을 레이어 값 기준으로 오름차순으로 정렬한다.

코드 2.19 레이어 기준으로 정렬 수행

```
01  /*
02   * 레이어 순서 변경
03   * @p layer: var
04  */
05  UIObject.layer(layer):
06
07    .layer = layer
08
09    // 본 객체가 부모에 종속된 경우, 그 형제들과 레이어 순서 재정렬
10    if .parent.valid()
11      children = .parent.children
12      // layer 값 기준으로 children 재정렬(17행~26행 참고)
13      ...
14    // 루트 객체인 경우 캔버스의 루트 객체들과 레이어 순서 재정렬
15    else
16      objs = UIEngine.canvas.objs
17      // 삽입 정렬(Insertion Sort) 수행
18      for i : objs.size[1 ~ ]
19        j = i
```

```
20      while j > 0
21        if objs[j].layer < objs[j − 1].layer
22          swap(objs[j], objs[j − 1])
23          --j
24          continue
25        else
26          break
27    ...
```

코드 2.19에서는 UI 객체의 레이어 값이 변경되었을 때 이를 기준으로 객체 목록을 다시 정렬하는 로직을 보여준다. 주목할 부분은 해당 객체가 다른 UI 객체의 자식인지 또는 캔버스에 종속된 루트 객체인지 여부를 확인하고(10행) 그에 맞는 객체 목록을 선정하는 부분이다(11, 16행). 또한 각 목록에서 객체 수는 방대하지 않고[32] 항상 레이어 순으로 정렬되어 있으므로 간단한 삽입 정렬을 이용한다. 마지막으로, 앞서 코드 2.18의 UICanvas.update()에서 전위 순회와 너비 우선순위 탐색을 수행한 이유가 객체들의 레이어 순서를 보존하면서 렌더링 객체 목록(renderObjs)을 완성하기 위한 점인 부분을 다시 한번 확인할 수 있다. 이는 레이어 순서에 기반하여 객체들을 순차적으로 렌더링하기 위해 의도적으로 구현한 결과이다.

장면 그래프

2.2.2절의 계층 모델에서는 하나의 UI 객체가 트리 자료 구조를 이용하고 UI 객체들을 합성하는 방식으로 UI 컴포넌트와 같은 복합 비주얼 기능을 완성할 수 있음을 학습했다. 사실 여기서 UI 객체가 구축한 트리 자료 구조는 장면 그래프(Scene Graph)와 같이 장면으로 구성된 그래프로 볼 수 있다. 각 자식 노드는 지역 장면을 구성하고 부모는 자식들의 지역 장면을 합성하여 전체 장면을 완성하는 개념이다. 장면 그래프는 각 장면을 분리하고 결합하기 용이하여, 다수의 UI 객체 노드로 그래프를 구성하는 방식에 따라 새로운 UI 장면을 완성할 수 있는 점에서 유용하다. 그림 1.1의 구글 검색 화면을 장면 그래프로 도식화한다면, 그림 2.33과 유사한 형태가 될 것이다.

---

32 UI 구성에 따라 다르겠지만 각 목록마다 100개 미만으로 봐도 무방하다.

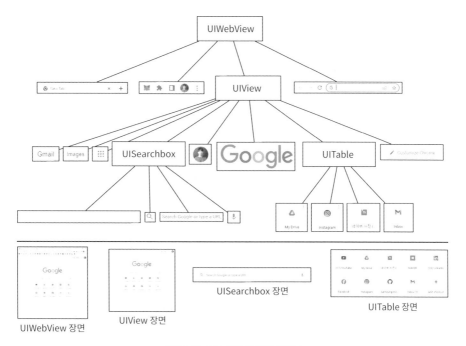

그림 2.33 구글 검색 창 장면 그래프

그림 2.33에서 장면 그래프는 일부 UI 컴포넌트(`UIWebView`, `UIView`, `UISearch bar`, `UITable`)만 확대해서 보여준다. 핵심은 각 컴포넌트마다 고유 장면을 완성하고, 부모 노드에 해당하는 UI 컴포넌트는 자식 노드의 UI 컴포넌트 장면을 포함한다는 점이다. 달리 말하면 부모 노드는 자식 노드들의 장면을 합성하고 필요한 비주얼을 덧붙임으로써 새로운 장면을 완성한다. 그림 2.33에서 `UIView`는 `UISearchbox`와 `UITable`의 장면을 합성하고, `UIWebView`는 `UIView` 장면을 합성하고 있음을 이해할 수 있다.

한편, 렌더링을 구현하는 `UICanvas`는 최상위 UI 객체로부터 장면 그래프를 통해 렌더링할 대상을 순차적으로 탐색하고, 렌더링 엔진을 통해 장면 이미지를 완성한다. 이 과정에서 합성(composition) 방식이나 직접(direct) 방식[33]으로 각 장면을 렌더링할 수 있다. 두 방식 간 가장 큰 차이점은 그래프상에서 여러 하위 장면들을 독립적인 이미지로 생성하는지 여부이다. 합성 방식은 각 장

---

33 접근 방식을 구분하기 위해 사용한 용어이며 장면 그래프를 구현하는 표준 기술 용어는 아니다.

면을 독립 이미지로 생성하므로 각 자식 객체의 렌더링 작업은 부모와 독립적으로 수행할 수 있으며, 부모는 자식이 완성한 장면을 전달받아서 합성하기만 하면 된다. 이 경우, 각 장면별 렌더링 병렬화가 용이해지며 완성된 자식 장면 이미지를 캐싱하여 재사용할 수 있다. 또한 변경이 발생한 하위 장면들만 선별적으로 갱신하여 출력하면 되므로 렌더링 성능 향상을 꾀할 수 있다. 물론, 각 장면마다 이미지를 별도로 생성하기 때문에 메모리 사용량이 증가하고 각 장면 이미지마다 렌더링 문맥이 서로 달라서 렌더링 문맥 전환 비용이 발생할 여지는 존재한다. 이와 반대로 직접 방식은 독립 이미지를 생성하지 않고 출력할 버퍼(또는 대상 버퍼)에 각 장면 이미지를 바로 그린다. 이 경우 각 장면마다 렌더링 문맥 정보를 전달할 수 있는 방법이 필요하다. 다시 말해, 자식들은 부모 객체의 렌더링 작업 문맥을 계승함으로써 부모의 렌더링 조건을 동일하게 적용할 수 있어야 한다. 부모의 출력 버퍼, 뷰포트(viewport) 영역, 기하 변환, 합성하고자 하는 색상 및 이미지 등의 정보를 자식 객체들도 동일하게 적용함으로써 부모가 제공하는 장면 공간(world)을 서로 공유한다. 전자는 부모가 자식의 렌더링 결과물을 받아 직접 적용했다면 후자는 자식이 부모의 렌더링 문맥 정보를 전달받아 렌더링 과정에서 적용한다고 볼 수 있다.

정리하면, 직접 방식은 합성 방식에 비해 필요한 메모리 사용량 및 장면 합성 과정을 최소화할 수 있으므로 UI 시스템의 렌더링 엔진으로서는 직접 방식이 적합하다. 다만, 이때에도 마스킹(4.5.2절)이나 이미지 필터(4.6절) 등 후처리 렌더링이 필요한 기능을 구사할 수 있어야 하므로 합성 방식을 부분적으로 수행할 수 있도록 렌더링 동작을 설계해야 한다. 실제로 렌더링 기능은 상당히 다양하기 때문에 렌더링 루틴이나 파이프라인은 경우에 따라 복잡해질 수밖에 없다.

코드 2.20은 앞서 설명한 개념을 토대로 장면 그래프를 통해 직접 방식으로 렌더링 로직을 구현한다. 코드 2.14와 달리 이번에는 렌더링 과정에서 장면 그래프를 유지하기 위해 renderObjs에는 최상위 객체만 추가하고 이들을 통해 객체 트리를 직접 순회한다(그림 2.34). 또한 코드에서 부모의 렌더링 문맥을 자식에게 전달하기 위해 렌더링 문맥을 보관할 데이터(RenderContext)를 선언하고 render() 메서드를 통해 이를 자식들에게 전달하는 점에 주목하자.

코드 2.20 장면 그래프 기반 렌더링

```
01  /* 객체 렌더링에 필요한 공용 정보 정의 */
02  RenderContext:
03    RenderEngine engine   // 렌더링 백엔드 엔진
04    NativeBuffer target   // 출력 버퍼
05    Geometry viewport     // 출력 영역
06    Matrix transform      // 기하 변환
07    ...                   // 그 외 여러 정보...
08
09    RenderContext(engine):
10      self.engine = engine
11      self.target = engine.target
12      viewport = {0, 0, engine.width, engine.height}
13      transform.identity()
14      ...
15
16  /*
17   * 객체 렌더링 작업 수행
18   * @p context: RenderContext
19  */
20  UIObject.render(context, ...):
21    ...
22    // 뷰포트에서 벗어난 경우
23    return if .geometry.outside(context.viewport)
24
25    // 다른 객체에 의해 차폐된 경우 렌더링 생략
26    return if .canvas.occluded(self)
27    ...
28    // 부모의 렌더링 문맥 계승
29    overriddenContext = context
30    // 부모와 자식의 변환 행렬 곱
31    overridenContext.transform *= .transform
32    // 부모와 자식의 클리핑(3.4.2절) 영역 교집합
33    overridenContext.viewport.intersect(.geometry)
34    // 부모와 자식의 색상 합성
35    overridenContext.fill *= .fill
36
37    // 본 객체가 보유한 비주얼 요소 출력
38    inRender(overridenContext)
39
40    // 장면 그래프를 완성하기 위해 렌더링 문맥을 자식들에게도 전달
41    foreach(.children, child)
42      child.render(overridenContext, ...)
43    ...
```

```
44  /* 캔버스 렌더링 작업 수행 */
45  UICanvas.render():
46    ...
47    // 렌더링 객체를 대상으로 엔진이 보유한 출력 버퍼에 UI 드로잉 수행
48    context = RenderContext(engine)
49
50    for obj : .renderObjs
51      obj.render(context, ...)
52    ...
53    .engine.flush()   // 렌더링 엔진에 출력 요청(코드 2.8 참고)
```

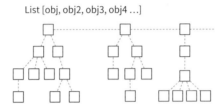

List [obj, obj2, obj3, obj4 ...]

그림 2.34 장면 그래프 기반의 renderObjs(List) 자료 구조

코드 2.20의 render()에서 RenderContext를 전달받은 UIObject는 현재 객체가 출력해야 할 렌더링 문맥 정보를 추가한 후 이를 자식에게 전달한다. Render Context의 engine은 렌더링 백엔드를 가리키고 target은 그래픽을 출력할 버퍼에 해당한다. 따라서 각 UIObject는 전달받은 출력 엔진과 버퍼를 공유하며, 동일한 메서드로 같은 버퍼에 장면을 직접 그릴 수 있다. viewport는 캔버스에서 장면이 출력될 영역에 해당한다. 비주얼 요소가 이 영역을 벗어날 경우 드로잉에서 제외할 수 있다.[34] transform은 각 객체를 출력할 변환 행렬 정보[35]를 가지고 있으며, 부모로부터 전달받은 행렬에 자식의 변환 행렬을 곱함으로써 부모의 변환 정보를 기저(base)로 자식의 상대적인 변환을 추가한다. 이렇게 완성한 transform은 트리를 따라 다음 자식의 기저 변환 정보로 활용될 수 있다. 이 방식은 각 지역 장면(UI 객체)을 독립 장면으로서 설계하고 이들을 동적으로 장면 그래프에 추가할 수 있기 때문에 다양한 형태의 전체 장면을 완성할

---

34 자세한 내용은 3.4.2절 "클리핑"을 참고한다.
35 기본적으로 변환 행렬에는 위치, 회전, 크기 정보를 기록한다.

때 유용하다. 이러한 이유로 부모 객체 위치를 기준으로 각 장면을 상대 배치하여 그래프상에서 각 장면의 원점은 부모 위치를 가리키게 하는 편이 구현에 용이하다.[36]

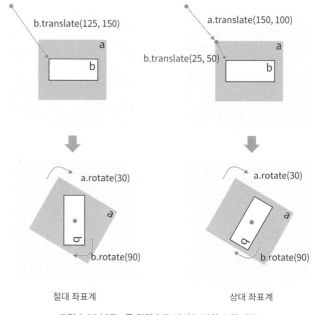

절대 좌표계 상대 좌표계

그림 2.35 부모 a를 원점으로 자식 b 변환 수행 비교

다시 코드 2.20을 보면 객체 렌더링 시 컬링 대상 객체는 렌더링을 중단하는데 (23~27행) 장면 그래프 구조에서 부모 객체가 렌더링 대상이 아니라면 자식 객체에 대한 렌더링 작업도 중단한다. 이러한 정책은 캔버스가 렌더링을 위해 모든 객체를 탐색하는 부담을 줄일 수 있으므로 성능면에서도 도움이 된다. 또한 기저 클래스에 해당하는 UIObject는 실질적인 출력 정보를 보유하고 있지 않으므로 render()에 핵심 구현은 존재하지 않는다. UIObject의 파생 클래스가 실질적인 장면 정보를 갖고 있어서 이들이 UIObject.render() 메서드를 오버라이딩하여 구현할 수 있어야 한다. 다만 렌더링 문맥 정보를 완성하거나 자식들의 렌더링 동작을 호출하는 등의 공통 작업을 분리하기 위해 inRender()라는

---

36 1.2.1절에서 학습한 상대 좌표계 개념과 동일하다.

인터페이스를 따로 제공하고(40행) 확장 클래스에서는 이를 구현함으로써 필요한 렌더링 작업만 추가할 수 있다.

코드 2.21 파생 객체(UIRect)의 렌더링 수행

```
01  /*
02   * UIObject를 확장한 사각형 객체의 렌더링 수행 코드
03   * @p context: RenderContext
04  */
05  override UIRect.inRender(context, ...):
06      ...
07      // 사각형을 출력하는 알고리즘 구현(코드 3.6 참고)
08      context.engine.drawRect(...)
```

코드 2.21은 맥락 이해에 집중하기 위해 실질적인 렌더링 루틴을 단순화하여 뼈대 코드만 제시했다. UIObject의 파생 클래스인 UIRect는 렌더링 문맥 정보로부터 엔진 정보와 UIRect가 보유한 도형 정보를 렌더링 백엔드(engine)에 전달함으로써 도형 출력 작업을 수행할 수 있을 것이다. 실질적으로 렌더링 루틴은 다수의 수행 조건으로 인해 구현이 훨씬 더 복잡하므로 렌더링 루틴을 여러 단계로 세분화하여 수행할 수도 있다. 가령, 렌더링을 전처리(preRender), 본처리(inRender), 후처리(postRender)로 세분화하고 확장 클래스에서 필요한 단계의 기능을 구현하면 더욱 유연한 확장이 가능하다.[37] 이러한 메서드는 UICanvas의 render() 단계에서 호출할 수 있다.

마지막으로 그림 2.36은 장면 그래프로부터 렌더링을 수행한 결과물까지의 진행 과정을 가상의 시나리오를 적용하여 보여준다. 그림에서 화살표 번호는 렌더링 순서를 가리킨다. obj로부터 시작한 트리는 전위순회 탐색을 수행하며 자식 객체(노드)를 방문하고, 각 객체는 임의의 주어진 장면(도형)을 그린다고 가정한다. 이때 각 자식은 렌더링 과정을 거쳐 장면을 그리되, 부모로부터 전달받은 렌더링 문맥 정보를 통해 동일 공간(캔버스)에 직접 드로잉을 수행한다. 결과적으로 모든 장면은 부모 공간(장면)의 일부로서 화면에 기록된다.

---

37 템플릿 메서드(Template Method) 디자인 패턴을 참고하면 도움이 된다.

List [obj, obj2, obj3, obj4 …]

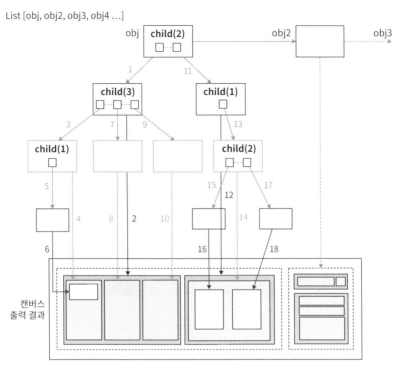

그림 2.36 장면 그래프 기반 렌더링 수행 과정

부분 렌더링

부분 렌더링(Partial Rendering)은 객체의 상태 변화를 추적하여 변화가 발생한 영역을 계산하고, 이들 영역만을 대상으로 렌더링을 수행하여 작업을 최소화하는 데 목적을 둔다. 렌더링은 UI 앱의 성능에 많은 영향을 미치는 작업이고, 이 중에서도 래스터 작업 부하는 출력하고자 하는 화소의 수와 비례해 증가한다. 부분 렌더링은 출력할 화소의 수를 최소화함으로써 더 적은 양의 래스터 작업을 수행하고 결과적으로 성능 개선으로 이어질 수 있다.[38] 코드 2.3의 invalidateRegion() 호출 과정과 같이 이미디어트 렌더링을 요구하는 일부 시스템에서는 사용자가 직접 래스터 영역을 지정하기도 하지만, 리테인드 렌더링

---

38 성능 최적화는 임베디드 기기에서 프로세싱 파워를 줄임으로써 발열을 완화하는 데도 도움이 된다.

방식에서는 렌더링 엔진이 객체 내부 상태를 추적함으로써 래스터 영역을 직접 계산할 수 있다. 결과적으로 이는 UI 앱 개발자의 구현 부담을 줄여준다.

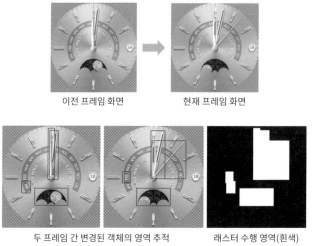

이전 프레임 화면　　　　　현재 프레임 화면

두 프레임 간 변경된 객체의 영역 추적　　　래스터 수행 영역(흰색)

그림 2.37 부분 렌더링 영역 계산(Enventor Watchface)

그림 2.37을 보면 부분 렌더링의 동작 개념을 이해할 수 있다. 연속된 두 장면에서 변화가 발생한 객체가 있다고 가정할 때(월 표시, 시계 바늘, 밤하늘 이미지), 이들의 전/후 영역(빨간선 바운딩 박스)을 파악하고 이를 취합함으로써 현재 프레임에서 래스터를 수행할 영역을 도출한다.[39]

UI 객체 모델 기반에서 변경 영역을 추적하는 방법은 의외로 간단하다. 속성에 변화가 발생한 객체들의 기하 정보를 갱신하되 이전 기하 정보도 추가로 보관하면 된다. 이를 위해 UIObject는 이전/현재 기하 정보를 보유하고 속성에 변화가 발생하여 새로 렌더링을 수행할 때 이전/현재 기하 정보를 렌더링 엔진으로 전달할 수 있다.

코드 2.22 객체 변경 사항 추적 및 반영

```
01  UIObject:
02    ...
03    Geometry curGeometry  // 현재 프레임의 기하 정보
```

---

39 dirty region 또는 invalidated region 라고도 한다.

```
04    Geometry prvGeometry   // 이전 프레임의 기하 정보
05    ...
06
07    /* 객체 기하 정보 설정 */
08    geometry(geometry):
09      return if .curGeometry == geometry
10      .curGeometry = geometry
11      .changed = true
12
13    /* 객체 상태 갱신 */
14    update(engine, ...):
15      // 객체 속성 갱신 작업 수행
16      ...
17      // 이전, 현재 기하 정보를 이용하여 부분 렌더링 영역 추가
18      engine.pushRedrawRegion(.prvGeometry)
19      engine.pushRedrawRegion(.curGeometry)
20
21      // 현재 프레임의 기하 정보를 이전 프레임의 기하 정보로 복사
22      .prvGeometry = .curGeometry
23      ...
```

코드 2.22에서 주목할 부분은 18~19행의 pushRedrawRegion()이다. 이 메서드를 통해 engine은 객체의 이전, 현재의 기하 정보를 모두 전달받고 engine 내부에서 기하 정보 목록을 리스트로 관리할 수 있다. 따라서 캔버스 갱신, 즉 UI Canvas.update()를 통해 변화가 감지된 객체의 update()를 모두 수행한 시점에 engine은 렌더링을 수행할 영역을 모두 수집한 상황이다. 이후 engine은 수집한 기하 정보를 병합하여 중복된 기하 정보 영역을 제거한다.

코드 2.23 부분 렌더링 영역 병합

```
01    /* 렌더링 엔진에서 필요한 작업 수행. 호출 위치는 코드 2.14의 24행 참고 */
02    RenderEngine.update():
03      ...
04      /* 병합 작업 수행. pushRedrawRegion()으로 수집한 기하 정보는
05         redrawRegions 리스트로 보관한다. 여기서는 redrawRegions를 순회하며
06         수집한 영역을 병합한다. 최종 확정한 redrawRegions 목록의 영역은
07         부분 렌더링 영역으로 활용한다. */
08      // 범위: 0 ~ redrawRegion.size - 2
09      for region1 : redrawRegions[0 ~ (redrawRegions.size - 1)]
10      // 범위: 1 ~ redrawRegion.size - 1
11      for region2 : redrawRegions[1 ~]
```

```
12      // region2 - region1 후, 차집합에 해당하는 region 목록 반환
13      partitions = region1.merge(region2)
14      if partitions.size > 0
15        /* 병합한 영역 제거. 반복문을 수행 중이므로 반복문(for)
16           문맥을 훼손하지 않고 안전하게 제거하는 방법이 필요할 수 있다. */
17        redrawRegions.remove(region2)
18        // 새로 분할된 사각형 목록을 redrawRegions 목록에 추가
19        redrawRegions.append(partitions)
20    ...
```

코드 2.23은 부분 렌더링을 수행할 영역 정보를 재구성하는 로직을 보여준다. RenderEngine은 pushRedrawRegion()을 통해 취합한 렌더링 객체의 기하 정보(geometry)를 redrawRegions 리스트 자료 구조로 보관한다. 위의 코드에서는 기하 정보를 렌더링 객체의 바운딩 박스로 간주하며, RenderEngine은 redrawRegions가 보관한 모든 geometry를 병합(merge)하는 작업을 수행한다. 병합은 사각형을 유지하되 중복된 영역을 제거하고 남은 분할된 사각형을 추가하는 방식으로 동작한다(13~19행). 코드에서는 생략했지만, 병합하는 두 영역(region1, region2)의 넓이를 비교하고 그중 넓이가 큰 쪽을 기준으로 병합을 수행하는 것도 좋다. 가급적 큰 영역의 redrawRegions를 유지함으로써 영역 분산을 최소화하면 이는 결과적으로 탐색 효율을 높이는 데 도움이 된다.

그림 2.38에서 두 영역의 병합 전/후를 볼 수 있다. 빨간 상자는 코드 2.23의 region1에 해당하고 파란 상자는 region2에 해당한다. 병합 시 두 상자 중 넓이가 큰 상자 쪽으로 병합을 수행하며, 이후 발생한 분할 영역(partitions)은 redrawRegions 목록에 새로운 부분 렌더링 영역으로 새로 추가한다(19행).

앞서 확인한 것처럼 부분 렌더링 영역을 redrawRegions로 갖추고 나면, 단일 뷰포트가 아닌 redrawRegions에 추가된 부분 드로잉 영역들을 대상으로 래스터 작업을 수행할 수 있다. 한편, 매 프레임마다 새로 갱신할 화면 영역은 redrawRegions이므로 출력 버퍼 또한 redrawRegions만을 대상으로 초기화(clear)해 줘야 한다.[40] 여기서 말하는 초기화는 출력 버퍼의 화소 값을 기본 또는 특

---

40 어차피 기존 버퍼에 덮어쓰는 과정을 수행하므로 출력 버퍼가 알파 속성을 갖지 않는다면 초기화 작업도 생략할 수 있다.

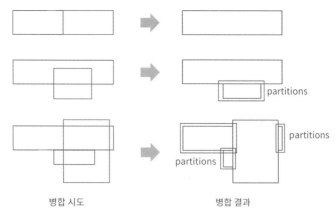

병합 시도   병합 결과

그림 2.38 부분 렌더링 영역 병합 과정

정 값으로 설정하는 것을 의미한다. 가령 코드 2.1과 같은 방식으로 redrawRe-gions 영역에 대해 출력 화소 값을 0x00000000으로 기록하면 해당 영역은 아무런 색상 값을 갖지 않는다. 주의할 점은 부분 렌더링에서 출력 버퍼 전체를 초기화하면 부분 렌더링 외의 화면도 지워지게 된다는 점이다.

부분 렌더링을 위해 구축한 드로잉 영역(redrawRegions)은 현재 프레임에서 래스터 작업을 수행할 영역에 해당한다. 다시 말해 이 영역에 노출된 모든 객체들은 렌더링을 수행해야 한다. 예를 들어 그림 2.39에서 하늘색 배경과 태양은 프레임 간 상태 변화가 없지만 구름이 이동하면 redrawRegion이 발생하면서 부분 렌더링을 다시 수행해야 한다. 결과적으로 redrawRegion에 노출된 객체들을 판별하기 위해서 모든 가시 상태의 객체들을 객체의 상태 변화와 상관없이 렌더링 객체 후보로 추가할 수 있어야 한다.

그림 2.39 redrawRegions 렌더링 결과

코드 2.24 부분 렌더링 주요 수행 로직

```
01  /* 캔버스에 등록한 UI 객체를 대상으로 상태 갱신 수행 */
02  UICanvas.update():
03    dirty = false
04
05    .renderObjs.clear()      // 렌더링 객체 목록 초기화
06    .occludingObjs.clear()   // 차폐 객체 목록 초기화
07
08    // 렌더링 객체와 차폐 객체 취합하고 부분 렌더링 영역 계산
09    for obj : .objs
10      // 객체를 렌더링 후보 목록에 추가
11      if obj.update()
12        renderObjs.push(obj)
13      // 객체 중 하나라도 변경이 있을 시 캔버스 갱신
14      if obj.changed
15        dirty = true
16
17    // 영역 병합 등 렌더링 백엔드에서 필요한 작업 수행...
18    if dirty
19      .engine.update()
20
21    return dirty
22
23  /* 객체 상태 갱신 */
24  UIObject.update():
25    ...
26    // 본 객체를 차폐물로 등록
27    if self.occluding()
28      .canvas.addOccluder(self)
29
30    // 객체 속성에 변경이 없는 경우 즉시 반환
31    return true if .changed == false
32
33    // 객체 속성 갱신 작업 수행
34    ...
35
36    // 이전, 현재 기하 정보를 이용하여 부분 렌더링 영역 추가
37    engine.pushRedrawRegion(.prvGeometry)
38    engine.pushRedrawRegion(.curGeometry)
39
40    // 현재 프레임의 기하 정보를 이전 프레임의 기하 정보로 복사
41    .prvGeometry = .curGeometry
42    ...
43
44  /*
```

```
45   * 객체 렌더링 작업 수행
46   * @p context: RenderContext
47  */
48  UIObject.render(context, ...):
49    ...
50    // 부분 렌더링 영역에 노출되지 않은 경우 렌더링 생략
51    redraw = false
52    for region : context.engine.redrawRegions
53      continue if .geometry.outside(region)
54      redraw = true
55      break
56
57    return if redraw == false
58
59    // 다른 객체에 완전히 가려진 경우
60    return if .canvas.occluded(self)
61    ...
```

코드 2.24에서 31행을 보면 객체에 변화가 없음에도 true를 반환함으로써 해당 객체를 렌더링 객체 후보에 등록한다. 이후 render()에서 redrawRegions와 객체의 기하 정보가 겹치는 구간이 있는지 확인하고, 겹치는 구간이 있을 경우에만 렌더링을 수행하는 것을 확인할 수 있다(51~57행).

2.3 메모리 관리

2.3.1 가비지 컬렉션

가비지 컬렉션(Garbage Collection, 줄여서 GC)[41]은 잘 알려진 메모리 관리 기법 중 하나로, UI 시스템의 객체 메모리 관리를 위해 사용할 수 있다. UI 시스템에서 GC는 폐기한 UIObject 객체를 수집하고 일정 주기로 이들을 메모리에서 삭제하거나 UIObject 생성에 재활용하는 역할을 수행하는 목적으로 활용할 수 있다. 특히 GC는 UIObject 메모리를 시스템 차원에서 관리하므로 메모리 누수나 유효하지 않은 메모리 접근 오류 등을 방지하는 데 도움이 된다. 하지만 성능에 민감한 앱에서는 GC의 자동화된 메모리 관리 비용이 단점으로 작용

---

41 직역하면 쓰레기 수집. 대표적으로 자바 언어는 표기(Mark) 후 쓸기(Sweep) 단계로 GC 작업을 세분화하고 이러한 과정을 통해 가비지를 수집하고 일괄 정리한다.

할 수 있다. 폐기 처분한 메모리가 GC에 누적되어 메모리 사용량이 증가하거나 메모리 정리 중 발생하는 처리 부하는 GC의 주요 단점으로 꼽힌다.

고(Go), 시샵(C#), 자바(Java) 등 현대의 프로그래밍 언어는 GC 기능을 언어 런타임에 기본 탑재함으로써 생산성 향상을 도모한다. 다만, UI 시스템이 플랫폼에 독립적이고 다양한 언어 지원을 고려한 경우에는 자체적으로 GC를 구현할 필요가 있다. 프로그래밍 언어의 GC 유무에 상관없이 UI 시스템의 동작 메커니즘이 동일해야 하기 때문이다.

현대의 많은 UI 프로그래밍에서 UI 객체 공유는 빈번히 발생한다. 하나의 객체는 다른 객체들을 소유함과 동시에 객체 소유권이 여러 객체에 걸쳐 공유되기도 한다.[42] 예로, 리테인드 렌더링에서 사용자가 생성한 UI 컴포넌트를 렌더링 엔진과 공유할 수 있다. UI 앱에서 생성한 객체가 UI 시스템 내 여러 계층 모듈로 전달되고 참조될 경우 개발자가 객체 메모리를 해제하는 시점을 파악하기 쉽지 않으며 예상치 못한 오류에 노출되기 쉽다. UI 앱은 사용을 마친 UI 객체에 대한 참조 해제만 담당하고, 실제 메모리를 해제하는 작업은 GC에 의존하는 편이 안전하다. GC는 객체를 참조하는 곳이 없음을 확인한 후에 비로소 메모리 해제 작업을 수행한다.

객체 참조

본 UI 시스템에서의 GC 구현 핵심은 객체 참조를 실시간 추적함으로써 객체에 할당한 동적 메모리 해제 시점을 결정하고, GC가 폐기된 객체를 수집하는 작업을 최소화하는 데 있다. 이렇게 해서 GC의 메모리 정리 및 리사이클링 비용을 최소화한다. 객체 참조는 UIObject의 참조 수(referenceCnt)를 통해서 쉽게 구현할 수 있다. 이는 스마트 포인터(Smart Pointer) 메커니즘[43]을 모방하며 그림 2.12에서 본 이미지 공유와 개념적으로 다르지 않다. UIObject는 참조 수(referenceCnt)가 0이 되어야 비로소 객체를 삭제하고 메모리 해제를 요청한다. 이를 위해 예시에서는 ref(), unref() 메서드를 도입한다. ref()와 unref()

---

42 데이터 공유의 위험을 완화하기 위해 프락시(Proxy) 객체를 이용하여 필요한 데이터를 대신 전달하거나 공유하는 방식을 채택할 수 있다.
43 https://en.wikipedia.org/wiki/Smart_pointer

는 객체 참조를 실행하거나 해제할 때 호출되는 메서드로 볼 수 있다. 가령, 서로 다른 UIObject 인스턴스 obj, obj2가 존재할 때 obj = obj2를 수행하면 obj는 obj2의 인스턴스로 교체한다. 이때 기존 obj의 인스턴스는 unref()를 수행함으로써 참조 수를 줄이고 obj2가 참조하던 인스턴스는 obj가 새로 참조하므로 ref()를 수행한다.

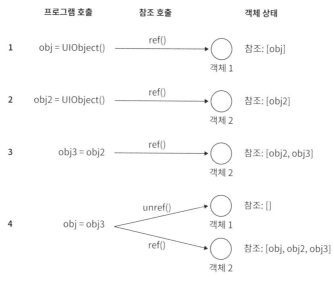

프로그램 호출	참조 호출	객체 상태

1 obj = UIObject() ——ref()——▶ ◯ 객체 1　　참조: [obj]

2 obj2 = UIObject() ——ref()——▶ ◯ 객체 2　　참조: [obj2]

3 obj3 = obj2 ——ref()——▶ ◯ 객체 2　　참조: [obj2, obj3]

4 obj = obj3 ⟨unref()⟩▶ ◯ 객체 1　　참조: []
　　　　　　　⟨ref()⟩▶ ◯ 객체 2　　참조: [obj, obj2, obj3]

그림 2.40 프로그램 호출에 따른 객체 참조 상태 변화

또한, 참조 수와 별개로 객체 파괴를 수행하기 위한 destructor()를 구현한다. 단, destructor()가 요청되었음에도 불구하고 참조 수가 0보다 크다면 이 값이 0이 될 때까지 파괴를 보류한다. 이 경우 태그와 별개로 객체 상태를 invalid로 기록하고, 이후 해당 객체의 기능 호출 시 객체가 동작을 수행하지 않도록 방어한다. 따라서 참조가 모두 해제될 때까지는 죽은 객체와 다름없다. invalid와 tag(코드 2.12 참고)가 비슷한 목적을 갖는 것처럼 보일 수 있지만, invalid는 정상적인 객체 참조를 위한 안전 장치인 반면 tag는 안전한 메모리 접근을 위한 장치로 활용하므로 그 차이점을 이해하도록 하자.

코드 2.25는 앞선 설명을 토대로 ref(), unref(), destructor() 구현을 간략하게 보여준다.

코드 2.25 GC 참조 수 구현

```
01   /* UIObject는 UIComponent의 기저 클래스. UI 객체의 공통 특성을 구현 */
02   UIObject:
03     ...
04     referenceCnt = 0   // 객체 참조 수
05     /* 참조 수 증가. 이는 객체를 생성하거나 obj = obj2와 같이 객체
06        참조 복사가 발생할 때 호출된다고 가정.
07        필요 시 연산자 오버라이딩을 구현하여 완성할 수 있다.*/
08     ref():
09       return if .invalid()
10       ++.referenceCnt
11
12     /* 참조 수 감수. obj = invalid 호출처럼 객체를 명시적으로 해제하거나
13        수행 스코프(scope) 또는 함수 스택이 종료함으로써 객체를 해제할 때 호출 */
14     unref():
15       // 유효 객체인지 확인
16       return if verifyTag() == false
17
18       if .referenceCnt > 0
19         --.referenceCnt
20
21       // 참조가 존재하지 않으면 객체 파괴
22       if .referenceCnt == 0
23         destructor()
24
25     /* UIObject 파괴자 */
26     destructor():
27       ...
28       // 외부 어디선가 참조되고 있으므로 파괴하지 않고 무효 상태로 변경
29       if .referenceCnt > 0
30         .invalid = true
31         return
32
33       ...  // 추가 리소스 정리
34
35       // 태그 삭제 후 Memory Management Unit(MMU)을 통한 메모리 반환
36       obj.tag = 0x00000000
37       UISystemMMU.deallocate(self)
```

계층 구조 모델에서는 자식의 생명을 부모에 종속함으로써 부모 객체가 파괴될 때 이에 종속된 모든 자식 객체들도 파괴할 수 있다. 이 경우 UI 앱은 UI 컴포넌트를 대표하는 최상위 객체 하나만을 관리하며, 이는 사용자 기능을 제공

하는 대표 인스턴스로서 컴포넌트를 구성하는 객체 트리를 은닉한다. 따라서 앱은 복잡하게 구성된 내부의 자식 객체들의 수명 주기에는 신경 쓰지 않아도 된다. 당연하겠지만 이 정책을 기반으로 GC를 구현할 때는 부모 객체 파괴 시 자식들의 수명도 함께 고려해야 한다. 부모 객체를 삭제하는 시점에 모든 자식들의 참조 수를 확인하고, 자식들 중 참조 수가 0에 도달하지 못한 경우에는 이들의 파괴를 보류한다. 이렇게 하지 않으면 부모 객체를 삭제한 후 외부 어디선가 자식 객체에 접근하여 예상치 못한 결과가 발생할 수 있다. 그래서 모든 자식 객체의 참조 수가 0이 될 때까지 부모 객체도 파괴를 보류한다. 또는 참조 수가 0에 도달하는 모든 객체는 즉시 파괴하되, 파괴가 불가능한 일부 자식 객체만 무효(invalid) 상태로 GC의 적재 공간, 가령 동적 배열에 보관하는 방법을 채택할 수도 있다. 두 방법 모두 치명적인 오류로부터 프로그램을 보호할 수 있겠지만 UI 기능적 측면에서는 유효성을 보장할 수 없다는 점을 염두에 두자.

로직 완성 시 고민할 또 다른 문제는 트리의 여러 계층에 존재하는 자식 노드들을 빠르게 탐색함으로써 참조 수 값을 확인하는 비용을 줄이는 것이다. 단순하게 접근하면 트리를 전수 조사하는 것이며 이는 최대 O(노드 수)에 해당하는 탐색 비용을 요구한다. 이때, 캐싱 메커니즘을 적용한다면 $O(1)$의 비용만으로도 참조 수를 확인할 수 있다. 다만 트리 내 객체들의 참조 수가 변경될 때마다 캐싱된 값을 새로 갱신해야 하며 이때 최대 O(트리 깊이)의 비용이 발생한다. 이는 한번 구축한 UI 컴포넌트의 내부 하위 객체를 변경하거나 외부와 공유하는 일이 빈번하지 않다면 효과적이다.

결과적으로 이 예제에서는 객체에 참조가 존재하면 메모리 해제를 보류한다. 여기서 우리가 필요로 하는 값은 메모리 해제 여부를 결정하는 참조의 개수다. 이미 파괴되었지만 아직 참조가 남아있는 객체는 가비지 컬렉션(GC)을 통해 관리한다.

코드 2.26 객체 트리 참조를 고려한 객체 파괴 과정

```
01  UIObject:
02    ...
03
04    /* UIObject 파괴자 */
```

```
05    destructor():
06      // 연쇄 파괴로 인한 중복 호출 방지
07      return if .invalid
08      .invalid = true  // 무효 상태 변경
09
10      // 보유한 자식 참조 수 감소, 0에 도달 시 자식들 연쇄 파괴 발생
11      for child : .children
12       child.attach(invalid)   // 코드 2.10 참고
13      children.clear()
14
15      attach(invalid)  // 부모 연결 해제(코드 2.10 참고)
16
17      ...  // 추가 리소스 정리
18
19      // 메모리를 해제하는 대신 파괴한 객체 수집
20      UIObjectCollector.push(self)
```

코드 2.26은 객체의 최종 파괴 단계를 보여준다. 여기서는 객체 파괴 시 연결된 부모-자식 관계를 해제함으로써(11~15행) 참조 수를 정리하고 파괴한 객체는 메모리를 즉시 해제하는 대신 GC로 전달한다. invalid 변수는 파괴 수행 과정에서 순환 호출(cyclic call)이 발생하여 destructor()가 이중으로 수행되는 경우를 방어하기 위한 안전 장치이다. 예를 들어 A와 B가 부모 자식 관계로 연결되어 있을 때 A:destructor()→B:attach(invalid)→...→A:destructor()와 같은 잠재적 연쇄 호출을 방지한다.

최종적으로 destructor()에서는 객체 메모리를 해제하지 않고 UIObjectCollector가 파괴할 객체를 수집할 수 있도록 한다(20행). 이는 기본적으로 GC가 객체를 수집하기도 하지만 객체들이 연쇄적으로 파괴될 때 순환 호출이 발생하여 콜 스택(Call Stack)[44] 문맥이 망가지는 상황을 방지하는 역할도 수행할 수 있다(그림 2.41). 뿐만 아니라 렌더 스레드와 같이 비동기적으로 객체 데이터를 참조하고 있는 경우 동기화 없이 비교적 안전하게 데이터를 제거할 기회를 제공한다.

---

44 컴퓨터 프로그램에서 현재 실행 중인 서브루틴에 관한 정보를 저장하는 스택 자료 구조

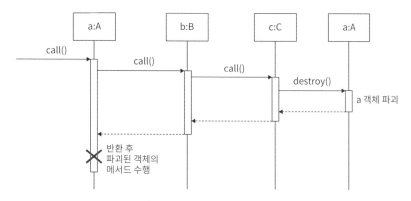

그림 2.41 순환 호출 중 객체 자신 파괴

수집과 해제

UIObjectCollector는 기본적으로 동적 배열에 해당한다. 이는 전달받은 객체를 수집한 후 요청에 따라 객체 메모리를 정리하는 역할을 수행한다.

코드 2.27 쓰레기 수집 및 폐기 처분 과정

```
01  /* 가비지 컬렉터 */
02  UIObjectCollector:
03    UIObjects Objs[]      // 수집한 객체를 보관할 배열(i.e Array<UIObject>)
04    var collectedNum = 0  // 수집한 객체 수
05    ...
06
07    /* 가비지 객체 수집 */
08    push(obj):
09      // 배열에 데이터가 가득 찼을 때 배열 크기 조정(생략)
10      ...
11      // 배열 끝에 수집할 객체 추가
12      objs[collectedNum - 1] = obj
13      ++collectedNum
14
15    /* 메모리 정리 수행 */
16    purge():
17      // 폐기 처분할 객체를 찾고 메모리를 파괴한다.
18      for idx : collectedNum
19        obj = objs[idx]
20        if obj.chlidReferenceCnt == 0 and obj.referenceCnt == 0
21          // 태그 값 정리 후 Memory Management Unit(MMU)을 통한 메모리 반환
22          obj.tag = 0x00000000
```

```
23        UISystemMMU.deallocate(obj)
24        // 배열의 빈 슬롯(slot)을 마지막 쓰레기 객체로 대체
25        objs[idx] = objs[collectedNum - 1]
26        objs[collectedNum - 1] = invalid
27        --collectedNum
```

기본적으로 가비지 컬렉터는 push()를 통해 폐기 처분할 객체를 수집한 후 purge()를 통해 수집한 객체들의 메모리를 일괄 정리한다. 이때 purge()는 매 프레임마다 한 번씩 렌더링을 완료한 후 수행할 수 있지만 시스템 설정을 통해서 이를 결정하면 조금 더 유연한 기능을 완성할 수 있다. 실제로 purge()를 수행할 때마다 수집한 객체를 전부 순회하므로 purge() 호출을 최소화할수록 비용은 줄어들 수 있다.

코드 2.28 GC 메모리 정리 호출

```
01  // 메인 루프 가동(코드 2.6 참고)
02  UIEngine.run():
03    while running
04      ...
05      // 캔버스 갱신 후 렌더링 수행
06      if .canvas.update()
07        .canvas.render()
08
09      // 일정 시간 경과했다면 UIObjectCollector.purge() 호출
10      if (UIEngine.loopTime - lastGCPurgeTime) > GC_PURGE_TIME
11        UIObjectCollector.purge()
12        lastGCPurgeTime = UIEngine.loopTime
13      ...
```

코드 2.28의 UIEngine.loopTime은 6.1.4절에서 설명하며 당장은 현재 시간으로 이해해도 무방하다. GC_PURGE_TIME은 사용자 설정 내지 환경 변수로 지정한 값에 해당하며 UI 엔진은 해당 시간을 초과할 때마다 GC 메모리 정리를 수행한다.

객체 재활용

일반적으로 하나의 UI 앱에서 사용하는 UIObject 종류는 한정적인 반면[45] 화면을 구성하는 UI 상태는 지속적으로 변화하고, 그 과정에서 UI 객체의 생성/삭제가 빈번히 발생할 수 있다는 점을 염두에 두면, 생성한 객체를 재활용함으로써 데이터의 생성/삭제 작업을 최소화할 수 있다.[46] 따라서 UIObjectCollector로 수집한 객체의 메모리를 해지하지 않고 계속 보유하다가 새로운 객체를 생성할 때 이를 재활용하면 객체의 메모리 생성/제거 비용을 최소화하는 데 도움이 된다. 객체를 재활용하는 방법은 비교적 간단하다. 수집한 객체 중 해제 대상의 객체 메모리를 제거하지 않고 종류별로 재활용 목록(purges)에 따로 보관한다(코드 2.29의 18~20행). 이후 새로운 객체 생성 과정에서 필요한 종류의 객체 데이터가 재활용 목록에 존재하면 이를 반환한다.

코드 2.29 **GC 후 객체 재사용을 위한 추가 로직**

```
01  /* 가비지 컬렉터 */
02  UIObjectCollector:
03    ...
04    // 이름(키)과 UIObject[](데이터)를 쌍으로 갖는 맵(Map) 자료 구조
05    Map purges[string] = UIObject[]
06
07    /* 메모리 정리 수행 */
08    purge():
09      // 폐기 처분할 객체를 찾고 메모리를 파괴한다.
10      for idx : collectedNum
11        obj = objs[idx]
12        if obj.referenceCnt == 0
13          // 배열의 빈 슬롯(slot)을 마지막 쓰레기 객체로 대체
14          objs[idx] = objs[collectedNum - 1]
15          --collectedNum
16          // 폐기처분 객체 목록에 추가. 재사용 가능성이 없는 매우 독특한
17          // 유형의 객체를 위해 선별적으로 결정한다.
18          if obj.allowRecycle
19            stack = purges[obj.name]
20            stack.push(obj)
```

---

[45] 필자의 경험상 하나의 UI 앱에서 많게는 100여 종류의 UI 객체를 활용한다.
[46] COW(Copy on Write) 기법을 이용하면 각 인스턴스별로 내부 데이터를 서로 공유하다가 데이터 값을 변경하는 시점에 해당 인스턴스의 독립 데이터를 생성하고 복사하는 작업을 수행할 수 있다.

```
21          else
22            obj.tag = 0x00000000
23            UISystemMMU.deallocate(obj)
24
25    /*
26     * 재사용할 객체 회수
27     * @p name: string
28     */
29    retrieve(name):
30      stack = purges[name]
31      if stack.invalid
32        return invalid   // 재사용할 객체 없음!
33      obj = stack.pop()
34      return obj
```

코드 2.29에서 purges는 objs와 같이 재사용할 객체를 담을 목록에 해당한다. 따라서 purge()를 수행할 때 객체의 메모리를 해제하는 대신 purges에 이를 추가한다. UIObject 객체를 새로 생성할 때는 객체 종류를 가리키는 고유 이름(name)과 함께 retrive()를 호출함으로써 purges에서 객체를 회수할 수 있다. 여기서는 다루지 않았지만 이 과정에서 객체 내부 정보를 초기화하는 작업도 필요하다. 한편, purges에 보관된 객체 중 일부는 오랫동안 재사용되지 않고 메모리만 차지할 수도 있으므로 purges에 기록된 객체 메모리 역시 해제할 수 있는 수단이 필요하다. 가장 무난한 방식은 코드 2.28에서 살펴본 메커니즘과 유사하게 UI 엔진이 프로세스의 사용 메모리를 주기적으로 확인하고, 조건을 충족할 때마다 이를 정리하는 방식이다. 이때 객체마다 purges에 등록한 시간을 기록한다면 시간을 비교해서 오랫동안 사용되지 않은 객체만 선별적으로 해제하는 것도 가능할 것이다. 여기에 추가적으로 UI 앱이 필요에 따라 GC의 리소스를 직접 정리할 수 있도록 UIEngine.flushGC()와 같은 기능 인터페이스를 제공할 수도 있다.

2.4 정리하기

이번 장에서 우리는 렌더링 개념과 함께 캔버스와 렌더링 엔진의 주요 구성 및 동작 원리를 살펴보았다. 기본적으로 렌더링은 주어진 입력 정보로부터 영상 정보에 해당하는 비트맵 이미지를 생성하는 과정을 일컫는다. 이러한 동작을 수월하게 하기 위해 캔버스와 UI 객체를 설계하고, 이들의 인터페이스를 통해 사용자에게 다양한 기능을 제공한다. 이때 캔버스는 리테인드 렌더링 개념을 도입하여 사용자에게 드로잉 명령 기능을 감추고 객체 지향 렌더링을 수행하는 콘셉트를 제공함을 알 수 있었다. 또한 화면에 출력할 프레임 버퍼를 생성하고 윈도 시스템을 거쳐 최종 출력 시스템과 연동하는 기반 설정 작업을 수행하는 과정도 살펴보았다. 그리고 그래픽 시스템과의 호환성을 확보하기 위한 렌더링 백엔드의 개념을 학습하였고, 고성능 렌더링을 위한 기본 설계 전략들도 함께 살펴보았다.

이어서 리테인드 렌더링 기반의 UI 객체 클래스 모델 설계, 클래스 기반의 디자인 원칙, 기능 확장, 유용한 프로그래밍 기법을 살펴보았으며 계층 모델 구조를 통한 컴포넌트 확장 기반도 함께 학습하였다. 뿐만 아니라 UI 앱 개발을 위한 객체 안정성을 보장하는 여러 프로그래밍 기교들도 같이 알아보았다.

캔버스에 추가된 UI 객체를 효율적으로 다루기 위해 장면 그래프 구조를 통해 객체 트리를 구성하였으며, 캔버스는 장면 그래프 트리를 탐색하면서 UI 객체를 관리하고 렌더링을 효과적으로 수행할 수 있음을 알 수 있었다. 이러한 구조에서 렌더링 성능을 위한 객체 컬링, 부분 렌더링 개념도 실제 구현 사례와 함께 살펴보았다.

마지막으로 객체 기반의 가비지 컬렉션을 구축함으로써 시스템 메모리를 더욱 안전하고 효과적으로 운용할 수 있는 방법을 배웠다.

3장

U I   S y s t e m   B l a c k b o o k

벡터 래스터라이저

벡터 그래픽(Vector Graphics)은 수식을 이용하여 도형 이미지를 생성하는 기술이다. 화소 데이터를 저장하는 이미지와 달리 도형 이미지를 동적으로 생성하기 때문에 해상도에 따른 화질 저하가 발생하지 않고 데이터 크기가 작은 것이 특장점이다. 물론 일반 이미지 포맷에 비해 구현이 복잡하고 생성하고자 하는 도형 이미지가 복잡할수록 더 많은 연산을 요구하지만, 요즘은 벡터를 표현할 수 있는 다양한 파일 포맷이 존재하고 프로세서의 성능도 향상되었기 때문에 벡터 그래픽을 실시간으로 처리하는 작업에 큰 무리가 없다. 벡터 그래픽은 근본적으로 텍스처 질감을 표현하기 어렵기 때문에 이미지와 함께 벡터 그래픽을 활용하면 훌륭한 UI 결과물을 만들어 낼 수 있다. 디자인 컨셉상 복잡하고 화려한 것보다는 단조롭지만 정갈한 디자인을 선호한다면 UI 출력에 있어서 벡터 그래픽이 좋은 대안이 될 것이다.

렌더링의 원초적인 기능은 도형을 그리는 작업이다. 캔버스가 직선, 곡선, 원 및 다각형을 그릴 수 있는 기능을 제공한다면 사용자는 이러한 도형을 조합하여 어떠한 형태의 UI 이미지도 생성할 수 있다. 벡터 래스터라이저는 벡터 그래픽을 구현하는 래스터 엔진에 해당하며 앞장에서 살펴본 캔버스 엔진의 렌더링을 완성하는 핵심 부분이다. 이번 장에서는 벡터 래스터라이저를 어떻게 구현하는지, 이를 통해 렌더링 단계에서 객체가 어떻게 도형을 출력할 수 있는지 알아볼 것이다.

☑ **학습 목표**

이번 장에서는 다음 사항을 학습한다.

- 벡터 그래픽의 역사
- SVG 파일 포맷을 이용하여 벡터 그래픽을 표현하는 방법
- 도형을 그리는 주요 수식과 알고리즘
- 다각형을 완성하고 단색과 그래디언트 색상을 칠하는 방법
- 스트로크 기능을 이용해 선을 출력하는 방법
- RLE 알고리즘과 SIMD를 이용한 벡터 래스터를 최적화하는 기법

3.1 벡터 그래픽의 역사

초창기 컴퓨팅의 그래픽 시스템은 벡터 그래픽 시스템이 일반적이었다. 최초의 벡터 그래픽은 군사 또는 특수 시스템을 목적으로 개발했다. 미국 SAGE 방공 시스템[1]에서 항공 경로 조작을 위한 출력 장치로 벡터 그래픽을 적용하였다. 이후 1963년 컴퓨터 그래픽스 선구자인 MIT의 이반 서덜랜드(Ivan Sutherland) 박사는 TX-2 컴퓨터에서 벡터 그래픽 기반의 GUI 프로그램 Sketchpad[2]를 개발하였다. 이후로도 1972년 DEC 사의 GT40 컴퓨터의 터미널 프로그램에서 벡터 그래픽 기술을 적용하였고 1982년 벡터 그래픽 시스템을 탑재한 가정용 게임기인 벡트렉스(Vectrex)[3]나 스페이스워![4], 애스터로이드[5] 등의 게임에서 벡터 그래픽 기술을 사용함으로써 벡터 그래픽 기술이 지속적으로 발전했다.

90년대 초 필자가 즐겨 했던 게임인 어나더 월드[6]는 게임 전체 화면을 벡터 그래픽을 이용하여 표현한 대표적인 게임 중 하나다. 이 게임은 벡터 그래픽 기술을 통한 부드러운 애니메이션 기술을 보여줌으로써 많은 게임 개발자의 관심을 모았다. 당시에는 하드웨어 제약이 컸음에도 불구하고 어나더 월드는

---

1 Sage: *https://en.wikipedia.org/wiki/Semi-Automatic_Ground_Environment*
2 Sketchpad: *https://en.wikipedia.org/wiki/Sketchpad*
3 Vectrex: *https://en.wikipedia.org/wiki/Vectrex*
4 Spacewar: *https://en.wikipedia.org/wiki/Spacewar!*
5 Asteroids: *https://en.wikipedia.org/wiki/Asteroids_(video_game)*
6 Another World: *https://en.wikipedia.org/wiki/Another_World_(video_game)*

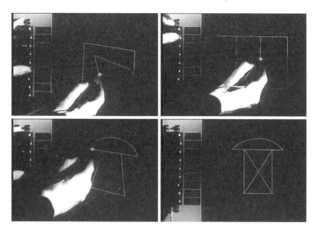

그림 3.1 Sketchpad: 초창기 벡터 그래픽 GUI 프로그램(출처: 위키피디아)

그림 3.2 어나더 월드(1991)

온전히 벡터 그래픽만을 이용하여 멋진 비주얼 게임을 만들어 낸 대표적인 성공 사례에 해당한다.

오늘날 벡터 그래픽은 3D가 아닌 2D 기술로 통용된다. 엄밀히 말하면 3D 그래픽스도 벡터 그래픽의 연장선에 있지만 3D 그래픽스는 벡터 그래픽보다 한차원을 더 표현하는 것 이상으로 여러 고급 렌더링 기술이 추가된다. 90년대 컴퓨터 게임 대중화와 함께 3D 그래픽스가 급속도로 확산하면서 3D 전용 그래픽스 칩셋이 거듭 발전하였고, 칩셋 제조사와 소프트웨어 산업 업계의 표준화 작업이 진행되면서 3D 그래픽스는 렌더링 파이프라인, 셰이더 등 3D 특화 기술을 정립하여 이제는 벡터 그래픽과는 완전히 다른 기술 범주로 간주한다.

한편, 벡터 그래픽은 발전을 거듭하며 드로잉 명령어 목록을 구성하고 이를 순차적으로 렌더링하는 방식으로 전형화되었다. 벡터 그래픽은 2D 영역에서

UI뿐만 아니라 일러스트 같은 산업 디자인에서도 유용하게 사용되고 있다. 그래프와 차트는 사용자 데이터를 기반으로 실시간으로 생성하는 대표적인 벡터 그래픽 GUI이다.

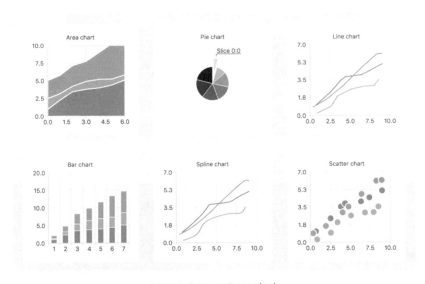

그림 3.3 차트 & 그래프 GUI(QT)

3.2 SVG

3.2.1 SVG 개요

1999년, W3C(월드 와이드 웹 컨소시엄)는 웹 페이지에서 벡터 그래픽을 출력하기 위한 SVG(Scalable Vector Graphics) 포맷을 정의한다. W3C는 당시의 벡터 그래픽 사양을 고려하여 SVG 포맷을 정의했기 때문에 SVG 포맷을 이해하면 벡터 그래픽을 좀 더 쉽게 이해할 수 있다. SVG는 XML을 기반으로 구조화된 텍스트 형식 데이터여서 가독성이 좋고 필요에 따라 데이터를 바이너리로 압축할 수도 있다.[7] 하지만 SVG 데이터는 벡터 드로잉을 위한 수식 인자 집합에 가까워서 전문 디자인 도구를 사용하지 않고서는 SVG를 직접 작성하기가 쉽지 않다. SVG를 제작할 수 있는 디자인 도구로는 어도비(Adobe)의 일러스

---

7 SVGZ 포맷으로, zip 압축을 수행한다.

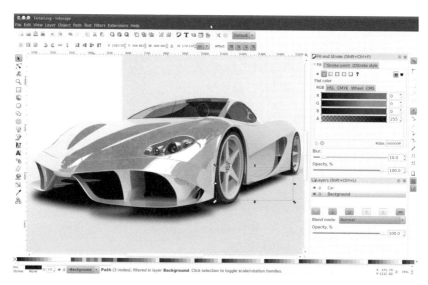

그림 3.4 그놈 잉크스케이프

트레이터(Illustrator)와 그놈(Gnome) 프로젝트의 잉크스케이프(Inkscape)가 대표적이다. 현재 모든 인터넷 브라우저는 SVG 출력을 지원한다.

SVG는 기본적으로 벡터를 표현하기 위한 도형과 속성을 정의한다. 기술 가능한 대표 도형으로는 사각형, 원, 선, 폴리곤 그리고 경로(Path)가 있으며, 그외에 이미지와 텍스트 등도 기술할 수 있다. 또한 SVG는 도형에 효과를 적용하기 위한 여러 속성을 정의해 놓았으며 대표적으로 스트로크(Stroke), 채우기(Fill), 그림자 효과와 같은 필터 등이 있다. 기본적으로 SVG는 출력할 도형 집합과 속성을 같이 기술하여 원하는 장면을 표현한다.

SVG는 벡터 요소의 기술 방법을 정의할 뿐 실제 벡터 요소를 출력하는 기술을 제공하지는 않는다. 이를 위해 SVG 데이터로부터 SVG 장면을 생성해 주는 여러 프로젝트가 있다. 예를 들면, SVG 전용의 독립 라이브러리로 토르 벡터 그래픽스(ThorVG)[8]와 librsvg[9]가 있는데 앱 또는 플랫폼에 탑재하여 사용할 수 있다. SVG의 자세한 기능과 명세를 살펴보고 싶다면 SVG 공식 튜토리얼 사이트[10]를 참고하자.

---

8 *https://www.thorvg.org/*
9 *https://en.wikipedia.org/wiki/Librsvg*
10 *https://www.w3schools.com/graphics/svg_intro.asp*

3.2.2 SVG 예제

이번 절에서는 SVG 예제를 통해 실제 벡터 그래픽 기능을 표현하는 방법을 이해한다.

그래디언트 채우기와 텍스트

코드 3.1은 그래디언트 채우기 효과를 적용한 타원과 단색 텍스트를 출력하는 SVG 예제다.

코드 3.1 SVG 그래디언트 채우기 및 텍스트

```
01  <!-- svg 선언, 기본 사이즈 세로: 150, 가로: 400 -->
02  <svg height="150" width="400">
03    <defs>
04      <!-- 선형 그래디언트, 좌측에서 우측 방향 -->
05      <linearGradient id="grad1" x1="0%" y1="0%" x2="100%" y2="0%">
06        <!-- 그래디언트 지점 및 색상. 좌측 끝: 노란색 -->
07        <stop offset="0%" style="stop-color:rgb(255,255,0);stop-opacity:1" />
08        <!-- 그래디언트 지점 및 색상. 우측 끝: 빨간색 -->
09        <stop offset="100%" style="stop-color:rgb(255,0,0);stop-opacity:1" />
10      </linearGradient>
11    </defs>
12    <!-- 타원, 중심 좌표: (200, 70), 가로 반지름: 85, 세로 반지름: 55, 색상: grad1 참조 -->
13    <ellipse cx="200" cy="70" rx="85" ry="55" fill="url(#grad1)" />
14    <!-- 텍스트 SVG, 색상: 흰색, 폰트 크기: 45, 폰트명: Verdana, 위치 좌표: (150, 86) -->
15    <text fill="#ffffff" font-size="45" font-family="Verdana"
             x="150" y="86">SVG</text>
16  </svg>
```

그림 3.5 코드 3.1 출력 결과

스트로크

스트로크는 선을 그리거나 도형의 윤곽선을 표현할 때 사용한다. 구체적으로 선의 색상과 굵기, 실선/점선 여부, 선 간 연결 부위와 끝 처리 방법 등을 기술할 수 있다.

코드 3.2 **SVG 스트로크 예제**

```
01  <svg height="80" width="300">
02    <!-- 이하 스트로크 동일 속성. 색상: 검정, 스트로크 너비: 6 -->
03    <g fill="none" stroke="black" stroke-width="6">
04      <!-- 경로, 시작점: (5,20), 이동 거리: (215, 0),
05       스트로크 라인캡 스타일: butt -->
06      <path stroke-linecap="butt" d="M5 20 l215 0" />
07      <!-- 경로, 시작점: (5,40), 이동 거리: (215, 0),
08       스트로크 라인캡 스타일: round -->
09      <path stroke-linecap="round" d="M5 40 l215 0" />
10      <!-- 경로, 시작점: (5,60), 이동 거리: (215, 0),
11       스트로크 라인캡 스타일: square -->
12      <path stroke-linecap="square" d="M5 60 l215 0" />
13    </g>
14  </svg>
```

그림 3.6 코드 3.2 출력 결과

도형

SVG에서는 점을 연결하여 다각형을 출력할 수 있다.

코드 3.3 **SVG 다각형 예제**

```
01  <svg height="210" width="500">
02    <!--폴리곤, 정점 (100,10), (40,198), (190,78), (10,78),(160,198)
03       채우기 색상: 라임, 스트로크 색상: 보라, 스트로크 너비: 5 -->
04    <polygon points="100,10 40,198 190,78 10,78 160,198"
05            style="fill:lime;stroke:purple;stroke-width:5;" />
06  </svg>
```

그림 3.7 코드 3.3 출력 결과

경로

코드 3.4는 원, 텍스트, 스트로크와 더불어 베지어 곡선을 추가한 경로 출력 예제이다.

코드 3.4 SVG 경로 예제

```
01  <svg height="400" width="450">
02    <!-- 경로 (A-B), 시작점: (100,350), 이동 거리: (150, -300),
03         스트로크 색상: 빨강, 스트로크 너비: 3  -->
04    <path d="M 100 350 l 150 -300" stroke="red" stroke-width="3" />
05    <path d="M 250 50 l 150 300" stroke="red" stroke-width="3" />
06    <path d="M 175 200 l 150 0" stroke="green" stroke-width="3" />
07    <!-- 경로, 시작점: (100,350), 2차 베지어 곡선: P1(150, -300), P2(300, 0)
08         스트로크 색상: 파랑, 스트로크 너비: 5  -->
08    <path d="M 100 350 q 150 -300 300 0" stroke="blue" stroke-width="5" />
09    <!-- 이하 스트로크 동일 적용. 색상: 검정, 스트로크 너비: 3 -->
10    <g stroke="black" stroke-width="3" fill="black">
11      <!-- 원(A): 중심 좌표: (100, 350), 반지름: 3 -->
12      <circle cx="100" cy="350" r="3" />
13      <circle cx="250" cy="50" r="3" />
14      <circle cx="400" cy="350" r="3" />
15    </g>
16    <!-- 이하 텍스트 동일 적용. 폰트 크기: 30, 폰트명: sans-serif, 색상: 검정,
         정렬: 가운데 -->
17      <g font-size="30" font-family="sans-serif" fill="black"
18        text-anchor="middle">
19    <!-- 텍스트: A, 좌표: (100 - 30, 350) -->
20    <text x="100" y="350" dx="-30">A</text>
21    <text x="250" y="50" dy="-10">B</text>
22    <text x="400" y="350" dx="30">C</text>
```

```
23    </g>
24  </svg>
```

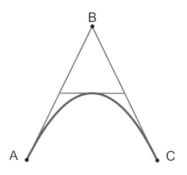

그림 3.8 코드 3.4 출력 결과

3.2.3 SVG 효과

SVG를 이용하면 복잡한 장면 이미지도 구성할 수 있다. 그림 3.9는 벡터 그래픽으로 호랑이를 표현한 것이다. 동일한 그래픽을 PNG 파일 포맷에 512×512 해상도로 저장한다면 약 156KB의 저장 공간이 필요하다. 1024×1024 해상도라면 약 356KB의 저장 공간이 필요하다. 다양한 해상도의 기기를 위해 스케일러블(Scalable) UI를 지원한다면 해상도별 이미지를 갖추고 있어야 하므로 실제로 사용하는 PNG 저장 공간은 더욱 커진다. 반면 벡터 그래픽 특성을 갖춘 SVG로 표현할 경우 해상도에 상관없이 6KB의 저장 공간만 있어도 충분하다.

그림 3.9 SVG로 표현한 호랑이(Ghostscript Tiger)

이처럼 SVG는 다양한 해상도의 기기에서 고품질을 보장할 뿐만 아니라 데이터 크기 측면에서도 효율적이다. 무엇보다도 SVG의 가장 큰 장점은 해상도에서 자유롭기 때문에 단일 리소스로 콘텐츠를 구성할 수 있어서 개발 및 유지 보수 측면에서 비용을 줄일 수 있다는 점이다. 반대로 해상도별 이미지를 갖춘다면 개발 및 유지 보수는 더 어렵다.

3.3 벡터 그래픽 기능

SVG로부터 텍스트를 파싱(Parsing)하고 이를 해석하면 장면이 어떠한 드로잉 요소로 구성되어 있는지를 알 수 있을 뿐이고, 이를 출력하는 작업은 별개의 문제다. 따라서 UI 렌더링 엔진에는 벡터 그래픽 기능을 추가하여 SVG뿐만 아니라 애니메이션을 지원하는 벡터 기반 파일 포맷인 로티(Lottie)[11]와 같은 다양한 벡터 리소스를 지원할 수 있는 렌더링 기능이 필요하다. 벡터 그래픽 엔진의 기능을 범용적으로 구성하면 서로 다른 포맷의 다양한 벡터 데이터를 지원할 수 있다. UI 렌더링 엔진은 벡터 그래픽 엔진을 직접 구현할 수도 있지만 잘 갖춰진 외부 엔진을 탑재할 수도 있다. 이를 위한 벡터 그래픽 엔진 프로젝트로는 스키아(Skia)[12], 카이로(Cairo)[13], 토르 벡터 그래픽스(ThorVG) 등이 있으니 참고하자.

그림 3.10은 UI 렌더링 엔진에서 외부 벡터 그래픽 엔진을 활용하여 SVG를 출력하는 방안을 설계한 것이다. 우선, 사용자가 UIImage 인터페이스를 이용하여 SVG 파일 출력을 요청하면 UIImage는 이미지 로더를 통해 요청받은 파일로부터 데이터를 불러올 담당 로더를 결정한다. 여기서 UIImage는 호출자가 벡터와 비트맵 이미지를 구분하지 않는다는 가정 하에 이미지 출력 기능 인터페이스로 정의했다. 전달받은 입력 데이터가 불러온 파일이 아니라 메모리에 상주하는 데이터일 수도 있기 때문에 이미지 로더는 입력받은 데이터 정보를 분석하여 실질적인 파일 포맷을 판단할 수 있어야 한다. 이때 SVG는 `<svg/>` `</svg>`

---

11 *https://en.wikipedia.org/wiki/Lottie_(file_format)*
12 *https://skia.org/*
13 *https://www.cairographics.org/*

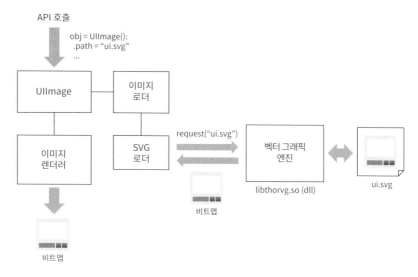

그림 3.10 외부 벡터 그래픽 엔진(ThorVG)을 도입한 SVG 출력 과정

태그로 데이터의 시작과 끝을 알리기 때문에 데이터의 첫 5바이트를 해석하여 SVG 데이터인지 여부를 빠르게 판단할 수 있다. 이미지 로더에서 SVG 포맷을 결정해서 이를 SVG 로더에 전달하면, SVG 로더는 외부 라이브러리의 기능을 호출하여 SVG 결과 정보를 전달받는다. 그림에서 SVG 로더는 SVG 파일 경로를 전달함과 동시에 외부 벡터 그래픽 엔진(libthorvg)의 기능을 호출하며, 이후 벡터 그래픽 엔진은 SVG 정보를 해석해서 장면 이미지를 만들어 낸다. 결과적으로 벡터 그래픽 엔진은 SVG 장면에 해당하는 비트맵 이미지를 결괏값으로 반환하고 UIImage는 반환받은 이미지를 입력으로 이미지 렌더링을 수행한다.

외부 벡터 그래픽 엔진을 탑재하는 방식이 아니라 렌더링 엔진에서 벡터 그래픽 기능을 직접 구축할 경우에는 벡터 기능 정의가 필요하다. 앞 절에서 언급했지만, 오늘날 벡터 그래픽 사양은 상당 부분 정형화되었으며 표준 포맷인 SVG를 기반으로 벡터 그래픽 기능을 분류할 수 있다. 이 경우 벡터 전문 기능은 크게 도형, 채우기, 스트로크 세 가지로 구분할 수 있다. 텍스트, 이미지 합성, 필터와 같은 후처리 기술도 범용 벡터 그래픽 엔진의 기능 요소에 해당하지만 여기서는 도형 처리에만 집중하고 나머지는 4장과 5장에서 설명할 것이다.

3.3.1 도형

도형(Shape)은 점(Point), 선(Line), 사각형(Rectangle), 원(Circle) 등 여러 형태의 단순 도형부터 곡선(Curve), 경로(Path), 폴리곤(Polygon) 등 복잡한 기하 도형까지 포함한다. 원이나 사각형과 같은 범용 도형은 개별 인터페이스로 제공하는 것이 사용자 편의성 측면에서 좋지만, 사실 선과 곡선만 조합해도 원과 다각형 모두 표현할 수 있다. 실제로 벡터 그래픽 엔진에서 도형을 구현할 때는 이 두 가지 요소를 우선 정의하고 이 둘을 조합하여 다른 도형들을 구현하기도 한다. 가령 사각형은 네 개의 선으로 구현하고 모서리를 둥글린 사각형은 호(Arc)와 선으로 구현할 수 있다. 호는 곡선으로 표현 가능하다.

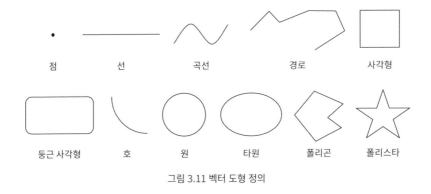

| 점 | 선 | 곡선 | 경로 | 사각형 |

| 둥근 사각형 | 호 | 원 | 타원 | 폴리곤 | 폴리스타 |

그림 3.11 벡터 도형 정의

3.3.2 채우기

채우기(Fill)는 도형 색상을 지정하며 기본적으로 단색(Solid)과 그래디언트(Gradient) 효과를 정의한다. 단색은 도형을 단일 색상으로 칠한다. 그래디언트는 두 가지 이상의 색상을 지정하여 도형 색상을 칠한다. 그래디언트에서 지정한 다수의 색상 사이는 보간법(Interpolation)이나 외삽법(Extrapolation)을 통해 색상을 결정할 수 있다. 그래디언트 채우기 방향은 여러 가지가 있는데 기본적으로 선형(Linear) 수직과 수평이 있으며 원형(Radial)이나 앵귤러(Angular) 방식을 제공할 수도 있다. UI에서는 선형 수직, 수평 그리고 원형 그래디언트를 많이 활용하는 편이다.

그림 3.12 그래디언트 채우기

채우기 방법으로 텍스처(Texture)도 고려할 수 있다. 텍스처는 이미지를 이용하여 도형 질감을 표현하는 것이므로 이미지로 해석해도 무방하다. 단색과 그래디언트 기능으로 디자인을 완성할 수 없을 때 패턴 이미지를 활용하며 반복 무늬 등을 표현할 수 있다. 채우기의 선택 사항으로 메꾸기(Pad), 반영(Reflect), 반복(Repeat)과 같은 선택 사항을 제공한다. 단, 텍스처를 이용한 채우기는 해상도별 화질 저하가 없는 벡터 그래픽의 장점에 반한다는 점을 유념하자.

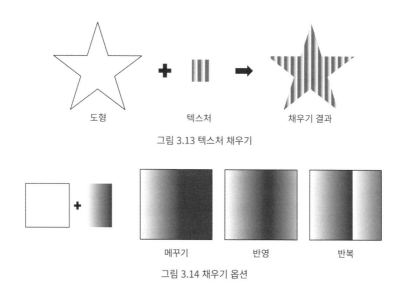

그림 3.13 텍스처 채우기

그림 3.14 채우기 옵션

3.3.3 스트로크

스트로크(Stroke)는 선 또는 도형의 윤곽선을 표현한다. 도형의 채우기 색상과 별개로 스트로크는 자체 색상과 함께 너비를 정의한다. 추가로 대시(Dash) 속성을 통해 실선이나 점선을 표현하는데, 패턴은 고정할 수도 바꿀 수도 있다. 바꿀 때는 사용자가 패턴 값을 직접 입력한다. 예를 들어 사용자가 [4, 3] 패턴을 입력했다면 4화소 선과 3화소 여백으로 구성된 점선을 출력한다. [5, 2, 3, 1] 패턴을 입력했다면 5화소 선과 2화소 여백에 이어서 3화소 선과 1화소 여백으로 구성된 점선을 출력한다.

그림 3.15 스트로크 대시

스트로크는 선의 조인(Join)과 라인캡(Linecap) 속성도 정의할 수 있다.[14] 대표적으로 조인 속성은 마이터(Miter), 라운드(Round), 베벨(Bevel)이 있고 라인캡 속성은 버트(Butt), 라운드(Round), 스퀘어(Square)가 있다.

마이터   라운드   베벨

그림 3.16 스트로크 조인

버트

라운드

스퀘어

그림 3.17 스트로크 라인캡

3.3.4 클래스 설계

앞서 살펴본 벡터 그래픽 기능을 토대로 드로잉 기능을 클래스 다이어그램으로 정의한다. 클래스 다이어그램은 이후에 소개하는 도형의 종류와 주요 속성을 개략적으로 표시한다.

---

14 조인과 라인캡을 우리말로 번역하자면 연결 부위, 끝처리로 해석할 수 있다.

그림 3.18의 UIShape는 UIObject 특성을 물려받고 도형의 공통 특성을 정의한 추상 클래스에 해당한다. 사각형, 선, 원 등 실체가 존재하는 도형은 UIShape를 확장 구현한 것이다. 따라서 UIShape 파생 클래스는 도형을 그릴 수 있는 속성을 정의하고 필요한 인터페이스를 노출하여 사용자로부터 값을 입력받도록 한다. 이후 UIShape는 입력받은 정보를 토대로 UIObject의 update()와 render()를 구현하여 드로잉 작업을 수행한다.

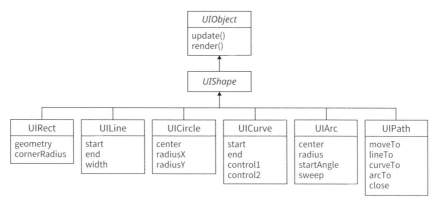

그림 3.18 UIShape을 확장한 도형 클래스

UIShape가 채우기, 스트로크 기능을 가지고 있어서 파생 클래스도 이 기능을 사용할 수 있다. 그림 3.19를 보면 이를 위해 UIShape에 UIFill과 UIStroke 정보를 적용하며, UIShape 파생 클래스는 이들 정보에 접근하여 기능 구현을 수행한다. 참고로, 본 설계 지침에서는 채우기와 스트로크는 독립적으로 기능을 행사할 수 없으며 반드시 UIShape를 통해서만 동작한다. 도형 윤곽선만 출력하고자 할 때는 UIFill을 제외하고 UIStroke만 UIShape에 적용하면 된다.

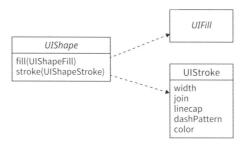

그림 3.19 UIFill, UIStroke 클래스 다이어그램

채우기는 단색 및 선형, 원형 그래디언트 색상 채우기 등 여러 가지 방법이 있기 때문에, UIFill은 인터페이스 역할을 수행하고 실제 구현은 이를 확장한 파생 클래스에서 수행한다. UIFillSolid는 단일 색상을 입력받고, UIFillGradient는 복수 색상을 지정하기 위해 색상과 위치 정보를 구조화한 UIFillColor를 도입한다. 이후 이를 확장하여 선형, 원형 그래디언트 기능을 구현한다.

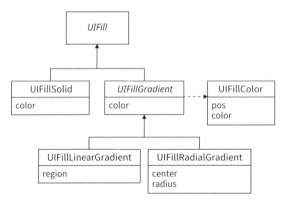

그림 3.20 단색 및 그래디언트 색상 채우기를 위한 클래스 정의

3.4 도형 그리기

상용 엔진에서는 고성능 벡터 래스터 작업을 위해 도형 수식 연산을 프로그래밍적 기교, 알고리즘 트릭으로 최적화한다. 뿐만 아니라 병렬화 및 하드웨어 가속을 활용하기 위한 렌더링 알고리즘을 설계한다. 이를 위해 벡터 래스터라이저는 GPU 연산과 SIMD(Single Instruction Multiple Data) 벡터 연산을 활용할 수 있다. 사실 드로잉 요소의 최적화 정도에 따라, 또는 장면을 그리는 프로그램 동작 환경에 따라 성능이 다를 수 있으므로 GPU를 활용한 연산이 반드시 고성능을 발휘한다고 볼 수는 없지만 대개 효과적이다. 다만, 이러한 최적화 작업이 벡터 그래픽 엔진을 이해하는 데 큰 장벽으로 느껴질 수 있다. 여기서는 독자의 이해를 돕기 위해 기본 정석을 토대로 도형 그리기를 완성할 것이다.

고등 수준의 수학 지식으로도 잘 동작하는 도형 드로잉 알고리즘을 완성할 수 있다.

우선 3.3절에서 살펴본 벡터 기능을 토대로 캔버스 엔진에서 도형을 렌더링하는 과정을 살펴볼 것이다(코드 3.5). UICanvas는 렌더링 호출 시 활성 객체를 대상으로 render()를 요청한다. 이때 출력 버퍼를 보유한 렌더링 문맥 정보를 각 객체에 전달하여 래스터를 수행할 버퍼를 공유한다(코드 2.20 참고). 이때 도형 객체는 전달받은 렌더링 문맥 정보로부터 출력 버퍼를 벡터 그래픽 엔진에 다시 전달함으로써 정보를 공유할 수 있다(15행). 마지막으로 벡터 그래픽 엔진은 전달받은 버퍼를 이용하여 실제 화소를 기록하는 래스터 작업을 수행한다.

코드 3.5 벡터 드로잉 호출 과정

```
01  UICanvas.render():
02    ...
03    // 렌더링 객체를 대상으로 엔진이 보유한 출력 버퍼에 UI 드로잉 수행
04    context = RenderContext(engine)
05
06    /* 렌더링 객체 대상으로 렌더링 수행. 이때 각 객체가 그릴 대상 버퍼와 필요 정보를
07       context 인자로 전달(코드 2.20 참고)*/
08    for obj : renderObjs
09      obj.render(context, ...)
10    ...
11
12  /* UIObject의 파생 클래스인 UIRect는 VectorEngine(context.engine)으로
13     NativeBuffer(context.target)을 전달하고 VectorEngine은 NativeBuffer를
14     대상으로 래스터 작업을 수행하여 벡터 이미지를 완성. */
15  UIRect.render(context, ...):
16    ...
17    context.engine.drawRect(context.target, ...)
18    ...
```

3.4.1 사각형

도형 중에서도 가장 기본인 사각형을 구현해 보자. 사각형은 도형을 그리는 것 외에 배경색을 칠하는 등 특정 영역을 색상으로 채우는 용도로 활용할 수도 있다. 사각형을 그리기 위해서는 사용자로부터 위치와 크기 정보(geometry)를 지정받고, 래스터 단계에서는 위치를 기준으로 사각형의 크기만큼 반복문을 수행하여 색상 값을 화소에 입력하는 작업을 수행한다.

코드 3.6 사각형 드로잉

```
01  /*
02   * 사각형 그리는 작업 수행
03   * @p buffer: NativeBuffer
04   * @p rect: Geometry
05   */
06  VectorEngine.drawRect(buffer, rect, ...):
07    RGBA32 bitmap[] = buffer.map()   // 버퍼 메모리 접근
08    stride = buffer.stride           // bitmap 버퍼 가로 크기
09
10    // bitmap에서 사각형을 그릴 시작 위치
11    bitmap += (rect.y * stride) + rect.x
12
13    // 사각형 래스터 작업. 색상은 임의로 흰색 지정
14    for y : rect.h
15      for x : rect.w
16        bitmap[y * stride + x] = 0xffffffff
```

코드 3.6을 자세히 살펴보면, 8행의 stride는 버퍼의 실제 가로 크기 값을 가진다. 할당된 버퍼는 실제 활용 영역보다 더 클 수 있는데 이는 미리 할당된 버퍼를 재사용하는 경우가 종종 있기 때문이다. 가령 어떤 요청으로 1000×1000 크기의 버퍼를 그래픽 엔진에 요청하였고 이후 이를 폐기했다가 800×800 크기의 버퍼를 다시 요청했다고 하자. 그래픽 엔진은 기존에 사용한 1000×1000 크기의 버퍼를 캐싱하고 있다가 반환함으로써 버퍼를 실제 할당하고 폐기하는 과정을 생략할 수 있다. 이러한 이유로 많은 그래픽 시스템에서는 버퍼의 특정 화소에 접근하기 위해서 width가 아닌 stride 정보를 추가로 제공한다. 또한, 화소의 데이터 크기 값을 반영하기 위해 stride를 화소 데이터 크기로 나누는 작업이 추가로 필요할 수 있다. 예를 들어 4바이트 크기의 화소는 bufferWidth = stride/bytesPerPixel과 같이 계산한다. 여기서는 화소 크기를 4바이트로 가정하고 단순하게 만들기 위해 계산 과정을 무시한다.

3.4.2 클리핑

도형을 그릴 때 드로잉 영역의 유효성을 검증하는 작업이 선행되어야 한다. 올바르지 않은 위치의 버퍼 메모리에 접근하면 데이터가 훼손되거나 프로세스가 강제 중단될 수 있다. 사각형 위치 값이 음수이거나 사각형 크기가 할당된

버퍼보다 큰 경우를 가정해 보자. 버퍼 영역을 벗어난 영역은 오려내는 작업을 수행해야 한다. 이를 위해 사각형과 캔버스 버퍼 두 영역을 비교하고 겹치는 영역, 즉 교집합을 구하여 사각형의 새로운 위치와 크기를 구하는 작업을 먼저 진행한다. 이 작업을 클리핑(Clipping)이라고 한다.

코드 3.7 클리핑 수행

```
01  /*
02   * 두 사각 영역의 교집합 영역 계산
03   * @p rect1: Geometry
04   * @p rect2: Geometry
05   */
06  intersect(rect1, rect2):
07    // 사각형 우측 하단 꼭지점 위치 계산
08    x1 = rect1.x + rect1.w
09    y1 = rect1.y + rect1.h
10    x2 = rect2.x + rect2.w
11    y2 = rect2.y + rect2.h
12    // 두 사각형 교집합 계산
13    result = Geometry():
14      .x = max(rect1.x, rect2.x)
15      .y = max(rect1.y, rect2.y)
16      .w = min(x1, x2) - .x
17      .h = min(y1, y2) - .y
18      if (.w < 0) .w = 0
19      if (.h < 0) .h = 0
20
21    return result
22
23  VectorEngine.drawRect(buffer, rect, ...):
24    ...
25    // 클리핑을 수행하고 실제 드로잉 영역(clipped) 구함
26    clipped = intersect(rect, Geometry(0, 0, buffer.width,
                                             buffer.height))
27    ...
```

사용자가 지정한 도형의 드로잉 영역이 UIObject 영역(Geometry)을 벗어난 경우를 가정해 보면, UIObject를 뷰포트(Viewport)로 도형의 클리핑에 활용할 수 있다. 예를 들어 위치는 (100, 100), 크기는 (200×200)인 객체가 있고 이 실체는 UICircle이다. 사용자가 UICircle의 중심점을 (300, 300)로 지정하고 반경을 50으로 지정했다면 온전한 도형을 그리기 위해서는 객체 영역을 무시하거

나 객체 영역이 도형과 같거나 커야 한다. 그렇지 않다면 객체 영역 정보(clip-per)를 벡터 그래픽 엔진에 추가로 전달하여 클리핑 계산에 활용할 수 있다.

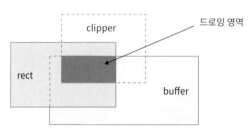

그림 3.21 클리핑 후 드로잉 영역

코드 3.8 드로잉 영역 계산(최종 버전)

```
01  /*
02   * 사각형 그리는 작업 수행(최종 버전)
03   * @p buffer: NativeBuffer
04   * @p rect: Geometry
05   * @p clipper: Geometry
06   */
07  VectorEngine.drawRect(buffer, rect, clipper, ...):
08      ...
09      // 버퍼 영역을 벗어나지 않도록 클리핑 수행
10      clipped = intersect(rect, Geometry(0, 0, buffer.width,
                                                 buffer.height))
11
12      // 제시된 클리퍼를 대상으로 추가 클리핑 수행
13      clipped = intersect(clipped, clipper)
14      ...
15
16  UIRect.render(context, ...):
17      ...
18      /* 사각 영역과 객체 영역 모두 벡터 그래픽 엔진에 전달
19         객체 영역은 클립 영역으로 활용 */
20      context.engine.drawRect(context.target, .rect, .geometry, ...)
21      ...
```

객체와 도형 그리고 버퍼 간 교집합 계산은 이후의 도형 구현에서도 필수로 발생하기 때문에 세 영역의 교집합을 구하는 계산 로직은 이후에 다루는 객체 드로잉 작업에서도 모두 동일하게 적용한다.

🎁 클리핑과 컬링

그래픽스 시스템에서 클리핑과 컬링은 드로잉 영역을 최적화하고 성능을 향상하는 목적으로 활용한다.

클리핑은 드로잉 대상에서 가시 영역을 벗어난 부분을 제거하여 래스터 영역을 최소화한다. 클리핑 과정에서 화면 영역을 벗어난 도형은 완전히 제거하며, 화면 공간에 걸쳐 있는 도형은 분할 작업을 수행한다. 결과적으로 보면 실제 화면에 보이는 부분만 남기기 때문에 드로잉 대상 객체의 최종 기하 정보와 뷰포트 영역 간 교집합을 계산하는 것이 알고리즘의 핵심이다. 일반적으로 클리핑은 래스터 단계 직전에 수행한다.

반면 컬링(Culling)은 보다 추상적인 개념으로, 객체 단위로 계산을 수행할 수 있다. 때문에 컬링은 응용 단계에서 수행하며, 객체가 뷰포트나 시야 영역(카메라 가시 영역)에 존재하는지 판단하여 드로잉 대상 후보를 사전에 결정한다. 3D 그래픽스 시스템에서는 프러스텀(Frustum), 오클루전(Occlusion) 그리고 후면(Back-face) 컬링 기법이 대표적이다. 프러스텀 컬링은 드로잉 대상 객체가 3차원 공간상에서 카메라의 가시 영역 내에 있는지를 판단하여 드로잉 후보를 결정한다. 오클루전 컬링은 객체가 다른 객체에 의해 완전히 가려졌는지 여부를 통해 판단하고, 후면 컬링은 객체를 구성하는 폴리곤 면이 바라보는 방향을 기준으로 폴리곤을 드로잉 대상에서 제외하는데 이는 폴리곤을 구성하는 정점의 연결 방향이 시계 방향(CW)인지 반시계 방향(CCW)인지 여부로 판단할 수 있다.

2.2.3절에서 살펴본 장면 그래프 기반 렌더링에서는 부모 노드를 통해 장면을 구성하는 자식 노드가 드로잉 대상인지 아닌지 빠르게 판단할 수 있다. 이 역시 하나의 컬링 작업으로 볼 수 있다.

3.4.3 직선

직선을 그리기 위해서는 선분이 지나가는 두 점 pt1(x_1, y_1)과 pt2(x_2, y_2)의 정보를 알아야 한다. 두 점으로부터 직선 방정식을 이용하여 기울기 m을 구하면 직선을 구성하는 화소의 위칫값을 알 수 있다.

$$m = \frac{y_2 - y_1}{x_2 - x_1}$$

$$y = m(x - x_1) + y_1$$

수식 3.1 직선 방정식

직선 드로잉을 구현하기 위해 $x_1 \sim x_2$ 사이의 x값을 1씩 증가하면서 직선 방정식에 대입한다. 그러면 x에 해당하는 y값을 구할 수 있다. 이때 x, y의 값은 선을 구성하는 화소 위치에 해당한다.

코드 3.9 직선 드로잉

```
01  /*
02   * 직선 그리는 작업 수행
03   * @p buffer: NativeBuffer
04   * @p pt1: Point(시작점)
05   * @p pt2: Point(끝점)
06   * @p clipper: Geometry
07   */
08  VectorEngine.drawLine(buffer, pt1, pt2, clipper, ...):
09    ...
10    m = (pt2.y - pt1.y) / (pt2.x - pt1.x)   // 기울기
11
12    // 직선의 x축 클리핑. pt1은 pt2보다 값이 작다고 가정
13    sx = pt1.x < clipped.x ? clipped.x : pt1.x
14    ex = pt2.x >= (clipped.x + clipped.w) ? (clipped.x + clipped.w - 1) : pt2.x
15
16    // x값을 인자로 y값 도출. 직선 기울기가 y축에 가깝다면 y값을 기준으로 x값을 도출할 것
17    for x : [sx ~ ex]
18      // 정수형 경우 반올림(rounding) 처리에 주의
19      y = m * (x - pt1.x) + pt1.y
20      // 직선의 y축 클리핑
21      break if y < clipped.y or y >= (clipped.y + clipped.h)
22
23      bitmap[y * stride + x] = 0xffffffff
```

코드 3.9의 13행에서 클리핑하는 과정을 보면 pt1의 x값이 pt2보다 작다고 가정하지만 실제로는 두 x값 중 작은 점이 pt1이 되도록 조정하는 작업이 선행되어야 한다. 또한 선의 기울기가 x축에 가까운지 y축에 가까운지에 따라 for 문의 조건을 다르게 설정해야 하는데, 이는 기울기 m값으로 쉽게 판단할 수 있다. m이 1 미만이면 x축에 가깝고 1보다 크면 y축에 가깝다. 선이 x축에 가깝다면 x값을 증가시키면서 그에 해당하는 y 값을 구하고, 선이 y축에 가깝다면 반대로 y값으로부터 x값을 도출한다. 그렇지 않으면 화소가 손실되어 점선 형태의 직선이 출력될 수 있다(그림 3.22).

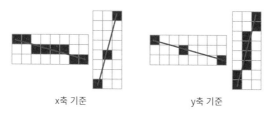

x축 기준　　　　　　　　y축 기준

그림 3.22 기준 축에 따른 직선 출력 결과

3.4.4 원

원은 원의 중심(cx, cy)과 반지름(r) 정보를 이용하여 구현할 수 있다.

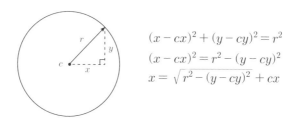

수식 3.2 원 방정식

원은 중심으로부터 사대면이 대칭인 특성이 있다. 다시 말해, 방정식을 통해 사분면 중 하나의 둘레 계산을 수행하면 원 전체의 둘레를 계산할 수 있어 시간 복잡도가 조금이나마 줄어든다. 예를 들어 1사분면 둘레를 구했다면 2사분면의 둘레는 1사분면의 x 위치로부터 중점 cx까지 거리를 구한 후 그 값의 두 배를 빼서 구할 수 있다. 마찬가지로 3사분면과 4분면도 x, y의 대칭 특성을 이용하여 둘레를 구할 수 있고 결과적으로 원 전체 둘레를 구한 꼴이 된다.

코드 3.10 원 드로잉

```
01  /*
02   * 원 그리는 작업 수행
03   * @p buffer: NativeBuffer
04   * @p center: Point
05   * @p radius: var
06   */
07  VectorEngine.drawCircle(buffer, center, radius, ...):
08    ...
09    // 1사분면에 한하여 계산
```

```
10    for y : [(center.y - radius) ~ center.y]
11      // 원 방정식을 이용한 x값 도출
12      x = sqrt(pow(radius, 2) - pow(y - center.y, 2)) + center.x
13      sx = x + (center.x - x) * 2          // x값 대칭
14      sy = y + (center.y - y) * 2          // y값 대칭
15
16      // 원의 외곽선에 해당하는 화소
17      bitmap[y * stride + x] = 0xffffffff      // 1사분면
18      bitmap[y * stride + sx] = 0xffffffff     // 2사분면
19      bitmap[sy * stride + sx] = 0xffffffff    // 3사분면
20      bitmap[sy * stride + x] = 0xffffffff     // 4사분면
21
22      //원 내부 화소 채우기
23      for i : [sx ~ x]
24        bitmap[y * stride + i] = 0xffffffff
25        bitmap[sy * stride + i] = 0xffffffff
```

이해를 돕기 위해 코드 3.10에서는 두 가지 경우를 구분해서 보여주고 있다. 16~20행은 원의 외곽선에 해당하는 화소를 기록하고 22~25행에서는 원 전체에 화소를 기록한다. 색상을 가진 원이라면 후자의 구현만으로도 충분하다.

3.4.5 타원

타원은 원 구현의 확장선상에 있으며 단일 반경 값 대신 x, y축 반경 값을 입력받아 이를 구현한다. 벡터 그래픽 엔진 관점에서 보면 타원을 그리는 기능으로 원과 타원 둘 다 그릴 수 있으므로 앞서 학습한 원 드로잉 기능을 생략할 수 있다.

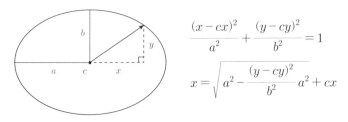

$$\frac{(x - cx)^2}{a^2} + \frac{(y - cy)^2}{b^2} = 1$$

$$x = \sqrt{a^2 - \frac{(y - cy)^2}{b^2}} \, a^2 + cx$$

수식 3.3 타원 방정식

타원도 직선과 마찬가지로 기준축에 따른 화소 손실이 발생할 수 있으므로(그림 3.22 참고) 이를 보완하는 작업이 필요하다. 문제는 직선과 달리 둘레의 기

울기 값이 계속 변하므로 어떤 한 축을 기준으로 반복문을 수행하기 어렵다는 점이다. 이 경우 한 축을 기준으로 화소를 도출하되, 도출한 화소 간 이격 거리가 1 화소를 초과한다면 이를 판정하여 부족한 화소를 보충하는 작업을 수행하도록 한다. 가령 y축을 중심으로 반복문을 수행하고 도출한 화소 x값이 이전 화소 대비 1보다 크다면, 빈 화소를 채우는 작업을 추가로 수행한다.

코드 3.11 타원(원) 드로잉

```
01  /*
02   * 타원(원) 그리는 작업 수행
03   * @p buffer: NativeBuffer
04   * @p center: Point
05   * @p radius: Point
06  */
07  VectorEngine.drawCircle(buffer, center, radius, ...):
08    ...
09    px = MAX_INTEGER  // 이전 화소의 x값 보관
10
11    // 1사분면에 한하여 계산
12    y = center.y − radius.y
13    for y : [(center.y − radius.y) ~ center.y]
14      a2 = pow(radius.x, 2)
15      b2 = pow(radius.y, 2)
16      // 타원 방정식을 이용한 x값 도출
17      x = sqrt(a2 - pow(y - center.y, 2) / b2 * a2) + center.x
18      sx = x + (center.x - x) * 2         // x값 대칭
19      sy = y + (center.y - y) * 2         // y값 대칭
20
21      // 원의 외곽선에 해당하는 화소
22      // 원 전체에 화소를 기록하기 위해서는 코드 3.10 참고
23      bitmap[y * stride + x] = 0xffffffff    // 1사분면
24      bitmap[y * stride + sx] = 0xffffffff   // 2사분면
25      bitmap[sy * stride + sx] = 0xffffffff  // 3사분면
26      bitmap[sy * stride + x] = 0xffffffff   // 4사분면
27
28      // 누락 화소 보완
29      x -= px
30      while --i > 0
31        // 타원 방정식을 이용한 y값 도출
32        y = sqrt(b2 - pow((x - i) - center.x, 2) / a2 * b2) + center.y
33        //  x, y를 참고하여 네 사분면의 외곽 출력
34        ...
35        px = x  // 화소의 x값 보관
```

3.4.6 곡선

곡선을 구하는 방식은 여러 가지가 있다. 가장 보편적인 곡선 표현식으로는 시작과 끝점 그리고 제어점을 이용하는 베지어(Bezier) 곡선이 있다. 이는 트루타입(Truetype) 폰트, 김프(Gimp)[15] 이미지 에디터 등 컴퓨터 그래픽에서 대중적으로 활용하는 곡선 표현법이다. 베지어 곡선 중에서도 두 개의 제어점을 이용하는 3차(Cubic) 방정식을 주로 활용한다.[16]

일정 구간별 위치 정보를 갖춘 경우에는 구간별 다항식 보간(Interpolation)을 이용하여 스플라인 곡선을 구할 수 있는데 B-스플라인, Nurbs(Non-Uniform Rational B-Spline), 에르미트(Hermite), 큐빅(Cubic) 스플라인 보간법 등을 참고하면 된다.

스플라인 곡선

스플라인 곡선은 입력한 구간점을 연결하며 곡선을 생성하는데[17] 개발 단계에서 수식의 입력 값이 직관적이기 때문에 문제 풀이에 유용할 때가 있다. 이러한 점이 가시적이지 않은 제어점을 입력하는 베지어 곡선과의 차이점이다. 베지어 곡선은 제어점을 통해 원하는 곡선 모양을 표현할 수 있지만 비주얼 툴을 이용하지 않으면 원하는 곡선을 도출하기 어려운 한계가 있다.

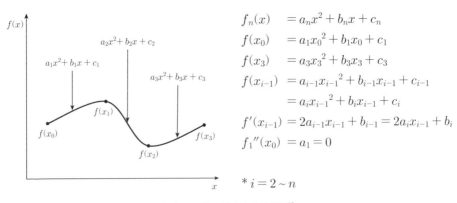

$$
\begin{aligned}
f_n(x) &= a_n x^2 + b_n x + c_n \\
f(x_0) &= a_1 x_0^2 + b_1 x_0 + c_1 \\
f(x_3) &= a_3 x_3^2 + b_3 x_3 + c_3 \\
f(x_{i-1}) &= a_{i-1} x_{i-1}^2 + b_{i-1} x_{i-1} + c_{i-1} \\
&= a_i x_{i-1}^2 + b_i x_{i-1} + c_i \\
f'(x_{i-1}) &= 2a_{i-1} x_{i-1} + b_{i-1} = 2a_i x_{i-1} + b_i \\
f_1''(x_0) &= a_1 = 0
\end{aligned}
$$

$* \, i = 2 \sim n$

수식 3.4 2차 스플라인 곡선 함수[18]

---

15 *https://www.gimp.org/*
16 디자이너가 베지어 곡선의 인자 값을 도출하여 개발자에 전달하면 의도한 곡선을 개발에 반영할 수 있다.
17 계산 정확도에 따라 근사치로 비스듬히 지나칠 수 있다.
18 *https://tools.timodenk.com*에서 스플라인 곡선을 테스트할 수 있는 기능을 제공한다.

스플라인 곡선의 핵심은 구간을 다항식으로 정의하고 구간의 연결점을 가리키는 양쪽 함수의 값은 같아야 한다는 점이다. 또한, 매끄러운 곡선에 불연속성이 없다고 가정하면 연결 부위에서의 도함수 값은 같으며 이를 통해 다항식으로부터 미지수를 구할 수 있다. 시작과 끝점은 그 점의 위치 특성상 2차 도함수값이 0이라고 전제한다.

스플라인은 세 점 이상의 위칫값이 주어졌을 때 스플라인 함수로부터 구간별 계수를 구할 수 있으며 x값을 증가시키면서 y값을 도출할 수 있다.

베지어 곡선

베지어 곡선은 시작점(Start point)과 끝점(End point) 그리고 제어점(Control point)을 통해서 구한다. 여기서 제어점은 시작점/끝점과 연결한 선을 통해 접선을 이루는 곡선의 기울기를 결정한다. 여기서 베지어 곡선의 제어점은 직관적이지 않기 때문에 일반적으로 곡선 생성 툴을 이용해서 의도한 곡선을 가시화하여 확인하고, 이로부터 도출한 제어점 정보를 활용한다.

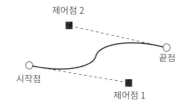

그림 3.23 3차 베지어 곡선(Cubic Bezier Curve)

자유 곡선을 표현하기 위해서는 대표적으로 제어점이 두 개인 3차(Cubic) 베지어 곡선이 유용하며 경우에 따라 제어점이 하나인 2차(Quadratic) 베지어 곡선을 이용할 수도 있다. 3차 베지어 곡선 함수식은 다음과 같다.

$$B(t) = (1-t)^3 P_0 + 3(1-t)^2 t P_1 + 3(1-t)t^2 P_2 + t^3 P_3, \ 0 \leq t \leq 1$$

수식 3.5 3차 베지어 곡선 함수

베지어 곡선은 네 개의 점 $P_0 \sim P_3$과 선의 선형 위치 t를 이용해 구현한다. 여기서 t는 정규 값을 의미하기 때문에 t가 0인 경우는 시작점을, 1인 경우는 끝점을 의미한다. 한 축을 기준으로 반복문을 수행하면서 곡선을 이루는 점들의 위치를 구하고, 그 점을 선으로 이어 곡선을 완성할 수 있다.

수식 3.5를 기반으로 베지어 곡선을 코드로 옮기면 코드 3.12와 같다.

코드 3.12 베지어 곡선 드로잉

```
01  /*
02   * 3차 베지어 곡선을 그리는 작업 수행
03   * @p buffer: NativeBuffer
04   * @p start: Point
05   * @p control1: Point
06   * @p control2: Point
07   * @p end: Point
08   */
09  VectorEngine.drawCurve(buffer, start, control1, control2, end, ...):
10      // 긴 축을 찾아 그 길이만큼 반복문 수행
11      sx = abs(end.x - start.x)
12      sy = abs(end.y - start.y)
13      segment = sx > sy ? sx : sy
14      prev = start  // 이전 좌표값
15
16      for t : [1 ~ segment]
17        // 계수 구하기
18        a = pow((1 - t), 3)
19        b = 3 * pow((1 - t), 2) * t
20        c = 3 * (1 - t) * pow(t, 2)
21        d = pow(t, 3)
22
23        Point cur  // 현재 좌표값
24        cur.x = a * start.x + b * control1.x + c * control2.x + d * end.x
25        cur.y = a * start.y + b * control1.y + c * control2.y + d * end.y
26
27        // 구간을 선으로 연결
28        VectorEngine.drawLine(buffer, prev, cur, ...)
29
30        prev = cur
```

만약 2차 또는 3차 베지어 곡선 중 어느 하나를 지원하지 않는다면 이들 간 변환을 수행하여 필요한 인자 값을 도출할 수 있다.

$$CP_0 = QP_0$$
$$CP_1 = QP_0 + 2/3 * (QP_1 - QP_0)$$
$$CP_2 = QP_2 + 2/3 * (QP_1 - QP_2)$$
$$CP_3 = QP_2$$

수식 3.6 2차에서 3차 베지어 곡선 변환식

3.4.7 호

호(Arc)는 원의 중점(center)과 반지름(radius), 시작각(startAngle)과 호를 이루는 회전각(sweep) 정보를 이용하여 곡선을 표현한다. 여기서 시작과 끝점을 원의 중점에 직선으로 연결하면 부채꼴(Pie)을 완성할 수도 있다. 호를 그리는 여러 수학적 접근법이 있지만 비교적 간단한 방법은 앞에서 배운 베지어 곡선을 이용하는 방법이다. 이 접근법은 호를 360도 전방위로 그렸을 때 완전한 원이 되는 특성에 기반한다. 이때 기대하는 호를 완성하는 베지어 곡선의 두 제어점 위치를 찾아야 한다.[19]

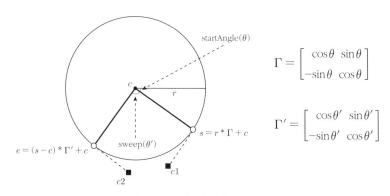

그림 3.24 원호와 3차 베지어 곡선 관계

구현에 필요한 수식을 정리하면 수식 3.7과 같다. 수식을 조금 자세히 살펴보자. (ax, ay)는 원점으로부터 시작점 s를 가리키는 벡터, (bx, by)는 원점으로부터 끝점 e를 가리키는 벡터에 해당하고 (xc, yc)는 원의 중점 c, $(x1, y1)$은 시

---

19 다음 논문을 참고하면 해법을 얻을 수 있다. Aleksas Riškus, "APPROXIMATION OF A CUBIC BEZIER CURVE BY CIRCULAR ARCS AND VISE VERSA", INFORMATION TECHNOLOGY AND CONTROL, 2006, Vol.35, No.4 *http://itc.ktu.lt/index.php/ITC/article/view/11812/6479*

작점 s, $(x4, y4)$는 끝점 e에 해당한다. 결과적으로 우리가 구하고자 하는 두 제어점은 $c1(x2, y2)$와 $c2(x3, cy3)$이다.

$$q1 = ax * ax + ay * ay$$
$$q2 = q1 + ax * bx + ay * by$$
$$k2 = \frac{4}{3}(\sqrt{2 * q1 * q2} - q2) \,/\, (ax * by - ay * bx)$$

$$x2 = xc + x1 - k2 * y1$$
$$y2 = yc + y1 + k2 * x1$$
$$x3 = xc + x4 - k2 * y4$$
$$y3 = yc + y4 + k2 * x4$$

수식 3.7 원호로부터 3차 베지어 곡선 제어점 도출식

그림 3.24에서 시작점(s)과 끝점(e)은 원 중심을 원점으로 반지름 r을 필요한 각도만큼 회전해서 구할 수 있다. 회전 각도는 입력으로 주어지는 시작각(startAngle)과 회전각(sweep)을 참조한다. 따라서 시작점 s는 r로 구한 기준 벡터에서 startAngle만큼 회전 변환을 수행하여 구할 수 있고, e는 s를 sweep만큼 회전 변환하여 구할 수 있다.

여기서 잠깐 벡터 연산에 대해 보충 설명하면, 벡터 회전을 위해서는 코사인(cos), 사인(sin) 값이 필요하며 각도(degree)를 라디안(radian) 단위로 변환해야 한다(코드 3.13). 이를 위해 Math 함수 집합에서 유틸리티 함수를 제공하면 편하다. POSIX를 포함한 표준 라이브러리에서는 수식 처리를 위해 cos(), sin(), tan()과 같은 기본 삼각함수 기능을 제공하므로 이를 참고한다(코드 3.14).

코드 3.13 각도-라디안 변환

```
01  Math.PI = 3.141592653589
02
03  // 각도를 라디안 단위로 변환
04  Math.degreeToRadian(degree):
05     return degree / 180 * PI
06
07  // 라디안을 각도 단위로 변환
08  Math.radianToDegree(radian):
09     return radian * 180 / PI
```

한편, 벡터(Vector)와 변환(Transform)은 그래픽스 작업에서 필수 연산에 해당
한다. 여기서는 필요 기능만 확인한다.[20]

코드 3.14 2D 벡터 회전

```
01  // 2D 벡터 회전
02  Vector2.rotate(angleInDegree):
03    radian = Math.degreeToRadian(angle)
04    .x = cos(radian) * .x - sin(radian) * .y
05    .y = sin(radian) * .x + cos(radian) * .y
```

다시 원점으로 돌아와 부채꼴을 그리는 로직을 완성한다.

코드 3.15 부채꼴 드로잉 로직

```
01  /*
02   * 호(부채꼴) 그리는 작업 수행
03   * @p buffer: NativeBuffer
04   * @p center: Point
05   * @p radius: var
06   * @p startAngle: var (시작 각, 단위는 각도)
07   * @p sweep: var (회전 각, 단위는 각도)
08   * @p pie: bool (호 또는 부채꼴 완성 여부)
09   */
10  VectorEngine.drawArc(buffer, center, radius, startAngle, sweep, pie...):
11    ...
12    // 사이각이 360 이상일 경우 원과 동일
13    if sweep >= 360 or sweep <= -360
14      drawCircle(buffer, center, radius,  ...)
15      return
16
17    // 라디안 단위로 변환
18    startAngle = Math.degreeToRadian(startAngle)
19    sweep = Math.degreeToRadian(sweep)
20
21    // 호가 원의 네 사분 중 몇 사분에 걸쳐 있는지 확인
22    nCurves = ceil(abs(sweep / (Math.PI * 0.5))))
23    sweepSign = sweep < 0 ? -1 : 1      // 회전 방향
24    fract = mod(sweep, Math.PI * 0.5)  // 마지막에 그려질 사분에서 남은 각
25    if fract == 0
26      fract = Math.PI * 0.5 * sweepSign
```

---

20 기억이 가물가물한 독자를 위해 굳이 언급했다. 벡터의 기본 이론은 선형대수 서적을 참고하자.

```
27
28    start = Vector2(radius, 0).rotate(startAngle)
29
30    // 부채꼴인 경우 원점에서 시작점까지 선을 그린다
31    if pie
32      drawLine(center, center + start)
33
34    // 앞에서 구한 호가 걸쳐 있는 사분면에 대해서 드로잉 작업 수행
35    for i : (nCurves + 1)
36      if i not (nCurves - 1)
37        endAngle = startAngle + Math.PI * 0.5 * sweepSign
38      else
39        endAngle = startAngle + fract
40
41      end = Vector2(radius, 0).rotate(endAngle)
42
43      // Aleksas Riškus 식 구현
44      a = start
45      b = end
46      q1 = a.x * a.x + a.y * a.y
47      q2 = a.x * b.x + a.y * b.y + q1
48      k2 = (4/3) * ((sqrt(2 * q1 * q2) - q2) / (a.x * b.y - a.y * b.x))
49
50      // 베지어 곡선 제어점
51      c1 = Point(a.x - k2 * a.y + center.x, a.y + k2 * a.x + center.y)
52      c2 = Point(b.x + k2 * b.y + center.x, b.y - k2 * b.x + center.y)
53
54      drawCurve(start + center, c1, c2, end + center)
55
56      // 다음 사분 시작점과 끝점
57      start = end
58      startAngle = endAngle
59
60    // 부채꼴인 경우 원점에서 끝점까지 선을 그린다
61    if pie
62      drawLine(center, end)
```

3.4.8 모서리를 둥글린 사각형

모서리를 둥글린 사각형(Round Rectangle)은 UI에서 많이 활용되는 비주얼 요소 중 하나로, 특히 UI 컴포넌트의 몸체 이미지로 많이 활용된다. 모서리를 둥글린 사각형은 앞서 학습한 직선과 곡선 로직을 조합하면 쉽게 완성할 수 있으

므로 로직을 추가로 검토할 필요는 없지만 사각형 모서리에 위치할 원의 반지름(d)을 결정해야 하므로 이를 매개 변수로서 사용자에게 전달받는다.

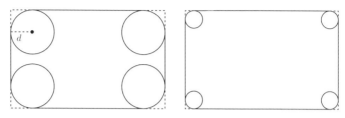

그림 3.25 원의 반지름에 따라 모서리의 둥근 정도를 다르게 할 수 있다.

모서리를 둥글린 사각형은 그림 3.25와 같이 사각형의 각 모서리에 있는 가상의 원의 반지름을 통해 사각형 모서리의 둥근 정도를 결정한다. 원의 반지름은 절댓값이나 사각형의 가로, 세로 비율 값으로 결정할 수 있다. 절댓값으로 가정하면 d의 값은 최대 사각형의 가로(또는 세로) 크기의 절반으로 볼 수 있다. d값이 사각형 가로, 세로 크기 절반과 같다면 모서리를 둥글린 사각형의 외양은 완전한 원이 되고, d값이 0이면 이는 직사각형이나 정사각형이 되므로 앞서 배운 원과 사각형 로직을 재활용하여 출력한다.

코드 3.16 모서리를 둥글린 사각형 드로잉

```
01  /*
02   * 모서리를 둥글린 사각형 그리는 작업 수행
03   * @p buffer: NativeBuffer
04   * @p rect: Geometry
05   * @p cr: Point (Corner Radius)
06  */
07  VectorEngine.drawRoundRect(buffer, rect, cr, ...):
08    hw = rect.w * 0.5  // 가로 크기 반
09    hh = rect.h * 0.5  // 세로 크기 반
10
11    // 모서리 반경 예외 처리
12    if cr.x > hw
13      cr.x = hw
14    if cr.y > hh
15      cr.y = hh
16    // 완전 사각형
17    if cr.x == 0 and cr.y == 0
18      drawRect(..., rect, ...)
```

```
19   // 완전한 원 또는 타원
20   else if cr.x == hw and cy == hh
21     drawCircle(..., rect.x + halfW, rect.y + hh, cr, ...)
22   // 모서리를 둥글린 사각형
23   else
24     // 선1
25     sp = Point(rect.x + cr.x, rect.y)
26     ep = Point(rect.x + rect.w − cr.x, rect.y)
27     drawLine(buffer, sp, ep, ...)
28     // 선2
29     sp = Point(rect.x + rect.w, rect.y + cr.y)
30     ep = Point(rect.x + rect.w, rect.y + rect.h − cr.y)
31     drawLine(buffer, sp, ep, ...)
32     // 선3
33     sp = Point(rect.x + cr.x, rect.y + rect.h)
34     ep = Point(rect.x + rect.w − cr.x, rect.y + rect.h)
35     drawLine(buffer, sp, ep, ...)
36     // 선4
37     sp = Point(rect.x, rect.y + cr.y)
38     ep = Point(rect.x, rect.y + rect.h − cr.y)
39     drawLine(buffer, sp, ep, ...)
40     // 모서리1
41     sp = Point(rect.x + rect.w − cr.x, rect.y)
42     cp1 = Point(rect.x + rect.w − cr.x + cr.x * 0.5, rect.y)
43     cp2 = Point(rect.x + rect.w, rect.y + cr.y − cr.y * 0.5)
44     ep = Point(rect.x + rect.w, rect.y + cr.y)
45     drawCurve(buffer, sp, cp1, cp2, ep, ...)
46     // 모서리2
47     sp = Point(rect.x + rect.w, rect.y + rect.h − cr.y)
48     cp1 = Point(rect.x + rect.w, rect.y + rect.h − cr.y + cr.y * 0.5)
49     cp2 = Point(rect.x + rect.w − cr.x + cr.x * 0.5, rect.y + rect.h)
50     ep = Point(rect.x + rect.w − cr.x, rect.y + rect.h)
51     drawCurve(buffer, sp, cp1, cp2, ep, ...)
52     // 모서리3
53     sp = Point(rect.x + cr.x, rect.y + rect.h)
54     cp1 = Point(rect.x + cr.x − cr.x * 0.5, rect.y + rect.h)
55     cp2 = Point(rect.x, rect.y + rect.h − cr.y + cr.y * 0.5)
56     ep = Point(rect.x, rect.y + rect.h − cr.y)
57     drawCurve(buffer, sp, cp1, cp2, ep, ...)
58     // 모서리4
59     sp = Point(rect.x, rect.y + cr.y)
60     cp1 = Point(rect.x, rect.y + cr.y − cr.y * 0.5)
61     cp2 = Point(rect.x + cr.x − cr.x * 0.5, rect.y)
62     ep = Point(rect.x + cr.x, rect.y)
63     drawCurve(buffer, sp, cp1, cp2, ep, ...)
```

코드 3.16에서 cr은 모서리를 구성하는 가상의 원의 반경(d)을 따로 보유함으로써 타원의 모서리를 지원한다. 사각형 너비/높이 대비 원의 반지름이 커서 원이 교차한다면 모서리를 둥글린 사각형의 외양은 훼손될 수 있다. 따라서 원 반지름 크기에 제약이 필요하다. 이를 위해 12~15행에서 예외 처리를 수행한다. 모서리를 둥글린 사각형 구현의 핵심은 23행의 else 분기에 있는데 모서리를 둥글린 사각형을 모서리와 네 변 부위로 분리하여 구현한다. 이때 모서리는 곡선, 변은 직선을 이용하고, 모서리는 베지어 곡선의 특성을 이용하여 완성한다(그림 3.26).

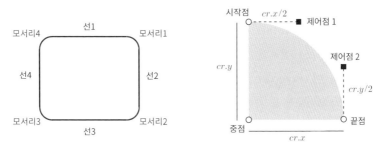

그림 3.26 모서리를 둥글린 사각형 부분 드로잉

3.4.9 경로와 다각형

앞서 학습한 곡선과 직선을 하나의 집합으로 구성하면 임의의 형태로 구성된 경로를 완성할 수 있다. 여기서 말하는 경로는 임의의 방향으로 연결된 선을 지칭한다. 또한 여기서 경로의 첫 지점과 끝 지점을 연결하면 다각형(Polygon)을 완성할 수 있다. 앞서 학습한 부채꼴과 모서리를 둥글린 사각형 또한 이와 같은 방식으로 완성한 것이다. 경로는 앞서 배운 개별 도형 외에 다양하고 복잡한 도형을 표현할 때 사용할 수 있다. 실제로 SVG뿐만 아니라 다양한 벡터 포맷의 장면 정보를 입력하기 위한 인터페이스로 유용하다.

경로를 구현하기 위해 앞서 배운 벡터 드로잉 기능을 명령어(Command) 목록으로 구성한다. 코드 3.17를 보면 이해가 쉽다.

코드 3.17 경로 구축(객체 지향 버전)

```
01  /* 일반적으로 경로의 명령어는 이전 명령어의 위치를 기준으로 한다.
02     가령, lineTo()의 시작점은 moveTo()에 해당한다. */
03
04  path = UIPath():                      // 경로 객체
05    .moveTo(x, y)                       // 경로의 시작점을 (x, y)로 이동
06    .lineTo(x2, y2)                     // (x2, y2)까지 직선 그리기
07    .curveTo(ctrlPt1, ctrlPt2, endPt)   // (x2, y2)에서 endPt까지 곡선 그리기
08    /* close()를 호출하면 마지막 위치에서 시작 위치까지 선을 연결하여
09       닫힌 도형, 즉 다각형을 완성한다. close()를 호출하지 않으면 마지막
10       점을 끝으로 경로를 완성한다. */
11    .close()
```

코드 3.17에서는 curveTo()로 인터페이스를 단순화했지만 사용자는 다양한 곡선식으로 곡선을 표현해야 할 수도 있다. 그럴 때는 curveTo()를 세분화하면 된다. 예를 들어 bezierCurveTo(), splineCurveTo() 등으로 세분화할 수 있다. 이는 메서드 오버로딩을 통해 2차(Quadratic), 3차(Cubic) 곡선식을 curveTo() 매개변수로 달리하여 구현할 수 있을 것이다.

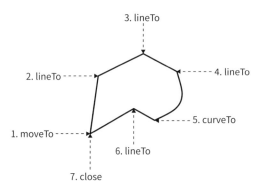

그림 3.27 경로를 이용한 도형 구축 예시

경로의 주 목적은 도형 기반의 장면이나 모델을 표현하는 것이다. 따라서 데이터가 많아질 경우를 대비하여 데이터를 효과적으로 입력할 수 있는 인터페이스도 고려할 필요가 있다. 복잡한 장면을 구성하는 경로 정보를 파일로 저장하고 이를 입력받아 출력한다고 보면 이해하기 쉽다.

코드 3.18 경로 구축(데이터 직렬화 버전)

```
01  /* 도형 정보가 방대할 경우, 직렬화 데이터를 입력하면 효과적이다. */
02  UIPathCommand cmds[] = {UIPathMoveTo, UIPathLineTo, UIPathCurveTo, ...}
03  point pts[] = {pt1, pt2, ctrlPt1, ctrlPt2, endPt, ...}
04
05  path = UIPath(cmds, pts)
```

코드 3.18에서 UIPath는 벡터 리소스에 기록된 여러 도형 정보를 하나의 직렬화된 데이터로 전달할 수 있어 효율적이다. 특히 SVG처럼 하나의 벡터 리소스에 여러 도형 정보가 입력될 경우 이들을 해석하여 명령어 목록을 구축하면 UIPath로 바로 전달할 수 있다.

앞서 살펴본 것과 같이 경로에서 주된 명령어는 이동, 선, 곡선, 닫기이고 필요에 따라 호, 원 등의 명령어도 추가 제공할 수 있다. 렌더링 엔진 관점에서 UIPath 기능을 지원하기 위해서는 렌더링(또는 업데이트) 시점에 입력된 명령어를 하나씩 확인하며 그에 해당하는 벡터 드로잉 기능을 호출하는 것이다. 다시 말해, 경로 자체가 가지는 고유 도형 로직은 존재하지 않으므로 렌더링 엔진은 리스트나 스택 자료 구조를 활용하여 moveTo(), lineTo(), curveTo(), close()에 해당하는 명령어를 구축하고, 앞서 배운 벡터 드로잉 기능을 호출하는 것이 경로 구현의 핵심이다.

코드 3.19 UIPath 명령어 수행 로직

```
01  /* UIPath는 도형의 윤곽선을 명령어로 전달받고 이들을 그리는 작업을 수행
02     코드 3.17의 객체 지향 버전을 기반으로 구현 */
03  UIPath implements UIShape:
04    UIPathCommand cmds[]   // 입력된 경로 명령어 큐
05    ...
06    /* 이하 명령어 추가 메서드. 각 명령어는 UIPathCommand 인터페이스를
07       확장함으로써 cmds 목록에 추가할 수 있다. */
08    moveTo(x, y):
09      .cmds.push(UIPathCommandMoveTo(x, y))
10
11    lineTo(x, y):
12      .cmds.push(UIPathCommandLineTo(x, y))
13
14    curveTo(control1, control2, end):
15      .cmds.push(UIPathCommandCurveTo(ctrl1, ctrl2, end))
```

```
16
17    close():
18      .cmds.push(UIPathCommandClose())
19    ...
20
21    /* 입력(queueing)된 명령어를 순서대로 드로잉 수행 */
22    override render(...):
23      ...
24      begin = cur = Point(0,0)
25
26      for cmd : .cmds
27        switch cmd.type
28          UIPathCommandMoveTo:
29            begin = cur = cmd.get()
30          UIPathCommandLineTo:
31            to = cmd.get()
32            VectorEngine.drawLine(buffer, cur, to, ...)
33            cur = to
34          UIPathCommandCurveTo:
35            ctrl1, ctrl2, end = cmd.get()
36            VectorEngine.drawCurve(buffer, cur, ctrl1, ctrl2, end, ...)
37            cur = end
38          UIPathCommandClose:
39            VectorEngine.drawLine(buffer, cur, begin, ...)
40            ...
```

코드 3.19에서 UIPath는 요청받은 명령어를 UIPathCommand 목록에 추가하고 렌더링 시점에 이들을 순차적으로 실행하는 과정을 수행한다. 경로 명령어는 타입별로 독자적인 데이터를 구축하므로, UIPathCommand 인터페이스를 정의하고 각 타입별로 이를 확장하여 데이터를 구축할 수 있게 한다. 코드 3.20은 곡선 명령어 데이터를 구현하는 예시다.

코드 3.20 **UIPathCommand 구현 예시**

```
01   /* UIPathCommand 인터페이스를 구현하여 CurveTo 명령어 구현
02      get()은 베지어 곡선에 필요한 두 제어점과 끝점 정보 반환 */
03   UIPathCommandCurveTo implements UIPathCommand:
04     Point ctrl1, ctrl2, end  // CurveTo 데이터
05
06     constructor(ctrl1, ctrl2, end):
07       .ctrl1 = ctrl1
08       .ctrl2 = ctrl2
```

```
09      .end = end
10
11    /* CurveTo 데이터 반환 */
12    override get():
13      return {.ctrl1, .ctrl2, .end}
```

UI 렌더링 엔진에서 벡터 리소스를 즉시 출력할 수 있는 인터페이스를 추가로 제공한다면 벡터 리소스를 하나의 장면 이미지로 다룰 수 있다. 앱 개발자가 UIPath 명령어를 직접 호출하여 장면(또는 UI)을 구성하기보다 완성된 장면 정보를 기록한 벡터 리소스로부터 장면을 출력하는 방법이 효율적이다. 따라서 UI 렌더링 엔진은 벡터 리소스 파일 출력 기능을 제공하는 편이 좋다.

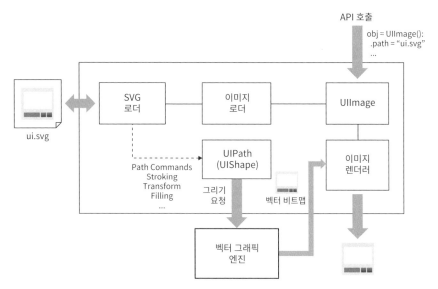

그림 3.28 UIPath를 통한 SVG 벡터 드로잉 수행

그림 3.28의 **UIImage**는 이미지 또는 벡터 기반의 장면 결과를 손쉽게 얻을 수 있도록 사용자 인터페이스를 제공한다. 이는 UI 렌더링 엔진에 탑재된 SVG 로더를 통해 SVG 원시 데이터를 파싱하고 해석하여 유효한 **UIPath** 정보를 생성한다. 이러한 경로 정보는 장면 그래프(2.2.3절)를 구성하는 하나의 UI 객체로 볼 수 있으며, 이를 통해 다른 UI 요소와 경로를 합성할 수 있다. 이후 렌더링 엔진은 생성한 **UIPath** 정보를 입력 정보로 활용하여 벡터 그래픽 엔진에 그리

기 동작을 요청하여 래스터 작업을 수행한다. 이러한 동작 절차는 SVG뿐만 아니라 다른 벡터 리소스에 대해서도 동일하게 적용할 수 있다.

3.5 채우기

3.4절에서는 선과 곡선 기반으로 다양한 형태의 도형을 완성하는 방법을 학습하였다. 이번 절에서는 채우기를 수행할 수 있는 몇 가지 추가 기술 사항을 학습한다. 도형 내부에 화소 색상을 결정하기 위해서는 도형 내/외부 영역 판정 방법과 화소 색상을 지정하는 방법이 필요하다. 색상을 채우는 방법에는 대표적으로 단색과 그래디언트 채우기가 있다. 단색은 하나의 색을 이용하는 방법이고 그래디언트 채우기는 복수의 색상을 보간하여 채우는 방법이다. 그래디언트 채우기는 대표적으로 선형과 원형 그래디언트, 두 종류가 있고 여기에 원뿔(angular/conic) 그래디언트를 추가적으로 제공하기도 한다.

그림 3.29 그래디언트 채우기 예(LottieFiles)

3.5.1 채우기 규칙

앞서 학습한 닫힌 경로(Closed Path)는 다각형을 표현하는 대표 기능이다. 닫힌 경로에서 고려할 사항은 화소가 도형 내부 또는 외부에 있는지 판단할 수 있는 기준이다. 범용 벡터 그래픽 엔진에서 제공하는 도형 채우기 규칙(Fill Rule)의 선택 사항 중 대표적인 것이 NoneZero, EvenOdd이다. NoneZero는 가장 외곽에 위치하는 경로를 도형의 최종 윤곽으로 판정하고 그 안은 전부 채우는 방식이다. 이는 구성하는 경로 방향이 시계 방향(Clock-wise)인지 여부로 판단할 수 있다. 시계 방향인 경우 해당 영역은 도형 내부로 간주하며 방향 판정은 영역을 구성하는 경로의 외적(Cross Product)을 통해 판정할 수 있다. 구체적으로 말하면 경로를 구성하는 두 점 $(x1, y1)$, $(x2, y2)$에 대해서 $(x1y1 -$

$x2y2$) 값이 0보다 크면 시계 방향, 그렇지 않으면 반시계 방향으로 간주한다. EvenOdd는 경로의 교차로 발생하는 작은 인접 영역들에 대해서 내부, 외부를 번갈아 가며 판정할 수 있다. 단순하지만 효과적인 구현 방법은 닫힌 경로에 대해 충돌 탐지를 수행하는 방법이다.

그림 3.30 채우기 판정에 따른 결과(좌: NoneZero, 우: EvenOdd)

이 방법은 도형 경계선(Bounding Box)의 y축 최소/최댓값을 구하고 y축을 기준으로 반복문을 수행하며 x축 선상의 화소를 결정한다. y축 최소/최댓값은 도형 그리기에서 살펴본 것과 같이 윤곽선을 명시적으로 도출하여 판정할 수 있다. 경로 명령어마다 주어진 점의 y값을 비교하면 쉽게 판정할 수 있다고 생각할 수도 있지만 베지어 곡선의 제어점은 가상의 점이므로 그렇게 할 수 없다.[21]

다음으로 y축을 기준으로 좌측에서 우측 방향으로 화소를 그리는 과정에서 현재 화소가 도형 외곽선과 교차하는지 여부를 판정한다. 가령 처음 교차한 시점부터는 도형 내부, 이후 다시 교차한 시점부터는 도형 외부로 간주할 수 있다. 그림 3.31은 이 방법을 도식화한 것이다. y 위치에서 수평선(빨간 선)과 교차하는 경로의 점들을 추려낸다. 이때 교차하는 윤곽선과 맞닿는 지점의 x값을 도출한 후 이들을 오름차순으로 정렬하면 해당 선 중 어느 구간에 색상을 채워야 하는지 결정할 수 있다. 가장 먼저 교차하는 지점은 도형의 외곽선에 해당하므로 여기서부터 색상을 채우면 된다. 첫 번째 교차점($x1$)부터 x 좌푯값을 증가시키면서 화소를 출력하다가 두 번째 교차 지점($x2$)에 도달하면 도형 외각에 해당하므로 화소 출력을 중단하고 다음 지점($x3$)으로 건너뛴다. 이 작

---

21 베지어 곡선의 경계 영역을 구하는 연산은 적지 않으므로 가급적 중복되지 않도록 한다. 베지어 곡선의 선형 공간 $t = [0 \sim 1]$ 사이의 값을 일정 간격으로 대입하며 좌푯값을 도출하는 방법이 있다. *https://pomax.github.io/bezierinfo/#boundingbox*

업을 반복하면 도형의 한 줄이 완성된다. 결과적으로 그림 3.31의 y 좌표에서 드로잉을 수행할 영역은 $(x1\sim x2)$, $(x3\sim x4)$, $(x5\sim x6)$ 세 부분으로 판정할 수 있다. 이때 우리에게 주어진 인수는 y값에 해당하므로 주어진 경로의 y값을 이용하여 x값을 도출할 수 있는 연산이 필요하다. 이는 경로를 구성하는 선과 곡선의 수식으로부터 쉽게 도출할 수 있다.

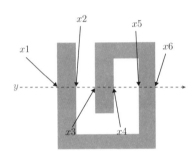

그림 3.31 충돌 탐지를 이용한 다각형 채우기 완성

다음 코드는 앞서 설명한 방법을 토대로 다각형 내부를 칠하는 로직의 핵심을 보여준다.

코드 3.21 다각형 드로잉 로직

```
01  /*
02   * EvenOdd 룰을 적용한 다각형을 칠하는 작업 수행
03   * @p buffer: NativeBuffer
04   * @p cmds: UIPathCommand
05   */
06  VectorEngine.drawEvenOddPolygon(buffer, cmds, ...):
07    ...
08    /* 도형의 최소/최대 y는 (yMin, yMax) 윤곽선을 그리는 과정을 통해
09       구했다고 가정(코드 3.19 참고) */
10    for y : [yMin ~ yMax]
11      // a. y 위치의 윤곽선 점들을 찾고 이들의 x 좌표 목록 반환
12      xList = findIntersects(cmds, y)
13
14      // b. x 값 오름차순 정렬
15      sortAscending(xList)
16
17      // c. 준비한 x값을 이용하여 드로잉 수행
18      for i : xList.size, i+=2
19        xMin = xList[i]
```

```
20        xMax = xList[i+1]
21
22        // (x, y)에 해당하는 화소 그리기
23        for x : [xMin ~ xMax]
24          bitmap[y * stride + x] = 0xffffffff
```

코드 3.21은 도형 내부를 채우는 드로잉 로직을 개략적으로 보여준다. 사실 래스터 과정마다 교차 지점을 찾는 작업은 다소 비효율적인 방법이므로 도형의 형태가 변하지 않는다고 가정하면 교차 지점은 사전에 계산하여 캐싱하는 것이 바람직하다. 그리고 엔진은 캐싱한 좌표 목록을 벡터 그래픽 엔진에 전달함으로써 래스터 작업을 바로 수행할 수 있다. 여기서 중요한 점은 3.4절에서 학습한 수식으로부터 도출한 윤곽선 정보를 보관하는 방식인데 이 방식은 3.7.1절에서 살펴볼 RLE(Run Length Encoding) 알고리즘에 반영되어 있으므로 여기서는 따로 언급하지 않을 것이다. 또한 yMin, yMax나 findIntersects()가 반환하는 x 좌푯값을 구하는 방법은 이러한 자료 구조에 의존한다. 만약 별도의 자료 구조를 취하지 않다면 경로를 구성하는 선과 곡선의 식을 기반으로 값을 도출할 수 있다.

3.5.2 단색 채우기

단색(Solid) 채우기는 하나의 색상을 도형 전체에 적용하기 때문에 구현에 특별한 어려움은 없다. 사용자가 설정한 색상을 전달받고 드로잉 단계에서 이를 적용하면 된다. 사용자가 색상을 지정할 수 있도록 단일 색상 정보를 가진 UIFilllSolidColor 같은 클래스를 제공할 수 있다. UIFillSolidColor 객체를 UIShape에 전달하면 UIShape는 드로잉 시점에서 UIFillSingleColor로부터 색상 정보를 전달받을 수 있다.

코드 3.22 단색 채우기 예제

```
01  // 사각형 생성
02  shape = UIRect():
03    .geometry = {100, 100, 200, 200}
04    // 도형을 채울 색상 지정 (R, G, B, A)
05    .fill = UIFillSolid(100, 100, 255, 255):
```

코드 3.22에서는 색상을 결정하기 위해 R, G, B, A 채널 값을 직접 지정했지만, UIColor.Blue, UIColor.Purple과 같은 범용 색상의 경우 색상명을 명시적으로 지정할 수도 있을 것이다.

UIShape에 UIFill을 지정하면 렌더링 단계에서 색상 정보를 벡터 그래픽 엔진으로 전달할 수 있다. 결과적으로 색상 정보를 전달받은 벡터 그래픽 엔진은 색상 값을 사각형의 화소 출력에 적용한다.

코드 3.23 단색 채우기 드로잉 로직

```
01  UIRect.render(context, ...):
02    ...
03    // 사용자 지정 색상(fill)을 VectorEngine으로 전달
04    context.engine.drawRect(context.target, .rect, .geometry, .fill, ...)
05
06  /*
07   * 사각형 그리는 작업 수행
08   * @p buffer: NativeBuffer
09   * @p rect: Geometry
10   * @p clipper: Geometry
11   * @p fill: UIFill
12   */
13  VectorEngine.drawRect(buffer, rect, clipper, fill, ...):
14    ...
15    // 사각형 래스터 작업
16    for y : rect.h
17      for x : rect.w
18        // 색상 정보는 fill에서 획득
19        bitmap[y * stride + x] = fill.RGBA
```

3.5.3 선형 그래디언트 채우기

선형 그래디언트(Linear Gradient 또는 Axial Gradient)를 표현하기 위해서는 그래디언트 효과가 펼쳐질 공간을 잇는 두 점, 그리고 이 두 점 사이를 보간할 색상 정보가 필요하다. 우측 방향으로 두 색상을 보간하는 그래디언트를 생각해보자. 이 경우 그래디언트의 시작점(p_1)과 끝점(p_2) 그리고 두 색상 정보 (C_1, C_2)가 필요하다. 두 색상을 선형 보간하기 위해서 시작점부터 끝점 사이의 특정 위치(p_3)의 정규 값(p)을 구한 후 이 값을 이용하여 색상을 보간한다(C_3).

$$C_3 = C_1 * p + C_2 * (1 - p)$$

$$p = \frac{|\overrightarrow{p_1 p_3}|}{|\overrightarrow{p_1 p_2}|}$$

수식 3.8 선형 그래디언트 보간 식

문제를 더 확장해 보자. 그림 3.32에서와 같이 임의의 방향을 가리키는 선형 그래디언트의 경우 색상을 어떻게 구할까? 선형 그래디언트 보간식에서 설명한 방법과 동일하게 이때도 현재 그리는 색상 위치(p_4)의 정규 값(p_3)을 구하는 것이 핵심이다. 따라서 색상을 채우는 순서를 결정하고(색상이 복수인 경우에 해당) 색상마다 정규 값을 구한다. 정규 값을 구하기 위해서는 현재 색상 위치로부터 벡터(V_1)를 구한다. 이후 이를 그래디언트 방향 벡터(V)에 투영하여 벡터(V_2)를 도출하고 이로부터 실제 위치 p_3를 구한다. 그리고 앞서 살펴본 선형 그래디언트 보간식을 통해 색상 정보를 구할 수 있다. p_3에 위치한 색상 정보는 우리가 구하고자 하는 현재 색상 위치(p_4)의 색상 값과 동일하다.

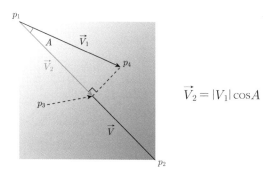

$$\vec{V}_2 = |V_1| \cos A$$

그림 3.32 선형 그래디언트 색상 결정

그림 3.32에서 cosA는 두 벡터의 내적(Dot Product)을 통해서도 도출할 수 있다.

$$\vec{V}_1 \cdot \vec{V}_2 = x_1 x_2 + y_1 y_2 = |V_1||V_2|\cos A$$

$$\cos A = \frac{x_1 x_2 + y_1 y_2}{|V_1||V_2|}$$

수식 3.9 벡터 내적 식

그림 3.33 선형 그래디언트 방향에 따른 출력 결과

세 개의 색상을 조합할 때는 두 색상을 보간하는 작업을 반복 수행하면 된다. 이 경우 그래디언트를 채울 공간은 동일하게 하나지만 개입하는 색상 정보가 늘어나기 때문에 각 색상이 개입할 위치 정보가 추가로 필요하다. 이때 개입하는 색상 위치는 좌푯값으로 지정할 수도 있고 정규 값으로 지정할 수도 있다. 이론상 개입할 수 있는 색상 수에는 제약이 없다.

코드 3.24 선형 그래디언트 채우기 예제

```
01  // 모서리를 둥글린 사각형
02  shape = UIRoundRect():
03    .geometry = {0, 0, 200, 150}
04    .cornerRadius = {50, 50}
05
06  // 선형 그래디언트
07  fill = UIFillLinearGradient():
08    // 그래디언트 영역 지정(시작점, 끝점)
09    .region = {0, 0, 150, 150}
10
11    // 그래디언트 색상 지정(위치: 0 ~ 1, 색상: R, G, B, A)
12    .color.add(0.0, UIColor(100, 100, 255, 255))
13    .color.add(0.5, UIColor(255, 255, 255, 255))
14    .color.add(1.0, UIColor(255, 255, 0, 255))
15
16  // 채우기 적용
17  shape.fill = fill
```

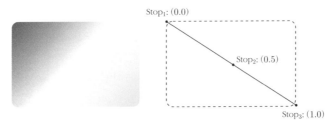

그림 3.34 세 개 색상이 개입한 선형 그래디언트

세 개 이상의 색상이 그래디언트에 개입하는 경우 인접한 두 색상을 보간한다. 그림 3.34를 보면 [Stop₁, Stop₂]와 [Stop₂, Stop₃] 두 쌍의 선형 보간이 발생한다. 이때 그래디언트 방향 벡터는 공유하되 정규 값 범주는 그래디언트 전체가 아닌 두 점 사이로 정한다. 결과적으로, 복수 색상의 선형 그래디언트에서 한 점의 색상을 구하기 위해서는 앞선 배운 로직을 구간별로 적용하면 된다.

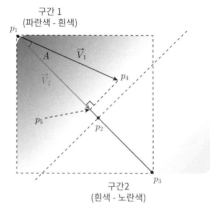

$$p_4 \text{색상} = p_2 \text{색상} * p + p_1 \text{색상} * (1 - p)$$

$$p = \frac{|\vec{p_1 p_5}|}{|\vec{p_1 p_2}|}$$

$$\vec{V_2} = |\vec{p_1 p_5}| = |V_1| \cos A$$
$$\vec{V} = |\vec{p_1 p_3}|$$

그림 3.35 복수 색상 선형 그래디언트 색상 결정

그림 3.36 선형 그래디언트 개입 색상 수에 따른 출력 결과

코드 3.25 선형 그래디언트 색상 결정

```
01  VectorEngine.drawRect(buffer, rect, clipper, fill, ...):
02    ...
03    // 사각형 래스터
04    for y : rect.h
05      for x : rect.w
06        // 화소 색을 구하기 위해 color()에 좌표를 추가 전달
07        bitmap[y * stride + x] = fill.color(x, y)
08
09  /* 선형 그래디언트 색상 반환 */
10  UIFillLinearGradient.color(x, y):
11    // 개입 색상이 한 개면 단일 색상과 동일
12    return .colors[0].RGBA if .colors.count == 1
```

```
13
14    /* 그래디언트 방향 벡터 (V).
15       begin과 end는 fill.region()에서 전달받은 시작(P1)과 끝점(P3) */
16    v = Vector2(.end - .begin)
17
18    // 화소 위치(P4)를 가리키는 벡터 (V1)
19    v1 = Vector2(x - .begin.x, y - .begin.y)
20
21    // 벡터 내적 식을 참고하여 V2 계산
22    vNorm = Math.normalize(v)
23    v1Norm = Math.normalize(v1)
24    cosA = Math.dotProduct(vNorm, v1Norm) / (vNorm.length * v1Norm.length)
25    v2 = v1 * cosA
26
27    // 선형 구간 중 구하고자 하는 색상 위치(P)
28    p = v2.length / v.length
29
30    // 현재 화소(P)가 속한 구간을 찾아서 최종 색상 계산
31    for i : (.colors.count - 1)
32      // UIFillColor는 색상(color)과 위치(pos) 정보 보유
33      UIFillColor c1 = .colors[i]
34      UIFillColor c2 = .colors[i + 1]
35      p1 = Vector2(c1.pos - .begin).length
36      p2 = Vector2(c2.pos - .begin).length
37      // P가 속한 구간일 경우 P값 계산
38      if p >= p1 and p < p2
39        segmentPos = v2.length - p1
40        val = segmentPos / Vector2(p2 - p1)
41        // 두 색상을 보간 후 반환
42        return c2.RGBA * val + c1.RGBA * (1 - val)
```

코드 3.25는 그림 3.35에서 살펴본 수식 풀이를 코드로 옮겨 놓은 것으로 이해하기 어렵지 않다. 다만 화소마다 UIFillLinearGradient.color()의 로직을 수행하기 부담스러울 수 있으므로 가능한 작업은 사전에 처리하는 것이 좋다. 가령 룩업 테이블(LUT)처럼 선형 버퍼를 할당하고 그래디언트 색상 값을 기록해 둔다면 P값을 구한 후 단순 인덱싱만으로도 색상 값을 바로 반환할 수 있을 것이다(그림 3.37). 이때 버퍼 크기는 미니맵(minimap)처럼 크기를 축소하여 메모리를 절약하는 것도 하나의 방법이다.[22]

22 ThorVG 벡터 그래픽 엔진에서 실제로 활용중인 방법이다.

0 ▓▓▓▓▓▓▓▓   ▓▓▓ 1023

그림 3.37 1024 크기의 그래디언트 색상 버퍼

3.5.4 원형 그래디언트 채우기

선형 그래디언트를 이해했다면 원형 그래디언트는 어려운 문제가 아니다. 원형 그래디언트도 선형과 마찬가지로 그래디언트 전체 구간에서 임의 색상 위치를 가리키는 벡터를 찾으면 된다. 다만 원형은 선형과 달리 초점(focal)을 중심으로, 전방위로 그래디언트 색상이 펼쳐지는 차이가 있다. 따라서 원형 그래디언트의 초점으로부터 구하고자 하는 색상 위치 사이의 차(difference)를 통해 벡터를 구하고 해당 벡터가 가리키는 위치가 어느 색상 구간에 속해 있는지 확인한다. 이후 벡터 위치를 기준으로 해당 구간에 인접한 두 색상을 보간하여 최종 색상을 결정한다.

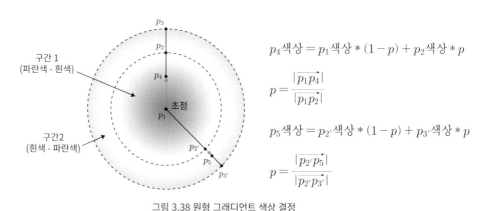

$$p_4 색상 = p_1 색상 * (1 - p) + p_2 색상 * p$$

$$p = \frac{|\overrightarrow{p_1 p_4}|}{|\overrightarrow{p_1 p_2}|}$$

$$p_5 색상 = p_{2'} 색상 * (1 - p) + p_{3'} 색상 * p$$

$$p = \frac{|\overrightarrow{p_{2'} p_5}|}{|\overrightarrow{p_{2'} p_{3'}}|}$$

그림 3.38 원형 그래디언트 색상 결정

그림 3.39 초점 위치 변화에 따른 원형 그래디언트 결과

코드 3.26 원형 그래디언트 채우기 사용 예제

```
01  // 원 도형 생성
02  shape = UICircle():
03    .center = {200, 200}
```

```
04    .radius = 100
05
06  // 원형 그래디언트
07  fill = UIFillRadialGradient():
08    // 원형 그래디언트의 반경
09    .radius = 100
10    // 원형 그래디언트의 초점 위치
11    .focal = {200, 200}
12    /* 그래디언트 색상 지정(위치, RGBA 색상, 위치 범위는 0 ~ 1)
13       0은 초점 위치, 1은 원형 외곽 지점 */
14    .color.add(0.0, UIColor(100, 100, 255, 255))
15    .color.add(0.5, UIColor(255, 255, 255, 255))
16    .color.add(1.0, UIColor(100, 100, 255, 255))
17
18  // 채우기 적용
19  shape.fill = fill
```

코드 3.27 원형 그래디언트 색상 결정부

```
01  // 원형 그래디언트 색상 정보 반환
02  UIFillRadialGradient.color(x, y):
03    // 개입 색상이 한 개면 단일 색상과 동일
04    return .colors[0].RGBA if .colors.count == 1
05
06    // 현재 구하고자 하는 화소 위치를 가리키는 벡터
07    v = Vector2(x - .focal.x, y - .focal.y)
08
09    // 선형 구간 중 구하고자 하는 색상 위치
10    p = v.length / .radius
11
12    // 현재 화소(P)가 속한 구간을 찾아서 최종 색상 계산
13    for i : (.colors.count - 1)
14      // UIFillColor는 색상(color)과 위치(pos) 정보 보유
15      UIFillColor c1 = .colors[i]
16      UIFillColor c2 = .colors[i + 1]
17      p1 = Vector2(c1.pos - .focal).length
18      p2 = Vector2(c2.pos - .focal).length
19      // P가 속한 구간일 경우 P값 계산
20      if p >= c1.pos and p < c2.pos
21        segmentPos = v.length - p1
22        val = segmentPos / (p2 - p1)
23        // 두 색상을 보간한 데이터 반환
24        return c2.RGBA * val + c1.RGBA * (1 - val)
```

3.6 스트로크

스트로크(stroke)라는 용어는 원래 붓을 사용하는 기법에서 유래한 것으로, 벡터 그래픽에서 스트로크는 선을 그리거나 윤곽선을 형상화하는 데 사용된다. 시각적 관점에서는 선이 단순한 요소로 느껴질 수 있지만, 기술적으로 보면 안티에일리어싱, 점선, 그래디언트 스트로크 등 여러 확장 요소를 고려해야 한다. 스트로크의 기능 구현은 화소 단위의 섬세한 계산 처리가 필요한, 복잡한 구현 요소 중 하나다. UI 앱의 어떤 장면을 구성할 때 스트로크는 상대적으로 활용 빈도가 낮은 편이지만 UI에서 경계선(border)을 표현할 때 등 유용한 경우가 있다.

그림 3.40 스트로크 적용 전(좌)과 적용 후(우)

사용자는 스트로크 속성을 지정하여 선 너비를 조절하거나 실선, 점선 등을 표현할 수 있다. 도형에 스트로크를 적용하려면 스트로크 객체를 생성하고 속성을 설정한 후 그리고자 하는 도형에 이를 지정한다(코드 3.28).

코드 3.28 객체를 이용한 스트로크 적용 예제

```
01  shape = UILine():          // 선 생성
02   .from = {100, 100}        // 시작점
03   .to = {150, 150}          // 끝점
04
05  stroke = UIStroke():       // 스트로크 객체 생성
06   .width = 10               // 스트로크 너비
07   /* 스트로크 조인 스타일(그림 3.16 참조) */
08   .join = UIStroke.JoinMiter
09   /* 스트로크 라인캡 스타일(그림 3.17 참조) */
10   .lineCap = UIStroke.LinecapButt
11   .color = UIColor.Black    // 스트로크 색상
12
13  shape.stroke = stroke      // 스트로크를 도형에 적용
```

다른 스트로크 사용 예로 스트로크 속성을 UIShape에 통합한 디자인도 고려해 볼 수 있다. 코드 3.28과 코드 3.29는 구현 방식이 다르지만 스트로크 출력 결과에는 차이가 없다.

코드 3.29 도형 속성을 통한 스트로크 적용 예제

```
01  /* 경로를 이용하여 선을 표현 */
02  path = UIPath():
03      // 스트로크 속성 지정
04      .strokeWidth = 10
05      .strokeJoin = UIStroke.JoinMiter
06      .strokeLinecap = UIStroke.LinecapButt
07      .strokeColor = UIColor.Black
08      // 선 위치 정보
09      .moveTo(100, 100)
10      .lineTo(150, 150)
```

벡터 그래픽 엔진에서 스트로크 기능 구현은 사실상 도형 구현의 확장선상에 있다. 앞서 살펴본 선(곡선) 드로잉에 선 너비, 조인, 라인캡, 대시 스타일 기능을 보강한다면 스트로크 기능을 완성할 수 있다. 사실 이들 기능은 앞서 다룬 도형 드로잉 기법을 보충하거나 응용하면 구현 가능하다.

3.6.1 너비

스트로크를 지원하기 위해 먼저 스트로크 너비(width)를 구현하는 방법을 살펴보자. 단순하지만 너비를 지원하는 가장 떠올리기 쉬운 접근법은 선 위치를 바꿔가며 여러 번 출력하는 방법이다. 예를 들어 너비가 2인 선은 너비가 1인 선을 두 번 그린 것과 같다. 다만 단순 평행 이동으로는 선 끝이 잘린 것처럼 표현될 수 있기 때문에 선의 기울기에 따른 정확한 이동 위치를 파악하고 출력해야 한다. 이 방법은 너비를 지원하는 단순 직선 그리기에서는 응용할 만하다. 하지만 곡선에서는 문제가 생긴다. 곡선에서는 너비에 따라 곡선 변의 형태가 달라지기 때문이다. 따라서 단순 평행 이동으로는 정확히 의도한 결과를 얻기는 쉽지 않다.

그림 3.41 선 너비 표현 결과(위: 단순 평행 이동, 아래: 기울기 방향 이동)

그림 3.42 임의 평행 이동에 따른 곡선의 너비 출력 차이

이를 해결하기 위한 다른 접근법은 선으로부터 법선 벡터(Normal Vector)를 구하고 이를 선 너비의 절반 길이만큼 확장한 지점을 변으로 계산하는 방법이다. 일정 구간별로 선의 법선 벡터를 구하고 법선 방향으로 선 너비의 절반 길이만큼 이동 벡터를 구하여 변을 구성하는 점들을 찾는다(그림 3.43의 V_1~V_n). 이 때 점의 수를 결정하기 위한 계산 구간(segment)를 결정할 수 있는데 이 구간은 곡선의 이동 점프 구간으로 해석할 수 있다. 가령, 베지어 곡선에서는 $t[0 - 1]$ 범위 내에서 다음 법선을 구할 이동 구간으로 0.01을 지정할 수 있는데 0.01이면 총 100개의 구간에서 법선 벡터와 이에 상응하는 변들의 위치를 계산한다. 구간이 작을수록 곡선의 정밀도는 증가하지만 그만큼 계산양은 많아지는 문제가 있다. 따라서 성능과 품질 사이의 절충 값을 도출하기 위해 스트로크의 너비에 비례하도록 가변 수치를 적용하면 좋다. 스트로크의 너비가 클수록 변의

그림 3.43 곡선(흰색 선)으로부터 변을 가리키는 법선(붉은색 선)

점 사이 간격이 커지기 때문이다. 단, 직선처럼 기울기가 변하지 않은 경우에는 네 꼭지점만 구하면 되므로 구간 계산을 생략할 수 있다.

변에 해당하는 점들을 구했다면 점들을 연결하여 변을 완성한다. 이때 직선을 이용하여 점들을 연결한다면 곡선 품질이 떨어질 수 있으므로 점들을 지나는 곡선 수식을 추가로 작성하여 변에 해당하는 곡선을 완성한다. 대표적으로 세 점을 지나는 포물선이나 3.4.6절의 스플라인 곡선을 이용할 수 있다.

스트로크 너비를 구현하는 또 다른 접근법으로는 너비가 존재하는 선을 선이 아닌 다각형으로 간주하는 방법이 있다. 이는 3.4.9절에서 학습한 경로와 3.5.1절에서 학습한 채우기 로직과 잘 부합하므로 유용하며 실제 다수의 벡터 그래픽 엔진이 이 방식을 이용하여 선과 점선 등을 구현한다. 여기에 주어진 선 정보를 경로로 변환하는 과정을 추가해야 한다. 그림 3.44는 너비가 있는 점선의 한 조각을 확대하여 보여준다. 여기서 만약 점선 조각의 윤곽선 정보를 도출할 수 있다면 네 개의 선으로 구성된 하나의 경로(moveTo, lineTo, lineTo, lineTo, close)로 취급할 수 있다. 이는 실선이나 곡선의 경우에도 해당한다. 코드 3.28에서 호출한 선은 폭이 10, 높이가 70.71[23]인 사각형과 동일하다. 따라서 앞서 설명한 방법으로 법선 벡터를 구한 후 너비를 가진 직선, 즉 사각형의 네 꼭짓점을 찾는다. 그 후 이 네 점을 연결하는 경로를 결정한다.

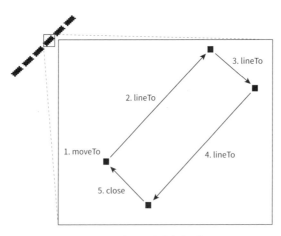

그림 3.44 점선의 경로화

---

23 두 점의 사이의 거리를 구하는 식을 통해 계산한 값이다.

코드 3.30 곡선의 변을 구하는 로직

```
01  UIStroke.update(UIShape shape):
02    /* 주어진 도형 타입(사각형, 원, 곡선, 경로 등)을 토대로 스트로크를 위한
03       UIPathCommand를 구축. 이때 너비, 대시, 조인, 라인캡 등 스트로크
04       특성을 추가로 반영한다. */
05    UIPathCommand cmds[]
06    Vector2 v1[3]   //우측 변의 곡선을 구성하는 세 개의 점
07    Vector2 v2[3]   //좌측 변의 곡선을 구성하는 세 개의 점
08    ...
09    // 곡선 품질을 위해 segment 값을 조정할 수 있다.
10    for t : 1, t += segment
11      /* 베지어 곡선(수식 3.5)을 이용하여 곡선 전체 구간(0 - 1) 중 t에
12         해당하는 좌표 반환 */
13      p1 = bezierCurvePos(t - segment)
14      p2 = bezierCurvePos(t)
15
16      // 두 점으로부터 방향 벡터(접선) 계산
17      v = Vector2(p2 - p1)
18      Math.normalize(v)
19
20      // 법선 벡터
21      Math.rotate(v, 90)
22      v.normailze()
23
24      /* 법선 벡터를 스트로크 너비의 절반만큼 이동한 점 계산.
25         이 벡터의 Negative는 반대편 변을 가리킨다. */
26      v *= (width * 0.5)
27
28      // v1, v2는 현재 곡선 위치에서의 양변을 가리키는 점
29      v1[2] = p1 + v
30      v2[2] = p1 - v
31
32      // 스트로크 시작을 닫힌 형태로 완성
33      if t == 0
34        cmds.push(UIPathCommandMoveTo(v1[2]))
35        cmds.push(UIPathCommandLineTo(v2[2]))
36
37      // 세 점(이전 구간의 두 점 포함)을 이용하여 새 곡선 완성
38      if t > segment and ((t / segment) % 3 ) == 0
39        // 스트로크 변1
40        cmds.push(UIPathCommandMoveTo(v1[0]))
41        cmds.push(UIPathCommandCurveTo(v1[1], v1[2]))
42        // 스트로크 변2
43        cmds.push(UIPathCommandMoveTo(v2[0]))
44        cmds.push(UIPathCommandCurveTo(v2[1], v2[2]))
```

```
45
46      v1[0] = v1[1]
47      v2[0] = v2[1]
48      v1[1] = v1[2]
49      v2[1] = v2[2]
50
51      // 스트로크 끝이 닫힌 형태로 완성
52      cmds.push(UIPathCommandMoveTo(v1[2]))
53      cmds.push(UIPathCommandLineTo(v2[2]))
54
55      return cmds
```

코드 3.30은 스트로크 너비를 구현하는 핵심 로직을 보여준다. 스트로크 입력으로 주어진 경로에서 너비가 있는 경우 스트로크를 새로운 경로로 구성하기 위해 스트로크 기하 정보를 해석하며 그중 곡선 처리부만 보여준다. 곡선을 지정하는 UIPathCommandCurveTo()는 현재의 위치로부터 두 개의 위치를 추가로 전달받아 총 세 개의 위치 정보를 가지며, 추후 세 점을 지나는 곡선을 그릴 수 있도록 한다. 참고로 코드 3.30에서는 UIPathCommandMoveTo()로 지정한 좌표가 현재 위치에 해당한다. 최종적으로 스트로크의 새로운 경로(cmds)는 벡터 엔진에 전달되어 하나의 다각형 래스터 작업을 수행할 수 있도록 구축한다. 자세한 사항은 3.4.9 "경로와 다각형"을 참고하자.

3.6.2 대시

스트로크 대시(dash)는 점선과 실선을 표시하는 속성에 해당한다. 대시 스타일을 적용한 스트로크는 선의 생략 구간을 결정해야 하는데 생략 구간은 사용자가 직접 지정할 수 있도록 패턴으로 입력할 수 있다.

코드 3.31 **스트로크 대시 패턴 적용 예제**

```
01  // 배열을 이용하여 사용자가 대시 패턴을 직접 지정(단위는 화소) */
02  dashPattern[] = {50.0,   // 선 구간
03                   10.0,   // 생략 구간
04                   10.0,   // 선 구간
05                   10.0}   // 생략 구간
06
```

```
07  // 스트로크에 적용
08  stroke.dashPattern = dashPattern
```

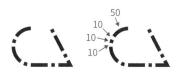

그림 3.45 대시 패턴 출력 결과

스트로크 대시를 구현할 때는 대시 패턴이 선 전체 구간에 걸쳐 표현될 수 있도록 패턴을 반복 적용한다. 가령, 지정된 패턴의 전체 길이가 100이고 선 길이가 1000일 경우 선 구간을 10개로 나누어 패턴을 적용하는 것이다. 선을 그리는 과정에서는 실선 구간과 생략 구간을 파악하고 실선 구간에 대해서만 래스터 작업을 수행한다. 이때 스트로크 렌더링의 핵심은 3.6.1 "너비"에서 살펴본 스트로크 드로잉 과정과 유사하다.

3.6.3 조인과 라인캡

스트로크 조인(Join)은 두 선의 연결 부위 표현을 정의하고 라인캡(Linecap)은 선 끝처리 표현을 정의한다. 이때 두 속성 모두 선택 사항이 동일할 수 있는데 대표적인 선택 사항으로 마이터, 라운드, 베벨이 있다. 단, 너비가 최소 크기일 때는 이들 속성을 무시하고, 스트로크의 너비가 일정 크기 이상일 때만 조인과 라인캡 속성을 구현한다. 사실 두 속성은 굉장히 유사하기 때문에 여기서는 조인 속성 위주로 설명할 것이다.

조인은 경로에 다수의 직선을 연속으로 추가할 때 직선의 기울기가 달라지는 부위를 말한다. 이때 조인 선택 사항 정의를 살펴보면 다음과 같다.

- 마이터(Miter): 두 선의 외곽선이 교차하는 지점까지 선을 확장한다. 이를 위해 연결된 두 선의 방정식을 이용하여 외곽선이 만나는 지점을 찾은 뒤 그 구간까지 선을 그려 최종 윤곽선을 확정한다. 이때 각도에 따라 마이터의 확장선이 무한으로 커질 수 있으므로 이를 제한하기 위해 MiterLimit과 같은 선택 사항을 추가로 제공할 수 있다. 결과적으로 그림 3.46에서 마이터 윤곽선 안의 흰색 영역이 확장된 부위에 해당한다.

- 라운드(Round): 두 선이 만나는 점을 중점으로 두 선의 외곽선 꼭지점을 연결하면 부채꼴 도형을 완성할 수 있다. 이를 위해 두 선이 만나는 점을 원의 중점으로 지정하고 선 너비의 절반을 원의 반지름으로 지정한다. 각 선과의 각을 구함으로써 시작각(startAngle)과 회전각(sweep)을 구할 수 있으며, 이를 기반으로 호를 그리면 라운드 윤곽선을 완성할 수 있다. 결과적으로 그림 3.46에서 라운드 윤곽선 안의 흰색 영역이 확장된 부위에 해당한다. 호 그리는 방법은 3.4.8 "모서리를 둥글린 사각형"을 참고하자.
- 베벨(Bevel): 베벨은 두 선의 외곽선 꼭지점을 직선으로 연결하여 완성하며 별다른 수학 풀이를 요구하지 않으므로 비교적 단순하다. 그림 3.46에서 베벨 윤곽선 안의 흰색 영역이 확장 부위에 해당한다.

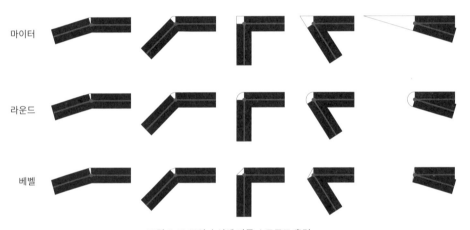

그림 3.46 조인 속성에 따른 스트로크 출력

정리하자면, 렌더링 과정에서 조인을 구현하는 공통 접근법은 너비를 가진 스트로크에 의해 확장된 영역을 새로운 도형으로 간주하는 것이다. 따라서 앞서 살펴본 것과 같이 확장 영역의 도형 윤곽선을 결정하고, 원래의 두 선으로 이루어진 도형과 함께 래스터 작업을 연달아 수행하여 스트로크 조인을 완성할 수 있다.

UI 렌더링 엔진에서 스트로크는 도형을 그리는 과정 중에 수행할 수 있다. 스트로크의 경로 조작은 UIShape 객체의 update() 시점에서 처리하고, 가공 결과를 유지함으로써 래스터 작업을 최소화한다. 코드 3.32는 UIPath를 통해 스트로크를 그리는 작업을 설명하되, 주석으로 대신했다. 여기서 도형 합병 (Merge)까지는 다루지 않지만, 여러 도형 간 합병을 수행한다면 스트로크 경로 도 달라질 수 있다. 이 경우 도형마다 개별적인 선을 그리는 대신 합병된 다각 형을 대상으로 스트로크를 그려야 한다는 점에 유의하자(그림 3.47).

코드 3.32 스트로크를 포함한 폴리곤 드로잉 로직

```
01  UIShape.update():
02      /* 도형을 업데이트하는 시점에 스트로크 경로를 추가로 구축, UIShape.render()에서
03          스트로크 경로를 렌더링한다. 최종적으로 도형과 스트로크는 VectorEngine을 통해
04          래스터 작업을 완성한다. 이전 프레임으로부터 도형 속성이 변경되지 않았다면
05          stroke.cmds를 새로 갱신할 필요가 없다. 스트로크 갱신은 코드 3.30을
06          참고한다. */
07      .stroke.cmds = .stroke.update(self)
08
09  UIShape.render(...):
10      ...
11      /* 다각형을 먼저 그린다. cmds를 구축하는 과정은 코드 3.19 참고.
12          단, 채우기 규칙에 따른 NoneZero 또는 EvenOdd 그리기 기능을 호출해야 함 */
13      VectorEngine.drawEvenOddPolygon(context.target, .cmds, .fill, ...)
14      ...
15      /* stroke.cmds를 토대로 VectorEngine을 이용하여 윤곽선 또는 선을 그린다.
16          래스터 작업은 위 다각형과 일치한다. */
17      VectorEngine.drawEvenOddPolygon(context.target, .stroke.cmds, ...)
18      ...
```

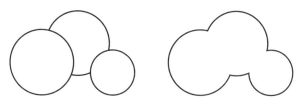

그림 3.47 도형 합병에 따른 스트로크 출력 결과(좌: 합병 전, 우: 합병 후)

3.7 래스터라이징

3.7.1 RLE 최적화

RLE(Run-Length Encoding)는 데이터 압축 기법 중 하나로, 연속된 동일 데이 터를 그 값과 반복 횟수로 기재한다. 예를 들면 'aaaabbbbbccccddd' 14개 크기 의 데이터에 RLE를 적용하면 'a4b5c4d3'로 변환할 수 있다. 이렇게 하면 데이

터는 총 8개로 원본 대비 절반 크기가 된다. 이처럼 RLE는 데이터가 연속된 값이 많은 경우에 효과적이고, 알고리즘이 단순하여 적용하기 쉬운 특징을 갖고 있다. 특히 비손실(Lossless) 특성이 있어서 원본 데이터 훼손 없이 데이터를 압축하고 복원할 수 있는 장점이 있다. 이 압축 방식은 데이터가 무한 반복될 경우 99% 압축률을 보여주지만, 데이터가 세 번 이상 반복되지 않는다면 압축 효과는커녕 오히려 데이터가 커질 수도 있다. 그렇기 때문에 원본 데이터가 반복적이지 않고 불규칙하다면 RLE를 사용하는 것이 적절치 않다.

벡터 그래픽에서 RLE를 사용하여 얻는 효과는 분명하다. 벡터 그래픽으로 출력한 장면은 형태가 단순하고 동일 색상이 반복되는 경우가 많은데 이러한 특성은 RLE 압축과 잘 부합한다. 그림 3.48은 가로 620화소의 장면 이미지에서 특정 y 위치의 화소(검은색 점선)를 RLE를 이용하여 압축한 결과를 설명하고 있다. 1화소 크기를 4바이트로 가정하면 원본의 경우 620×4이므로 2,480바이트가 필요하지만, RLE 압축의 경우에는 6개의 구간에 대해서 색상과 화소 수만 기록하기 때문에 6(구간 수)×4(화소 수)×4(화소 크기)이므로 48바이트로 감소한다. 이는 원본 대비 0.02% 크기이다. 게다가 벡터 그래픽은 장면 이미지를 생성하는 데 있어서 때에 따라 많은 계산 작업을 요구하기 때문에 프로세스 측면에서 다소 부담이 될 수도 있다. 한번 계산한 도형 이미지를 RLE로 저장하여 재활용한다면 렌더링을 다시 수행할 때 도형 그리기 단계[24]를 건너뛸 수 있으므로 성능 향상에 도움이 된다. 물론 생성한 도형이나 장면 이미지의 비트맵 정보를 직접 캐싱할 수도 있지만, 이는 RLE보다 많은 저장 공간이 필요하다는 점에서 효과적이지 못하다. 게다가 앱 화면에 벡터 UI 요소가 많다면 캐싱 메모리는 훨씬 더 증가할 것이다. 따라서 사용자 시나리오에 따른 성능과 메모리 간 절충안을 고려할 필요가 있다.

벡터 그래픽 엔진에서 RLE 기법을 그대로 적용하기보다는 그 개념을 토대로 적절한 응용을 수행하는 것이 좋다. 심지어 그래디언트 채우기는 화소마다 다른 색상 정보를 가지고 있으므로 앞서 설명한 색상과 크기 정보를 기록한 방식이 그다지 도움이 되지 않을 것이다. 대신 RLE 압축 기법을 이용하여 도형의

---

24 3.4 "도형 그리기"에서 학습한 도형 윤곽선을 생성하는 작업

윤곽선 정보를 기록하고 색상 정보는 별도로 관리한다면 RLE 압축 효과를 가지면서도 장면 이미지를 압축, 복원할 수 있다.

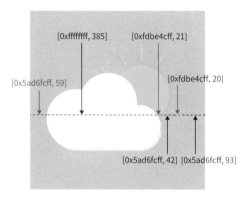

그림 3.48 장면 이미지를 RLE 데이터로 치환

그림 3.48을 보면 크게 배경, 구름, 태양 세 도형(설명을 단순화하기 위해 태양 주위의 광선은 생략한다)으로 구성되어 있다. 배경을 위한 하나의 사각형과 두 개의 다각형 각각에 RLE를 적용할 수 있다. 그림 3.49는 그중에서 구름을 에로 들어 설명한 것이다. 일단 색상 정보를 제외하더라도 구름의 윤곽선 정보를 기록하기 위해서는 매 행마다 구름의 시작점과 끝점 위치 정보가 필요하다. 만약 이를 RLESpan 데이터로 구조화한다면 하나의 RLESpan은 시작점(x)과 길이 정보(length)를 보유할 수 있다. 또한 RLESpan은 하나의 행을 그리기 위한 정보를 보유하고 있기 때문에 y 위칫값은 따로 보유하지 않는다. 대신 RLESpan 배열을 보유하는 RLEData가 y의 시작점과 y 길이 정보를 보유할 수 있다. 여기에 단색이라면 RLEData는 해당 도형의 색상 정보도 추가로 보유함으로써 구름 이미지를 생성할 수 있는 모든 정보를 갖출 수 있다.

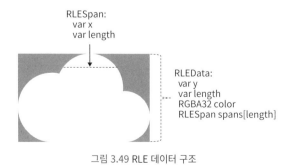

그림 3.49 RLE 데이터 구조

그림 3.49를 보면 알 수 있는 것처럼 도형 이미지 정보를 RLEData로 저장하면 비트맵 이미지와 달리 불필요한 여백 공간을 데이터로 기록하지 않아, 더 효율적이다.

정리하면, RLE 기반의 벡터 그래픽 래스터 기능을 완성하기 위해 앞서 학습한 도형의 입력 정보로부터 경로를 생성하고, 이를 토대로 윤곽선 정보를 도출하여 RLE 데이터를 생성한다. 이후 완성된 RLE를 이용하여 색상을 적용한 래스터 작업을 수행한다. 그림 3.50은 벡터 그래픽 엔진에서 도형 수식으로 도형 윤곽선을 결정하고, RLE 데이터를 생성하여 래스터 작업을 수행한 전체 과정을 개략적으로 묘사한 것이다.

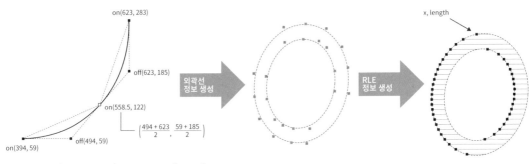

$$B(t) = (1-t)^3 P_0 + 3(1-t)^2 t P_1 + 3(1-t)t^2 P_2 + t^3 P_3$$

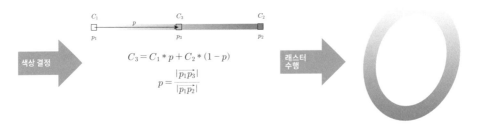

그림 3.50 RLE 데이터 구조

코드 3.33에서 벡터 그래픽 엔진에 RLE를 적용하여 도형 윤곽선 정보를 인코딩하고 이를 기반으로 래스터 작업을 수행하는 핵심 로직을 볼 수 있다.

코드 3.33 RLE 기반 다각형 래스터라이징

```
01  /* UIShape.update()로부터 호출하며 PathCommand로부터 RLEData 구축.
02     코드 3.21는 주어진 경로로부터 래스터 작업을 직접 수행한다면
03     본 메서드는 RLE를 구축하는 것이 차이 */
04  VectorEngine.generateEvenOddRLE(cmds):
05    /* 도형의 최소/최대 y는 (yMin, yMax) 도형의 윤곽선 정보로부터
06       구한다고 가정(코드 3.19 참고) */
07    rleData = RLEData():
08      .y = yBegin
09      .length = yMax - yMin
10
11    for y : [yMin ~ yMax]
12      // a. y 위치의 윤곽선 점들을 찾고 이들의 x 좌표 목록 반환
13      xList = findIntersects(cmds, y)
14      // b. x값 오름차순 정렬
15      sortAscending(xList)
16      // c. 준비한 x값을 이용하여 RLESpan 구축
17      for i : xList.size, i+=2
18        span = RLESpan():
19          .x = xList[i]
20          .length = xList[i + 1] - xList[i]
21          rleData.spans.add(span)
22
23    return rleData
24
25  UIShape.update():
26    ...
27    /* 경로가 변경되었고 Close 명령어가 추가된 닫힌 도형이며 채우기 정보가
28       있다면 다각형으로 간주하여 RLE 생성. 단, 채우기 규칙에 따른 NoneZero
29       또는 EvenOdd RLE 생성 작업을 호출해야 함 */
30    .rleData = VectorEngine.generateEvenOddRLE(.cmds)
31    ...
32    /* 스트로크가 변경되었고 유효할 경우 스트로크 RLE 생성*/
33    .stroke.cmds = .stroke.update()  // 코드 3.30 참고
34    .stroke.rleData = VectorEngine.genrateEvenOddRLE(.stroke.cmds)
35    ...
36
37  /* update()에서 구축한 RleData를 이용하여 렌더링 수행 */
38  UIShape.render(...):
39    ...
40    // 도형을 그린다.
41    VectorEngine.drawRLE(context.target, .rleData, clipper, fill, ...)
42    ...
```

```
43      // 스트로크를 그린다.
44      VectorEngine.drawRLE(context.target, .stroke.rleData, ...)
45      ...
46
47  /*
48   * RLE 데이터를 이용하여 다각형 그리는 작업 수행
49   * @p buffer: NativeBuffer
50   * @p rleData: RLEData
51   * @p clipper: Geometry
52   * @p fill: UIFill
53  */
54  VectorEngine.drawRLE(buffer, rleData, clipper, fill, ...):
55      yBegin = rleData.y
56      yEnd = yBegin + rleData.length
57      // y 영역 클리핑 수행
58      ...
59
60      for y : [yBegin ~ yEnd]
61        // Span을 가져와 드로잉을 수행한다.
62        span = rleData.spans[y - rleData.y]
63        xBegin = span.x
64        xEnd = xBegin + span.length
65
66        // x 영역 클리핑 수행
67        ...
68
69        // (x, y)에 해당하는 화소 그리기
70        for x : [xBegin ~ xEnd]
71          bitmap[y * stride + x] = fill.color(x, y)
```

3.7.2 벡터 프로세싱

SIMD(Single Instruction Multiple Data)는 데이터 병렬 처리 방법 중 하나로 벡터 프로세싱이라고도 한다. 한 번의 CPU 명령어를 수행할 때 복수의 입력 데이터를 적용하여 CPU 수행 사이클 수를 줄이는 원리다. GPU 가속과 더불어 고성능 래스터 엔진을 구축하기 위해 적용할 수 있는 기술이다. 앞에서 학습한 벡터 래스터 작업에도 SIMD를 적용할 수 있는데 이는 래스터 작업 시 동일 형태의 입력값이 반복적으로 주어지기 때문이다.

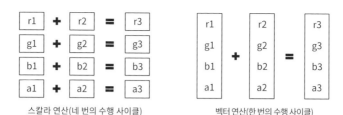

그림 3.51 스칼라 vs 벡터 연산

벡터 프로세싱은 CPU 아키텍처에 따라 지원하는 방식이 조금씩 다르며 CPU 세대 발전에 따라 기능 범위가 확장되고 있다. ARM(Advanced RISC Machines)의 Cortex 프로세서 기반 아키텍처에서는 NEON이라는 기술을, Intel과 AMD의 x86, x64 기반의 프로세서에서는 MMX, SSE(1-4), AVX 기술 등을 제공한다. SIMD는 CPU마다 제공되는 기술과 명칭이 다르지만 소프트웨어 관점에서는 벡터 프로세싱 명령어 집합에 해당하므로 개념은 일맥상통한다. 따라서 하나의 SIMD 프로그래밍을 숙지한다면 다른 SIMD 프로그래밍도 쉽게 이해하고 적용할 수 있다.[25] SIMD는 기본적으로 어셈블리 수준의 언어를 제공하고, 사용자 편의를 위한 고급 프로그래밍 언어나 컴파일러 내장 명령어(Intrinsics)를 추가로 제공하기도 한다.

코드 3.34 AVX Intrinsic 예제(C++ 언어)

```
01  /* AVX (Advanced Vector Extension) intrinsic 명령어 사용을 위한 헤더 선언
02   * gcc 컴파일러의 경우 -mavx 옵션을 지정해야 한다. */
03  #include <immintrin.h>
04
05  /*
06   * 코드 3.6을 AVX를 적용한 사각형 그리는 작업으로 변경
07   * 본 구현에서는 32바이트 데이터를 동시 처리
08   * @p buffer: NativeBuffer
09   * @p rect: Geometry
10   */
11  void avxDrawRect(buffer, rect, ...)
12  {
13    Pixel32 bitmap[] = buffer.map();  // 버퍼 메모리 접근
14    stride = buffer.stride;           // bitmap 버퍼 가로 크기
```

25 AVX(Advanced Vector Extensions) 같은 일부 기술은 다른 아키텍처 간 SIMD 프로그래밍 호환이 가능하다.

```
15
16    // bitmap에서 사각형을 그릴 시작 위치
17    bitmap += (rect.y * stride) + rect.x;
18
19    // 32바이트 메모리에 색상 값 적재
20    __m256i avxColor = _mm_set1_epi32(0xffffffff);
21
22    // 벡터 프로세싱 메인 구현부
23    for (int y = 0; y < h; ++y) {
24      auto dst = bitmap + (y * stride);
25
26      // 256비트 레지스터는 32바이트 메모리 정렬 필요
27
28      // 1. 메모리 미정렬 구간 수행(SIMD 미적용)
29      auto align = (uintptr_t) dst & 0xf / 4;
30      if (align > 0) {
31        if ((N_32BITS_IN_128REG - align) > rect.w) align = rect.w;
32        else align = N_32BITS_IN_128REG - align;
33        for (int x = 0; x < align; ++x; ++dst) {
34          *dst = 0xffffffff;
35        }
36      }
37      // 2. 메모리 정렬 구간 수행(SIMD 적용)
38      auto iterations = (rect.w - align) / N_32BITS_IN_128REG;
39      auto avxFilled = iterations * N_32BITS_IN_128REG;
40      auto avxDst = (__m128i*)dst;
41      for (int x = 0; x < iterations; ++x, ++avxDst) {
42        *avxDst = avxColor;
43      }
44      // 3. 남은 구간 수행
45      auto leftover = rect.w - align - avxFilled;
46      dst += avxFilled;
47      while(leftover--) {
48        *dst = 0xffffffff;
49        ++dst;
50      }
51    }
52  }
```

코드 3.34는 코드 3.6(사각형 드로잉)의 로직에 AVX 프로그래밍을 접목한 SIMD 프로그래밍을 보여준다. 핵심은 벡터 프로세싱 메인 구현부로, 37~43행 에서 AVX 내장 명령어를 이용하는 부분을 확인할 수 있다. 여기서는 한 번의 연산으로 32바이트 데이터 즉, 8개의 화소 데이터를 동시 처리한다. 512×512

크기의 사각형이라고 가정하면 262,144번의 화소 연산을 32,768번으로 축소할 수 있다. 예제에서는 AVX를 적용하기 위해 기존 비트맵 데이터를 256비트형(__m256i)으로 변환하고 __mm256_set1_epi32() 명령어를 이용하여 bitmap 메모리에 색상 정보(0xffffffff)를 기록한다(20행). AVX 연산의 특성상 접근하는 메모리 위치는 32바이트 정렬이 되어 있어야 하므로 align 변수를 통해 bitmap 메모리 접근 위치를 조정하고 이로 인해 건너뛴 영역과 남은 사각 영역을 별도 처리한다(28~36행).

벡터 프로세싱은 4장에서 학습할 이미지 프로세싱 작업에도 유용하다. 동일한 형태의 입력과 출력 작업을 반복적으로 수행하는 로직이 있다면, 벡터 프로세싱의 적용을 검토해 보자. 이미지 스케일링, 기하 변환, 이미지 합성 등의 연산 작업에 특히 적합하다. 그러나 SIMD 프로그래밍은 프로그래밍 난이도가 상대적으로 높은 편이어서 진입 장벽이 있을 수 있다. 하지만 GPU를 사용할 수 없거나 CPU와 GPU 간 작업 균형을 고려해야 하는 상황에서는 고성능 렌더링 엔진 개발에 도움이 될 수 있으므로 참고하자.

3.8 정리하기

이번 장에서는 벡터 그래픽의 역사와 개념, 그리고 산업 표준으로 사용된 SVG 포맷의 스펙을 간략히 살펴보았다. SVG는 3장에서 다룬 내용보다 훨씬 더 방대한 명세를 가지고 있지만 사각형, 원, 선, 다각형 등 벡터의 핵심 요소를 구현해 보면서 벡터 그래픽의 기본 개념과 기능 위주로 알아보았다. 추가로 도형 색상을 출력하기 위한 단색 채우기, 선형과 원형 그래디언트 채우기 기법을 살펴보았고 스트로크의 선 스타일 및 도형의 외곽선 출력 방안도 살펴보았다. 마지막으로 고성능 도형 래스터 작업을 위해 RLE을 응용한 벡터 렌더링 최적화 기법과 SIMD 프로그래밍 개념도 함께 살펴보았다.

이번 장에서는 트릭과 최적화보다는 기본 개념을 이해하고 학습하는 데 초점을 맞추었기 때문에 성능 측면에서는 고민할 여지가 여전히 남아 있다. 고도의 구현 기술을 학습하고 싶다면 스키아, 카이로, 토르 벡터 그래픽스와 같은 실용 오픈 소스 벡터 그래픽 엔진의 소스 코드를 분석하면서 학습하길 권장한다.

4장

이미지 프로세싱

이미지 프로세싱이란 넓은 의미에서 화소 데이터를 처리하는 과정을 의미한다. 이미지 프로세싱은 벡터 래스터라이징(rasterizing)을 거쳐 생성한 장면 이미지를 추가로 가공하거나 JPEG, PNG 형식 등 미리 가공된 이미지 자원으로부터 이미지 화소 정보를 해석하여 화면에 출력하는 과정을 포함한다. 또한 영상 처리 분야에서의 영상 가공, 이를테면 이미지 추출과 변환, 다른 이미지와 합성하는 작업 역시 이미지 프로세싱의 범주에 포함된다. 요약하면 이미지 프로세싱은 이미지 정보를 담고 있는 원본 데이터에 인코딩, 디코딩 작업을 수행하여 그 형태를 변환하거나 후처리를 통해 이미지 효과를 적용하는 작업으로 볼 수 있다.

한편, UI 렌더링 엔진은 이미지 프로세싱을 전담하기 위해 이미지 렌더러를 구성할 수 있다. 이는 이미지 소스(파일)로부터 데이터를 읽어와 비트맵 데이터를 생성하고, 필요에 따라 크기 변환(Scaling), 회전, 색상 변환 그리고 블러(Blur)와 같은 이미지 필터 기능을 수행한다. UI 렌더링 엔진에서 이미지 프로세싱은 벡터 그래픽스와 더불어 이미지 리소스를 화면에 출력하는 핵심 기능으로 볼 수 있다.

이번 장에서는 이미지 프로세싱의 주 기능과 함께 렌더링 엔진에서 이미지를 출력하기 위한 동작 원리를 이해한다.

이번 장에서는 다음 사항을 학습한다.

- 이미지 포맷의 종류와 각 포맷의 특징
- UI 렌더링 엔진에서 이미지 로더의 구조 설계 방안
- PNG 포맷의 압축 방식과 인코딩, 디코딩 절차
- 이미지 스케일링 기법과 구현 방법
- 이미지 3D 변환 및 원근법, 텍스처 매핑 기술
- 안티에일리어싱 기법을 통한 이미지 품질 개선 방법
- 알파 블렌딩, 마스킹, 필터 등의 이미지 합성 기술
- 이미지 캐싱을 통한 렌더링 최적화 전략

4.1 이미지 포맷

UI 앱에서 화면에 이미지를 출력하기 위해 어떤 작업을 수행해야 할까? UI 앱은 UI 시스템에서 제공하는 이미지 출력 기능을 이용하면 이를 쉽고 빠르게 구현할 수 있지만, 이미지 출력 기능을 직접 구현하는 UI 렌더링 엔진은 다소 복잡한 절차를 거쳐 이미지를 화면에 출력한다. 대표적으로 PNG 포맷 이미지는 연속된 화소 데이터를 구성한다. 여기서 하나의 화소는 RGBA(Red, Green, Blue, Alpha), 각 8비트씩 네 개의 채널로 구성되며 각 채널은 0~255 범위의 값으로 색상의 밀도(density)를 표현한다. 채널당 256가지의 색상을 가질 수 있으므로 RGB 세 개의 채널을 조합하면 최종적으로 16,777,216가지의 색상 표현이 가능하다. 여기서 알파(Alpha) 채널은 투명도를 결정하고 색상을 결정하지 않으므로 계산 범주에서 제외한다. 일반적인 경우 이 정도 수치면 실사 사진을 표현하기에 충분한 색상 수다. 그래서 8비트 채널의 색상 표현 방식은 지금까지도 범용적으로 쓰이는 대표 포맷이다.[1]

---

1 HDR(High Dynamic Range)과 같은 고급 이미지 기술을 사용하면 색상 범주를 확장할 수 있다. 대표적으로 HDR10은 채널당 10비트(1,023가지 색상)를 사용하고 메타 정보를 통해 밝기(luminance)를 조정하므로 더 넓은 범주의 색상은 물론 음영에서의 색상 차이를 세밀하게 표현할 수 있다.

32비트 크기의 화소(Pixel) 이미지는 화소당 4바이트의 데이터 공간을 요구한다. 따라서 1080p 해상도의 시스템에서 화면 전체를 채우는 한 장의 이미지를 출력하기 위해서는 $1920 \times 1080 \times 4 = 8,294,400$바이트(약 8MB) 크기의 메모리 공간이 필요하고, 4K 해상도 시스템에서는 약 34MB가 필요하다. UI 앱에서 한 장의 이미지를 출력하기 위해 34MB의 메모리 공간을 요구한다면 저사양의 임베디드 시스템에서는 결코 적은 비용이 아니다. 이미지 해상도가 높을수록 디스크 저장 장치에서 주 메모리로 데이터를 읽어오는 작업 비용이 커지며 네트워크 등을 통한 이미지 데이터 전송 시에도 그만큼 처리해야 할 작업량이 많아진다.

이러한 작업 비용을 줄이기 위한 해결책으로 이미지 압축을 활용할 수 있다. 이미지 압축을 이용하면 이미지 데이터 크기를 대폭 축소할 수 있다. JPEG과 PNG는 일반 사용자 환경에서 가장 많이 활용되는 이미지 포맷이다.

4.1.1 포맷 종류

UI 시스템에서 이미지 출력을 지원할 때 JPEG, PNG와 같이 현존하는 이미지 포맷을 이용한다면 기능 효율성을 높일 수 있다. 다만 실제 산업에서는 두 포맷 외에도 다양한 포맷이 존재한다. 따라서 UI 시스템에서 지원하는 이미지 포맷이 많을수록 호환성이 높아질 것이다. 다음은 비교적 잘 알려진 이미지 포맷의 종류와 특징을 설명한 것이다.

JPEG(Joint Photographic Expert Group)

ISO와 ITU-T에서 표준을 제정하였다. JPEG는 화소 손실이 있긴 하지만 비교적 뛰어난 압축 품질을 보여주기 때문에 인터넷에서 이미지를 출력하는 데 널리 쓰인다. JPEG는 R, G, B 색상을 Y, Cb, Cr 색 공간(Colorspace)으로 변환하고 샘플링을 통해 압축 효과를 얻는데 이 과정에서 Cb, Cr의 성분 일부를 생략한다. 즉, 연속된 화소 중 인접한 화소 일부를 버린다. 압축률을 높일수록 화소 손실이 많아지므로 이미지 품질은 저하되지만, JPEG는 비교적 사람의 눈에는 둔감한 부분인 고주파의 명도 변화 부분에서 압축을 많이 수행하기 때문에 시각적 측면에서 이미지 품질 저하는 크지 않다. 업계 표준에서 JPEG는 16,777,215 색상과 256 그레이 색상 두 가지를 표현할 수 있으며 jpg, jpeg, jpe 등의 확장명을 갖는다. JPEG를 인코딩/디코딩하는 대표적인 라이브러리로는 libjpeg가 있다.

원본 (무압축)
크기: 885KB

품질: 100 (압축률: 92%)
크기: 72KB

품질: 50 (압축률: 98%)
크기: 20KB

품질: 25 (압축률: 98%)
크기: 16KB

해상도: 432x512

그림 4.1 JPEG 압축률에 따른 파일 크기 비교(Tux by Larry Ewing)

PNG(Portable Network Graphics)

1996년 GIF의 여러 문제점에 대한 대안으로 처음 등장했다. GIF는 애니메이션을 위한 이미지 프레임 데이터와 0(완전 투명)~1(완전 불투명) 사이의 투명 정보를 갖지만, PNG는 단일 이미지와 0~255 사이의 투명값 정보를 갖는다. 무손실과 투명 정보를 포함하는 것이 장점이며 또 다른 무손실 포맷인 BMP, TGA 등에 비해 압축 효율이 높은 편이다. 불투명 이미지 포맷으로는 JPEG가 가장 널리 사용되고 투명 이미지로는 PNG가 널리 쓰인다. 투명 정보는 기존 RGB 채널에 8비트 알파 채널을 추가하여 표현하며, 화소당 32비트 데이터 크기를 갖는다. PNG는 기본적으로 Zip 압축 방식(Deflate 알고리즘)을 적용하고 있으며 화소 패턴이 반복되거나 단순할 경우 매우 높은 압축률을 보여준다. 대표 라이브러리로 libpng가 있다.

GIF(Graphics Interchange Format)

JPEG, PNG와 함께 웹 페이지 배너 등 인터넷상에서 많이 쓰이는 대표 이미지 포맷 중 하나다. GIF는 하나의 파일에 여러 장면 이미지를 포함할 수 있으며 짧은 애니메이션을 표현할 때 적합하다. 다만 최대 256 색상을 지원하는 제약 사항이 있으므로 고품질 이미지로는 적합하지 않다. GIF는 무손실 압축 방식인 LZW(Lempel-Ziv-Welch) 알고리즘을 이용한다. 대표적인 라이브러리로는 giflib가 있다.

그림 4.2 다수의 장면 정보를 보유한 GIF

WebP

2010년 구글에서 처음 소개했으며 상대적으로 최근에 나온 만큼 다른 포맷보다 성능과 기능이 우수한 편이다. VP8 비디오 코덱 기반으로 영상을 압축하고 알파 채널과 애니메이션 데이터를 보유한다. 전반적으로 보면 Webp는 JPEG, PNG, GIF의 특징을 모두 갖춘 셈이다. Webp는 손실과 무손실 압축을 둘 다 지원하는데 공식 정보에 의하면 동일 압축률을 적용했을 때 손실 압축 방식인 JPEG보다 30% 정도, 무손실 압축인 PNG보다 20~30% 정도 파일 크기가 작다고 한다. 크롬, 오페라, 파이어폭스, 인터넷 브라우저, 사파리 등 주요 브라우저에서는 모두 지원하지만, 아직 일부 이미지 관련 툴에서는 지원하지 않는 경우도 있다. JPEG, PNG에 이어 대표 포맷으로 자리잡아 가고 있다. WebP 라이브러리로는 libwebp가 있다.

PNG 파일 크기: 40.5KB   WebP 무손실 압축 파일 크기: 40.5KB   WebP 손실 압축 파일 크기: 14.1KB

그림 4.3 WebP 압축률 비교(출처: Google Developer)

EXIF(Exchangeable Image File Format)

기존 이미지 데이터에 부가 정보를 저장하기 위해 나온 메타데이터 포맷이다. 1998년 JEIDA(일본 전자 공업 진흥 협회)에서 개발하였고 카메라, 스캐너 등에서 널리 사용하고 있다. EXIF는 이미지를 제작한 날짜, 시간, 위치, 디바이스 모델명과 저작권 등 정보를 기록하며 JPEG, TIFF 등 일부 이미지 포맷에만 Exif 정보를 추가할 수 있다. PNG의 경우 1.2 버전(2017년)에서 Exif 를 공식적으로 지원하기 시작했으며 GIF는 현재까지 지원하지 않는다. Exif 는 사실상 기존 이미지 포맷에 부가 정보를 더하기 때문에 이미지 프로세싱 과정에서 특별히 처리할 부분은 없지만, exif 확장명의 파일을 인식하고 불러 오는 작업은 필요하다. 오픈 소스인 libexif[2] 라이브러리를 이용할 수 있다.

TIFF(Tag Image File Format)

스캔 및 인쇄 분야에서 사용되는 포맷이다. 현재 24비트 RGB, CMYK, YC-bCr 색 공간을 지원하며 미압축, RLE, LZW, JPEG 등 여러 압축 방식을 지원 하지만 애초에 스캔과 인쇄를 목적으로 한 포맷이기 때문에 원본 자체가 최 상의 품질을 보장할 때 적합하다. 대신 파일 크기는 큰 편이고 여러 웹 브라 우저에서 출력을 지원하지 않는다. libtiff 라이브러리를 활용할 수 있다.

BMP

MS에서 개발했고 과거 MS 윈도우 그림판 앱에서 쉽게 접근할 수 있는 포맷 이다. 데이터를 압축하지 않는 것이 특징으로 다른 압축 이미지 포맷보다 파일 크기가 큰 편이다. 인코딩/디코딩 절차를 거치지 않아 이미지를 불러 오는 성능은 좋을 수 있으나 현재의 프로세싱 성능은 과거보다 월등히 좋아 졌기 때문에 이제는 원본 이미지 데이터를 그대로 보관하기 위한 용도 외엔 많이 활용되지 않는 편이다. BMP는 기본적으로 JPEG과 같은 24비트 색상 을 지원하며 선택적으로 RLE 압축 기능을 지원할 수 있다.

JPEG2000

Joint Photographic Expert Group에서 기존 JPEG보다 품질과 압축률을 개 선한 포맷이다. 무손실 압축도 지원하지만 JPEG 대비 인코딩/디코딩 과정 이 느리고 메모리 사용량도 상대적으로 높아서 JPEG2000이 나온 2000년도 에는 산업에서 외면받았다. 시스템 성능이 높아진 현재는 이러한 단점이 해 소되었으나 JPEG보다 하드웨어/소프트웨어 호환성이 낮아서 사용 빈도가

---

2 *https://libexif.github.io/*

여전히 낮은 편이다. JPEG2000 개발을 위한 OpenJPEG[3] 커뮤니티가 있으며 확장명은 jp2, j2k를 사용한다.

TGA

트루비전(Truevision) 사가 IBM PC용으로 출시한 최초 그래픽 카드인 TGA (Truevision Graphics Adaptor)를 위한 파일 포맷으로, 1~23비트 색상과 알파 채널을 추가 지원한다. 특허 침해 문제가 없고 무손실 압축 방식인 RLE를 통해 이미지를 압축하여 사용하기 쉬운 장점이 있으나 RLE 특성상 압축 성능은 단순한 이미지에만 효과적이다. 주로 3차원 그래픽스에서 텍스처 리소스로 사용된다. 활용 가능한 라이브러리로 libtga가 있다.

이 외에도 수많은 이미지 포맷이 존재하지만 PNG가 UI 리소스로 가장 많이 활용되는 포맷이고 JPEG 또한 앱 콘텐츠로 많이 활용되므로 UI 렌더링 엔진에서 두 포맷 지원은 필수다.

UI 렌더링 엔진은 필요에 따라 독자적인 이미지 포맷을 설계하거나 기존 포맷을 변형, 확장할 수도 있지만, 이렇게 하면 포맷의 범용성이 떨어지므로 주의해야 한다. 만약 자체 포맷을 새로 개발한다면 JPG, PNG와 같은 기존 포맷을 새로운 포맷으로 변형할 수 있는 툴을 함께 제공하여 앱 개발자가 새로운 포맷의 이미지를 쉽게 생성할 수 있도록 도와줘야 한다. 포토샵, 일러스트레이터, 애프터 이펙트 등 업계 대표 이미지 제작 툴에서 새로운 포맷의 파일을 읽고 저장할 수 있는 입력기(Importer)와 추출기(Exporter)를 제공하는 것도 필요하다. 새 포맷이 범용 포맷이 될 수 있도록 오픈 소스로 프로젝트를 공개하고 확산시키는 것도 좋은 방안이다. 물론 기존 포맷 대비 특장점이 있지 않은 한 새로운 포맷을 지원하는 일은 신중해야 한다.

4.1.2 이미지 로더

UI 렌더링 엔진에서는 이미지 포맷별로 데이터를 해석하고 이를 출력할 수 있는 형태로 변환해야 한다. 다시 말해 UI 렌더링 엔진은 앞서 살펴본 다양한 포

---

3 *https://www.openjpeg.org/*

맷의 파일에서 데이터를 읽고 디코딩 작업을 거쳐 이미지 비트맵을 구축하는 역할을 수행해야 한다. 문제는 포맷마다 데이터 구성 및 압축 방식이 다르기 때문에 각 포맷의 세부 사항을 이해하고 그에 따른 디코딩 작업을 수행해야 한다는 점이다. 이때 포맷별로 이미지 로더를 분리해서 포맷에 따라 로딩 절차가 개별적인 루틴으로 수행되도록 해야 구현은 물론 유지·관리 측면에서 용이하다.

그림 4.4는 UI 렌더링 엔진이 외부에서 이미지 파일을 불러오는 작업 내부 구조를 도식화한 것이다. UIImage는 이미지를 출력하는 UI 객체를 구현하며 앱이 이미지를 화면에 배치하고 출력할 수 있는 인터페이스를 제공한다. UIImage는 앱으로부터 불러올 파일명을 전달받으면 이미지 로더에 이미지 데이터를 불러오도록 요청한다. 파일명을 전달받은 이미지 로더는 확장명을 확인하여 해당 이미지가 어떤 포맷인지 판단한 후 사용할 후보 이미지 로더(여기서는 png 로더)를 결정한다.

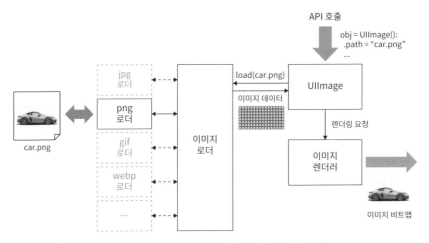

그림 4.4 UI 렌더링 엔진에서 이미지를 불러오는 작업 구성도

이미지 로더는 지원하는 이미지 포맷 수만큼 개별적으로 이미지 로더를 구축한다. 이러한 이미지 로더는 정적 또는 동적 모듈로 통합할 수 있으며 이는 UI 시스템의 설계 방침에 따른다. 핵심은 개별적인 후보 이미지 로더 구현부를 하나의 로더로 통합하지 않고 분리하여 유연한 확장이 가능하도록 엔진을 구성한다는 점에 있다. 이러한 방침은 이미지 포맷을 새로 지원하거나 기존에 지원하던 로더를 폐기할 때 용이하다.

파일 요청을 받은 이미지 로더는 JPG, PNG, GIF 등 여러 후보 이미지 로더 중 어떤 로더를 사용할 것인지 우선적으로 결정해야 한다. MS 윈도우 시스템 과 같이 확장명 표시를 권장하는 시스템의 경우 쉽게 알 수 있지만 경우에 따라 파일 확장명이 명시되지 않거나 잘못 지정되어 있을 수도 있다. 이 경우 이 미지 로더는 파일 불러오기에 실패할 수 있으므로 예외 처리를 통해 후보 이미지 로더를 결정하도록 하면 호환성을 향상시킬 수 있다. 이를 위해 준비된 후보 이미지 로더를 순회하며 파일 불러오기를 순차적으로 시도해 보는 방식을 도입할 수 있다.

코드 4.1 후보 이미지 로더 결정

```
01  // 해시로 구성한 보조 이미지 로더
02  Hash imageLoaders
03  ...
04  ImageLoader.findImageLoader(file):
05
06    /* 파일 확장명을 비교하여 보조 이미지 로더 결정
07       여기서 extension은 png 값을 갖는다고 가정 */
08    string extension = File.getExtensionName(file)
09    ImageLoader loader = imageLoaders.get(extension)
10
11    if loader.valid() and loader.open(file) == Success
12      return loader
13
14    /* 파일 확장명으로부터 후보 이미지 로더를 찾지 못한 경우
15       준비된 로더 목록을 순회하며 불러오기를 시도 */
16    for loader : imageLoaders
17      if loader.open(file) == Success
18        return loader
```

파일 포맷에 따라 어떤 로더를 사용할 것인지 결정하는 데 표준화된 명세가 필요하다면 MIME 타입 목록을 참고할 수 있다. 이 경우 MIME 테이블에 명시된 확장자를 참고하여 미디어 타입을 결정하고, 테이블 매핑 방식으로 후보 이미지 로더를 선택할 수 있다. MIME은 미디어 표준을 지향하기 때문에 호환성을 확보하는 데 도움이 된다.

> 📦 **MIME(Multipurpose Internet Mail Extensions)**
>
> MIME은 원래 SMTP 프로토콜상에서 이메일을 보낼 때 참조된 콘텐츠의 파일 포맷을 명시하기 위해 설계되었으며 현재는 MIME을 미디어 타입이라고 부르기도 한다. 이러한 타입 목록은 다음 링크를 통해 확인할 수 있다.
>
> *www.freeformatter.com/mime-types-list.html*
>
> MIME 메시지 예:
>
>   From: Hermet Park <hermetpark@gmail.com>
>   MIME-Version: 1.0
>
>   This is a multipart message in MIME format.
>
>   --XXXBoundary String
>   **Content-Type: image/png**
>   Content-Disposition: attachment; filename="car.png"

이미지를 불러오는 절차를 병렬화하면 이미지 로딩 부하를 줄일 수 있다. 대체로 이미지는 압축된 데이터를 기록하고 있어서 이미지 데이터를 불러오기 위해서는 압축을 해제하는 디코딩 절차를 거쳐야 한다. 이때 이미지가 고해상도이면 파일 시스템 접근(Read-Access), 디스크로부터 데이터를 읽는 작업은 물론 데이터 디코딩 절차까지 앱 프로세스에 부담을 줄 수 있다. 디바이스 사양이 낮거나 이미지 해상도가 높을수록 이러한 부담은 증가한다. 이 경우 이미지 로더가 스레드를 활용하여 이미지를 불러오는 작업을 수행하도록 엔진을 설계할 수 있으며, 이러한 스레드는 작업 스케줄러(6.4.2절)를 통해 완성할 수 있다.

그림 4.5에서에 이미지 로더는 작업 스케줄러를 활용하여 PNG 이미지를 불러온다. 그림에서 T1은 이를 수행할 작업 스레드로 볼 수 있다. 시스템의 물리적 스레드 개수는 한정적이므로 작업 스케줄러를 이미지 로더에 종속시키기보다는 UI 렌더링 엔진 전체에 걸쳐 다양한 스레드 작업 요청을 관장하는 구조로 구성하는 편이 병렬화 측면에서 바람직하다. 그림 4.5는 이미지 로더 기능에 집중하기 위해 이러한 구조를 단순화하였다.

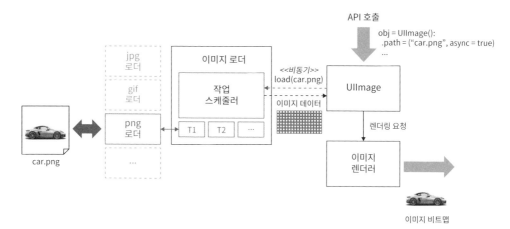

그림 4.5 작업 스케줄러 기반 이미지 로더

별도의 스레드를 통해 이미지를 불러오면 렌더링 엔진과 비동기 상태로 작업이 수행된다. 동기화를 추가로 수행하지 않는다면 이미지 데이터는 몇 프레임이 지난 후에 완성될 수도 있다. UI 렌더링 엔진은 이 점을 고려하여 지연 로딩(Lazy-Loading) 기능을 고려할 수 있다. 이미지가 즉시 출력될 필요가 없다면 지연 로딩을 활용하는 편이 앱 동작이 더 매끄럽기 때문이다. 지연 로딩을 이용하면 앱은 이미지를 기다리지 않고 완성되는 대로 출력하거나 미리 준비한 썸네일 이미지를 먼저 보여준 후 나중에 완성된 이미지로 바꿔 출력할 수도 있다. 이런 점진적 로딩(Progressive Loading) 기법은 이미지를 불러오는 작업 부하로 인해 메인 루프의 동작이 지체되는 현상을 해소하는 데 도움이 된다.

코드 4.2 이미지 비동기 로딩

```
01  func(UIImage image, ...):
02      // func()은 이미지 불러오는 작업이 끝난 경우 호출된다.
03      // 필요하다면, 이 시점에 추가 작업을 수행할 수 있다.
04      // 예를 들어, 썸네일을 제거하고 본 이미지를 보여줄 수 있다.
05      ...
06      img = UIImage():
07          // 비동기 로딩 기능을 활성화하여 이미지를 불러오도록 요청
08          .open("car.png", async=true)
09          // 이 경우 이미지 불러오는 작업이 끝났다는 신호도 필요하다.
10          .EventLoadFinished += func
```

4.1.3 색 공간

색 공간(Colorspace)에는 이미지가 어떤 화소 정보를 갖고 있고 그 구조가 어떠한지를 명시한다. 2.1.2절에서 살펴본 RGBA는 대표적인 화소 구조로, 범용적인 시스템에서 다루는 색 공간이지만 이미지 포맷, 프로그램 목적에 따라 다양한 색 공간의 이미지 데이터가 사용될 수 있다. 프로그램마다 다루는 이미지 색 공간이 서로 다를 수 있기 때문에 UI 시스템에서 색 공간 변환이 필요하다.

예를 들어 파일로부터 불러온 이미지 데이터가 BGRA 색 공간을 갖고 있고 그래픽스 출력 시스템 색 공간은 RGBA 고정이라면 BGRA 정보를 RGBA 형태로 변환해야 한다. 게다가 여기서는 화소 채널 크기를 8비트로 가정하지만 실제로는 시스템마다 크기가 다를 수 있다. 가령 24비트 시스템의 RGB 화소에는 각각 8비트를 할당하지만 16비트 시스템의 RGB는 5:6:5 크기로 비트를 할당한다.

코드 4.3 RGBA -> BGRA 변환

```
01   convertToBGRA(RGBA32 RGBA):
02       // 각 채널 정보 분리
03       R = (RGBA >> 24) & 0xff
04       G = (RGBA >> 16) & 0xff
05       B = (RGBA >> 8) & 0xff
06       A = 0xff
07
08       // 분리한 정보를 BGRA 형태로 재조합
09       BGRA = (B << 24) | (G << 16) | (R << 16) | A
10
11       return BGRA
```

일반적으로 4.1.1절에서 살펴본 명시적인 규격의 이미지 포맷 데이터로부터 이미지 정보를 불러온다. 이 경우 색상 정보는 데이터 내에 기록되어 있으므로 UI 렌더링 엔진은 해당 정보를 참고하여 색 공간을 필요에 맞게 변환하고 출력할 수 있다.[4] 만약 규격 포맷이 아닌 원시(Raw) 이미지 정보로부터 이미지를 출력한다면 그 이미지가 어떠한 색 공간의 화소로 구성되어 있는지 외부 정보를 통해 알 수 있어야 한다.

---

4   PNG의 경우 IHDR(이미지 헤더) 정보를 참고한다.

코드 4.4 원시 데이터 색 공간 정보 명시

```
01  // 8비트 화소의 그레이스케일 원시 이미지 정보가 담긴 배열
02  Grayscale8 bitmap[]
03  ...
04  image = UIImage():
05    .data = bitmap
06    .colorspace = UIColorspace.Grayscale8
07    .size = Size(1920, 1080)
08    ...
```

코드 4.4에서 UI 앱은 UIImage 이미지 데이터가 8비트 화소 그레이스케일 색상으로 구성되어 있음을 명시한다. 따라서 렌더링 엔진은 bitmap 화소 정보를 8비트 그레이스케일에서 그래픽스 출력 시스템에서 요구하는 색상 정보(예: RGBA)로 변환하여 출력할 수 있다.

정리하면, 실제 사용되는 이미지 데이터 색 공간은 다양하고, UI 렌더링 엔진은 이에 대비하여 사용자 입력 이미지와 그래픽스 출력 시스템 간 이미지 호환성을 보장하는 징검다리 역할을 수행한다. 대표적으로 그레이스케일과 YUV (YCrCB, 242쪽 참고) 색 공간 변환을 이어서 살펴보자.

그레이스케일

그레이스케일(Grayscale)은 흑백 이미지를 표현할 때 사용한다. 이는 색상을 제외한 휘도(Luminance) 정보만 보유하며 값의 범주는 0~255이다. 휘도를 줄여서 루마(Luma)라고도 부르는데, 이는 광원의 단위 면적당 밝기 정도를 의미한다. 그레이스케일은 JPEG, PNG 모두 지원하는 포맷이므로 회색 이미지를 파일로 저장할 때 그레이스케일 포맷으로 기록하면 데이터 크기를 최소화할 수 있어 유리하다. 8비트 그레이스케일 이미지를 24비트 RGB 형태로 변환할 경우 NTSC(National Television System Committee, 미국 텔레비전 체계 위원회)에서 개발한 공식을 이용할 수 있다.

코드 4.5 Grayscale <-> RGB 변환 로직

```
01  // RGB에서 그레이스케일로 변환
02  Grayscale = 0.299 * R + 0.587 * G + 0.114 * B
```

```
03
04    // 그레이스케일에서 RGB로 변환
05    R = Grayscale
06    G = Grayscale
07    B = Grayscale
```

그림 4.6 그레이스케일 이미지

YCbCr(YUV)

이전 디지털 TV를 위해 사용하는 색 공간 중 하나이며 MPEG (The Moving Picture Experts Group)와 같은 동영상 파일 포맷에서도 사용하는 모델이다. 줄여서 YUV로 부르기도 한다. 휘도, 즉 밝기 성분 Y와 색상 성분 Cb, Cr을 통해 최종 색상을 표현한다. 사람의 눈이 색상보다는 밝기 차이에 민감하다는 점을 고려해서 휘도가 더 큰 스펙트럼의 수치를 갖

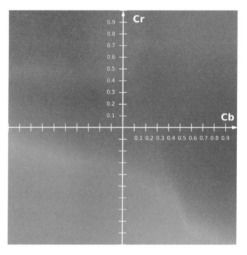

그림 4.7 CbCr 색 공간(출처: 위키피디아)

고, 색상은 RGB 모델보다 적은 Cb, Cr 두 요소로만 기재한다.

YUV는 명도를 제외한 색차 정보만 압축하는 방식인 크로마 서브샘플링 (Chroma Subsampling) 기법을 이용하여 영상을 인코딩한다. 샘플링 정보는 J:a:b와 같이 표기한다.

- J: 수평 샘플링 기준 단위(보통 4개)
- a: J 샘플 중 첫 번째 행의 크로마(Cb, Cr) 샘플링 수
- b: J 샘플 중 첫 번째 행과 두 번째 행의 크로마 샘플이 변경된 수

이를테면, 4:2:2는 4×2영역의 화소에 대해서 각 루마(Y)를 적용하되, 첫 번째 행 네 화소에 크로마 두 개(a=2), 두 번째 행 네 화소에 크로마 두 개(b=2)를 적용한다. 4:2:0이라면, 4×2영역의 화소에 대해서 각 루마(Y)를 적용하되, 첫 번째 행 네 화소에 크로마 두 개(a=2), 두 번째 행 네 화소에 크로마 0개(b=0)를 적용한다. 4:4:4의 경우는 샘플링 효과가 없다.

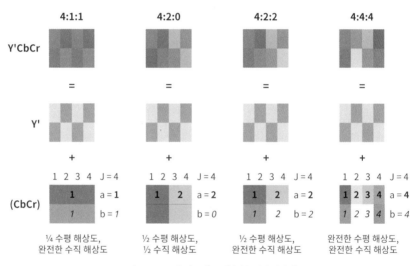

그림 4.8 크로마 서브샘플링(출처: 위키피디아)

YUV는 동영상 데이터 출력에 활용되는 대표 이미지 포맷이므로 동영상을 지원하는 UI 렌더링 엔진에서는 YUV를 RGB 포맷으로 변환하여 출력할 수 있는 메커니즘이 필요하다. 코드 4.6은 RGB에서 YCbCr로 변환 식을 구현한 것이며, 가장 일반적으로 활용되는 4:2:0 크로마 압축 데이터(YUV420[5])부터 RGB로 변환한 식을 구현한 것이다.

---

5   NV21 포맷으로 부르기도 한다.

```
코드 4.6 YUV <-> RGB 변환 로직
01  // RGB에서 YCbCr로 변환(ITU-R BT.601 변환식 적용)
02  Y = 16 + (65.481 * R + 128.553 * G + 24.966 * B) / 255
03  Cb = 128 + (-37.797 * R - 74.203 * G + 112.0 * B) / 255
04  Cr = 128 + (112.0 - 93.786 * G - 18.214 * B) / 255
05
06  // YUV(NV21)에서 RGB로 변환
07  R = min(255, Y + 1.370705 * (Cr - 128))
08  G = min(255, Y - (0.698001 * (Cr - 128)) - (0.337633 * (Cb - 128)))
09  B = min(255, Y + (1.732446 * (Cb - 128)))
```

4.2 PNG 로더

특정 포맷의 이미지 로더를 지원하기 위해서는 해당 이미지 포맷의 기능적 특성은 물론 데이터 구조와 압축 알고리즘 등을 이해해야 한다. 이번 절에서는 대표적으로 PNG 포맷을 살펴볼 것이다.[6]

앞 절에서 살펴본 바와 같이 이미지 로더의 주 기능은 이미지 파일의 정보를 가공해서 이미지 비트맵 정보를 반환하는 데 있다. 여기서 핵심은 압축된 이미지 정보를 해석하는 작업이다. 이를 이미지 로더를 통해 직접 구현할 수도 있지만 완성된 라이브러리를 이용하는 편이 개발비용 측면에서 더 효율적이다. 4.1.1절에서 살펴보았듯이 대부분 이미지 포맷에는 해당 이미지 데이터를 인코딩하고 디코딩할 수 있는 공개 소프트웨어가 존재하기 때문이다. 하지만 우리는 학습이 목적이기 때문에 PNG 포맷 구조를 직접 파헤쳐 보면서 보조 이미지 로더의 구조와 동작 방식을 몸소 체험할 것이다. PNG 포맷을 이해하면 다른 포맷의 구조 및 동작 방식을 이해하는 데 많은 도움이 될 것이다.

어떠한 포맷이든 파일의 이미지 정보를 읽기 위해서는 먼저 그 포맷의 데이터 구조를 파악해야 한다. PNG 파일 구조를 살펴보면 그림 4.9와 같다.

PNG 데이터는 파일 시그니처(File Signature)와 다수의 데이터 조각(Chunk)으로 구성된다. 파일 시그니처는 파일의 처음 8바이트 영역을 차지한다. 이곳에는 137 80 78 71 13 10 26 10 값을 기록하는데 만약 파일을 오픈한 후 처음 8

---

[6] 자세한 사항은 PNG 명세서(*https://www.w3.org/TR/PNG*)를 확인하자.

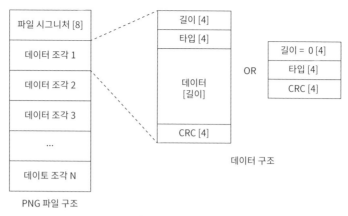

그림 4.9 PNG 데이터 구조

바이트의 값이 위와 동일하다면 해당 파일을 PNG 포맷으로 간주할 수 있다. 만약 파일 확장자명이 png가 아니라면 파일을 오픈하고 처음 8바이트 데이터와 파일 시그니처 값을 비교함으로써 해당 데이터가 png인지 아닌지 판단할 수 있다. 이 작업은 코드 4.1의 17행에 loader.open() 내에서 가장 먼저 수행된다.

PNG 파일 시그니처 값

137 80 78 71 13 10 26 10   #16진수 값은 89 50 4e 47 0d 0a 1a 0a

시그니처가 약속된 값이면 이어서 이미지 실체를 기록하고 있는 데이터 조각을 해석한다. 유효한 이미지라면 데이터 조각은 최소 세 개 이상이며, 하나의 데이터 조각은 데이터의 길이(Length), 타입(Chunk Type), 데이터(Chunk Data), CRC(Cyclic Redundancy Check, 순환 중복 검사)로 구성된다. 데이터 조각을 읽을 때는 처음 4바이트에서 읽어야 할 데이터 길이를 참조한다. 만약 길이가 0이라면 해당 조각은 길이, 타입 그리고 CRC 필드만 갖고 있는 것이다. 따라서 하나의 데이터 조각은 최소 12바이트를 할애하며 해당 조각에 담긴 데이터 길이만큼 이미지 데이터(Chunk Data)가 추가로 존재한다.

　　CRC는 본래 네트워크 등을 통해 전송받은 데이터에 오류가 있는지 검증하기 위해 사용된다. PNG 데이터 조각에 기록되어 있는 CRC의 값이 계산 값과 다르다면 해당 조각은 훼손되었다고 판단할 수 있다. 다음 C 코드는 PNG 명세서에서 제시하는 CRC 계산 로직을 구현한다.

코드 4.7 **Sample Cyclic Redundancy(C 언어)**

```c
01  /* 8비트 요소로 구성한 CRC 테이블 */
02  unsigned long crc_table[256];
03
04  /* CRC 테이블 초기화 여부 */
05  int crc_table_computed = 0;
06
07  /* 빠른 CRC를 위한 테이블 구축 */
08  void make_crc_table(void)
09  {
10    unsigned long c;
11    int n, k;
12
13    for (n = 0; n < 256; n++) {
14      c = (unsigned long) n;
15      for (k = 0; k < 8; k++) {
16        if (c & 1)
17          c = 0xedb88320L ^ (c >> 1);
18        else
19          c = c >> 1;
20      }
21      crc_table[n] = c;
22    }
23    crc_table_computed = 1;
24  }
25
26  // CRC 값 계산. 첫 번째 인자 crc의 필드는 모두 1로 초기화되어야 함
27  unsigned long update_crc(unsigned long crc, unsigned char *buf,
                             int len)
28  {
29    unsigned long c = crc;
30    int n;
31
32    if (!crc_table_computed)
33      make_crc_table();
34    for (n = 0; n < len; n++) {
35      c = crc_table[(c ^ buf[n]) & 0xff] ^ (c >> 8);
36    }
37    return c;
38  }
39
40  /* buf[0 ~ len -1]에 대한 CRC 값 반환. 실제 Chunk Data를 buf로 전달
41   * crc()의 최종 반환 값은 1의 보수 */
42  unsigned long crc(unsigned char *buf, int len)
43  {
```

```
44      return update_crc(0xffffffffL, buf, len) ^ 0xffffffffL;
45    }
```

코드 4.7의 crc()의 buf 인자를 통해 데이터(Chunk Data)를 전달함으로써 crc 값을 얻을 수 있다. 디코딩을 통해 구한 데이터를 crc()에 전달하여 반환받은 값이 Chunk의 CRC 필드 값과 다를 경우 Chunk Data는 훼손되었다고 판단한다.

데이터 조각 타입은 총 18개로 다양하지만 실제로는 다음 네 타입이 주로 활용된다.

- IHDR: 이미지 헤더. PNG 데이터 조각 중 첫 번째에 해당한다.
- PLTE: 인덱싱 방식 색상을 표현할 때 사용. 팔레트 테이블 정보를 가진다.[7]
- IDAT: 이미지 데이터
- IEND: 데이터 조각 중 마지막 조각임을 가리킨다.

이 네 개의 유형 중 IDAT 조각만 유일하게 다수 존재할 수 있다. 나머지는 반드시 하나이다. 앞서 나열한 네 개의 유형 외 나머지 14개는 모두 부수적 용도로 쓰인다. 유효한 PNG 파일이라면 반드시 IHDR 조각으로 시작해서 다수의 IDAT 조각을 거친 후 IEND 조각으로 끝난다. 각 조각을 이해하기에 앞서 PNG 인코딩 절차를 먼저 살펴보자.

4.2.1 PNG 인코딩

PNG는 여러 과정을 거쳐 인코딩을 수행한다. 다음은 인코딩 과정을 순차적으로 설명한 것이다.

a. 패스 추출(Pass Extraction): 인터레이스(Interlace, 251쪽 참고)를 적용하기 위해 수행하며 아담(Adam) 7 알고리즘[8]을 이용하여 일곱 단계의 축소된 이미지를 생성한다. 인터레이스는 이미지를 점진적으로 보여주기 위한 기능으

---

7 인덱스 방식은 선택 사항에 해당하므로 구체적 설명은 생략했다. 다음 링크에서 스펙 문서를 참고하자. *https://www.libpng.org/pub/png/spec/1.2/PNG-Chunks.html*
8 *https://en.wikipedia.org/wiki/Adam7_algorithm*

로, 디코딩을 완료한 부분 이미지를 먼저 보여줌으로써 저사양의 시스템에서도 사용자에게 즉각적인 이미지 출력 반응을 보여주는 효과를 제공한다.

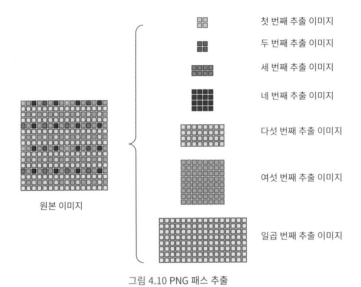

그림 4.10 PNG 패스 추출

PNG에서 인터레이스는 선택 사항이다. 인터레이스를 활용하지 않는다면 패스 추출 단계 역시 수행할 필요가 없다.

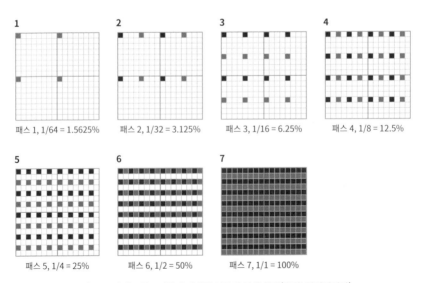

그림 4.11 아담 7 알고리즘의 단계별 이미지 완성 상태(출처: 위키피디아)

b. 스캔라인 직렬화(Scanline Serialization): 패스 추출 단계를 거친 후 준비된 각 부분 이미지 조각에 대해서 스캔라인 단위(Scanline, 이미지 행)로 데이터를 분리한다. 패스 추출을 수행하지 않는다면, 원본 이미지의 스캔라인 단위로 데이터를 분리한다.

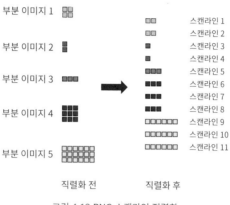

그림 4.12 PNG 스캔라인 직렬화

c. 필터링(Filtering): 압축 효율을 높이기 위해 사전 필터링을 수행한다. PNG 는 하나의 필터 방법을 표준으로 사용하며 이 필터 방법 내에는 다수의 필터 타입이 존재한다. b 단계에서 준비한 각 스캔라인에 필터 타입을 개별 적용하고 필터 타입 정보가 추가된다. 자세한 사항은 4.2.3절에서 다룬다.

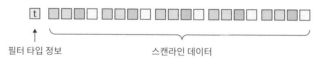

그림 4.13 필터를 적용한 PNG 스캔라인 데이터

d. 압축(Compression): 필터링을 적용한 스캔라인 데이터를 압축한다. 압축 은 정의된 방식 중 하나를 지정하며 일반적으로 PNG 표준 압축 방식인 DEPLATE를 적용하고 압축 해제는 INPLATE를 적용한다. 압축 시에는 연 속된 스캔라인 데이터를 입력으로 받고 결과물로 무손실인 zlib 압축 데이 터스트림을 데이터로 생성한다. 자세한 사항은 4.2.3절에서 다룬다.

e. 조각화(Chunking): 압축된 데이터 스트림을 다수의 IDAT 조각으로 분리한

다. 각 데이터 조각은 PNG 파일의 시그니처 영역 뒤에 일렬로 연결되어 저장되므로 각 IDAT 조각의 데이터를 순서대로 연결하면 하나의 zlib 데이터가 완성된다. 염두에 둬야 할 사항은 IDAT 조각이 순서대로 연결되어 있을지라도 데이터 조각 간의 경계는 임의의 바이트에 해당한다는 점이다. 달리 말하면 스캔라인 또는 화소 단위로 데이터를 분리하지 않기 때문에 하나의 데이터 조각이라도 손실된다면 데이터 부분 복원은 어렵다.

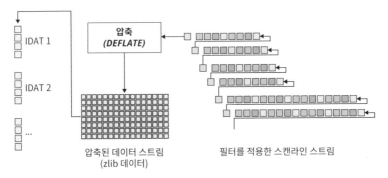

그림 4.14 PNG 데이터 압축 및 조각화

4.2.2 IHDR

IHDR(Image Header)은 이미지 속성 정보를 보유한다. 헤더의 데이터 크기는 13바이트이고 이 데이터는 이미지 크기, 색상 깊이, 색상 타입, 압축과 필터링 방식 등의 정보를 포함한다.

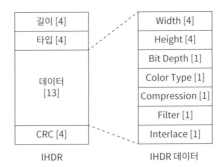

그림 4.15 IHDR Chunk 데이터 구조

- Width, Height: 이미지의 가로, 세로 길이
- Bit Depth: 색상 깊이. 화소의 각 채널이 몇 비트로 구성되는지 규정한다. 색상 타입에 따라 지정할 수 있는 비트의 값이 다른데 32비트 RGBA의 경우 8의 값을 갖는다.
- Color Type: 색상 타입. 트루 컬러인 RGB 색상은 값이 2, RGBA는 6이다.

이미지 타입	색상 타입 (Color Type)	지원 색상 깊이 (Bit Depth)	설명
그레이스케일 (Grayscale)	0	1, 2, 4, 8, 16	그레이스케일(흑백) 색상
트루 컬러 (Truecolor)	2	8, 16	RGB 색상
인덱스컬러 (Indexed-color)	3	1, 2, 4, 8	인덱싱 방식. PLTE 데이터가 반드시 존재해야 함.
그레이스케일 + 알파	4	8, 16	투명 속성을 지닌 그레이스케일
트루 컬러 + 알파	6	8, 16	RGBA 색상

표 4.1 이미지 타입별 Color Type과 Bit Depth 값 비교

- Compression: 압축 방식을 지정하며 표준은 DEFLATE 방식(값: 0) 하나만 존재한다.
- Filter: 필터링 방식. PNG 국제 표준 방식은 현재 0번 하나이다.
- Interlace: 인터레이스 방식. 미사용은 0, 사용은 1이다.

코드 4.8 IHDR 데이터 구성 예

```
01  Length: 13,
02  Chunk type: IHDR,          #16진수 값은 73 72 68 82
03  Chunk data: {
04    Width: 800,
05    Height: 600,
06    Bit depth: 8,
07    Color type: 6,
08    Compression method: 0,
09    Filter method: 0,
10    Interlace method: 0
11  },
12  CRC
```

4.2.3 IDAT

IDAT(Image Data)는 화소 정보를 보유한다. 이미지 데이터는 필터링과 압축을 거친 결과물이며 직렬화(Serialization)를 통해 연속된 바이트를 구성한다. IDAT 하나의 최대 데이터 크기는 65,536바이트이므로 가공된 데이터 크기가 이보다 클 경우 IDAT 조각을 추가하여 하나의 스트림(Stream)을 구축한다. IDAT 타입 값은 73 68 65 84 이다.

그림 4.16 PNG 데이터 인코딩 절차

IDAT에 적용하는 필터 0번에는 필터 타입이 총 다섯 개가 있다. 필터 타입은 기본적으로 휴리스틱(Heuristic) 방식을 통해 결정하며 다섯 개의 필터 함수를 모두 수행하고 결과를 비교한 후 최적의 타입을 선택한다. 필터 함수는 스캔라인마다 개별적으로 적용할 때 압축률 측면에서 효과적이다. 필터는 깊이 정보 및 색상 타입에 의존하지 않으며 이미지 화소 단위가 아닌 바이트 단위로 계산을 수행하는 점을 염두에 둔다.

타입	이름	필터 함수	필터 역함수
0	None	Filt(x) = Orig(x)	Recon(x) = Filt(x)
1	Sub	Filt(x) = Orig(x) - Orig(a)	Recon(x) = Filt(x) + Recon(a)
2	Up	Filt(x) = Orig(x) - Orig(b)	Recon(x) = Filt(x) + Recon(c)
3	Average	Filt(x) = Orig(x) - floor((Orig(a) + Orig(b)) / 2)	Recon(x) = Filt(x) + floor(((Recon(a)+Recon(b)) / 2)
4	Paeth	Filt(x) = Orig(x) - PaethPredictor(Orig(a), Orig(b), Orig(c))	Recon(x) = Filt(x) + PaethPredictor(Recon(a), Recon(b), Recon(c))

표 4.2 PNG 필터 타입

표 4.2에서 Orig()는 원본 데이터 값을, Recon()은 필터를 거쳐 변환된 값을 입력으로 받는다. 필터 입력값으로 주어지는 x, a, b, c는 다음과 같다.

- x: 필터를 수행할 바이트
- a: x가 속한 화소의 바로 이전 화소 중 x와 동일한 위치의 바이트

- b: x 이전 스캔라인상에서 동일한 위치의 바이트
- c: x 이전 스캔라인상에서 a와 동일한 위치의 바이트

트루 컬러(24비트) 이미지에서 화소(0F2865)의 x를 기준으로 a, b, c를 그림으로 정리하면 그림 4.17과 같다.

그림 4.17 PNG 필터 입력 바이트

RGBA 색상의 경우 알파 채널은 별도 데이터로 분리하여 RGB와 동일한 방식으로 데이터를 가공한다. 경험상 트루 컬러 및 그레이스케일 색상에서는 대체로 다섯 개의 필터 타입 모두 효과적이다. 만약 하나의 필터만 사용해야 할 경우에는 Paeth 필터를 사용하면 좋다.[9]

코드 4.9 Paeth Predictor 의사코드

```
01  p = a + b - c
02  pa = abs(p - a)
03  pb = abs(p - b)
04  pc = abs(p - c)
05  if pa <= pb and pa <= pc then Pr = a
06  else if pb <= pc then Pr = b
07  else Pr = c
08  return Pr
```

필터 적용 시 적용한 필터 타입이 무엇인지 알아야 하므로 이미지 데이터의 첫 번째 열 1바이트에 이를 기록한다.

```
04 0F32AE 962AE2 429D72 098FD3 0AEF21 058271 028E11 083123 ...   (Paeth)
02 0F32AE 962AE2 429D72 098FD3 0AEF21 058271 028E11 083123 ...   (Up)
```

---

9   Paeth 필터는 이를 개발한 컴퓨터 공학 박사 Alan W. Paeth의 이름에서 유래한다.

데이터 압축은 기본적으로 DEFLATE 알고리즘을 이용한다. DEFLATE는 zip, gzip에서 사용되는 압축 포맷이자 알고리즘이다. LZ77 알고리즘을 통해 데이터를 압축한 후 중복 데이터를 최소화하기 위해 허프만 부호화 알고리즘으로 한 번 더 압축을 수행한다. 이 방식은 다른 압축 방식보다 압축률이 높고 속도도 빠른 편이어서 보편적으로 활용되고 있다.

LZ77 압축

비손실 압축 알고리즘으로, 1977년 에이브러햄 렘펠(Abraham Lempel)에 의해 처음 발표되었으며 LZ1으로 불리기도 한다. LZW, LZSS, LZMA 등 다양한 변형 알고리즘이 존재하며, DEFLATE뿐만 아니라 GIF, ZIP의 압축에도 활용되고 있다.

LZ77 압축의 핵심 원리는 단순하다. 주어진 입력 값 중 반복되는 데이터가 있다면 데이터의 오프셋과 그 길이만을 입력하여 데이터의 양을 줄이는 방식이다. 가령, 'ABCDEFGHIJKABCDEFG1234' 라는 입력 데이터가 있으면 입력 값 후반의 ABCDEFG는 중복 데이터에 해당하므로 이를 'ABCDEFGHI-JK{11,7}1234'와 같이 변경하여 데이터의 크기를 줄인다(그림 4.18).

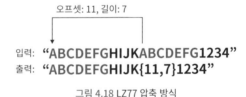

오프셋: 11, 길이: 7

입력: **"ABCDEFGHIJKABCDEFG1234"**
출력: **"ABCDEFGHIJK{11,7}1234"**

그림 4.18 LZ77 압축 방식

실제로 인코딩 결과물은 오프셋과 길이뿐만 아니라 바로 다음에 올 데이터(코드)까지 같이 기재하는데 여기서 인코딩 결과물은 {11, 7, c(1)}이다.

LZ77은 데이터 압축 시 중복 여부를 판단하기 위해 데이터 검색 영역을 일정 크기 단위로 분할한다. 이를 슬라이딩 윈도(Sliding Window) 또는 히스토리 테이블(History Table)이라고 한다. 이 개념을 도입하면 입력 데이터가 슬라이딩 윈도 영역 내에서만 중복되는지 판단할 수 있다. 슬라이딩 윈도 범위 내에서 인코딩을 끝낸 영역은 검색 버퍼(Search Buffer)로 지정하고, 인코딩을 끝

내지 않은 영역은 룩-어헤드 버퍼(Look-Ahead Buffer)로 지정한다. 슬라이딩 윈도 크기는 압축 속도와 압축률에 영향을 미치기 때문에 상황에 맞게 그 값을 조정할 수 있다. LZ77에서 중복 영역의 데이터 길이는 최대 256바이트로 제한 하며, 인코딩 후에는 이를 최대 3바이트로 줄일 수 있다.

그림 4.19 LZ77 슬라이딩 윈도

허프만 부호화

허프만 부호화(Huffman Coding)란 무손실 압축 기법으로 1952년 허프만 박사 에 의해 고안된 알고리즘이며, 데이터의 사용 빈도수에 따라 데이터에 다른 길 이의 부호를 사용하는 알고리즘이다. 이 알고리즘의 핵심은 가장 많이 사용되 는 데이터일수록 더 적은 수의 비트를 활용한다는 점이다. 이는 이 알고리즘에 서 압축 효과를 높이는 가장 중요한 핵심 원리이다. 가령, "abcd_abb_abbbc_ ccddd" 라는 입력 데이터가 있을 때 사용 빈도수를 확인해보면 b는 6, a는 3임 을 알 수 있다. 여기에 허프만 알고리즘을 적용한다면 b는 2비트인 11, a는 3비 트인 100으로 치환(부호화)할 수 있다. 그리고 원본 데이터와 치환한 값을 허 프만 테이블에 따로 기입하고 디코딩 시 인코딩한 비트값이 원래의 어떤 값으 로 치환될지 확인한다.

치환될 값을 결정하는 방식은 입력 데이터의 출현 빈도수에 의존하며 이진 트리를 구성하여 확인한다. 즉, 입력 데이터를 트리로 구축하고 특정 데이터에 접근하기 위해 트리를 탐색하는 절차(좌: 0, 우: 1)가 바로 치환될 값이다. 값이 100인 a 입력 데이터는 실제로 트리의 루트 노드로부터 우(1)→좌(0)→좌(0)의 방향으로 깊이 탐색하는 과정과 동일하다. 이러한 절차에 의해 치환 값은 중복 되거나 다른 치환 값의 부분 값이 되지 않아 결괏값을 해석할 때 문제가 없다.

정리하자면, 허프만 부호화 알고리즘은 다음 절차를 수행한다.

1. 모든 입력 데이터를 출현 빈도수로 정렬하여 목록 구축
2. 하나의 데이터가 남을 때까지 다음 과정 반복
   a. 목록에서 빈도수가 가장 낮은 두 개의 데이터를 선택하고 목록에서 제거
   b. 선택한 두 데이터로 하나의 새로운 (접두 부호) 데이터를 생성하고, 선택한 두 개의 데이터를 새 데이터의 이진 트리 자식으로서 좌, 우에 추가. 이때 새로운 데이터의 출현 빈도수는 두 자식 데이터의 출현 빈도수의 합으로 결정
   c. b에서 생성된 새로운 데이터를 출현 빈도 기준으로 정렬하여 기존 목록에 추가

위 과정을 도식화하면 그림 4.20과 같다.

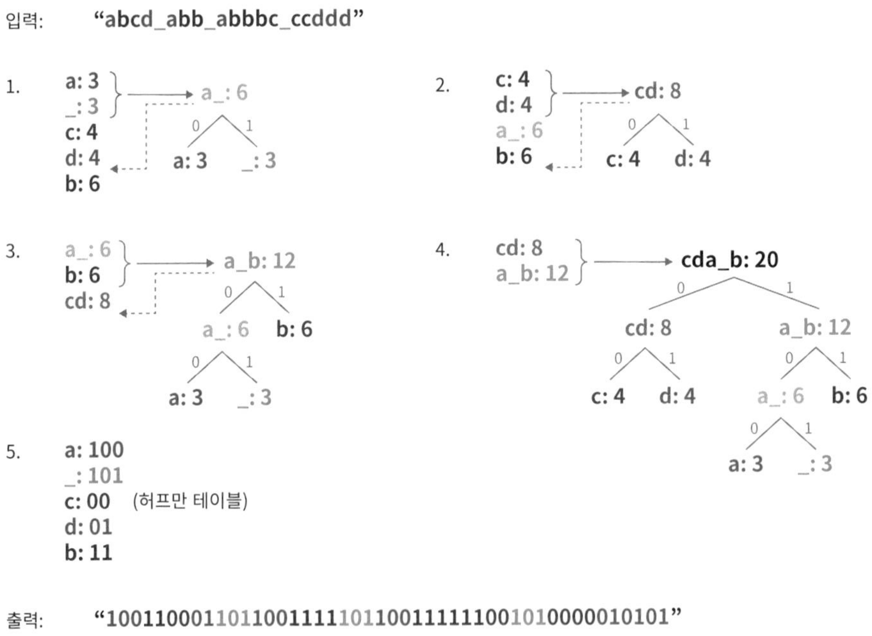

입력: "abcd_abb_abbbc_ccddd"

출력: "10011000110110011111011001111110010100000010101"

그림 4.20 허프만 부호화 데이터 완성 과정

그림 4.20에서 허프만 부호화 압축을 거친 후 "abcd_abb_abbbc_ccddd" 데이터의 크기는 20바이트에서 6바이트로 줄어든 것을 확인할 수 있다.

4.2.4 IEND

IEND(Image End)는 데이터의 마지막 조각에 해당하며 PNG 파일 데이터의 끝 부분임을 명시한다. 실제 데이터가 존재하지 않으므로 길이는 0이고 타입 값은 73 69 68 68이다.

4.3 이미지 스케일링

이미지 렌더러는 이미지 로더에서 생성한 데이터를 원본으로 전달받아서 추가적인 이미지 프로세싱을 수행한다. 예를 들어, 앱이 요청한 크기에 맞게 원본 이미지 크기를 조정하는 작업이나 회전, 색 공간 변환, 다른 이미지와 합성하는 작업 등이다. 이미지 로더가 여러 이미지 소스로부터 실제 가용한 이미지 비트맵 데이터를 생성하는 과정을 수행한다면, 이미지 렌더러는 전달받은 이미지 비트맵 데이터에 렌더링 엔진에서 가용한 후처리(Post-Processing) 작업을 적용한다고 볼 수 있다.

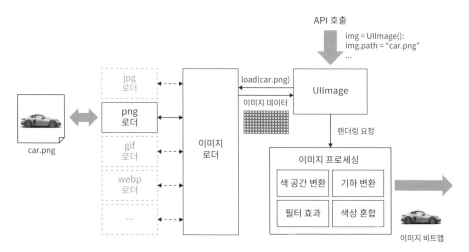

그림 4.21 이미지 렌더러 기능 구성도

그림 4.21은 이미지 프로세싱(이미지 렌더러)이 수행하는 주요 기능을 도식화한 것이다. 이미지 프로세싱은 색 공간 변환, 위치, 크기 회전을 포함한 기하 변환, 필터 효과, 색상 혼합 기능을 고정된 순서대로 수행하거나 이들을 파이프라인&필터(Pipeline&Filter)와 같이 조건에 맞는 필요 기능만 재구성하여 수행

할 수 있다. 이러한 동작은 캔버스 엔진이 제공하는 기능과 렌더러의 설계 방침에 따른다. 기본적으로 이미지 프로세싱은 PNG와 같은 이미지 데이터를 대상으로 수행하지만 벡터, 텍스트 등 다른 렌더링 요소로 생성된 이미지를 가공할 때도 사용할 수 있다. 뿐만 아니라 여러 드로잉 요소를 합성하고 UI 앱의 최종 화면을 가공할 때도 사용 가능하다. 윈도 컴포지터가 여러 클라이언트 화면을 합성하고 출력하는 경우도 이에 해당한다.

UI에 있어서 이미지 프로세싱의 핵심 기능은 기하 변환, 그중에서도 이미지 크기를 조정하는 이미지 스케일링이다. 기본적으로 UI는 여러 해상도를 지원하기 위해 이미지나 UI 컴포넌트 크기를 동적으로 변환할 수 있다. 또 UI 앱 요청으로 줌인, 줌아웃과 같은 효과를 보여주기 위해 콘텐츠, 즉 이미지 크기를 변경할 수도 있다. 이처럼 이미지 스케일링은 이미지 크기 변환 기능을 충족하기 위해 렌더링 엔진에서 제공해야 하는 필수 기능 요소다. 이미지 렌더러는 이미지 스케일링을 수행하여 원본 이미지로부터 이미지의 크기를 키우거나 줄이는 작업을 수행하고 최종적으로 사용자가 원하는 크기로 이미지를 출력한다.

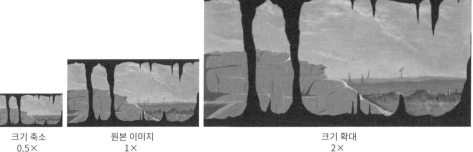

크기 축소　　　　　원본 이미지　　　　　　　　　　　크기 확대
0.5×　　　　　　　　1×　　　　　　　　　　　　　　　2×

그림 4.22 이미지 스케일링

4.3.1 최근접 이웃 보간

이미지 스케일링을 구현하는 데 있어서 가장 단순한 해결책은 스케일이 변한 지점에 가장 근접한 원본 이미지 화소를 찾는 방법이다. 포인트 샘플링(Point-Sampling)으로도 부르는 최근접 이웃 보간(Nearest Neighbor Interpolation)은 스케일링 기법의 기본으로, 성능은 가장 우수하나 인접한 화소 간 색상 보간을

수행하는 이중 선형 보간과 달리 색상 보간을 수행하지 않기 때문에 스케일링 결과에서 화소가 상대적으로 더 두드러진다. 사실 이러한 특징으로 인해 이미지 품질이 저하되어 일반적으로 포인트 샘플링은 직접 사용하지 않는 편이다. 하지만 포인트 샘플링은 다른 고급 스케일링 기법의 기반이 되는 메커니즘이고, 픽셀 아트처럼 도트(Dot) 이미지 특성을 유지하거나 수직, 수평선의 화소 정확성이 중요한 이미지일 경우 포인트 샘플링을 적용한 스케일링이 더 적합할 수 있다.

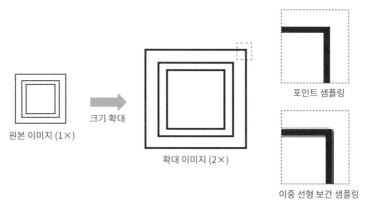

그림 4.23 포인트 샘플링이 적합한 사례

코드 4.10 최근접 이웃 보간 크기 변환

```
01   /*
02    * 최근접 이웃 보간을 적용한 이미지 크기 변환
03    * @p src: NativeBuffer
04    * @p dst: NativeBuffer
05    */
06   ImageRasterizer.nearestNeighborScale(src, dst):
07
08       // 가로, 세로 크기 비율
09       xScale = src.width / dst.width
10       yScale = src.height / dst.height
11
12       // 버퍼 메모리 접근
13       RGBA32 srcBitmap[] = src.map()
14       RGBA32 destBitmap[] = dst.map()
15
16       /* 최근접 이웃 보간 수행
17        * 크기 변경을 수행한 이미지의 화소 위치로부터 원본 이미지의 화소 위치 검색 */
```

```
18    for y : dst.height
19      dy = yScale * y
20      for x : dst.width
21        dx = xScale * x
22        dstBitmap[y * dst.stride + x] = srcBitmap[dy * src.stride + dx]
```

4.3.2 이중 선형 보간

이중 선형 보간(Bilinear Interpolation)은 최근접 이웃 보간보다 개선된 스케일링 기법이다. 최근접 이웃 보간이 원본 이미지에서 하나의 화소를 선택하고 이를 크기가 변환된 공간으로 복사하는 방식이라면 이중 선형 보간은 원본 이미지로부터 인접 화소를 선택한 후 이들을 하나로 합성하여 크기가 변환된 공간으로 복사한다. 따라서 이중 선형 보간은 크기 변환 과정에서 발생하는 화소의 손실을 줄이고, 동시에 화소가 두드러져 보이는 현상을 감쇄한다. 이중 선형 보간은 계산량 대비 이미지 품질이 뛰어난 기법이어서 많이 활용된다.[10]

그림 4.24 이미지 크기 변환 결과: 이중 선형 보간(좌), 최근접 이웃 보간(우)

이중 선형 보간을 적용한 이미지 크기 변환 효과는 이미지 안에 존재하는 경계선 품질에도 영향을 준다. 이미지 내 화소에 두드러지는 경계선이 존재한다면 (일명 계단 현상) 이중 선형 보간은 이를 완화시켜 준다. 화소 간 보간을 수행하면 도트를 흐리게 하는 페더(Feathering) 효과가 나타나기 때문으로, 안티에일리어싱과 시각적으로 유사하다(그림 4.25).

---

10 3차원 이미지 변환에서는 삼중 선형 보간(Trilinear Interpolation)이나 이방성(Anisotropic) 보간을 통해 더 나은 품질을 제공한다.

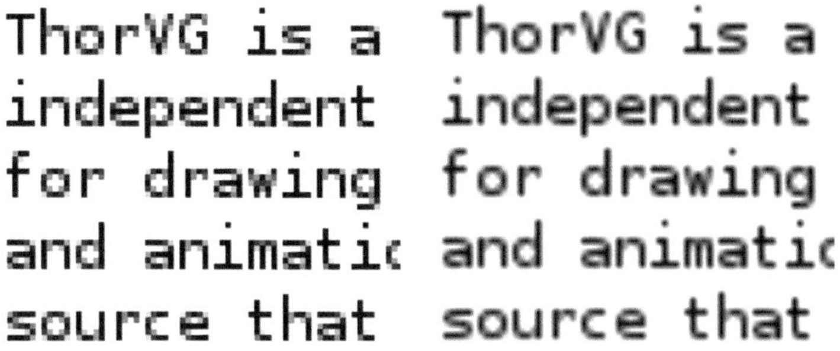

ThorVG is a
independent
for drawing
and animatic
source that
ThorVG is a
independent
for drawing
and animatic
source that

그림 4.25 이중 선형 보간 결과 (좌: 적용 전, 우: 적용 후)

일반적으로 이중 선형 보간은 현재 화소에 간섭을 미치는 인접한 세 방향(우측, 하단, 우측 하단)의 화소를 보간한다. 실제로 모니터에 주사되는 화소는 정수이므로 이 보간법은 유효하다. 이미지 크기 변경 시 샘플링할 화소 위치의 소수점 이하 값은 보간식에서 사용할 가중치 인수로 활용한다. 가령 200×200 해상도의 이미지(이하 S)를 300×300 해상도 이미지(이하 D)로 확대할 경우 S와 D 간의 크기 비율 값은 1.5이다. 이때 D:(17, 17)에 위치한 화소에 비율을 적용하면 D:(17, 17) 위치는 S:(11.3, 11.3)에 해당한다. 여기서 실수 이하 값 (0.3, 0.3)은 S1(11, 11)와 S2(12, 11), S3(11, 12), S4(12, 12) 네 화소의 가중치 인수로 활용할 수 있다.

그림 4.26에서 우리가 구하고자 하는 D는 총 네 개의 화소 S1, S2, S3, S4의 혼합 결과이다. S1, S2를 보간하여 D1을 구하고 S3, S4를 보간하여 D2를 구한다. 다시 D1과 D2를 보간하면 최종 D를 구할 수 있다.

S1:(11, 11)
D1:(11.3, 11)
S2:(12, 11)
D:(11.3, 11.3)
S3:(11, 12)
D2:(11.3, 12)
S4:(12, 12)
y
x

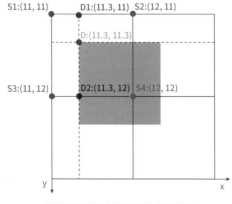

그림 4.26 이중 선형 보간의 실제 적용

$$D1 = ((x_{S2} - x_{D1})/(x_{S2} - x_{S1})) \times S1 + ((x_{D1} - x_{S1})/(x_{S2} - x_{S1})) \times S2$$

$$D2 = ((x_{S4} - x_{D2})/(x_{S4} - x_{S3})) \times S3 + ((x_{D2} - x_{S3})/(x_{S4} - x_{S3})) \times S4$$

$$D = ((y_{D2} - y_D)/(y_{D2} - y_{D1})) \times D1 + ((y_D - y_{D1})/(y_{D2} - y_{D1})) \times D2$$

위 식을 간단히 정리해 보면 다음과 동일하다.

$$T1 = (x_{S2} - x_{D1})/(x_{S2} - x_{S1})$$

$$D1 = T1 \times S1 + (1 - T1) \times S2$$

$$T2 = (x_{S2} - x_{D1})/(x_{S2} - x_{S1})$$

$$D2 = T2 \times S3 + (1 - T2) \times S4$$

$$T = (y_{D2} - y_D)/(y_{D2} - y_{D1})$$

$$D = T \times D1 + (1 - T) \times D2$$

D를 구하는 수식을 보간에 개입한 네 개의 화소 R, G, B, A 채널에 각각 적용하면 우리가 원하는 최종 화소 D를 구할 수 있다. 이 작업을 [300×300]을 이루는 모든 화소를 대상으로 반복 수행한다.

코드 4.11 이중 선형 보간 크기 변환

```
01  /*
02   * 이중 선형 보간을 적용한 이미지 크기 변환
03   * @p src: NativeBuffer
04   * @p dst: NativeBuffer
05   */
06  ImageRasterizer.bilinearScale(src, dst):
07
08    // 가로, 세로 크기 비율
09    xScale = src.width / dst.width
10    yScale = src.height / dst.height
11
12    // 버퍼 메모리 접근
13    RGBA32 srcBitmap[] = src.map()
14    RGBA32 dstBitmap[] = dst.map()
15
16    /* 이중 선형 보간 수행
17     * 크기 변경을 수행한 이미지의 화소 위치로부터 원본 이미지 화소를
18     * 찾은 후 인접한 세 개의 화소와 색상 혼합 */
19    for y : (dst.height - 1)
```

```
20      dy = yScale * y
21      for x : (dst.width - 1)
22        dx = xScale * x
23        sx1 = floor(dx)      // 소수점 버림
24        sy1 = floor(dy)      // 소수점 버림
25        sx2 = sx1 + 1
26        sy2 = sy1 + 1
27
28        // 소수점 이하 값
29        xFraction = dx - sx1
30        yFraction = dy - sy1
31
32        s1 = srcBitmap[sy1 * src.stride + sx1]
33        s2 = srcBitmap[sy1 * src.stride + sx2]
34        s3 = srcBitmap[sy2 * src.stride + sx1]
35        s4 = srcBitmap[sy2 * src.stride + sx2]
36
37        // T1 = (xS2 - xD1) / (xS2 - xS1)
38        // D1 = T1 * S1 + (1 - T1) * S2
39        t = (sx2 - dx) / (sx2 - sx1)
40        d1 = lerp(s1, s2, t)
41
42        // T2 = (xS2 - xD1) / (xS2 - xS1)
43        // D2 = T2 * S3 + (1 - T2) * S4
44        d2 = lerp(s3, s4, t)
45
46        // T = (yD2 - yD) / (yD2 - yD1)
47        // D = T * D1 + (1 - T) * D2
48        t = (sy2 - dy) / (sy2 - sy1)
49        d = lerp(d1, d2, t)
50
51        destBitmap[y * dst.stride + x] = d
52
53  // p1과 p2 화소를 t 가중치로 합성
54  lerp(p1, p2, t):
55    R = t * ((p1 >> 24) & 0xff) + (1 - t) * ((p2 >> 24) & 0xff)
56    G = t * ((p1 >> 16) & 0xff) + (1 - t) * ((p2 >> 16) & 0xff)
57    B = t * ((p1 >> 8) & 0xff) + (1 - t) * ((p2 >> 8) & 0xff)
58    A = t * (p1 & 0xff) + (1 - t) * (p2 & 0xff)
59
60    return (R << 24) | (G << 16) | (B << 8) | A
```

코드 4.11은 앞서 살펴본 이론을 기반으로 이중 선형 보간을 구현했다. 이 로직은 이미지 크기 확대 시 화소를 보간함으로써 최근접 이웃 보간법에 비해 품

질이 개선됨을 확인할 수 있다. 하지만 이미지 크기 축소 시에는 문제가 발생한다. 샘플링 과정 중 화소 손실로 인해 품질이 고르지 못한 상황이 발생할 수 있기 때문이다. 이러한 문제는 축소 이미지가 원본 이미지 대비 0.5배 미만일 때 발생하므로 별도 처리가 필요하다.

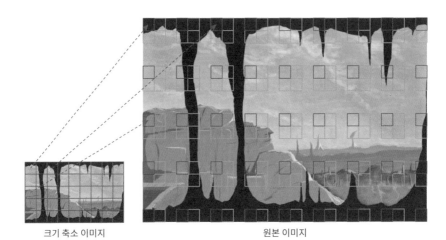

크기 축소 이미지   원본 이미지

그림 4.27 이중 선형 보간 샘플링 중 화소 누락

그림 4.27은 0.3배 크기로 축소한 이미지와 원본 이미지 간 화소 매핑을 도식화한 것이다. 이해를 돕기 위해 화소 크기를 확대했으며 샘플링 화소는 붉은색, 보간할 인접 화소는 주황색으로 표시했다. 주목할 부분은 그림에서 격자로 표시한 화소 외 영역이다. 이들 화소는 샘플링 과정에서 누락될 수 있으며 이로 인해 눈에 띄게 품질이 저하된다.

4.3.3 화소 샘플링

이 문제를 해결하는 가장 단순한 해결책은 샘플링할 화소 범위를 확대하여 누락 화소를 방지하는 것이다. 이를 위해 샘플링 대상 화소에 포함할 화소 범위(ySamples, xSamples)를 결정한다. 이때 화소 범위는 이미지 크기 비율을 인자로 활용할 수 있다. 가령 0.5배 크기는 네 개의 화소를, 0.3배는 9개 화소를 샘플링한다. 이후 샘플링한 화소로 평균 화소 값을 계산하여 최종 화소를 구한다. 샘플링 함수는 범위를 가변으로 결정함으로써 유연성을 갖출 수 있다.

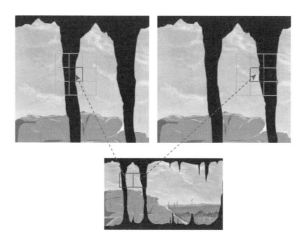

그림 4.28 3×3 정규 격자를 활용한 화소 샘플링

코드 4.12 평균값 필터 샘플링을 적용한 크기 변환

```
01  /*
02   * 평균값 필터 샘플링을 적용한 이미지 크기 변환
03   * @p src: NativeBuffer
04   * @p dst: NativeBuffer
05   */
06  ImageRasterizer.customScale(src, dst):
07
08    // 가로, 세로 크기 비율
09    xScale = src.width / dst.width
10    yScale = src.height / dst.height
11
12    // 샘플링할 화소 개수
13    ySamples = round(yScale)
14    xSamples = round(xScale)
15
16    // 버퍼 메모리 접근
17    RGBA32 srcBitmap[] = src.map()
18    RGBA32 dstBitmap[] = dst.map()
19
20    for y : (dst.height - ySamples)
21      dy = yScale * y
22      for x : (dst.width - xSamples)
23        dx = xScale * x
24        d = sampling(srcBitmap, src.width, src.height, dx, dy,
                       xSamples, ySamples)
25        dstBitmap[y * dst.stride + x] = d
26
```

```
27   sampling(srcBitmap, stride, dx, dy, xSamples, ySamples):
28
29     // 최종 색상 (R, G, B, A)
30     color[] = {0, 0, 0, 0}
31
32     // 샘플링 범위 계산
33     // 이미지 데이터 영역을 벗어나지 않도록 범위 조절
34     minY = dy - ySamples
35     if minY < 0
36       minY = 0
37
38     maxY = dy + ySamples
39     if maxY > height
40       maxY = height
41
42     minX = dx - xSamples
43     if minX < 0
44       minX = 0
45
46     maxX = dx + xSamples
47     if maxX > width
48       maxX = width
49
50     // 샘플링 범주의 화소값 합산
51     for y : [minY ~ maxY]
52       for x : [minX ~ maxX]
53         src = srcBitmap[(minY + y) * stride + (minX + x)]
54         c[0] += (src >> 24) & 0xff
55         c[1] += (src >> 16) & 0xff
56         c[2] += (src >> 8) & 0xff
57         c[4] += src & 0xff
58
59     // 화소값 평균 도출
60     n = (maxY - minY) * (maxX - minX)
61
62     c[0] /= n
63     c[1] /= n
64     c[2] /= n
65     c[3] /= n
66
67     return (c[0] << 24) | (c[1] << 16) | (c[2] << 8) | c[3]
```

코드 4.12에서는 이미지 크기 비율(xScale, yScale)로부터 샘플링할 화소 수
(ySamples, xSamples)를 계산하고 샘플링과 보간을 수행하기 위해 주어진 sam-

pling() 함수를 호출한다. 범주는 [-ySamples ~ +ySamples], [-xSamples ~ +xSamples] 범위 내에 있지만 이미지 가장자리의 화소는 데이터 영역을 벗어날 수 있으므로 크기 조절을 수행한다(32~48행). 범주 내 있는 화소들의 값을 모두 더하면 평균값을 구할 수 있다(50~67행).

여기서는 다루지 않았지만, 샘플링할 화소 수가 2보다 작은 경우에는 이중 선형 보간법을 즉시 적용할 수 있을 것이다. 이를 위해, sampling()을 인터페이스를 통해 필터로 구성하면 유연성을 확보할 수 있다. 필터를 도입하는 이유는 최적의 샘플링 방식을 선택·적용하기 위함이다. 샘플링 대상 화소수와 위치는 품질뿐 아니라 성능에도 영향을 주기 때문이다. 따라서, 성능을 우선한 필터, 품질을 우선한 필터 등 여러 가지 샘플링 필터를 구현하고, 시스템이나 사용자 요구에 맞춰 샘플링을 선택적으로 수행할 수 있다.

4.4 기하 변환

2D UI 환경에서 기하 변환은 이미지 스케일링과 함께 이미지 형태를 변환하는 작업이다. 기하 변환은 화면에 출력할 이미지의 네 꼭짓점 위치를 각기 다른 위치로 이동시키며, 결과적으로 2D, 3D 회전과 같은 효과를 만들어 낼 수 있다. 이를 위해 주어진 수식을 통해 객체의 꼭짓점 위치를 변환하고 이들 점을 이어 도형 윤곽을 결정한다. 마지막으로 도형 윤곽 내에 이미지 화소를 매핑함으로써 기하 변환을 완성한다.

4.4.1 회전

회전 효과는 UI에서 많이 다루는 기능 중 하나이므로, 쉬운 인터페이스를 제공하여 앱이 UI 효과를 빠르게 구현할 수 있도록 돕는다. 가령, 앱은 UI 객체에 회전 각도를 바로 지정할 수 있을 것이다. 코드 4.13은 버튼을 회전하는 호출 예시를 보여준다.

코드 4.13 UI 컴포넌트 회전 구현 예

```
01  // 버튼을 z축 중심으로 45도 회전. rotate() 매개변수는 x, y, z축 회전 각도
02  button.rotate(0, 0, 45)
```

rotate() 기능을 제공하는 엔진 내부에서는 오일러(Euler)나 사원수(Quaternion)를 이용하여 회전 효과를 구현할 수 있다. 오일러 회전의 경우 x, y, z 각 축의 회전 행렬을 결합하여 최종 변환 행렬을 생성한다. 이미지를 구성하는 각 화소는 이미지 중심(또는 회전 중심점)을 원점으로 화소를 향하는 3D 벡터를 구하고, 이를 최종 행렬과 곱해서 회전된 위치의 화소를 구할 수 있다. 이때 4.3.2에서 학습한 이중 선형 보간을 적용하면 화소 손실로 발생할 수 있는 품질 저하를 방지할 수 있다.

$$R_x(\theta) = \begin{bmatrix} 1 & 0 & 0 \\ 0 & \cos\theta & -\sin\theta \\ 0 & \sin\theta & \cos\theta \end{bmatrix} \quad R_y(\theta) = \begin{bmatrix} \cos\theta & 0 & \sin\theta \\ 0 & 1 & 0 \\ -\sin\theta & 0 & \cos\theta \end{bmatrix} \quad R_z(\theta) = \begin{bmatrix} \cos\theta & -\sin\theta & 0 \\ \sin\theta & \cos\theta & 0 \\ 0 & 0 & 1 \end{bmatrix}$$

수식 4.1 x, y, z 회전 행렬

4.4.2 원근법

UI 구현 시 3D 효과를 만들기 위해서 원근법(Perspective)은 필수다. 전통적인 3D 그래픽스에서 사용하는 로컬→(월드)→뷰→투영 모델은 3차원 공간을 공유하는 다수의 3D 모델을 하나의 카메라 관점에서 바라보고, 그 결과를 2차원 공간에 투영하여 표시한다. UI 시스템에서는 2D 출력을 요구하는 UI 객체는 직교 투영(Orthogonal Projection)식을 이용하되, UI 객체가 3D 출력을 요구할 경우에는 원근 투영(Perspective Projection)식을 적용함으로써 2D와 3D가 같은 공간에 합성될 수 있도록 지원할 수 있다.[11] 만일 3D 게임 혹은 혼합 현실(Mixed Reality)과 같은 일부 특수 목적의 시스템처럼 월드 공간 내에서 한 객체와 다른 객체의 z축에 따른 렌더링 우선 순위를 염두에 두어야 한다면 앞서 설명한 3D 렌더링 모델이 적합하다.

2D가 주인 전통적인 UI 시스템에서는 2D 렌더링 모델을 적용하고, 필요 시 일부 UI 객체만 3D 렌더링 모델을 적용할 수 있다. 기본적으로 이 시스템은 3D 렌더링 기능을 최소화함으로써 시스템을 가볍게 유지한다. 예를 들어, 3D가 주인 그래픽 시스템은 다양한 그래픽 출력 기능과 함께 대용량 데이터의 3D

---

11 3차원 렌더링 모델 및 파이프라인은 3D 그래픽스 기본서를 참고하자.

그래픽을 수용하기 위해 복잡한 절차의 렌더링 파이프라인을 구축한다면, UI 시스템은 상대적으로 단순한 기능만을 요구한다. UI 시스템에서의 각 3D 객체는 개별적으로 주어진 뷰포트(Viewport)[12]와 투영 공간 정보를 토대로 렌더링을 수행할 수 있는데 이때 각 UI 객체는 서로 다른 차원 공간에 있으므로 독립적이다. 이는 UI 객체를 모듈로서 재활용할 때 출력 결과물을 보장하는 장점이 있지만 UI 객체간 화소 단위의 깊이 테스트(depth-test)를 수행할 수 없는 제약도 존재한다. 이러한 제약은 두 객체가 z축을 기준으로 서로 겹쳐 있을 때 이미지 왜곡을 유발할 수 있다(그림 4.30).

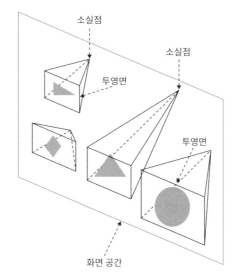

그림 4.29 객체마다 독립적인 뷰-투영 모델 보유

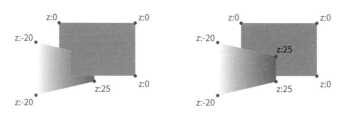

그림 4.30 픽셀 단위의 깊이 테스트 결과(좌: on, 우: off)

12 UI 객체의 바운딩 박스를 뷰포트로 활용할 수 있다.

원근 투영을 구현하기 위해서는 투영 공간 영역과 깊이 값이 필요하다. 투영 공간은 UI 객체가 놓인 2D 평면에 해당하고 깊이 값은 z축상의 어느 한 지점에 해당한다. 그리고 소실점은 화면에서 표시 가능한 거리의 끝을 가리키는 한 점에 해당하는데 이는 어떤 사물이 점으로 수렴하는 지점으로 볼 수 있다. 따라서 객체의 z 값이 소실점 범위를 벗어난다면 점 이하의 크기가 되어 화면에 출력되지 않는다.

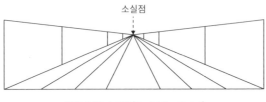

그림 4.31 소실점(Vanishing Point)

코드 4.14 원근법 설정 예

```
01  /* 원근법 정보 설정. 초점의 위치와 소실점 거리 지정 */
02  obj.perspect = {focalX, focalY, distance}
```

투영된 정점의 최종 위치는 변환을 수행한 객체의 정점 위치로부터 소실점까지의 거리를 토대로 계산할 수 있다. 만약 회전을 수행한 객체라면 회전 변환을 수행한 정점을 적용한다. 따라서 초점 위치로부터 변환된 정점을 향하는 네 xy 벡터를 구하고 각 정점의 z 값을 distance로 나눈 값을 벡터 길이로 활용할 수 있다.

$$V_{proj} = \|\overrightarrow{focal_{xy}V_{xy}}\| \times (V_z \ / \ distance)$$

수식 4.2 정점의 투영 변환식

4.4.3 텍스처 매핑

텍스처 매핑(Texture Mapping)은 이미지를 임의의 기하 형태로 출력할 수 있도록 기술을 제공한다. 재질을 씌우는 개념으로 접근할 수도 있는데 전통적인 3D 그래픽스에서는 텍스처 매핑 기술을 이용해 기하 정보(Polygon)에 이미지를 매핑함으로써 재질감을 부여한다. 일반적으로 2D UI를 출력하는 렌더링 엔진에서는 텍스처 매핑이 출력하고자 하는 UI를 임의 형태로 변환, 출력할 수 있게끔 도와주므로 비주얼 효과 등의 목적으로 활용할 수 있고 3D 모델 출력에도 활용할 수 있다.

텍스처 매핑은 실제로 UI에서 이미지 회전이나 전단(Shear) 변환 등을 수행할 때 유용하다. 가령 UI가 z축을 중심으로 45도 회전한다면 해당 UI 이미지는 직사각형에서 마름모 형태로 변환된다. 이 경우 마름모에 UI 이미지를 매핑하여 원하는 결과물을 표현할 수 있다.

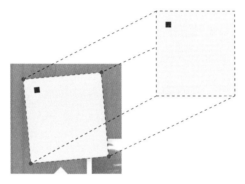

그림 4.32 텍스처 매핑

텍스처 매핑의 인터페이스 설계는 도형을 구성하고 도형 각 정점(Vertex)에 매핑할 텍스처 좌표를 지정하는 것에서 시작할 수 있다. 대중적인 3D 출력 시스템에서는 텍스처 매핑을 위해 도형 정점마다 텍스처 좌표 UV 값을 추가로 입력하도록 한다. 이후 래스터 단계에서 정점에 종속된 텍스처 좌표를 참고하여 도형에 채워질 이미지 화소를 계산한다. 텍스처 좌표 값 UV는 매핑할 이미지 공간을 정규화한 0~1 사이의 값으로 설정할 수 있다.

코드 4.15 텍스처 매핑 사용 예시

```
01  /* UIQuad은 사각형을 출력하기 위한 인터페이스
02     이때 정정 입력 순서는 시계 방향(Clock-Wise) */
03  quad = UIQuad():
04     // 네 정점 좌표 {x, y, z} 지정. 인덱스는 정점 순서를 가리킴
05     .coord[0] = {200, 0, 0}
06     .coord[1] = {400, 50, 0}
07     .coord[2] = {400, 100, 0}
08     .coord[3] = {200, 150, 0}
```

```
09
10    // 텍스처 좌표 지정
11    .uv[0] = {0, 0}  // 이미지 좌측 상단
12    .uv[1] = {1, 0}  // 이미지 우측 상단
13    .uv[2] = {1, 1}  // 이미지 우측 하단
14    .uv[3] = {0, 1}  // 이미지 좌측 하단
15
16    // 매핑할 텍스처 리소스
17    .path = "texture.png"
```

코드 4.15는 사각형 모델을 하나 생성한 후 여기에 texture.png를 매핑하는 예
시다. 여기서 도형에 매핑할 텍스처가 반드시 이미지 리소스일 필요는 없고 임
의의 UI 객체가 될 수도 있을 것이다. 이해를 돕기 위해 그림 4.33을 참고하자.

코드 4.16 텍스처 매핑 대상으로 UI 객체 지정

```
01    // 코드 4.15와 동일하게 Quad의 정점과 텍스처 좌표 설정
02    quad = UIQuad()
03    ...
04    // 매핑할 텍스처로서 버튼 컴포넌트 생성
05    button = UIButton()
06    ...
07    // 매핑 대상 지정
08    quad.source = button
```

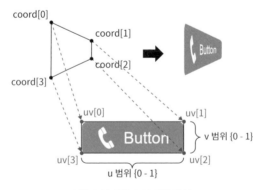

그림 4.33 코드 4.16 매핑 구현

그림 4.33에서 coord[0]~[3]은 투영 변환을 마친 정점에 해당하며 이들은 x, y
위치 정보만 갖는다. 이때 투영된 정점을 외곽선으로 연결하면 렌더링 엔진이

화면에 출력해야 할 최종적인 도형의 윤곽을 구할 수 있다. 이 도형의 윤곽에 맞춰 이미지의 화소를 채우는 작업이 텍스처 매핑 구현의 핵심이다.

텍스처 매핑 구현은 변환을 마친 도형을 기준으로 해당 도형을 채우는 화소를 Span[13](행 단위)으로 분리하면서 시작한다. 이때 각 Span의 시작과 끝점 위치는 도형을 구성하는 네 정점 간 보간식을 통해 구할 수 있고, 동일한 방법으로 Span의 시작과 끝 지점에 매핑될 텍스처 좌표도 계산할 수 있다. 다음으로 각 Span을 텍스처 원본 이미지 공간으로 변환하는데, 핵심은 원본 이미지에서 Span을 채우는 화소 위치를 찾는 것이다.

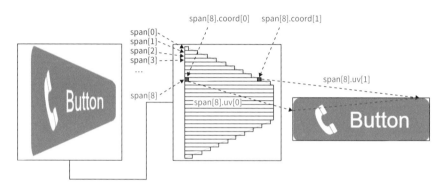

그림 4.34 Span 정보 기반 텍스처 매핑 도식화

그림 4.34에서 임의 변환을 수행한 도형으로부터 Span 정보를 구축하고 그중 한 Span에서 시작점과 끝점에 위치하는 텍스처 좌표를 찾는 과정을 볼 수 있다. 주목할 점은 Span이 해당 행의 시작점(coord[0])과 끝점(coord[1]) 그리고 시작점이 가리키는 텍스처 좌표(uv[0])와 끝점이 가리키는 텍스처 좌표(uv[1])를 기록하는 부분이다.

Span의 시작점과 끝점은 도형의 정점을 연결하는 외곽선과의 교차점에 해당한다. 핵심은 그림 4.35와 같이 도형의 모서리에 해당하는 두 정점으로부터 방향 벡터(coord[0] − coord[3])를 구하고, coord[0]을 원점으로 하여 계산하고자 하는 Span까지의 y축 거리(span[8].coord[0].y − coord[0].y)를 구한다. 그리고 동일하게 방향 벡터로부터 y축 증감 비율만큼 x 좌표값을 증감시키면 최종 교

---

13 3.7.1절 "RLE 최적화"에서 다뤘다.

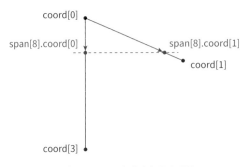

그림 4.35 Span의 시작과 끝점 위치

차점(span[8].coord[0])을 구할 수 있다. 이 계산 과정을 다른 교차점에도 동일하게 적용해야 하므로 도형을 구성하는 다른 모서리에 대해서도 반복한다. 이 과정에 정점 순서를 y값 기준으로 정렬하고 때에 따라 도형을 작게 분리해서 계산을 수행할 수도 있다.

각 Span의 교차점을 모두 구한 후에는 교차점에 해당하는 텍스처 좌표(uv)를 구한다. Span의 시작과 끝점을 구한 것과 같은 원리를 적용하면 가능하다. 그림 4.35의 coord를 uv로 대체하면 된다. 참고로 코드 4.15의 UIQuad는 네 정점의 위치(coord)뿐만 아니라 텍스처 좌표(uv)도 입력받아 보유하고 있다.

Span의 uv 좌표까지 구했다면 Span을 채우는 화소 값을 구해야 한다. 이를 위해 Span의 시작과 끝점을 이용하여 텍스처 공간 벡터인 vTex와 그 길이를 구한다. 그 다음 Span 길이와 vTex 길이의 비율을 확인하여 오프셋을 결정한다. 오프셋은 텍스처 공간에서 vTex의 화소 이동 거리로 활용할 수 있다. 정리하자면, Span의 화소를 채우는 작업을 수행하기 위해서는 Span 길이만큼 반복문을 수행하면서 화소를 결정하는데, 이때 화소는 텍스처 공간에서 vTex가 가리키는 방향으로부터 이동한 거리(반복문 횟수 × 오프셋)만큼 위치한 화소에 해당한다.

코드 4.17은 그림 4.36의 핵심을 구현한다.

코드 4.17 Span에 매핑할 텍스처 화소 결정부

```
01  /* Span[8]의 px[5](여섯 번째 화소)를 구해 보자.
02      먼저 px[5]에 대응하는 vTex의 화소 위치를 찾기 위해 비율을 계산 */
03  pxPos = 6 / (spans[8].coord[1] - spans[8].coord[0])
04
```

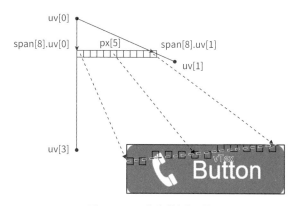

그림 4.36 Span에 매핑할 화소 찾기

```
05  /* Span[8]에 매핑할 텍스처 공간의 벡터를 구한다. */
06  vTex = spans[8].uv[1] - spans[8].uv[0]
07
08  /* vTex의 방향 벡터를 구한다. */
09  vTexNorm  = Math.normalize(vTex)
10
11  /* 마지막으로 vTex에서 pxPos에 위치하는 텍스처 좌표를 찾는다. */
12  texCoord = vTexNorm * pxPos
```

코드 4.17에서 구한 texCoord는 텍스처의 화소 위치에 해당한다. 달리 말하면, 이미지 데이터로부터 texCoord만큼 떨어진 위치의 이미지 화소가 px[5]에 기록해야 할 화소 값이다. 엄밀히 말하면 texCoord는 정규 값에 해당하므로 texCoord에 이미지 데이터의 해상도 크기를 곱해줘야 한다.

투영된 도형의 해상도는 매핑을 수행할 텍스처 해상도와 다르기 때문에 텍스처 매핑 결과물은 이미지 스케일링 결과가 반영되었다고 볼 수 있다. 벡터 연산을 통해 도출한 texCoord 값은 정숫값이 나오지 않으므로 texCoord를 정숫값으로 취급한다면 포인트 샘플링과 동일한 수준의 텍스처 품질을 갖게 된다. 따라서 텍스처 품질을 개선하기 위해서는 텍스처 매핑에도 4.3절에서 학습한 이중 선형 보간과 화소 샘플링을 동일하게 적용해야 한다. 이를 위해 texCoord 값을 실수형으로 설정하고 소수점 이하 값은 화소 간 보간에 이용할 가중치 값으로 활용하면 된다. 지금까지 텍스처 매핑의 개념과 기본 구현 방법을 학습하였다. 앞서 살펴본 방법은 선형 수학을 사용하여 픽셀 매핑 과정을 수행하며, 회전과 같은 2D UI의 기하 변형을 표현하는 데 충분한 기술을 제공한다. 그러나 입체적인 3D 메시(Mesh) 같은 경우에는 더 정교한 매핑 계산 과정이 필요하다. Z 축 거리를 기반으로 추가 보정 계산 과정이 필요하며, 이러한 개선된 매핑 방법은 미카엘 캄스(Mikael Kalms)의 원근 텍스처 매핑 논문[14]을 참고한다.

4.4.4 안티에일리어싱

4.3절에서 다룬 이미지 품질 개선과 별개로 도형 외곽선 품질을 개선하기 위해서 안티에일리어싱(Anti-Aliasing, 줄여서 AA) 기술을 적용할 수 있다. 이는 임의 형태의 도형에 텍스처 매핑을 수행할 경우에도 해당하며 도형 내부 화소와 달리 도형 외곽선은 여전히 계단 현상이 발생한다. AA를 적용하는 다양한 기술이 존재하지만 여기서는 잘 알려진 공간적(Spatial) AA 범용 기술 두 가지와 후처리(Post) AA에 해당하는 독자적인 구현 사례를 설명한다.

슈퍼 샘플링(SSAA, Super-Sampling AA)

FSAA(Full Scene Anti-Aliasing, 전체 장면 안티에일리어싱)에 해당하며, 구현 방법은 단순하지만 품질 개선 효과는 탁월하다. 화면 해상도보다 N배 큰 해상도[15]로 전체 장면을 그린 후 화면 해상도로 장면을 축소하여 출력하는 원리다. 이 과정에서 N개 화소를 샘플링하고 이들을 합산한 후 중간 값의 최종 화소를 도출함으로써 장면 내에 존재하는 모든 계단 현상을 개선한다. 가령 N이 4라면 2×2 정규 격자를 이용하여 샘플링을 수행하고 여기서 얻은 4개 화소의 평균값을 적용한다. 이 구현 원리는 4.3.2절 "이중 선형 보간"에서 학습한 바 있다.

```
Result = (px1 + px2 + px3 + px4) / 4
```

실제 비디오 게임 및 일부 시스템에서 고품질 영상을 위해 슈퍼 샘플링 기법을 도입한다. 원리는 단순해도 N배 해상도 장면 정보를 생성하고 이를 축소

---

14 *https://www.lysator.liu.se/~mikaelk/doc/perspectivetexture/*
15 N의 표준 값은 4: 가로 2x, 세로 2x

하기 때문에 리소스 사용량과 렌더링 프로세싱 부담이 큰 편이다. 참고로, 2D 기반의 UI 시스템에서는 장면 이미지만 필요하지만 게임과 같은 3차원 영상일 경우 색상 외에도 깊이, 스텐실 등 추가적인 버퍼 모두 N배 크기가 필요하다.

멀티 샘플링(MSAA, Multi-Sampling AA)

멀티 샘플링은 이중 선형 보간과 화소 샘플링 개념과 크게 다르지 않다. 출력할 화소에 지정된 샘플링 필터를 적용하여 화소 값의 가중치를 결정하는 방식을 사용한다. 특히 이 샘플링 과정은 전체 화소에 적용하지 않고 도형의 외곽선에만 선별적으로 적용할 경우 성능면에서 더 효율적이다. 적용한 샘플링 필터를 통해 화소가 도형 내부에 있는지 외부에 있는지 판별할 수 있으며, 슈퍼 샘플링처럼 장면 이미지를 N배로 확대할 필요가 없다. 도형의 외곽 정보를 식별하는 과정은 4.4.3절의 텍스처 매핑에서 이미 학습한 바 있다.

멀티 샘플링에서 샘플링 필터는 품질과 성능에 영향을 미치는 중요한 요소이다. 따라서 렌더링 엔진은 다양한 버전의 샘플링 필터를 제공하여 UI 앱이나 시스템이 품질과 성능 사이에서 균형을 선택할 수 있는 기회를 제공할 수 있다.

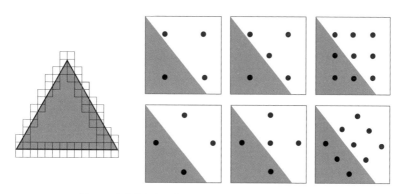

그림 4.37 멀티 샘플링 수행 영역과 여러 방식의 샘플링 필터 적용 결과

앞서 살펴본 대표 AA 기법 외에 커스텀 구현 사례를 하나 소개한다. 잘 알려진 기술과 별개로 그래픽 엔진 목적과 특수성을 고려하여 독자적으로 구현할 때도 종종 있는데, 이 경우 시스템에 최적화한 솔루션을 도입할 수 있다.

FEAA(Fast Edge-Feathering AA)는 4.4.3절에서 살펴본 Span 기반의 도형에서 텍스처 매핑 품질을 개선하기 위해 필자가 직접 고안한 AA 기법이다. FEAA의 핵심은 Span 각 행의 시작과 끝이 도형의 외곽선에 위치하므로 이 양 끝점을 대상으로 AA 작업을 수행하는 것이다. 이미 완성된 Span 정보를 그대로 활용하므로 별도의 경계선 검출을 위한 추가 작업도 필요 없다. 특히 도형 단위로 AA를 적용하기 때문에 필요한 도형만 선택적으로 AA를 적용할 수 있는 장점이 있다. 이러한 장점은 전체 장면이 아닌, 기하 변환을 수행한 UI 객체에만 따로 AA를 적용할 수 있어서 효율적이다.

그림 4.38 FEAA 적용 결과(좌: 적용 전, 우: 적용 후)

FEAA는 기존 Span 데이터를 통해 화소의 위치와 색상을 결정하므로 Span 시작과 끝점에 적용할 AA 단위 농도(Coverage)만 추가로 결정하면 된다. 이를 위해 Span 목록에서 외곽선에 해당하는 시작과 끝점이 어떤 패턴으로 나열되어 있는지 추적하고, 이를 토대로 외곽선 화소의 투명도를 결정한다.

알고리즘을 자세히 살펴보자. 먼저 최상단 꼭짓점을 기준으로 도형을 좌우 영역으로 분할한다. 다음으로 좌측 외곽선을 도형의 최하단 꼭짓점까지 따라가며 진행 방향을 살핀다(그림 4.39). 이때 진행 방향이 변경될 때마다 외곽선을 분리하고 각 외곽선 길이를 계산한다. 외곽선 길이를 AA 단위 농도로 활용하는데 이 값은 화소당 투명도 증감 단위로 볼 수 있다. 최종 단계에서 외곽선을 그릴 때, 외곽선 화소마다 앞서 판정한 단위농도를 투명도로 적용하여 출력한다. 이는 곧 배경 이미지와 합성에 활용되므로 외곽선의 색상 농도에 영향을 준다.

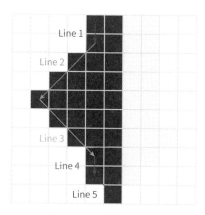

그림 4.39 FEAA 외곽선 진행 방향

외곽선 방향은 크게 일곱 방향으로 구분할 수 있으며 각 방향에 맞는 투명도 결정식을 적용한다. 더 높은 품질을 고려한다면 방향을 더 세분화할 수도 있 다. 좌측 외곽선과 우측 외곽선은 동일한 알고리즘으로 수행한다.

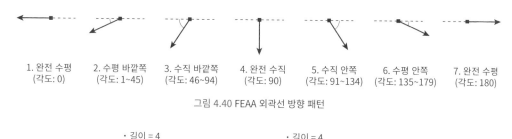

| 1. 완전 수평 (각도: 0) | 2. 수평 바깥쪽 (각도: 1~45) | 3. 수직 바깥쪽 (각도: 46~94) | 4. 완전 수직 (각도: 90) | 5. 수직 안쪽 (각도: 91~134) | 6. 수평 안쪽 (각도: 135~179) | 7. 완전 수평 (각도: 180) |

그림 4.40 FEAA 외곽선 방향 패턴

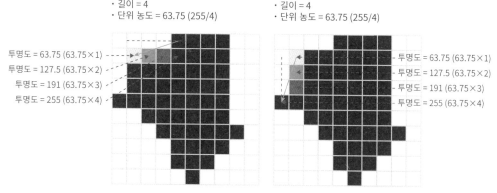

그림 4.41 외곽선의 진행 방향과 길이를 토대로 화소 농도 결정

정리하면, FEAA는 회전과 같은 변환을 수행한 단일 이미지 또는 UI 객체의 외곽선 품질 개선에 효과적인 기법으로, Enlightenment[16]나 ThorVG[17] 그래픽스 렌더링에서 활용되고 있다. 관심이 있다면 관련 웹 페이지 글[18]을 참고하자.

4.5 이미지 합성

렌더링 엔진은 개별 UI 이미지를 합성하여 최종 장면을 생성한다. 합성은 UI 객체와 배경 이미지 또는 UI 객체끼리 수행할 수 있다. 여기서 이미지 합성을 콤퍼지션(Composition) 또는 블렌딩(Blending)이라고도 하는데 합성을 통해 두 개 이상의 장면을 같은 영역에 출력할 수 있다. 이미지 합성의 핵심은 합성하는 두 이미지의 화소 값과 합성식에 있다. 간단한 예로 알파 블렌딩에서 배경 이미지 위에 반투명한(Opacity=50%) 이미지를 출력한다면 두 이미지의 색상 농도를 반으로 줄인 다음 이를 합산하여 그린다.

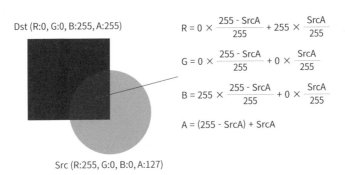

그림 4.42 알파 블렌딩 수행

이미지 합성을 위해서는 렌더링 엔진이 알파 채널을 가진 이미지 색 공간을 지원해야 한다. 여기서 이미지를 구성하는 각 화소의 알파 값은 투명도를 결정한다. 32비트 그래픽 출력 시스템에서 RGBA 각 채널은 8비트의 메모리 공간을 할당받고, 0~255 사이의 값을 허용한다. 따라서 이미지 각 화소의 투명도

---

16 *https://www.enlightenment.org*
17 *https://www.thorvg.org*
18 *https://uigraphics.tistory.com/1*

는 0~255 사이에서 결정할 수 있으며, 0이면 해당 화소는 완전 투명(Transparent), 255이면 완전 불투명(Opaque)으로 간주한다.

앞서 살펴본 벡터 기반의 도형은 물론 이미지 파일로부터 생성한 이미지 데이터, 그리고 텍스처 매핑을 수행한 도형 이미지도 렌더링 엔진은 모두 동일 데이터 포맷(RGBA)로 변환할 수 있다. 이를 통해 색 공간이 서로 다를지라도 이미지 합성을 호환하며 구현 방법에 따라 서로 다른 색 공간을 유지하면서 합성을 즉시 수행할 수도 있다. 이 경우 합성 함수에서 변환을 즉시 수행한다.[19]

그림 4.43은 이미지, 텍스트, 벡터 엔진에서 생성한 이미지를 각각 버퍼 메모리(buffer)에 기록하여 이미지 렌더러에 전달하고, 이미지 렌더러는 각 이미지를 합성하여 최종 화면 이미지를 생성하는 과정을 예시로 보여준다. 이때 생성한 이미지는 최종 출력 장면으로 사용하거나 이를 다시 이미지 렌더러로 보내어 또 다른 이미지와 합성한다.

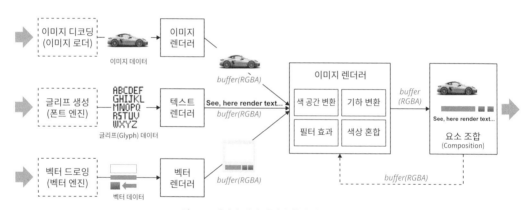

그림 4.43 렌더링 엔진 이미지 합성 단계 수행

4.5.1 알파 블렌딩

알파 블렌딩은 이미지 합성의 대표적인 방법으로 서로 다른 두 이미지의 색상을 알파 값을 이용하여 혼합하는 기술이다. 핵심은 두 색상의 합성을 결정하는 비율에 있는데 이 비율을 알파 값(투명도)으로 결정한다. RGB 색 공간에 알파

---

19 색 공간 변환은 4.1.3 "색 공간"을 참고한다.

채널을 추가한 RGBA 색 공간은 렌더링 엔진에서 많이 사용되는 화소 구성이다. 알파 값 개념은 1970년 후반 앨비 레이 스미스(Alvy Ray Smith)가 처음 소개했다. 1984년에는 토마스 포터(Tomas Porter)와 톰 더프(Tom Duff)가 12개의 알파 블렌딩 방식을 언급한 논문을 발표했고, 이후 알파 블렌딩은 더욱 다양한 방법으로 확장되었다. 이러한 방법은 두 화소의 합성 수식과 연관이 있으며 OpenGL 명세서에 제시한 블렌딩 수식만 하더라도 20여 개에 달한다.

알파 블렌딩은 블렌딩할 두 이미지 즉, 소스(Source)와 대상(Destination) 그리고 이들을 합성할 수식(그림 4.42)이 필요하다. 소스는 추가하려는 이미지를, 대상은 소스가 그려질 이미지를 가리킨다. 대상 이미지에 소스 이미지를 추가하면 두 이미지가 합성된다. 수채화를 그릴 때 캔버스에 덧칠하는 과정을 상상해 보면 이해하기 쉽다. 이러한 개념을 바탕으로 렌더링 엔진은 소스와 대상을 알파 블렌딩 식을 구현한 함수로 전달해 최종 색상을 도출한다.

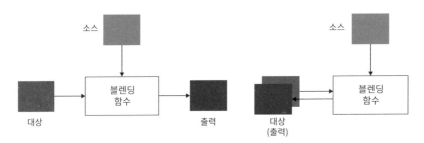

그림 4.44 알파 블렌딩 함수 과정

그림 4.44는 블렌딩 함수를 수행하는 두 가지 경우를 보여준다. 소스와 대상을 각각 입력으로 받아 출력 버퍼에 합성한 이미지를 기록하는 것과(왼쪽) 소스를 입력으로 받고 대상 이미지가 기록되어 있는 출력 버퍼와 바로 합성하는 방식이다(오른쪽). 성능 측면에서 보자면 오른쪽의 합성 구조가 효율적이므로, 대상 이미지를 재사용하지 않는다면 가급적 오른쪽의 방식으로 설계하는 것이 바람직하다.

코드 4.18 알파 블렌딩 함수

```
01  /*
02   * 알파 블렌딩 구현
```

```
03    * 블렌딩 식: (DstRGB * (1 - SrcA)) + (SrcRGB * SrcA)
04    * @p src: RGBA32
05    * @p dst: RGBA32
06   */
07   comp(src, dst):
08     RGBA32 out
09     out.r = dst.r * ((255 - src.a) / 255) + (src.r * (src.a / 255))
10     out.g = dst.g * ((255 - src.a) / 255) + (src.g * (src.a / 255))
11     out.b = dst.b * ((255 - src.a) / 255) + (src.b * (src.a / 255))
12     out.a = (255 - src.a) + src.a
13
14     return out
```

코드 4.18은 두 색상을 합성하는 알파 블렌딩 함수를 구현한 것이다. 소스(src)와 대상(dst) 색상을 입력받고 지정된 수식에 따라 색상을 합성한다.

```
Result = (Dst Color * (1 - Src Alpha)) + (Src Color * Src Alpha)
```

블렌딩 식에서 색상 범위는 0~1로 가정한다. 수식에서 소스 이미지의 투명도가 20%라면 대상 이미지의 투명도는 80%를 적용하며 Out = Dst * 0.8 + Src * 0.2로 이해할 수 있다. 단, 실제 채널당 색상 값은 0~255 구간에 해당하므로 0~1은 0~255로 매핑한다.

코드 4.18의 comp()는 렌더링 엔진에서 도형 또는 이미지를 그릴 때 호출할 수 있다. 코드 4.19는 코드 3.6의 사각형 그리는 로직에 comp()를 적용한 코드다.

코드 4.19 블렌딩을 적용한 도형 드로잉

```
01   /*
02    * 사각형 그리는 작업 수행
03    * @p buffer: NativeBuffer
04    * @p rect: Geometry
05    * @p clipper: Geometry
06    * @p fill: UIFill
07    * @p comp: UICompositor
08   */
09   VectorEngine.drawRect(buffer, rect, clipper, fill, comp, ...):
10     ...
11     // 버퍼 영역을 벗어나지 않도록 클리핑 수행
```

```
12    clipped = intersect(rect, Geometry(0, 0, buffer.width,
                                    buffer.height))
13
14    // 제시된 클리퍼를 대상으로 추가 클리핑 수행
15    clipped = intersect(clipped, clipper)
16    // src는 사각형 색상, dst는 사각형이 그려질 대상
17    src = fill.color
18    for y : [clipped.y ~ (clipped.y + clipped.h)]
19      for x : [clipped.x ~ (clipped.x + clipped.w)]
20        dst = bitmap[y * stride + x]
21        // comp()는 src와 dst에 알파 블렌딩을 수행한 결과를 반환
22        bitmap[y * stride + x] = comp(src, dst)
```

코드 4.20은 UI 객체에 블렌딩을 적용하기 위한 API 호출 과정을 보여준다.

코드 4.20 블렌딩 옵션 지정

```
01  // 대상 객체
02  dst = UICircle():
03    .position = {200, 100}
04    .radius = 100
05    .fill = UIFillSolid(233, 30, 90, 255)
06
07  // 소스 객체
08  src = UIRect():
09    .geometry = {100, 200, 200, 200}
10    .fill = UIFillSolid(33, 150, 243, 127)
11    .compMethod = UIComposition.AlphaBlend  // 블렌딩 옵션 지정
```

코드 4.20에서는 src와 dst를 직접 명시하지 않았지만 2.2.3절에서 다룬 레이어 개념을 통해 사각형이 원 위에 일정 부분 겹쳐 위치하게 되므로 두 객체 간 블렌딩 관계가 자연스럽게 설정된다.

블렌딩 옵션은 알파 블렌딩 외에도 다양하다. 블렌딩 식은 엄밀히 규정된 조항이 아니므로 필요하다면 새 수식을 통해 새로운 블렌딩 옵션을 정의할 수도 있다. 실제로 렌더링 엔진마다 블렌딩 옵션 종류[20]는 조금씩 차이가 있으며 안드로이드 플랫폼에서는 PorterDuff[21] 블렌딩 옵션을 제공한다.

---

20 *https://www.khronos.org/registry/OpenGL-Refpages/gl4/html/glBlendFunc.xhtml*
21 *http://developer.android.com/reference/android/graphics/PorterDuff.Mode.html#SRC*

Over

$$\alpha_{out} = \alpha_{src} + (1 - \alpha_{src}) * \alpha_{dst}$$
$$C_{out} = C_{src} + (1 - \alpha_{src}) * C_{dst}$$

Add

$$\alpha_{out} = max(0, min(\alpha_{src} + \alpha_{dst}, 1))$$
$$C_{out} = max(0, min(C_{src} + C_{dst}, 1))$$

Darken

$$\alpha_{out} = \alpha_{out} + \alpha_{dst} - \alpha_{src} * \alpha_{dst}$$
$$C_{out} = (1 - \alpha_{dst}) * C_{src} + (1 - \alpha_{src}) * C_{dst} + min(C_{src}, C_{dst})$$

Lighten

$$\alpha_{out} = \alpha_{src} + \alpha_{dst} - \alpha_{src} * \alpha_{dst}$$
$$C_{out} = (1 - \alpha_{dst}) * C_{src} + (1 - \alpha_{src}) * C_{dst} + max(C_{src}, C_{dst})$$

그림 4.45 블렌딩 종류 및 수식(Android PorterDuff Mode)

수행할 블렌딩 함수는 블렌딩 옵션에 맞게 교체할 수 있어야 한다. 여기에 새로운 블렌딩 옵션 추가, 확장이 가능해서 이에 맞춰 설계할 수 있다면 더 좋다. 이를 위해 조건문을 통한 분기보다는 다형성(Polymorphism)을 이용하거나 (절차지향 언어라면) 함수 테이블을 이용할 수 있을 것이다.

코드 4.21 다형성을 이용한 블렌딩 확장

```
01  /* Compositor 인터페이스. 입력과 출력을 정의 */
02  interface UICompositor:
03    /* @p src: RGBA32
04       @p dst: RGBA32 */
05    RGBA32 comp(src, dst)
06
07  /* Compositor 인터페이스를 기반으로 AddBlend 구현 */
08  UIAddBlend implements UICompositor:
09    override comp(src, dst):
10      ...
11      return out
12
13  /* Compositor 인터페이스를 기반으로 AlphaBlend 구현 */
14  UIAlphaBlend implements UICompositor:
15    override comp(src, dst):
16      ...
```

```
17     return out
18
19  /* 그 외 블렌딩 옵션 구현 */
20  ...
```

코드 4.22 블렌딩 옵션 지정

```
01  /* 특정 UI 객체에 AlphaBlend 지정 */
02  src = UIRect():
03    /* compMethod()에 익명(Anonymous)의 UIAlphaBlend 객체를 전달 */
04    .compMethod = UIAlphaBlend()
05    ...
```

코드 4.23 블렌딩 함수 호출 과정

```
01  /* UIObject는 블렌딩 옵션으로 UICompositor 객체를 전달받음
02     @p comp: UICompositor */
03  UIObject.compMethod(comp):
04    .comp = comp
05    ...
06
07  /* 이후 객체가 render()를 수행할 시 앞서 지정한 comp를 래스터라이저로 전달한다.
08     이 comp는 래스터 단계에서 호출된다(코드 4.19). */
09  UIRect.render(context, ...):
10    ...
11    context.engine.drawRect(..., .comp, ...)
```

4.5.2 마스킹

마스킹(Masking) 기술은 이미지 합성 범주에 속하며 보통 이미지의 일부 영역을 출력할 때 활용한다. 비슷한 개념으로 3.4.2절에서 배운 클리핑이 있지만 이는 보통 출력 영역을 사각 형태로 제한하거나 수식을 활용하여 출력할 도형의 기하학적 정보를 조작한다. 이와 반대로 마스킹은 이미지 화소를 이용하여 출력 영역 정보를 기록하고, 합성을 통해 이미지 출력 영역을 변경한다. 복잡한 형태의 클리핑 계산은 구현이 어려워 주로 사각형이나 원형일 때 활용하고, 그 외의 경우에는 마스킹 기술을 활용하는 것이 효과적이다.

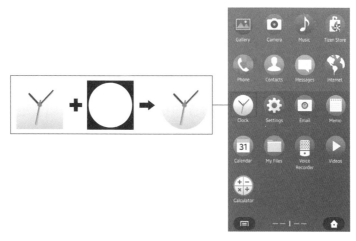

그림 4.46 마스킹 적용 예(타이젠)

그림 4.47의 마스킹 함수는 입력 데이터로 마스킹을 적용할 원본 이미지(소스)와 출력 영역 정보를 보유하고 있는 마스킹 이미지를 필요로 하며, 이 두 이미지를 마스킹 함수에서 합성한 후 반환한다.

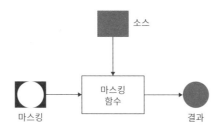

그림 4.47 마스킹 함수 수행 과정

일반적인 경우, 마스킹 이미지는 투명 정보만 취급하므로 최소 0과 1의 신호가 필요하다. 여기서 값이 0이면 보이지 않는 영역, 1이면 보이는 영역으로 간주할 수 있다. 따라서 마스킹 이미지는 화소당 최소 1비트 데이터를 요구하며 렌더링 시 각 비트의 값을 이용하여 해당 위치의 소스 이미지 화소가 화면에 그려질 대상인지 아닌지 판단한다. 하지만 1비트 마스킹 이미지는 잘라낸 소스 이미지 테두리 영역에 에일리어싱 문제를 남기므로 대개 유용하지 않다. 대신 마스킹 이미지를 8비트 색 공간의 알파 이미지 또는 그레이스케일 이미지

(4.1.3절)로 구현할 수 있다. 8비트 화소의 색 공간은 마스킹 이미지를 다루기에 충분하다. 정리하면 마스킹 화소 정보를 알파 값으로 간주하여 이를 소스 이미지에 적용한다. 이때 두 데이터 간 동일 위치에 있는 화소끼리 마스킹 연산을 수행하고 그 결과를 출력한다.

마스킹 함수 역시 정의에 따라 동작 결과를 달리할 수 있다. 만약 마스킹 이미지의 화소를 4바이트로 구성한다면 이미지를 잘라내는 기능 이상의 동작을 수행할 수 있다. 이 경우 마스킹 이미지는 알파 값뿐만 아니라 RGB 색상 정보도 다룰 수 있으며, 색상 블렌딩도 동시에 수행할 수 있다. 물론 기본 마스킹에 비해 데이터 크기와 연산량이 4배 커지므로 목적에 맞게 기능을 적재적소로 분리하여 수행해야 효율적이다.

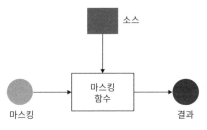

그림 4.48 마스킹 + 블렌딩 수행

마스킹 동작은 비용이 다소 비싼 작업이다. 원형 아이콘을 예로 들면 하나의 아이콘을 위해 마스킹 이미지를 추가로 준비해야 한다. 마스킹 이미지를 따로 준비하지 않았다면 렌더링 과정을 거쳐 마스킹 이미지를 동적으로 생성해야 한다. 이후 준비된 마스크 이미지는 소스 이미지와 마스킹 합성 작업을 거쳐 최종 아이콘을 생성한다. 최악의 경우 마스킹이 필요 없는 아이콘보다 두 배 이상의 메모리 사용과 데이터 처리 비용이 든다. 사실 마스킹 리소스를 벡터 데이터로 처리하더라도 렌더링 과정에서는 벡터로부터 마스킹 이미지를 생성하는 과정을 거치기 때문에 이미지 기반의 마스킹 데이터와 차이가 없다. 단순한 형태의 마스킹이라면 클리핑 방식으로 대체하거나 디자인 단계에서 마스킹 작업을 선처리하면 더욱 최적화된 UI 앱을 제작할 수 있다.

4.6 이미지 필터

필터(Filter)는 이미지 후처리(Post-Processing)[22] 기능 중 하나로 이미지에 특정 효과를 적용한다. 대표적인 예로 카메라 앱의 필터 기능이 있다. 필터 효과는 그레이스케일(Grayscale), 선명하게(Sharpen), 흐리게(Blur), 잔광(Glow), 그림자(Shadow) 등이 있으며 필터 조합에 따라 이미지 출력 결과물이 달라진다. 많은 경우 필터 효과를 앱 디자인 내지 기능 응용 단계에서 결정하므로, UI 시스템은 흔하게 쓰는 효과를 내장(Built-in) 기능으로 추가하고 그 외의 효과는 사용자가 직접 확장·구현할 수 있도록 인터페이스를 제공한다.

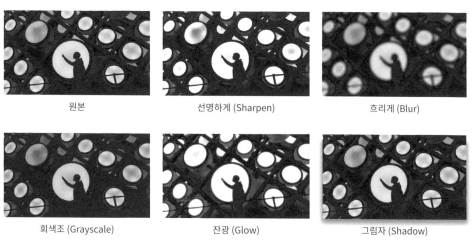

원본	선명하게 (Sharpen)	흐리게 (Blur)
회색조 (Grayscale)	잔광 (Glow)	그림자 (Shadow)

그림 4.49 이미지 필터 효과

일반적으로 필터 함수는 출력 준비를 끝낸 이미지 비트맵을 입력으로 받고 이를 변조한 후 결과값을 출력한다. 이러한 메커니즘은 이미지 합성과 유사하다. 차이점이라면 이미지 합성은 화소 단위의 정보를 요구하는 반면 필터 함수는 보통 필터를 적용할 장면 이미지 전체를 필요로 한다. 필터 함수는 그 목적에 따라 현재 출력할 화소 정보 외에도 주변 인접 화소 정보를 요구하기 때문이다. 가령 6.2.4절에서 다루는 가우시안 함수의 경우 인접 화소로부터 표준 편차를 구한다.

---

22 장면 이미지를 먼저 완성하고 그 정보를 이용하여 새로운 장면을 만들거나 특수 효과를 부여한다.

필터 함수는 내장 또는 사용자 커스텀 함수를 구축하여 동작할 수도 있고, 필터 시나리오에 따라 복수의 필터를 연속으로 수행할 수도 있다. 성능을 고려해야 한다면 후처리 기법을 회피하고 필터 입력에 사용할 화소 정보를 결정함과 동시에 필터 효과를 적용하여 렌더링 단계를 최소화할 수 있다. 물론 이러한 공격적인 최적화는 필터 기능에 의존하여[23] 범용성이 떨어지므로 기능 구현이 과도하게 복잡해질 수 있다.

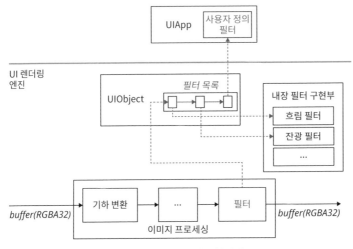

그림 4.50 이미지 필터 수행 과정

코드 4.24 **사용자 정의 필터 구현**

```
01  /* UserCustomFilter는 UIFilter 인터페이스를 구현 */
02  UserCustomFilter implements UIFilter:
03      /* 필터 수행 함수
04         @p in: RGBA32
05         @p coord: Point  */
06      override func(in, coord, ...):
07        RGBA32 out
08        /* 필터 동작을 수행하는 로직 작성. in으로 받은 화소를
09           변조하여 out에 기록. 구현 사례는 6.2.4절에서 다룬다. */
10        ...
11        return out
```

23 장면 전체 정보를 요구하지 않는 필터 기능에 해당한다.

코드 4.25 필터 기능 적용

```
01  content = UIImage():
02      // UI 객체에 사용자 정의 필터를 추가하고 내장 필터도 적용
03      .filters += UserCustomFilter
04      .filters += UIBlurFilter
```

코드 4.26 필터 수행 엔진 구현부

```
01  /*
02   * UIImage 렌더링 수행
03   * UIImage는 이미지를 출력하는 UIObject의 파생 타입
04   * @p context: RenderContext
05   */
06  UIImage.render(context, ...):
07      ...
08      // 필터를 적용할 장면 이미지를 보관할 버퍼
09      tmp = NativeBuffer(...)
10
11      // 출력 장면을 대상 버퍼(buffer)가 아닌 임시 버퍼(tmp)에 그림
12      ImageRasterizer.draw(tmp, ...)
13
14      /* 객체에 지정된 필터 목록(.filters())을 참조하여 필터 프로세싱 수행.
15         UIFilterProcessor.proc()은 filters()가 보유한 필터 목록을 차례로
16         수행하는 역할을 한다고 가정하고 결과적으로 장면 tmp로부터 필터
17         수행 결과물을 출력 버퍼(context.target)에 기록 */
18      UIFilterProcessor.proc(tmp, .filters, ..., context.target)
19      ...
```

코드 4.26에서 주목할 부분은 객체를 렌더링하는 시점에 필터를 적용하는 부분(18행)이다. 코드 이해를 돕기 위해 tmp라는 임시 버퍼를 이용하고 있지만 Image Rasterizer.draw() 내에서 필터 기능을 바로 수행하는 렌더링 시퀀스를 고려할 수도 있다. proc()의 두 번째 파라미터 .filters는 코드 4.25에서 앱이 추가한 필터 객체 목록이다. 이 목록을 UIFilterProcessor에 전달하여 필터 함수(UIFilter.func())가 순차적으로 호출되도록 한다.

만약 렌더링 엔진이 그래픽스 하드웨어 가속 기반으로 동작한다면 필터 수행 단계를 하드웨어 가속 동작 방식에 맞게 구성한다. 셰이더(Shader) 기술을 활용하는 그래픽스 시스템에서는 필터 함수를 셰이더 코드로 구현할 수 있다. 이를 위해 필터 구현 코드를 셰이더 바이너리로 미리 변환하고 런타임 단계에

서 이를 비디오 메모리에 적재한 후 GPU 동작 설계에 맞춰 필터 세이더 프로그램을 수행한다. 다만 커스텀 필터의 경우 사용자가 직접 세이더 코드를 작성하고 엔진에 추가해야 하는데 이 과정은 상대적으로 복잡해서 사용자(UI 앱 개발자)의 추가적인 학습이 필요하다. 따라서 UI 렌더링 엔진에 커스텀 필터 세이더를 쉽게 추가할 수 있도록 인터페이스를 고려하는 것이 좋다. 이 경우 엔진 내부 렌더링 과정 중 필터를 수행할 화소 정보와 장면 크기 등의 필수 정보를 사용자에게 전달할 수 있도록 인터페이스를 규격화해야 한다. 앱 개발자에게는 다소 진입 장벽이 있을 수 있으나 결과적으로 앱이 GPU 단계에서 필터 동작을 수행할 수 있으므로 CPU 가용성을 높일 수 있는 이점이 있다. 참고로 최신의 3D 그래픽스에서는 컴퓨트 세이더(Compute Shader) 기능을 제공함으로써[24] 사용자가 렌더링 파이프라인로부터 자유로운 계산 목적의 세이더를 적용할 수 있다.

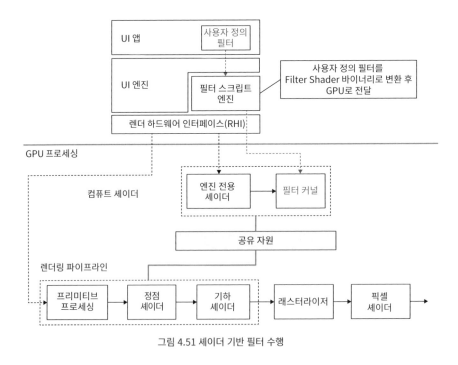

그림 4.51 세이더 기반 필터 수행

24 웹 GPU, 벌칸, 다이렉트3D 11, 오픈지엘 4, 오픈지엘 ES 3 등의 그래픽스 인터페이스

4.7 이미지 캐시

이미지 프로세싱은 UI 렌더링 엔진에서 많은 동작 비중을 차지한다. 캐싱을 통해 벡터 래스터라이징으로 생성한 이미지나 이미지 스케일링을 이용해 가공한 다른 해상도의 이미지를 재사용할 수 있다면 프로세싱 효율을 높일 수 있다. 여기서 이미지 캐싱(Caching)은 이미지만 전담한 캐싱 기능을 말하는데, 렌더링 엔진 내부에서는 이미지 캐시 관리자(Image Cache Manager)를 구현하여 이미지 데이터를 관리하고, 엔진 정책에 따라 비트맵 데이터를 재사용하거나 폐기할 수 있다.

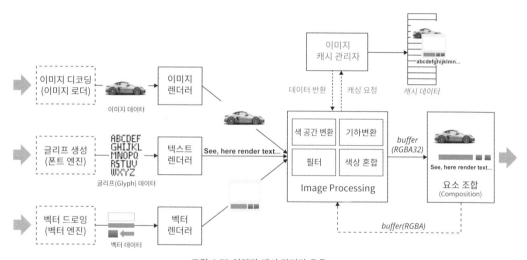

그림 4.52 이미지 캐시 관리자 운용

이미지 캐싱을 도입하기 위해 우선적으로 고려할 사항은 이미지 캐시 관리자가 캐싱할 대상 이미지 목록이다.

• 파일 또는 특정 소스로부터 불러온 원본 이미지
• 크기 변경 또는 기하 변환을 수행한 이미지
• 벡터 그래픽 엔진을 통해 생성한 도형 이미지
• 폰트 글리프 이미지
• 이미지 합성이나 후처리를 수행한 이미지(마스킹, 필터 등)

렌더링 엔진은 캐시 관리자를 통해 위 후보 중에서 재사용할 여지가 높은 이미지를 대상으로 캐싱을 수행하며 대상 목록과 우선 순위는 엔진의 목적에 따라 조율이 가능하다.

캐싱 메커니즘 적용 시 고려할 두 번째 사항은 캐시 적중률과 캐시 허용 크기다. 캐싱 작업은 메모리 사용량을 증가시키므로 조건 없이 이미지 캐시를 허용한다면 프로세스에서 메모리 사용 과부하가 발생할 수 있다. 따라서 캐시 관리자는 캐시를 허용할 최대 캐시 크기를 정해야 한다. 캐시 제약을 비트맵 개수로 결정한다면 최대 캐시 사용량은 가변적으로 결정된다. 예를 들어 캐시 가능한 이미지 최대 수를 50이라고 가정해 보자. 시나리오상 캐싱을 요구한 이미지 크기가 평균 100KB라면 사용한 캐시 메모리는 5MB 정도다. 반면 이미지 개수가 같아도 이미지 평균 크기가 4MB라면 사용한 캐시 메모리는 200MB가 될 수 있다. 따라서 캐시 메모리 크기의 일관성을 위해서는 캐싱을 수행할 이미지 개수가 아닌 이미지 총 크기를 지정하는 것이 안정적이다.

코드 4.27 프로그램에서 이미지 캐시 크기 지정

```
01  // 해당 프로세스에서 사용할 이미지 캐시 최대 크기 지정(예시: 50,000Kbytes)
02  UICanvas.ImageCacheSize = 50000
```

캐시 적중률(Cache Hit Ratio)도 중요하다. 캐시 적중률이 높은, 즉 재사용이 많은 데이터일수록 캐시 효과가 좋다. 하지만 재사용하지 않거나 거의 하지 않는 데이터는 캐시 공간만 차지할 뿐이다. 이미지 사용 여부는 런타임에 결정되므로 이미지 캐시 관리자는 어떤 이미지가 캐시 적중률이 높은지 사전에 판단하기 어렵다. 따라서 이미지 캐시 관리자는 런타임 중 캐시 적중 히스토리를 기록하고, 필요하면 캐시 적중이 낮은 데이터를 우선적으로 폐기 처분할 수 있다.

LRU(Least Recently Used) 알고리즘은 운영 체제의 메모리 관리를 위한 페이징 기법으로도 이용되지만, 이미지 캐싱에도 잘 맞는다. LRU 알고리즘을 이용하면 가장 오랫동안 사용되지 않은 이미지 데이터부터 폐기할 수 있다. 즉, 이미지 캐시 메모리가 꼭 찬 상태에서 새로운 이미지가 캐싱 대상으로 주어지면 기존에 캐싱된 이미지 중 가장 오랫동안 사용되지 않은 이미지를 폐기하고 새로운 이미지를 캐싱할 수 있도록 공간을 확보한다.

입력 순서: A > B > C > A > D > D > E > B

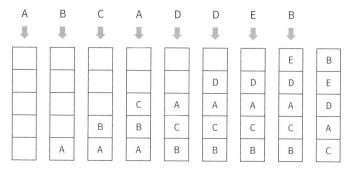

그림 4.53 LRU 기반의 데이터 캐싱 동작

그림 4.53은 LRU의 동작을 도식화한 것이다. 총 다섯 개의 데이터를 저장할 수 있는 공간이 있고 여기에 A, B, C, A, D, D, E, B 데이터를 순차적으로 캐싱했을 때 각 단계의 캐싱 상태를 볼 수 있다.

우리가 구현하고자 하는 이미지 캐시는 이미지 개수가 아니라 이미지 크기를 기준으로 하므로 이미지를 새로 추가할 때 새 이미지의 크기를 기존 캐시 이미지의 총합(cacheSize)에 더하고 그 결괏값이 최대 캐시 값(maxCacheSize)을 초과하는지 판단한다. 최대 캐시 값을 초과하면 초과한 크기를 확보할 때까지 캐시 리스트의 0번째 항목부터 이미지를 제거한다. 캐시 공간을 확보하면 새 이미지를 리스트의 끝에 추가한다. 만약 캐싱하고자 하는 이미지가 캐시 리스트에 존재할 경우 캐시 리스트에서 해당 이미지를 리스트의 끝으로 이동시켜서 해당 이미지 접근 시점을 최신으로 유지한다(그림 4.53 왼쪽에서 네 번째의 A 추가 시점).

렌더링 엔진이 다루고자 하는 이미지를 캐싱하기 위해서는 이미지에 식별자를 부여해야 한다. 그렇게 해야 이미지 캐시 관리자가 식별자를 통해 캐시 리스트에서 특정 캐시 이미지에 접근할 수 있다. 이미지 캐시 관리자는 이미지 데이터와 함께 이미지 고유 ID를 전달하여 캐싱을 수행하고, 캐싱된 이미지를 반환받을 때는 이 고유 ID를 이용한다. 이를 구현하기 위해서는 해시나 리스트 자료 구조를 이용할 수 있으며 이미지에 고유 ID를 부여하기 위해 이미지 출처 (파일명)와 이미지 해상도를 조합할 수 있다.

코드 4.28 LRU 기반 이미지 캐싱 메커니즘

```
01  /* UIImage.render() 전 수행되는 이미지 준비 단계  */
02  UIImage.prepare(...):
03    ...
04    // 캐싱 키 생성. 이미지 경로와 이미지 가로, 세로 크기를 조합
05    key = UniqueKey(.path + .width + "x" + .height)
06
07    // 기존 캐싱 데이터인지 확인
08    dstBuffer = ImageCacheMgr.get(key)
09
10    // 캐싱된 이미지가 아닐 경우 새로 만들어서 추가
11    if dstBuffer.invalid()
12      dstBuffer = NativeBuffer(.width, .height, RGBA32, IPC_PRIVATE,
                                  IO_WRITE + IO_READ, ...)
13
14      // srcBuffer로부터 dstBuffer에 이미지 스케일링 수행
15      ImageRasterizer.bilinearScale(.srcBuffer, dstBuffer)
16
17      // 재사용을 위해 dstBuffer 캐싱
18      ImageCacheMgr.add(key, dstBuffer)
19
20    // 만약 dstBuffer가 존재한다면 이를 재활용
21    ...
22
23  /*
24   * 새 캐시 데이터 추가
25   * @p key: var
26   * @p data: NativeBuffer
27   */
28  ImageCacheMgr.add(key, data):
29    // 캐시 크기 초과
30    return false if data.size > .maxCacheSize
31    // 누적 캐시 크기 갱신
32    .cacheSize += data.size
33
34    // 초과한 캐시 크기만큼 캐시 메모리 확보
35    whlie (.cacheSize - .maxCacheSize) > 0
36      /* 캐시 목록에서 첫 번째(가장 오래된) 이미지 삭제
37          Pair는 키와 데이터 쌍을 담은 자료 구조 */
```

```
38      Pair it = .cacheList.get(0)
39      NativeBuffer tmp = it.data
40      .cacheSize -= tmp.size
41      .cacheList.remove(0)
42
43    // 캐시 공간이 확보되었으므로 cacheList에 이미지 추가
44    Pair it(key, data);
45    .cacheList.append(it);
46
47  /*
48   * 캐시 이미지 반환
49   * @p key: var
50  */
51  ImageCacheMgr.get(key):
52    Pair it
53
54    // 캐시 목록에서 주어진 키와 일치하는 이미지 탐색
55    for it : .cacheList
56      /* 이미지를 찾은 경우 이미지를 리스트 최상단으로 옮긴 후 캐시 데이터 반환 */
57      if it.key == key
58        .cacheList.remove(it)
59        .cacheList.append(it)
60        return it.data
61    // 존재하지 않는 이미지
62    return invalid
```

4.8 정리하기

이미지 프로세싱은 UI 렌더링 엔진의 주요 기능으로, 이미지 가공 작업을 수행한다.

이번 장에서 우리는 UI 렌더링 엔진이 이미지를 출력하기 위해 파일로부터 이미지 데이터를 불러오는 과정을 확인했다. 이를 위해 JPEG, PNG, WEBP, GIF 등 이미지 포맷별 특징을 살펴보았다. 또한 이들 데이터 구조와 인코딩 방식은 서로 다르기 때문에 특수 알고리즘을 이용하여 이미지 데이터를 디코딩하고 이를 출력 가능한 형태로 변환하는 과정을 PNG 포맷을 예로 들어 확인했다. 그리고 이미지마다 갖추고 있는 색 공간 정보가 다르기 때문에 이들을 하나의 통일 포맷인 RGBA로 변환하는 과정도 살펴보았다.

또 이미지 프로세싱은 파일로부터 불러온 이미지뿐만 아니라 여러 다른 소

스의 이미지 데이터를 가공한다는 사실도 알아보았다. 이러한 작업으로는 이미지 해상도 변환을 포함한 기하 변환, 이미지 합성 그리고 후처리에 해당하는 필터 효과 등이 있다.

3D 효과를 위한 원근법 구현 및 텍스처 매핑 기술을 확인했고 이러한 기하 변환 출력 시 발생하는 이미지 품질 손실을 보완하기 위한 화소 보간, 화소 샘플링 그리고 안티에일리어싱 기법 등도 함께 살펴보았다.

마지막으로 이미지 프로세싱 작업 부담을 해소할 수 있는 기본 전략으로서 이미지 캐싱 관리자를 통해 이미지를 재사용하는 과정을 학습했다.

5장

폰트와 텍스트

UI에 있어서 텍스트는 사용자에게 의미 전달을 하기 위한 필수 인공 매개체다. UI 앱은 이미지와 더불어 텍스트를 적재적소에 배치함으로써 의미 전달을 효과적으로 수행한다. UI 시스템은 화면 레이아웃에 최적화한 문자열 배치를 제시할 뿐만 아니라 가변 크기 고품질 텍스트를 출력하고 사용자가 손수 텍스트를 입력할 수 있는 텍스트 편집, 지역화(Localization)를 위한 다국어 텍스트 기능 등을 제공하여 UI 앱이 다양한 조건에서도 유효한 텍스트를 출력할 수 있는 환경을 제공한다.

이와 같은 텍스트 기능을 제공하기 위해 렌더링 엔진은 폰트 데이터를 토대로 텍스트를 출력한다. 이때 폰트(Font)는 글꼴(Typeface)로서 문자, 숫자 등 활자를 하나의 통일된 형식으로 표현하며, 폰트 데이터는 활자 표현 정보와 함께 이들을 배치하는 방법을 기록한다. 그리고 텍스트는 단일 문자 외에 문장, 단락(Paragraph), 숫자, 기호 심지어 이모지(emoji)까지 여러 출력 기능을 포함한다. 정리하면, 렌더링 엔진은 폰트 데이터를 해석하고 가공하여 활자에 해당하는 글리프(Glyph) 이미지를 생성한다. 이후 렌더링 과정을 거쳐 글리프 이미지를 조합, 화면에 배치함으로써 텍스트를 출력한다.

이번 장에서는 폰트와 텍스트의 동작 원리를 분석한다. 타이포그래피(Typography)에 대한 이해와 폰트의 구성 요소, 그리고 이를 구조화한 데이터 포맷을 분석하고 텍스트 레이아웃을 완성하기 위한 여러 조건과 이를 출력하는 렌더링 과정을 살펴본다.

> ☑ **학습 목표**
>
> 이번 장을 통해 다음 사항을 학습한다.
>
> - 폰트의 기본 개념과 동작 특성
> - 여러 스타일의 폰트를 지원하기 위한 폰트 엔진의 기능적 특성과 구현 방안
> - 다국어 지원을 위한 유니코드의 이해
> - 스케일러블 폰트의 구조와 내부 특성
> - 글리프의 디자인 특성과 데이터 해석 방법
> - 텍스트 레이아웃을 완성하기 위한 주요 동작 특성
> - 폰트 렌더링 과정과 주요 최적화 방법
> - 고품질 폰트를 지원하기 위한 추가적인 기술 방안

5.1 폰트 기능 이해

폰트는 여러 문자 이미지를 모은 컬렉션(Collection)이라 할 수 있다. 통상적으로 UI 앱에서 텍스트 출력 시 사용하는 문자 디자인이 여기에 포함된다. 폰트를 이해하기 위해 폰트의 일반적 특성을 먼저 살펴보자. 코드 5.1은 텍스트 UI를 이용하여 출력할 문자열을 지정하고 위치, 색상을 설정한다. 또한 폰트를 설정하여 화면에 출력할 문자의 디자인을 결정한다.

코드 5.1 텍스트 폰트 설정

```
01  guideText = UIText():
02    .text = "Search Google or type URL"   // 텍스트 설정
03    .color = UIColor.LightGray             // 텍스트 색상
04    .geometry = {90, 310, 130, 40}         // 텍스트 위치 및 크기
05
06    /* 이하 텍스트 폰트 설정. 사용자가 폰트를 설정하지 않으면 기본 폰트 설정 */
07    .fontName = "Arial"                    // 폰트 이름
08    .fontSize = 12                         // 폰트 크기 (단위는 포인트)
09    .fontStyle = UIFont.StyleItalic        // 폰트 스타일
10    .fontWeight = UIFont.WeightBold        // 폰트 두께
```

코드 5.1에서는 제시하는 대표 폰트 속성은 폰트명(fontName), 크기(fontSize), 스타일(fontStyle, fontWeight)이다. UI 앱은 폰트 속성을 변경함으로써 다양한 형태의 글꼴을 출력할 수 있다. 폰트는 UI 디자인의 정체성일 뿐만 아니라 사용자 가독성을 결정하는 중요 요소이면서 사용자 취향(User Preference)에 의존하기도 한다. 따라서 UI 앱은 제품 디자인 일관성을 위해 시스템 기본 설정을 유지하도록 할 수도 있고 사용자가 폰트를 선택할 수 있도록 기능을 제공하기도 한다.

Open Sans AaBbCcDdEeFfGgHhIiJj
Mont serrat AaBbCcDdEeFfGgH
Raleway AaBbCcDdEeFfGgHhIiJj
Roboto AaBbCcDdEeFfGgHhIiJjLlM
Great Viber AaBbCcDdEe FfGg Hh Ii
BEBAS NEUE ABCDEFGHIJKLMNOPQRSTUVWXYZ

그림 5.1 폰트별 글꼴

5.1.1 글꼴

코드 5.1에서는 텍스트를 출력하기 위해 "Arial" 폰트를 이용한다. 여기서 폰트명(Arial)은 프로그램에서 사용할 글꼴(Typeface) 정보를 가리킨다. 대체로 하나의 폰트 파일(데이터)은 하나의 글꼴 정보를 기록한다. 또한 폰트 파일은 글꼴의 단순 메타 정보뿐만 아니라 외양(Outline), 세리프(Serif), 글리프(Glyph) 배치 정보 등 텍스트를 출력하기 위한 글꼴의 필요 정보를 기록한다. 여기서 글리프는 폰트가 지닌 개별 문자를 가리킨다. 그림 5.2에서 Arial 폰트의 글리프 이미지 일부를 볼 수 있다.

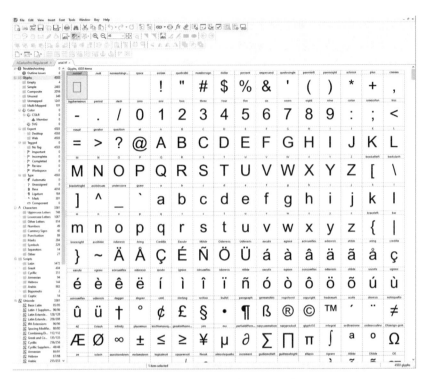

그림 5.2 Arial 폰트 문자 맵(FontCreator)

그림 5.3은 타이포그래피[1]에서 글리프의 부위별 명칭을 보여준다.

그림 5.3 글리프 부위별 명칭

---

1 타이포그래피는 원래 인쇄를 위한 문자 배열을 가리키는 것이었으나 오늘날에는 문자 배열, 문자 디자인과 문자 상형을 수정하는 기술 등 문자와 관련 있는 영역을 모두 포함한다.

글꼴마다 독립적인 폰트 파일로 구성하면 비교적 작은 크기로 필요 글꼴만 설치·삭제할 수 있어 효율적이다. 특히 앱에서 특정 글꼴이 필요할 때 앱 패키지에 직접 포함하기 수월하다.

경우에 따라 하나의 폰트 파일에 다수의 파생 글꼴을 기록하기도 하지만, 많은 경우 글꼴마다 폰트 파일을 구성하기 때문에 폰트와 글꼴을 동일하게 해석하기도 한다. 하지만 엄밀히 말하면, 글꼴은 폰트의 하위 요소에 해당한다. 하나의 폰트는 여러 파생 글꼴을 가질 수 있으며 이러한 파생 글꼴은 폰트의 고유 특성을 유지하면서도 스타일을 다르게 표현할 수 있게 한다.

폰트 패밀리

하나의 폰트에서 파생된 여러 글꼴은 폰트 패밀리(Font Family)로 묶어서 다룰 수 있다. 일반적으로 타이포그래피에서 폰트 패밀리는 글꼴의 굵기(Regular, Light, Medium, Bold)가 기준이지만 디지털 폰트에서는 프로그램마다 폰트 패밀리를 다르게 해석하기도 한다. 예를 들면 '나눔 고딕(Nanum Gothic)'과 '나눔 고딕 코딩(Nanum Gothic Coding)'은 서로 다른 글꼴에 해당하지만 '나눔'이라는 폰트 패밀리 구성원으로 해석할 수 있다.

Embolden Montserrat. (Thin)
Embolden Montserrat. (Extra Thin)
Embolden Montserrat. (Light)
Embolden Montserrat. (Normal)
Embolden Montserrat. (Semi Bold)
Embolden Montserrat. (Bold)
Embolden Montserrat. (Extra Bold)
Embolden Montserrat. (Black)

그림 5.4 Montserrat 폰트 패밀리

웹 또는 워드 프로세서와 같은 디지털 출판 기능의 앱에서는 폰트의 파생 특성을 정형화하여 분류하기도 하는데 대표적으로 세리프, 산세리프, 모노스페이스, 흘림체가 있다. 서체 기준으로 글꼴을 분류할 경우 사용자가 원하는 서체의 폰트를 쉽게 찾아서 선택할 수 있는 장점이 있다.

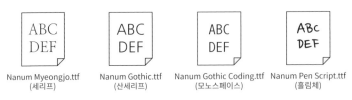

ABC
DEF
Nanum Myeongjo.ttf
(세리프)
ABC
DEF
Nanum Gothic.ttf
(산세리프)
ABC
DEF
Nanum Gothic Coding.ttf
(모노스페이스)
ABC
DEF
Nanum Pen Script.ttf
(흘림체)

그림 5.5 나눔 폰트 패밀리

세리프와 산세리프

세리프(Serif)는 문자와 기호의 획 일부 끝이 돌출된 형태를 가리킨다. 세리프가 있는 글꼴을 세리프체, 없는 글꼴을 산세리프체(sans-serif)라고 한다. 여기서 산스는 '없음'을 뜻하는 프랑스어 전치사 sans에서 온 것이다. 저해상도 기기에서는 정교한 표현에 제약이 있으므로 산세리프체를 주로 활용한다.

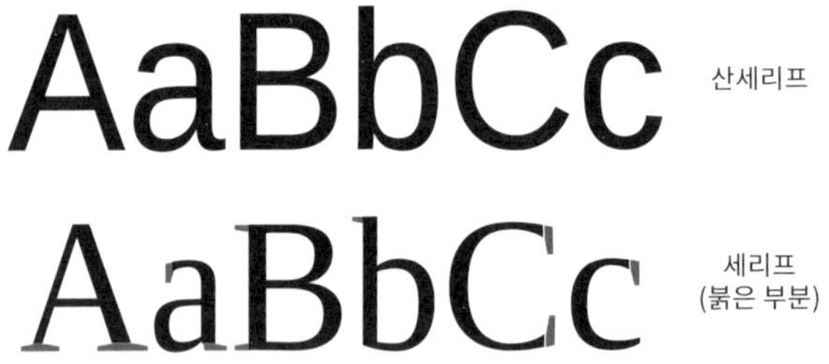

AaBbCc
산세리프
AaBbCc
세리프
(붉은 부분)

그림 5.6 산세리프 vs 세리프 (출처: 위키피디아)

모노스페이스

모노스페이스(Monospace)는 고정폭 서체에 해당한다. 폭이 균일하기 때문에 특히 입력 장치에서 유용하다. 예를 들어 텍스트 편집 시 행마다 삽입 가능한 문자 수가 동일하면 들여쓰기(Indentation)가 수월하다. 또한 행·열 간 커서 이동이 균일하므로 텍스트 커서를 통한 탐색 시에도 직관적이다. 반면 일반 서체는 문자마다 폭이 다를 수 있으므로 텍스트 조합에 따른 문자 위치도 각기 달라질 수 있다. 일반 서체에서 폭을 강제로 균일화할 경우 문장에 불규칙한 여

백이 발생하게 되고, 이는 디자인 관점에서 안정감과 심미성을 떨어뜨릴 수 있다. 글자 간 폭에 대한 설명은 글리프 수치 해석(5.4.1절)을 통해 보완한다.

그림 5.7 모노스페이스(좌) vs 일반 서체(우)

흘림체

흘림체(Cursive)는 필기체라고도 한다. 합자(Ligature)[2]가 존재할 수 있다는 점이 특징이다. 합자의 이음새를 표현하는 쉬운 방법은 디자인 단계에서 각 글리프의 이음새를 고정하여 구현하고 문자 배치 단계에서 글자 자간을 단순 조정(Kerning)하는 것이다(그림 5.8). OTF(307쪽 참고)에서 지원하는 것과 같이 폰트 내장 프로그램을 통해 연결할 두 문자를 계산하여 이음매를 만들어내는 방법도 있지만 폰트 제작에 많은 공수가 필요하다.

그림 5.8 필기체 글리프 배치 결과

5.1.2 폰트 출력

폰트 정보를 기록하는 방식을 특정 포맷으로 정의하면 폰트 정보를 파일이나 전송 가능한 데이터 블록으로 구성할 수 있다. 이때 폰트 포맷의 정의에 따라 데이터 구성 방식이 달라지므로 프로그램에서 폰트 데이터를 읽고 해석하는 장치가 필요하다. 업계에서 널리 쓰이는 대표적인 폰트 포맷으로는 TTF와

2 두 글자를 이음매를 통해 합친 글자

OTF가 있다.[3] 이 두 폰트는 대표적인 스케일러블 폰트(Scalable Font)로서 기능(데이터) 확장에 유연하고 벡터 그래픽을 기반으로 하여 폰트 크기에 따른 품질 저하가 없다. 따라서 일반적인 프로그램에서 많이 활용한다. 이와 반대로 PCF(Portable Compiled Format), BDF(Glyph Bitmap Distribution Format)와 같은 비트맵 기반 폰트는 완성된 글꼴 이미지를 리소스 내에 저장하고 이미지 스케일링을 통해 폰트 크기에 변화를 주는 방식으로, 폰트 크기에 따른 품질 저하가 발생할 수 있다. 비트맵 기반의 폰트는 과거 저사양 시스템에서 주로 활용했으며 현재는 일부 디자인 또는 사용자 선호에 따라 활용된다.

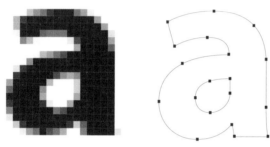

그림 5.9 비트맵 글리프 vs 벡터 글리프

TTF

TTF(TrueType Font)는 어도비 타입 1(Adobe Type 1) 폰트 포맷의 기술 제약과 사용 로열티를 피하고자 1980년대 후반 애플에서 디자인한 디지털 폰트 포맷이다. 유니코드(Unicode) 기반으로 다양한 언어를 지원함은 물론, 2차 베지어 곡선(Quadratic Bezier)의 윤곽 정보를 기록하여 품질 손실 없이 다양한 크기의 폰트를 출력할 수 있도록 고안되었다. 기존 산업에서 사용하는 힌팅(Hinting)[4] 기술을 보완한 포맷으로, 1991년 애플은 매킨토시(Macintosh)에 TTF 폰트를 적용하였고 사용 범위를 확대하기 위해 MS에 무료 라이선스를 허용하였다. 1992년에 MS가 윈도우 3.1에 TTF를 적용한 후 TTF 폰

---

3 애플 전용 시스템에서는 TTF를 개량한 AAT(Apple Advanced Typography) 폰트를 지원한다.
4 낮은 해상도에서도 최적의 문자 비트맵을 생성하기 위한 화소 생성 메커니즘. 자세한 사항은 5.3.6절 참고.

트 사용은 더욱 증가하였다. 현재는 대부분의 시스템과 프로그램에서 TTF를 표준처럼 활용한다.

OTF

OTF(OpenType Font)는 마이크로소프트가 TTF를 보완하기 위해 어도비와 함께 개발한 포맷이다. 1996년 스펙을 처음 발표했으며 이후에는 애플, 모노타입(Monotype)을 포함한 다른 여러 회사가 OTF 스펙을 강화하기 위해 동참하였다. OTF는 TTF의 기본 구조에 타이포그래픽(Typographic) 동작을 보완하기 위해 복잡한 데이터 구조를 많이 추가했다. 65,535개의 문자를 담을 수 있고 포스트 스크립트(Post Script)를 통해 기능을 추가하거나 필기체 같은 합자를 자유롭게 표현할 수 있어서 전문 디자인 영역에서 선호하는 포맷이다. 2005년 후반 ISO 표준에 선정된 후 현재는 TTF와 함께 대부분 시스템에서 OTF를 지원하고 있으며, 모든 주요 회사에서 폰트 개발에 OTF를 이용하고 있다.

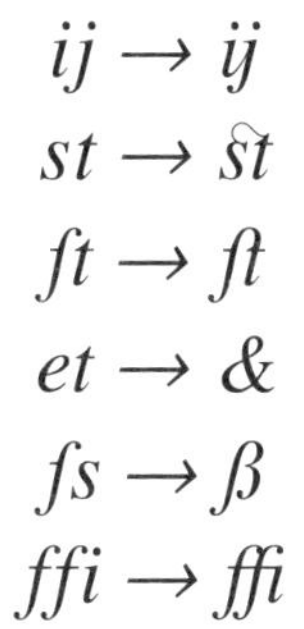

$$ij \rightarrow ij$$
$$st \rightarrow st$$
$$ft \rightarrow ft$$
$$et \rightarrow \&$$
$$fs \rightarrow \beta$$
$$ffi \rightarrow ffi$$

그림 5.10 합자(Ligature) 적용 사례(출처: 위키피디아)

그림 5.11은 렌더링 엔진이 시스템에 저장된 TTF 포맷 글꼴 중 Arial 글꼴을 출력하는 과정을 정리한 것이다. UIText는 텍스트 출력 기능을 제공하는 UICanvas의 기본 기능이다. 사용자가 UIText를 통해 텍스트 출력을 요청하면 UIText는 텍스트와 폰트 속성 정보 등을 폰트 엔진에 전달하여 출력할 폰트와 글리프 이미지를 요청한다. 폰트 엔진은 TTF 로더(TTF Loader)를 통해 TTF 폰트 데이터(Arial.ttf)를 읽고 이를 해석하여 글리프를 구성하는 벡터 그래픽 정보를 취합한다. 이후 폰트 엔진은 이 정보를 토대로 폰트 래스터(Font Rasterizer) 과정을

수행하여 글리프 이미지를 생성한다. 이때 폰트 래스터는 3장에서 학습한 벡터 래스터와 근본적으로 차이가 없으므로 렌더링 엔진에 탑재된 전용 벡터 그래픽 엔진을 이용할 수 있다. 폰트 엔진으로부터 글리프 이미지를 생성한 후에는 텍스트 렌더링 과정을 거쳐 각 글리프 이미지의 최종 출력 위치를 결정한다. 최종적으로 이미지 렌더링을 통해 글리프 이미지를 화면에 출력한다. 벡터 그래픽 엔진과 동일한 방식으로(3.3절 참고) 렌더링 엔진을 구성하는 폰트 엔진은 구조 설계 방침에 따라 프리타입(Freetype)과 같은 외부 폰트 엔진을 라이브러리로 연동하는 것도 가능하다.

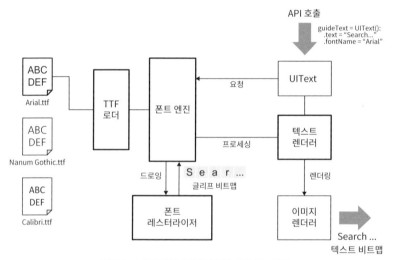

그림 5.11 렌더링 엔진이 텍스트를 출력하는 과정

5.1.3 폰트 크기

폰트 크기는 출력할 글꼴 크기를 결정한다. 인쇄를 목적으로 한다면 inch, cm, mm 등 실물 크기 단위를 이용하지만, UI에서는 포인트(pt) 또는 화소(px) 단위를 주로 활용한다. 스케일러블 UI를 고려한다면 CSS(Cascading Style Sheet)의 엠(em)과 같은 단위를 도입할 수 있고, 물리적 고정 크기 폰트를 출력하고자 한다면 안드로이드 시스템에서 제시하는 dp와 같은 단위를 도입할 수도 있다(그림 1.22 참고). 여기서 말하는 물리적 고정 크기는 기기 크기나 해상도와 상관없이 최종 사용자가 체감하는 물리적으로 동일한 크기의 폰트를 뜻한다. 포인트는 기능적으로 dp와 동일하다.

코드 5.2 폰트 크기 단위 지정(CSS)

```
01  font-size: 0.75em;        // 부모 요소의 폰트 대비 75% 크기로 출력
```

코드 5.3 폰트 크기 단위 지정(안드로이드)

```
01  android:textSize="12dp"  // dp = px * (160/디스플레이 DPI값)
```

포인트와 같은 가상의 폰트 크기를 화면에 글리프로 출력하기 위해서는 픽셀 단위로의 변환이 필요하다. 픽셀 단위의 크기 정보는 폰트 엔진이나 렌더링 엔진에서 글리프 이미지를 가공하는 단계에서 적용할 수 있다. 포인트를 화소 단위로 변환하기 위해서는 다음 공식을 따른다. 참고로 1인치는 72포인트와 크기가 동일하다.

$$\text{픽셀 크기} = \text{포인트 크기} \times (\text{dpi 해상도}/72)$$

수식 5.1 포인트에서 화소 단위 변환식

포인트 크기 단위의 폰트는 dpi 수치에 비례하므로 디스플레이 장치에 상관없이 항상 물리적 고정 크기의 텍스트를 보여줄 수 있다. 이때 포인트로부터 도출한 화소 크기는 글리프의 경계선(Bounding Box) 크기를 가리키는 것이 아니다. 실제 출력한 글리프는 서체에 따라 가로/세로 비율이 각기 다르다. 이를 보정하기 위해 각 글리프를 가상의 면적(em square) 안에 위치시킨다. 앞서 지정한 폰트 크기는 이 면적 크기를 나타낸다. 여기서 면적을 활판 인쇄에서 활자 조각의 면적으로 생각하면 이해하기 쉽다. 각 문자는 마치 모노스페이스 서체처럼 동일한 면적을 갖는다.[5] 결과적으로 보면, 폰트 출력 시스템은 폰트 크기를 다루기 위해 글리프의 면적 크기를 결정하고 그 안에 기록된 글리프 크기를 면적 크기에 비례해서 조정해야 한다.

---

[5] 전통 활판 인쇄술(타이포그래피)에서 문자 크기는 높이를 기준으로 하므로 여기서 엠(em)은 조각 높이를 가리킨다.

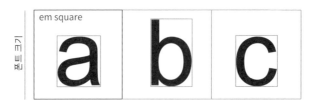

그림 5.12 엠 정방형 면적(빨간 박스)

디지털 타이포그래피에서는 엠 정방형 공간을 그리드(Grid)로 표현한다. 달리 말하면, 디지털 폰트의 글리프는 그리드(Grid) 좌표 시스템상에 기록된다. 그리드는 중점을 원점으로 $-16,384 \sim +16,383$ 사이의 이차원 유한 평면 공간을 가지며 이 범위 내에서 해상도를 선택할 수 있다. 이는 디자인 단계에서 결정하며 일반적으로 OTF는 $1,000 \times 1,000$, TTF는 $2,048 \times 2,048$을 지정한다. TTF의 경우 그리드 좌표를 폰트 유닛(FUnit)으로 표현한다.

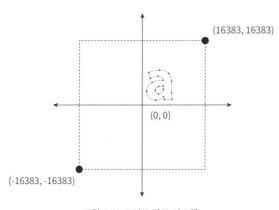

그림 5.13 그리드 좌표 시스템

정리하면, 그리드 공간에 기록된 글리프의 윤곽점(글리프를 표현하는 벡터 그래픽 좌푯값)을 화소 공간으로 변환하기 위해서는 다음 공식을 적용한다.

$$픽셀\ 좌표 = 그리드\ 좌표 \times (픽셀\ 크기 / 그리드\ 크기)$$

수식 5.2 그리드에서 화소 단위 변환식

마지막으로 변환 예시를 하나 들어보자. 96dpi 기기에서 12포인트 폰트를 출력할 경우 화소 단위에서의 폰트 크기는 16이 된다.

```
// 포인트 크기 x (DPI 해상도 / 72) = 픽셀 크기
12 * (96 / 72) = 16
```

이때 그리드 크기는 2,048이고 글리프의 어느 한 윤곽점에 해당하는 좌푯값 $(550, 800)$을 최종 출력할 화소 위치로 변환하면 $(4.2, 6.25)$가 된다.

```
// 그리드 좌표 x (픽셀 크기 / 그리드 크기) = 픽셀 좌표
550 * (16 / 2,048) = 4.2
800 * (16 / 2,048) = 6.25
```

5.1.4 폰트 스타일

이탤릭체와 볼드체는 글꼴의 대표적인 파생 서체로, 대다수의 텍스트 편집기에서 범용하게 활용하는 서체이다. 이들의 특징은 다른 서체와 달리 폰트 엔진을 통해 글꼴을 즉시 생성할 수 있다는 점이다. 폰트 데이터에 해당 서체 데이터가 존재하지 않더라도 폰트 엔진을 통해 동적으로 만들어내는 것이 가능하다. 따라서 폰트 엔진이 이들을 직접 지원하는 한, 서체 사용에 제약이 없다. 물론 폰트 엔진이 생성한 서체는 디자이너가 직접 완성한 것에 비해 품질이 떨어지므로 서체 적용 시 폰트 데이터가 우선이 된다. 가령, 코드 5.1에서 Arial 폰트에 이탤릭과 볼드 스타일을 추가한다고 가정해 보자. 폰트 엔진은 프로그램에서 사용 가능한 폰트 리소스를 탐색할 것이다. Arial 폰트 중 가용한 글꼴이 Arial Regular만 존재한다면 폰트 엔진은 자체 로직을 적용하여 Arial Regular를 이탤릭체로 변환하고 그 결과물을 다시 자체 로직을 적용하여 볼드체로 변환할 수 있다. Arial 폰트 중 Arial Regular와 Arial Italic 글꼴이 존재한다면 폰트 엔진은 Arial Italic을 불러온 후 볼드체로 변환한다(그림 5.14). Arial Italic Bold 서체가 존재한다면 추가 변환 없이 해당 글꼴을 바로 불러올 수 있다.

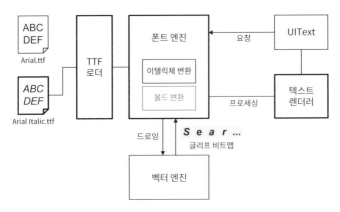

그림 5.14 이탤릭체에서 볼드체 적용

이탤릭체

원래 이탤릭(Italic)체는 흘림체(Cursive)에 가깝지만, 컴퓨터에서는 보통 단순 기울임 글꼴로 활용한다. 사람이 쓴 손글씨처럼 오른쪽으로 조금 기울어 보이도록 의도한 서체다. 그 때문에 단순 기울임 글꼴인 오블리크체(Oblique)와 혼용하여 쓰이기도 한다.

The five boxing wizards jump quickly.
The five boxing wizards jump quickly.

그림 5.15 전통 이탤릭체(위)와 오블리크체(아래)

폰트 엔진에서 알고리즘 기반으로 이탤릭체를 구현할 경우, 전단(Shear) 변환을 이용하면 쉽게 구현할 수 있다. 글리프를 구성하는 윤곽(Contour)점 또는 베지어 곡선 제어점에 x축 전단 변환을 적용하면 된다. 실제로 대표 폰트 엔진인 프리타입(freetype)의 경우 전단 변환 각도를 12도로 설정하여 이탤릭체를 제공한다.

알고리즘을 이용하여 이탤릭체를 생성하는 방법은 꽤나 유용하지만, 이는 폰트 데이터가 없는 경우를 대비한 하나의 대안일 뿐이다. 이탤릭체를 직접 디자인하고 폰트 데이터를 발행하는 방법이 가장 뛰어난 품질의 이탤릭체를 제공하는 방법이다.

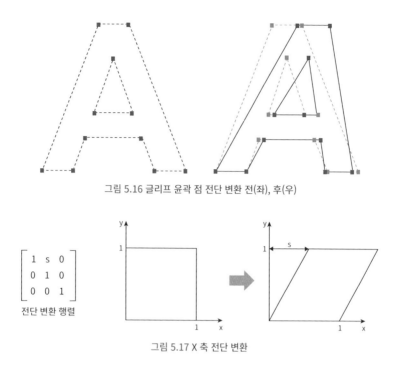

그림 5.16 글리프 윤곽 점 전단 변환 전(좌), 후(우)

그림 5.17 X 축 전단 변환

볼드체

볼드체(Bold)는 굵은 글꼴을 지칭한다. 폰트 엔진에서 알고리즘 기반으로 볼드체를 구현하기 위해서는 글리프 도형 크기를 조정하여 완성하는데 이때 크기 조정은 가중치를 기반으로 한다. 일부 엔진에서는 경험에 기반하여 가중치 기본값은 y값 기준으로 1.25~1.4배를 적용한다. 벡터 그래픽 기반의 볼드체를 구현하는 가장 쉬운 방법은 글리프 윤곽선에 같은 색상의 스트로크를 합성하여 윤곽선 너비를 조정하는 트릭이다(3.6절 "스트로크" 참고). 이는 일반 벡터 드로잉 기능을 활용하므로 추가 구현 없이 근사 결과를 만들어 내는 장점이 있다. 또한 기저 윤곽선은 그대로 둔 채 스트로크에 해당하는 도형을 오버레이(overlay) 방식으로 추가하여 렌더링하는 방식을 취하면, 생성한 스트로크를 렌더링하거나 렌더링하지 않음으로써 볼드체 적용 전/후를 비교적 간단히 전환할 수 있다.

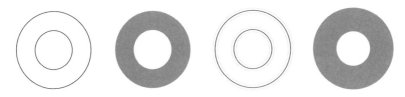

그림 5.18 스트로크를 이용한 글리프 굵기 조절

볼드체를 구현하는 또 다른 접근법으로는 글리프 윤곽점 위치를 조정하는 방식이 있다. 윤곽선을 표현하는 각 점을 일정 비율로 확대 이동하는 것이다. 이 방법은 글리프를 구성하는 윤곽점의 위치 정보만 변환하면 되므로 첫 번째 방법보다는 기능 수행 과정이 상대적으로 가볍지만, 대신 알고리즘을 새로 도입해야 하는 부담이 존재할 수 있다. 실제로 프리타입 폰트 엔진에서 이 방식을 사용한다.

그림 5.19 가중치만큼 윤곽점 위치 조절

두 방법 모두 폰트 데이터가 볼드체를 제공하지 않은 경우에 이용할 수 있다. 이때 고려할 점이 있다. 두 글리프를 구성하는 윤곽선 간 거리가 너무 가까워지면 교차 지점이 발생하거나 모서리가 훼손되는 등 기대하지 않은 결과가 나타날 수 있으므로 사례에 따라 적절한 예외 처리가 필요하다. 또한 결과물에서 글리프 크기가 전반적으로 커지므로 글리프 수치(5.4.1절 참고)를 조정하여 텍스트 출력 시 정렬을 유지하면서도 글리프 간격이 좁혀지거나 겹치지 않도록 해야 한다.

훌륭한 품질의 볼드체를 제공하는 방법은 이탤릭체와 마찬가지로 미리 고정된 볼드체 폰트를 디자인하고 해당 리소스를 발행하는 것이다. 단계별로 여러 종류의 볼드체를 지원하기도 하는데 이 경우 폰트 데이터는 미리 단계별(Weight: 1~1000)로 볼드체 글리프 정보를 구축하거나 보간법을 이용하면 런타임에 단계별 볼드체를 생성하여 지원할 수 있다. 후자의 경우에는 최소 두벌의 볼드체 글리프 정보를 구축해 두어야 중간 단계의 볼드체를 생성할 수 있다. 자세한 내용은 5.3.5절 "스타일 변형"을 참고하자.

그림 5.20 가중치에 따른 굵기 예시

단계별 볼드체는 시스템 또는 앱의 필요에 따라 모두 지원하거나 일부 범위만 지원할 수도 있다. CSS의 경우에는 사용자가 직접 가중치 값(1~1000)을 입력하여 굵기 정도를 결정할 수 있다. 하지만 normal, bold, bolder, lighter 등 미리 명명된 방식을 앱에 제시하고 폰트 엔진을 통해 폰트 포맷에서 실제 지원하는 값으로 이들을 매핑할 수도 있다.

코드 5.4 볼드체 가중치 지정 예(CSS)

```
01  p.normal {
02    font-weight: normal;  // normal, "wght" = 400
03  }
04
05  p.normal {
06    font-weight: bold;    // bold, "wght" = 700
07  }
08
09  p.normal {
10    font-weight: 900;     // black, "wght" = 900
11  }
```

5.2 다국어 지원

컴퓨터에 입력한 텍스트는 실제로는 컴퓨터가 해석 가능한 형태의 코드 정보로 인코딩되어 기록된다. 이들 중 표준 문자표(Character Set)로는 아스키와 유니코드가 대표적이다. 이 중 유니코드는 멀티바이트(multi-byte)의 문자 정보를 지원하며 1바이트 고정 크기 문자를 지원하는 아스키 코드에 비해 훨씬 많은 문자를 포함할 수 있다. 이런 특징 때문에 세계 시장을 타깃으로 다양한 언어의 텍스트를 표현해야 하는 현대의 UI 앱에는 유니코드가 더 적합하다고 할 수 있다. 이번 절에서는 입력한 텍스트 정보를 기반으로 여러 언어의 문자를 표현하는 과정을 한글 중심으로 살펴본다.

5.2.1 문자표

아스키 코드

아스키(ASCII, American Standard Code for Information Interchange) 코드는 1963년 미국 ANSI에서 제정한 7비트 부호 체계로, 정보 교환을 위한 표준으로 채택되었다. 이 코드는 현재까지도 8비트 문자 인코딩의 기초로 사용되고 있으며 우리가 컴퓨터에 입력한 8비트 크기의 알파벳 문자들은 아스키 코드 값을 가지고 있다. 실제 컴퓨터에서 입력된 8비트 문자 정보는 아스키 코드 값으로 대응되어 기록되며, 시스템은 미리 정의된 아스키 코드 정책을 기반으로 이를 실제 문자로 변환하여 출력한다.

아스키 코드는 7비트로 영어 알파벳, 숫자, 특수 문자 및 제어 문자를 포함한 128개의 문자를 표현할 수 있고 컴퓨터와 다양한 기기 간에 일관된 문자 표현을 제공하여 데이터의 일관성을 유지한다. 그러나 아스키 코드는 영어와 일부 특수 문자만을 다루기 때문에, 다른 언어 및 문자 집합을 표현하는 데 한계가 있다.

코드 5.5 아스키 코드 텍스트 입력

```
01  // 아스키 기반의 두 텍스트는 실제 동일한 데이터로 해석할 수 있다.
02  text1 = {0x41, 0x42, 0x43, 0x44, 0x61, 0x62, 0x63, 0x64}
03  text2 = "ABCDabcd"
```

10진수	16진수	문자
65	0x41	A
66	0x42	B
67	0x43	C
68	0x44	D
…	…	…
97	0x61	a
98	0x62	b
99	0x63	c
100	0x64	d
…	…	…

표 5.1 아스키 코드표(일부)

유니코드

1991년, 이러한 한계를 극복하기 위해 확장된 문자 인코딩 체계인 유니코드 (Unicode)가 등장한다. 유니코드는 컴퓨터에서 전 세계의 문자를 일관된 방식으로 표현하고 지원하기 위해 설계된 산업 표준으로, 유니코드 협회에서 제정했다. 유니코드를 통해 컴퓨터는 다국어 및 이모지(Emoji)를 포함한 다양한 문자 집합을 지원할 수 있으며, 현재는 다양한 문자 표현을 위한 필수적인 표준으로 자리매김하였다.

유니코드의 특징 중 하나는 문자를 기록하기 위한 데이터 크기를 멀티 바이트(기준은 2바이트)로 결정한다는 점이다. 오직 128개의 문자를 기록할 수 있는 아스키와 비교해 보면 유니코드가 지원하는 문자 데이터 크기의 수용력은 엄청나다. 대표적으로 한글은 11,172개의 문자 조합을 표현할 수 있다. 이는 초성 19개, 중성 21개, 종성 21개의 조합으로 이루어지는데, 7비트 크기의 아스키 문자로는 표현이 불가능하다.

이전에 한글은 한국 산업 표준으로 EUC-KR 명칭의 완성형(完成型) 방식을 갖고 있었다. 이는 가능한 한글 조합을 미리 정의한 방식이다. 2바이트의 고정 데이터 크기로 총 8,224글자가 있으며 여기에는 사용성이 가장 높은 한글 조합 2,350자, 한자 4,888자 그리고 특수 문자 986자가 포함된다. 하지만 완성형은 옛 한글이나 신조어 등의 확장성에 제약이 있다. 현재는 여러 가지 변화의 역사를 거쳐 대부분의 시스템이 전세계 표준인 유니코드를 기반으로 한글을 지원한다.[6]

현대 한글이 배당받은 유니코드는 U+AC00~U+D7A3 범위(한 글자당 2바이트)로 총 11,172개의 코드를 보유하고 있다. 유니코드를 표기할 때는 "U+"접두사를 붙여 해당 코드가 유니코드임을 명시할 수 있다.

유니코드	0	1	2	3	4	5	6	7	8	9	A	...
U+AC0	가	각	갂	갃	간	갅	갆	갇	갈	갉	갊	...
U+AC1	감	갑	값	갓	갔	강	갖	갗	갘	같	갛	...
U+AC2	갠	갡	갢	갣	갤	갥	갦	갧	갨	갩	갪	...
U+AC3	갰	갱	갲	갳	객	갵	갶	갷	갸	갹	갺	...
				...								
U+D77	흰	흱	흲	흳	흴	흵	흶	흷	흸	흹	흺	...
U+D78	흻	흼	흽	흾	흿	힀	힁	힂	히	힄	휘	...
U+D79	힐	힑	힒	힓	힔	힕	힖	힗	힘	힙	힚	...
U+D7A	힜	힝	힞	힟								

표 5.2 한글 유니코드 코드표(일부)

5.2.2 유니코드 인코딩

실제 사람이 읽을 수 있는 문자열을 컴퓨터가 이해할 수 있는 데이터인 유니코드 정보로 기록할 때는 인코딩 과정이 필요하다. 인코딩은 유니코드의 표준 방침을 준수하여 확장성을 제공하고 광범위한 문자를 지원하기 위한 수단으로 사용된다. 인코딩을 통해 컴퓨터는 기록한 정보가 유니코드인지 여부를 판별할 수 있으며, 필요에 따라 데이터 크기를 절약하여 기록할 수도 있다. 업계에서 가장 많이 활용되는 UTF-8은 문자에 가변 바이트를 할당하는 특징이 있다. 가령, 알파벳과 한글을 하나의 문자열로 기록할 때 한글은 3 바이트, 알파벳은 1바이트만 할당할 수 있다. 이러한 특성은 다른 인코딩 방식(UCS-2, UCS-4,

---

6 또 다른 방식으로 조합형(組合型)이 있다. 이는 낱자에 따라 비트를 기계적으로 조합하여 표현하는 방식이다. 완성형이 표준으로 자리잡으면서 사장되었다.

UTF-16, UTF-32 등)이 2 또는 4바이트의 크기로 문자 데이터를 기록하는 것과 달리 데이터를 효과적으로 활용할 수 있도록 한다.

UTF-8 인코딩은 가변 크기를 지원하기 때문에, 기록한 문자 데이터의 크기를 판별하기 위해서는 해당 인코딩 방식을 이해해야 한다. 기본적으로 UTF-8은 코드 값의 범위를 기준으로 바이트 크기를 결정한다. 표 5.3의 유니코드 UTF-8 변환 테이블을 살펴보자. 표의 각 바이트에 기록된 값은 2진수이며, 빨간색으로 표시한 값을 통해 해당 데이터가 몇 번째 바이트에 위치한 유니코드인지 해석할 수 있다.

유니코드 범주	첫 번째 바이트	두 번째 바이트	세 번째 바이트	네 번째 바이트
U+0000 ~ U+007F	0xxxxxxx			
U+0080 ~ U+07FF	110xxxxx	10xxxxxx		
U+0800 ~ U+FFFF	1110xxxx	10xxxxxx	10xxxxxx	
U+10000 ~ U+10FFFF	11110xxx	10xxxxxx	10xxxxxx	10xxxxxx

표 5.3 유니코드 - UTF8 인코딩 변환 테이블

이해를 돕기 위해 "인사이트"라는 한글을 입력한다고 가정해 보자(그림 5.21). "인사이트"에 해당하는 유니코드는 각각 U+C778(인), U+C0AC(사), U+C774(이), U+D2B8(트)이다.[7] 이 값은 표 5.3의 세 번째 행(U+0800~U+FFFF)에 해당하므로 UTF-8 규칙에 따라 이들을 3바이트 크기의 데이터로 인코딩하여 기록할 수 있다. 여기서 대표로 '인' 글자를 자세히 살펴보면 1100 0111 0111 1000의 2바이트 크기의 유니코드로 구성되어 있음을 알 수 있는데 이는 3 바이트 크기의 데이터로 인코딩될 것이다. 인코딩 규칙에 따라 첫 번째 바이트에 1110을 삽입하고 이어 유니코드의 4비트 값 1100을 추가한다. 두 번째 바이트에는 인코딩 규칙에 따라 10을 입력하고 이어 유니코드의 6비트 011101을 추가한다. 마지막 세 번째 바이트 역시 인코딩 규칙에 따라 10을 입력한 후 유니코드의 나머지 값 111000을 입력한다. 결과적으로 11101100 10011101 10111000로 변환된다. 이렇게 UTF-8로 인코딩된 "인사이트" 문자열 값을 확인하면 EC9DB8 EC82AC EC9DB4 ED8AB8 임을 알 수 있다.

---

7 한글 유니코드 테이블은 *https://www.loc.gov/marc/specifications/specchareacc/KoreanHangul.html*를 참고한다.

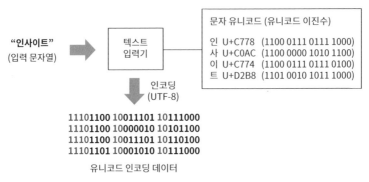

그림 5.21 한글 유니코드 UTF-8 인코딩 과정

정리하면, 시스템은 사용자로부터 입력받은 한글 텍스트를 UTF-8과 같은 인코딩 방식을 사용해 변환함으로써 호환성을 갖춘 광범위한 문자를 지원할 수 있게 한다. 이는 다시 시스템 내부 기능(폰트 엔진)을 활용하여 역으로 디코딩함으로써 원래의 유니코드 값으로 복원할 수 있다. 유니코드 인코딩 방식은 UTF-8 이외에도 시스템 정책에 따라 결정될 수 있지만, 핵심은 문자열 데이터를 해당 인코딩 규칙에 맞게 해석하는 것이다. 그 후에 TTF 또는 OTF와 같은 한글 폰트 데이터를 통해 유니코드 값에 해당하는 글리프 이미지를 생성하고, 이미지 출력 과정을 거치면 한글 폰트를 화면에 출력할 수 있다. 이러한 과정을 그림으로 도식화하면 그림 5.22와 같다. 문자 코드(유니코드)에서 글리프 이미지를 생성하는 과정은 5.3절에서 학습한다.

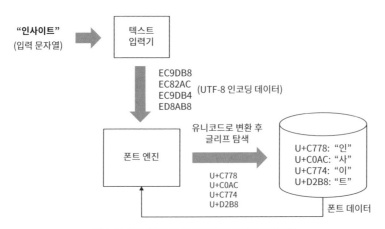

그림 5.22 한글 입력 정보로부터 한글 글리프 출력 과정

5.2.3 한글 유니코드 완성

이번에는 텍스트 입력기를 통해 한글 유니코드를 생성하는 과정을 살펴보자. 우리가 잘 알고 있는 것처럼 한글은 초성, 중성, 종성의 조합으로 이루어진다. 텍스트 입력기를 통한 한글 입력 기능을 구축했다면, 사용자로부터 기대하는 초성, 중성, 종성 값을 각각 입력받을 수 있을 것이다. 입력기는 키 입력으로부터 초성 → 중성 → 종성의 조합 순서를 통해 입력 문맥을 쉽게 파악할 수 있다. 만약 'ㄱ' 입력 이후에 'ㄱ'에 해당하는 키 입력을 받았다면, 첫 번째 'ㄱ'을 완성된 문자로 확정하고 한글 조합 단계를 회피할 수 있을 것이다. 이 경우 커서를 이동함으로써 두 번째 초성 'ㄱ'의 중성과 종성의 추가 입력을 기대할 수 있다.

사용자가 입력한 초성, 중성, 종성 입력은 각각 한글 글자의 음소로, 입력값의 각 음소에 해당하는 값을 미리 정의된 매핑 테이블(표 5.4)에서 찾아온다. 예를 들어, "인"의 경우 초성은 'ㅇ', 중성은 'ㅣ', 종성은 'ㄴ'이고 이들의 값은 각각 11, 20, 4이다.

번호	0	1	2	3	4	5	6	7	8	9	10	11	12	13
초성	ㄱ	ㄲ	ㄴ	ㄷ	ㄸ	ㄹ	ㅁ	ㅂ	ㅃ	ㅅ	ㅆ	ㅇ	ㅈ	ㅉ
중성	ㅏ	ㅐ	ㅑ	ㅒ	ㅓ	ㅔ	ㅕ	ㅖ	ㅗ	ㅘ	ㅙ	ㅚ	ㅛ	ㅜ
종성		ㄱ	ㄲ	ㄳ	ㄴ	ㄵ	ㄶ	ㄷ	ㄹ	ㄺ	ㄻ	ㄼ	ㄽ	ㄾ

번호	14	15	16	17	18	19	20	21	22	23	24	25	26	27
초성	ㅊ	ㅋ	ㅌ	ㅍ	ㅎ									
중성	ㅝ	ㅞ	ㅟ	ㅠ	ㅡ	ㅢ	ㅣ							
종성	ㄿ	ㅀ	ㅁ	ㅂ	ㅄ	ㅅ	ㅆ	ㅇ	ㅈ	ㅊ	ㅋ	ㅌ	ㅍ	ㅎ

표 5.4 유니코드를 위한 한글 음소 번호

이제 다음 식을 통해 각 음소를 결합한다. 결과값을 16진수로 표기하면 한글 유니코드가 된다.

```
// 결합식: 초성 x 588 + 중성 x 28 + 종성) + 44,032
(11 x 588 + 20 x 28 + 4) + 44,032 = 51,064
```

위 식에서 44,032는 '가' 유니코드의 10진수 값에 해당하며, 결괏값인 51,064를 16진수로 변환하면 C778이 된다. 이는 곧 "인: U+C778"에 해당함을 확인할 수 있다. 코드 5.6은 이러한 입력 로직을 구현한 것이다.

코드 5.6 한글 유니코드 완성 로직

```
01  //초성
02  FIRST[] = {'ㄱ', 'ㄲ', 'ㄴ', 'ㄷ', 'ㄸ', 'ㄹ', 'ㅁ', 'ㅂ', 'ㅃ', 'ㅅ',
               'ㅆ', 'ㅇ', 'ㅈ', 'ㅉ', 'ㅊ', 'ㅋ', 'ㅌ', 'ㅍ', 'ㅎ'}
03
04  //중성
05  MIDDLE[] = {'ㅏ', 'ㅐ', 'ㅑ', 'ㅒ', 'ㅓ', 'ㅔ', 'ㅕ', 'ㅖ', 'ㅗ', 'ㅘ',
               'ㅙ', 'ㅚ', 'ㅛ', 'ㅜ', 'ㅝ', 'ㅞ', 'ㅟ', 'ㅠ', 'ㅡ', 'ㅢ',
               'ㅣ'}
06
07  //종성
08  LAST[] = {' ', 'ㄱ', 'ㄲ', 'ㄳ', 'ㄴ', 'ㄵ', 'ㄶ', 'ㄷ', 'ㄹ', 'ㄺ', 'ㄻ',
              'ㄼ', 'ㄽ', 'ㄾ', 'ㄿ', 'ㅀ', 'ㅁ', 'ㅂ', 'ㅄ', 'ㅅ', 'ㅆ', 'ㅇ',
              'ㅈ', 'ㅊ', 'ㅋ', 'ㅌ', 'ㅍ', 'ㅎ'}
09
10  // 초성(first), 중성(middle), 종성(last)을 입력으로 받고
11  // 이를 결합한 유니코드 데이터 반환
11  genKorUnicode(first, middle, last):
12    val = 0 // 최종 데이터
13
14    // 초성
15    for i : FIRST.last()
16      if first == FIRST[i]
17        val += i * 588
18        break
19
20    // 중성
21    for i : MIDDLE.last()
22      if middle == MIDDLE[i]
23        val += i * 20
24        break
25
26    // 종성은 데이터가 있을 경우에만 합성
27    if last.valid()
28      for i : LAST.last()
29        if last == LAST[i]
30          val += i
31          break
32
33    return val + 44032
```

5.3 폰트 데이터 해석

5.3.1 스케일러블 폰트

폰트 데이터는 동일한 글꼴의 여러 문자 이미지 정보를 담은 데이터 집합으로, 각 글리프의 구체적인 디자인 출력 정보와 표현 방법을 정의하고 기록한다. 컴퓨터 프로그램에서 폰트 기술의 핵심은 글리프 정보를 해석하고 다루는 방법에 있다고 할 수 있다. 폰트 데이터에는 사용자에게 최종적으로 보이는 글리프 이미지뿐만 아니라 글리프의 가로세로 크기, 자간, 글리프에 여백을 추가하기 위한 사이드 베어링(Side Bearing) 그리고 연속된 글리프를 최적의 위치에 배치하기 위한 커닝(Kerning)과 합자 등의 레이아웃 정보를 기록한다. 이러한 다양한 정보와 함께 호환성을 겸비한 오늘날의 폰트 포맷은 테이블로 구성된 데이터베이스라고 해도 무방하다.

실제로 TrueType, OpenType, WOFF(Web Open Font Format)[8], PostScript[9] 같은 폰트 포맷은 폰트에 필요한 정보를 테이블로 구성하고 있고, 이러한 테이블 정보는 SFNT(Spline Font/Scalable Font)를 기반으로 한다. SFNT는 원래 트루타입 폰트를 위해 고안한 리소스 기록 방식으로, 폰트에 필요한 정보를 테이블 또는 구조화한 정보로 구축하기 때문에 정보 추가나 제거가 유연하여 확장성이 높다. 일반적으로 이들 폰트 데이터는 바이너리 형태로 기록하므로 사람이 폰트 정보를 직접 읽고 해석하는 것은 불가능하다. TTF, OTF의 경우 TTX와 같은 별도의 도구를 이용하면 바이너리 형태의 폰트 데이터를 XML과 같은 사람이 읽고 해석할 수 있는 텍스트 형태의 정보로 변환할 수 있다.

그림 5.23은 폰트 데이터에서 폰트 하나의 정보가 어떻게 구축되어 있는지 개략적으로 보여준다. SFNT 기반 폰트 데이터에서 폰트 하나의 정보는 테이블(Font Tables)로 구성할 수 있으며, 다수의 폰트 정보를 기록할 경우 폰트 테이블 집합을 연속으로 기록하여 폰트 컬렉션(Font Collection)으로 구축한다. 이때 테이블 디렉터리(Table Directory)를 통해 색인 과정을 수행함으로써 복수의 폰트 정보를 다룰 수 있다. TTF 및 OTF의 경우 복수의 폰트 정보를 기록한

---

8   웹에서 활용하기 위해 TTF, OTF에 필요한 메타 정보를 추가하고 압축한 포맷이다.
9   어도비 사에서 개발한 폰트로, 타입1(Type1)로도 알려져 있다.

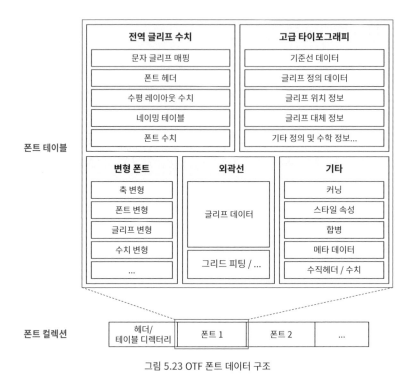

그림 5.23 OTF 폰트 데이터 구조

데이터는 TTC(TrueType Collection)와 OTC(OpenType Collection) 파일 확장
자로 기록한다.

다음은 OTF에서 기록하는 일부 주요 테이블 정보를 나열한 것이다.[10]

- BASE(Baseline): 여러 서체의 글리프를 정렬 배치하기 위한 위치 정보 제공
- cmap(Character to Glyph Index Mapping): 문자 코드 - 글리프 인덱스 매핑
- prep(Control Value Program): 폰트 크기 변환 정보가 바뀔 때 실행되는 명
  령어 집합
- cvt(Control Value Table): prep에서 명령어가 참조하는 데이터 값 기록
- fpgm(Font Program): cvt 프로그램과 유사하나 폰트를 최초 이용 시 한 번
  실행
- fvar(Font Variations): 하나의 폰트 리소스로 여러 스타일의 글리프를 생성
  하기 위한 변형 정보

---

10 자세한 사항은 다음 페이지를 참고하자. *https://docs.microsoft.com/en-us/typography/opentype/spec*

- glyf(Glyph Data): 글리프 윤곽 정보 기록
- GPOS(Glyph Positioning): 정교한 텍스트 레이아웃을 위한 글리프 위치 제어
- gvar(Glyph Variations): 여러 서체를 하나의 폰트 데이터로 제공하기 위한 글리프의 변형 정보
- head(Font Header): 폰트 헤더
- hhea(Horizontal Header): 수평 레이아웃을 위한 헤더 정보
- hmtx(Horizontal Metrics): 수평 텍스트에서 필요한 글리프 수치
- kern(Kerning): 글리프 간 배치 이격 거리 조정
- loca(Index to Location): 글리프 위치를 가리키는 오프셋 정보
- STAT(Style Attributes): 폰트 패밀리에서 제공하는 폰트 스타일 변형 정보
- vmtx(Vertical Metrics): 수직 텍스트에서 필요한 글리프 수치

 TTX

TTX(윈도우/Mac/유닉스 계열 지원)는 폰트 파일 정보를 빠르게 살펴보기 위한 도구로 유용하다. 이를 이용하면 OTF와 TTF 폰트 바이너리 정보를 가독성 있는 텍스트 정보로 변환할 수 있다. 이때 결과물은 XML 포맷이다. 다음은 FreeSans.ttf 파일을 대상으로 커맨드라인 사용법과 결과물을 간략히 보여준다.

- 테이블 구성 정보 확인 : $ttx -l FreeSans.ttf

```
Listing table info for "FreeSans.ttf":
    tag     checksum      length      offset
    ----    --------      ------      ------
    FFTM    0x65917A86        28     1566796
    GDEF    0xFA2EF8DB      1972     1516472
    GPOS    0xF542F238     26126     1540668
    GSUB    0x5FFC9FC9     22224     1518444
    OS/2    0x41F7CE3F        96         440
    cmap    0xF78510A6      4530       25624
    cvt     0x072D089E        74       30856
    fpgm    0x0FB42FA7       613       30156
    gasp    0x001E0009        16     1516456
    glyf    0xAE8EA33C   1380228       56024
    head    0xF6B6B15E        54         316
    hhea    0x08311DB5        36         372
    hmtx    0xB4D29E15     25088         536
    kern    0x88858933      2802     1436252
    loca    0xAB8805B8     25092       30932
    maxp    0x1A0C07CC        32         408
    name    0x05E57636      5458     1439056
    post    0xBCD85EE3     71940     1444516
    prep    0x5D936F63        82       30772
```

- 테이블 정보 TTX 파일로 저장: $ttx FreeSans.ttf

TTX에서 확인 가능한 TTF(OTF)의 테이블 목록은 다음과 같다.

BASE, CBDT, CBLC, CFF, CFF2, COLR, CPAL, DSIG, EBDT, EBLC, FFTM, Feat, GDEF, GMAP, GPKG, GPOS, GSUB, Glat, Gloc, HVAR, JSTF, LTSH, MATH, META, MVAR, OS/2, SING, STAT, SVG, Silf, Sill, TSI0, TSI1, TSI2, TSI3, TSI5, TSIB, TSIC, TSID, TSIJ, TSIP, TSIS, TSIV, TTFA, VDMX, VORG, VVAR, ankr, avar, bsln, cidg, cmap, cvar, cvt, feat, fpgm, fvar, gasp, gcid, glyf, gvar, hdmx, head, hhea, hmtx, kern, lcar, loca, ltag, maxp, meta, mort, morx, name, opbd, post, prep, prop, sbix, trak, vhea, vmtx

5.3.2 폰트 컬렉션

폰트 컬렉션은 하나의 폰트 파일에 다수의 폰트 정보를 기록하는 개념이다. 이는 여러 폰트 정보를 하나의 파일에 기록함으로써 폰트 리소스를 다루기 용이하게 하고, 폰트 간 공통 정보의 테이블을 서로 공유함으로써 리소스 크기를 줄일 수 있다. 가령, 하나의 폰트 패밀리로 Regular, Roman, Italic의 폰트 스타일을 제공하고 여기에 각 스타일마다 볼드체 스타일을 추가로 지원한다고 하면 총 6개(3×2)개의 폰트 정보가 필요하다. 이들을 각각 별도의 폰트 데이터(TTF 파일)로 제공한다면 각각 독립된 테이블을 가진 6개의 파일이 된다. 반면이들을 하나의 폰트 컬렉션으로 통합하면 폰트 간 동일 정보(예: 수평 레이아웃, 글리프 및 치환 정보 등)는 서로 공유할 수 있으므로 중복된 테이블 정보를 생략할 수 있다. 이 경우 폰트마다 공유하는 데이터의 참조 테이블 위치는 서로 같으며 결과적으로 전체 리소스 크기는 줄어든다.

기본적으로 트루타입 글리프 정보를 가진 폰트 컬렉션의 파일 확장자명은 TTC나 OTC이고, 파일 시작점에 위치한 헤더(TTC Header) 데이터에는 파일 식별자(ttcTag), 버전(majorVersion, minorVersion), 폰트 수(numFonts), 보유한 폰트 개수만큼의 테이블 디렉터리(Table Directory) 위치 정보가 들어 있다. 그리고 각 테이블 디렉터리는 해당 폰트에 필요한 테이블 정보를 보유한다. 테이블 정보에는 폰트 헤더(head) 테이블[11]을 기본으로 포함하고 있어서 각 폰트를 해석할 때는 이 헤더 테이블을 해석하는 것부터 시작한다.[12]

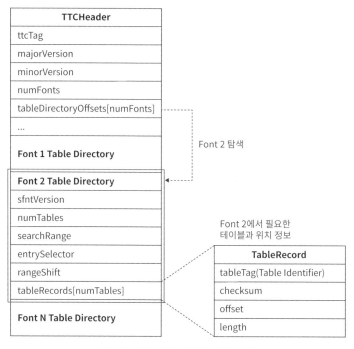

그림 5.24 TTC 헤더 및 테이블 접근 구조

---

11 *https://learn.microsoft.com/en-us/typography/opentype/spec/head*
12 자세한 사항은 스펙 정보를 참고하자. *https://docs.microsoft.com/en-us/typography/opentype/spec/otfff#tabledirectory*

5.3.3 캐릭터 맵

트루타입으로부터 원하는 글리프 정보를 찾기 위해 캐릭터 맵 테이블(cmap)[13]을 참조한다. 폰트를 구동하는 플랫폼 환경과 캐릭터 인코딩 방식(아스키, 멀티바이트, 유니코드 등)에 따라 문자를 해석하는 방식이 다르다. 먼저 캐릭터 맵 테이블에서 동작 환경에 부합하는 보조 테이블(subtable)을 검색한 후 출력하고자 하는 문자값을 색인값으로 활용하여 보조 테이블에서 글리프 색인 (index) 값을 확인한다. 그 다음 글리프 색인 테이블(loca)에서 앞서 확인한 색인 값을 검색하면 최종적으로 글리프 데이터 테이블(glyf)에 접근할 수 있다.

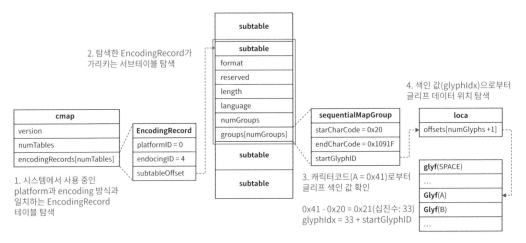

그림 5.25 캐릭터-글리프 매핑 과정

TTX를 이용하여 FreeSans 폰트의 캐릭터 맵 테이블을 확인하면 코드 5.7, 5.8 과 같다. 코드 5.7을 보면 cmap은 폰트 구동 환경별로 보조 테이블(cmap_format_12, cmap_format_6, cmap_format_4)을 구축하고 있는 것을 확인할 수 있다. 유니코드 문자 'A'에 해당하는 글리프를 검색할 경우, cmap_format_12 보조 테이블에 접근하여 코드 "0x41"에 해당하는 문자 'A'를 확인한다. 이는 코드 5.8 의 GlphyOrder(loca 테이블에 해당)에서 색인 값 36에 해당함을 알 수 있다. 정리하면, 알파벳 'A'의 글리프 정보는 글리프 위치 정보를 기록한 loca(Index to

---

13 자세한 스펙 정보는 다음 페이지를 참조하자. *https://docs.microsoft.com/en-us/typography/opentype/spec/cmap*

Location) 테이블에서 36번째 위치 정보(offset)가 가리키는 글리프 데이터에
해당한다.

코드 5.7 **cmap 정보(FreeSans)**

```
01 <cmap>
02    <tableVersion version="0"/>
03    <!-- 플랫폼별 문자 코드 테이블 제공. 유니코드용 -->
04    <cmap_format_12 platformID="0" platEncID="4" format="12"
                      reserved="0" length="2404" language="0"
                      nGroups="199">
05       <map code="0x20" name="space"/>      <!-- SPACE -->
06       <map code="0x21" name="exclam"/>     <!-- EXCLAMATION MARK -->
07       <map code="0x22" name="quotedbl"/>   <!-- QUOTATION MARK -->
08       ...
09       <map code="0x41" name="A"/>    <!-- LATIN CAPITAL LETTER A -->
10       <map code="0x42" name="B"/>    <!-- LATIN CAPITAL LETTER B -->
11       <map code="0x43" name="C"/>    <!-- LATIN CAPITAL LETTER C -->
12       <map code="0x44" name="D"/>    <!-- LATIN CAPITAL LETTER D -->
13       ...
14    </cmap_format_12>
15
16    <!-- 매킨토시용 -->
17    <cmap_format_6 platformID="1" platEncID="0" language="0">
18        ...
19    </cmap_format_6>
20
21    <!-- 윈도우용 -->
22    <cmap_format_4 platformID="3" platEncID="1" language="0">
23        ...
24    </cmap_format_4>
25    ...
26 </cmap>
```

코드 5.8 **loca 정보(FreeSans)**

```
01 <GlyphOrder>
02    <GlyphID id="0" name=".notdef"/>
03    <GlyphID id="1" name=".null"/>
04    ...
05    <GlyphID id="36" name="A"/>   <!-- 'A' 글리프 정보는 36번째에 기록 -->
06    <GlyphID id="37" name="B"/>
07    ...
08 </GlyphOrder>
```

캐릭터 맵 보조 테이블(subtable)에 대해 조금 더 자세히 알아보자. 코드 5.7의 4행을 살펴보면, format에 여러 속성 정보가 있는 것을 확인할 수 있다. format 은 지원하는 인코딩 방식과 기능에 따라 분류하며 번호별로 다른 스펙을 다룬다. 포맷 12는 32비트 캐릭터 코드를 사용하는 유니코드 포맷을 지원하며 U+10000~U+10FFFF 범주의 확장 주소 공간을 지원함으로써 다국어의 확장 문자 외에 이모지과 같은 보조 문자를 추가로 기록할 수 있다(그림 5.26). 포맷 6은 16비트 캐릭터 코드를 사용하며 16비트 크기 내에서 해당 폰트의 문자-글리프 매핑을 완전히 소화할 수 있는 경우 이를 이용한다. 포맷 4는 포맷 12와 기능적으로 유사하나 16비트 캐릭터 코드를 사용하며 U+0000~U+FFFF 범주의 확장 주소 공간을 지원한다.

platformID 값은 해당 캐릭터 맵이 어떤 플랫폼을 대상으로 제공하는지 가리킨다. 시스템에서 유니코드 문자를 이용한다면 platformID가 0인 캐릭터 맵을 참고한다.

- 0 - 유니코드
- 1 - 매킨토시
- 2 - ISO
- 3 - 윈도우
- 4 - 커스텀

platEncID는 platformID에 종속된 값으로, 인코딩 방식을 명시한다. 유니코드를 지원할 경우에는 값이 4인 테이블을 참고한다.

- 0 - 유니코드 1.0(폐기 예정)
- 1 - 유니코드 1.1(폐기 예정)
- 2 - ISO/IEC 10646(폐기 예정)
- 3 - 유니코드 2.0(bmp 전용)
- 4 - 유니코드 2.0(완전 목록)

	U+1F600
	U+1F607
	U+1F608
	U+1F60E
	U+1F610
	U+1F611

그림 5.26 캐릭터 코드와 이에 매핑된 이모지 정보

5.3.4 글리프

캐릭터 맵을 거쳐 트루타입 글리프 테이블(glyf)에 접근하면 글리프 데이터를 읽고 해석할 수 있다. 벡터 글리프는 문자의 윤곽 정보를 기록하며 이들 정보는 선의 양 끝점이나 베지어 곡선(3.4.6절)에 필요한 제어점을 포함한다. 폰트 엔진은 글리프 테이블에서 글리프 윤곽 정보를 읽고 해석한 후 벡터 그래픽 엔진이 요구하는 데이터로 가공하여 전달하고, 벡터 그래픽 엔진은 이 데이터를 바탕으로 래스터 단계를 수행하여 글리프의 비트맵 이미지를 생성할 수 있다. 래스터 과정은 3장 "벡스터라이저"에서 학습한 바 있다.

그림 5.27은 글리프 테이블이 구성하는 정보를 개략적으로 보여준다.[14] 핵심 정보는 글리프를 표현하는 윤곽 수(numberOfContours), 글리프의 바운딩 박스(xMin, yMin, xMax, yMax), 각 윤곽을 표현하는 점의 좌표(xCoordinates, yCoordinates)다. 글리프는 윤곽을 표현하는 점의 좌표 정보 목록을 별도로 기록하고 윤곽점의 목록(endPtsContours)을 통해 윤곽점을 가리키는 인덱스 정보를 따로 보유함으로써 중복된 윤곽점 정보를 생략한다.

코드 5.9 윤곽점 정보 해석

```
01  for idx : numberOfContours
02    x = xCoordinates[endPtsContours[idx]]
03    y = yCoordinates[endPtsContours[idx]]
```

14 바이트코드 설명은 5.3.6절을 참고한다.

그림 5.27 글리프 데이터 구조

코드 5.10은 TTX를 이용하여 FreeSans 폰트 데이터에서 글리프 테이블 정보를 추출한 XML 데이터를 보여준다.

코드 5.10 알파벳 'A' 글리프 정보(FreeSans)

```
01  <glyf>
02    <!-- FreeSans.ttf 알파벳 A 윤곽 정보
03         cmap에서 확인한 이름과 동일한 TTGlyph를 색인할 수 있다.
04         본 예제에서는 36번째 글리프 정보에 해당 -->
05    <TTGlyph name="A" xMin="15" yMin="0" xMax="651" yMax="729">
06      <!-- A의 외곽선 -->
07      <contour>
08        <pt x="472" y="219" on="1"/>
09        <pt x="191" y="219" on="1"/>
10        <pt x="114" y="0" on="1"/>
11        <pt x="15" y="0" on="1"/>
12        <pt x="275" y="729" on="1"/>
13        <pt x="395" y="729" on="1"/>
14        <pt x="651" y="0" on="1"/>
15        <pt x="547" y="0" on="1"/>
16      </contour>
17      <!-- A의 내곽선 -->
18      <contour>
19        <pt x="446" y="297" on="1"/>
20        <pt x="334" y="629" on="1"/>
21        <pt x="214" y="297" on="1"/>
22      </contour>
```

```
23    </TTGlyph>
24    ...
25  </glyf>
```

코드 5.10의 5행에서 알파벳 'A' 글리프의 바운딩 박스 Min=[15, 0], Max=[651, 729] 정보를 확인할 수 있고, 이어서 윤곽 정보(contour)를 확인할 수 있다. A의 외곽선과 내곽선 두 윤곽 정보로 이루어져 있으며 윤곽선을 그려보면 그림 5.28과 같다.

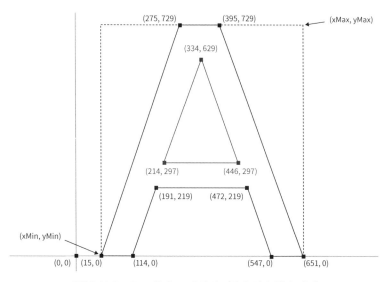

그림 5.28 FreeSans 글리프 A 윤곽 정보(검정: 외곽, 빨강: 내곽)

글리프 윤곽 정보를 해석하면 3.4.9절에서 학습한 경로를 기반으로 글리프를 출력할 수 있다.

코드 5.11 경로를 이용한 글리프 렌더링

```
01  /* 경로를 이용한 글리프 A 그리기 */
02  path = UIPath():
03    .geometry(xMin, yMin, xMax - xMin, yMax - yMin)
04    .color = UIColor.Black
05    // 외곽선 시작점
06    .moveTo(472 - xMin, 219 - vMin)
07    .lineTo(191 - xMin, 219 - yMin)
```

```
08    .lineTo(114 - xMin, 0 - yMin)
09    .lineTo(15 - xMin, 0 - yMin)
10    .lineTo(275 - xMin, 729 - yMin)
11    .lineTo(395 - xMin, 729 - yMin)
12    .lineTo(651 - xMin, 0 - yMin)
13    .lineTo(547 - xMin, 0 - yMin)
14    // 내곽선 시작점
15    .moveTo(446 - xMin, 297 - yMin)
16    .lineTo(334 - xMin, 629 - yMin)
17    .lineTo(214 - xMin, 297 - yMin)
18    .close()
```

코드 5.11에서 Path에 입력한 좌표값은 그리드 좌표계에 해당하므로 코드 5.16의 gridToPixel()을 통해 변환되어야 한다. 또한, 좌표계의 원점이 좌측 하단인 점에 주목하자. 캔버스 공간의 원점이 좌측 상단이라면 y 좌표값을 yMax에서 빼야 한다. 코드의 간결성을 위해 이러한 변환 작업은 생략하였다. TTGlyph에서 pt의 마지막 속성값 on은 글리프 테이블의 flags의 0번 비트에 기록된 기록된 값(ON_CURVE_POINT = 0x01)에 해당하며 on-curve, off-curve 타입을 구분한다. on-curve는 곡선의 끝점을, off-curve는 베지어 곡선의 제어점(Control Point)을 가리키며 on-curve 사이에 off-curve가 존재하지 않다면 그림 5.28에서와 같이 해당 두 점을 직선으로 연결해서 표현한다.

코드 5.12 off-curve를 이용한 2차 베지어 곡선 표현

```
01    <!-- 코드로 치환할 경우 다음 호출:
02       path.moveTo(623 - xMin, 93 - vMin)
03       path.curveTo(519 - xMin, 23 - yMin, 374 - xMin, 23 - yMin)
04    <pt x="623" y="93" on="1"/>
05    <pt x="519" y="-23" on="0"/>
06    <pt x="374" y="-23" on="1"/>
```

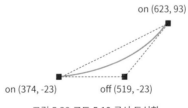

그림 5.29 코드 5.10 곡선 도식화

TTF의 경우 2차 베지어 곡선을 이용하기 때문에 제어점 한 개가 필요하지만 TTX를 살펴보면 off-curve가 연속해서 존재하는 글리프 정보를 발견할 수 있다. 이는 3차 내지 N차 베지어 곡선을 표현하는 것으로, 벡터 그래픽 엔진에서 N차 베지어 곡선을 지원하지 않는다면 중간에 on-curve점을 생성하여 베지어 곡선을 잘게 쪼개 표현할 수 있다. 벡터 그래픽 엔진에서 3차 베지어 곡선을 표현할 수 있다면 코드 5.13의 글리프 데이터는 코드 5.14로 구현할 수 있지만 벡터 그래픽 엔진이 2차 베지어 곡선만 표현 가능하다면 (494, 59)와 (623, 185) 사이에 on-curve 데이터를 생성하여 두 개의 2차 베지어 곡선으로 구현한다(그림 5.30 참고).

코드 5.13 두 제어점을 가진 3차 베지어 곡선 정보

```
01  <pt x="394" y="59" on="1"/>
02  <pt x="494" y="59" on="0"/>
03  <pt x="623" y="185" on="0"/>
04  <pt x="623" y="283" on="1"/>
```

코드 5.14 3차 베지어 곡선을 이용한 곡선 구현

```
01  // 직전에 on-curve점이 존재한다면 moveTo() 대신 lineTo() 호출
02  path.moveTo(394 - xMin, 59 - yMin)
03  // 제어점1, 제어점2, 끝점
04  path.curveTo(494 - xMin, 59 - yMin, 623 - xMin, 185 - yMin,
               623 - xMin, 283 - yMin)
```

코드 5.15는 코드 5.13에서 중간의 On-Curve 점을 생성하여 두 개의 2차 베지어 곡선으로 구현한 것이다.

코드 5.15 2차 베지어 곡선을 이용한 곡선 구현

```
01  // 중간의 On-Curve점(558.5, 122)을 생성하여 적용
02  path.moveTo(394 - xMin, 59 - yMin)
03  path.curveTo(494 - xMin, 59 - yMin, 558.5 - xMin, 122 - yMin)
04  path.curveTo(623 - xMin, 185 - yMin, 623 - xMin, 283 - yMin)
```

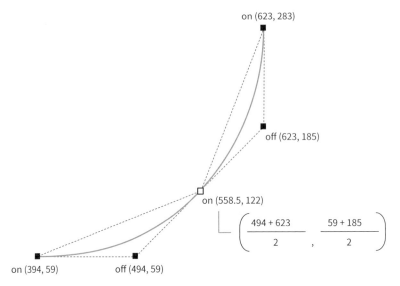

그림 5.30 중간 On-Curve점 생성

중간의 On-Curve점을 생성하지 않더라도 2차 내지 3차 베지어 곡선을 쉽게 상호 변환할 수 있다. 수식 5.3은 2차 베지어 곡선의 세 점(QP)을 3차 베지어 곡선 네 점(CP)으로 변환한다.

$$CP_0 = QP_0$$
$$CP_1 = QP_0 + 2/3 * (QP_1 - QP_0)$$
$$CP_2 = QP_2 + 2/3 * (QP_1 - QP_2)$$
$$CP_3 = QP_2$$

수식 5.3 2차에서 3차 베지어 곡선 변환식

지금까지 TTF의 글리프 데이터 해석부터 선과 곡선을 경로로 치환하는 과정을 살펴보았다. 사실상 디지털 폰트의 벡터 글리프 이미지는 선과 곡선 조합이 전부이므로 앞서 학습한 내용을 이해했다면 글리프 핵심 구현 이해는 충분하다.

5.3.5 스타일 변형

하나의 폰트에서 여러 서체(폰트 패밀리)를 지원하기 위해 gvar(글리프 변형 테이블)을 이용할 수 있다. 이 테이블에는 변형 서체의 글리프 윤곽점을 절댓 값 또는 상댓값(delta)으로 기록하여 변형 서체의 글리프 정보를 제공한다. 상 댓값을 이용할 경우에는 글리프 테이블에 기록된 기준 글리프의 윤곽점을 상 댓값만큼 이동하여 글리프 형태를 변형시킨다.

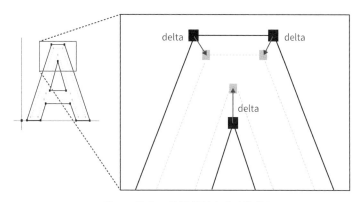

그림 5.31 글리프 변형을 통한 추가 서체 제공

폰트 데이터로부터 글리프를 가변적으로 조정할 수 있다면 보다 적은 리소스 로도 여러 스타일의 폰트를 지원할 수 있다. 예를 들어 폰트 데이터에 Regular, Thin, Black 세 가지 서체의 디자인 데이터를 기록하고 Extra-Light, Light, Me-dium, Semi-bold, Bold, Extra-bold 등의 추가 서체는 볼드 스타일을 변형함으로써 런타임에 생성할 수 있다. 기존 서체를 기반으로 계산을 통해 새로운 서체를 생성함으로써 디자인 리소스를 줄이고 생산성을 높이는 것이 목적이다.

OTF에서는 스타일 속성 테이블(STAT)에서 접근 가능한 Axis Value 테이블 정보를 통해 지원하는 폰트 스타일 정보를 확인할 수 있다. Axis Value는 STAT 의 offsetToAxisValueOffsets 값이 가리키는 위치에 기록되어 있다. 여기서 Axis Value는 서체의 변형 속성 정보를 기술하는데 볼드체 속성으로 wght(Weight) 태그값을 이용한다.

NameString	값
Thin	100
Extra-light(Ultar-light)	200
Light	300
Normal(Regular)	400
Medium	500
Semi-bold(Demi-bold)	600
Bold	700
Extra-bold(Ultra-bold)	800
Black(heavy)	900

표 5.5 OTF에서 제시하는 굵기에 따른 가중치 값 기준

가령, Sans 폰트 데이터가 볼드체(700)를 지원할 때 OTF는 다음 정보를 Axis Value 테이블에 기록하고 폰트 데이터를 해석하는 과정에서 해당 폰트 데이터가 지원하는 볼드체 정보를 알 수 있게 한다.

font	axisTag	value	nameString
Sans	"wght"	700	Bold

표 5.6 Axis Value 데이터 예시

OTF는 fvar(폰트 변형 전역 테이블)을 이용하여 변형 가능한 스타일 정보를 기록하는데 여기에는 앞서 언급한 Weight Axis뿐만 아니라 Width Axis 및 사용자 정의 정보 등 OTF에서 지원하는 여러 스타일 속성을 기록할 수 있다.[15] 또한 fvar에는 허용 가능한 가변 값의 범위를 기록함으로써 외부에서 요청한 값이 폰트 디자인이 의도한 수치를 벗어나지 않도록 한다. 표 5.7은 가변 볼드체를 지원하기 위해 fvar에서 접근 가능한 VariationAxisRecord 테이블의 데이터 예시를 보여준다.

---

15 자세한 스펙 정보는 링크를 참고한다. *https://docs.microsoft.com/en-us/typography/opentype/otspec 183/fvar*

axisTag	minValue	defaultValue	maxValue	axisNameID
"wght"	300	400	700	256

표 5.7 VariationAxisRecord 데이터 예시

변형 서체를 이용하기 위해서는 최소 두 벌의 글리프 정보를 구축해야 가중치 값을 참고하여 중간 단계의 스타일을 생성할 수 있다(그림 5.32 하단의 기본과 최대). 이때 글리프를 구성하는 윤곽점 수는 서로 정확하게 일치해야 한다. 매 칭되는 글리프 윤곽점 개수나 기록된 점의 순서가 일치하지 않는다면 보간을 적용할 수 없으므로 디자인 단계에서 이를 고려해서 작업하고 폰트 데이터에 기록해야 한다.

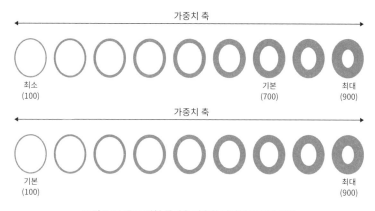

그림 5.32 폰트 변형 특성을 이용한 다단계 볼드체 지원

5.3.6 그리드 피팅

5.1.3절에서 학습한 바와 같이 TTF 좌표 단위가 그리드 공간의 폰트 유닛(FU-nit)인 점을 고려하면 글리프 윤곽선을 표현하는 정점의 좌푯값은 렌더링 엔진이 출력하고자 하는 최종 폰트 크기에 맞게 조정되어야 한다. 이를 위해 글리프 정보를 벡터 그래픽 엔진의 경로(Path)로 재구성할 때 글리프 테이블로부터 얻은 좌푯값을 단위를 변환하여 입력값으로 전달해야 한다.

코드 5.16 그리드 윤곽점을 캔버스 공간으로 변환하는 로직

```
01  /*
02   * 글리프 윤곽점 크기 변환. 그리드 공간의 윤곽점을 화소 공간으로
03   * 변환하고 요청 받은 폰트 크기에 맞게 조정(Scaling) (5.1.3절 참조)
04   * @p in: Point (글리프 윤곽점)
05   * @p pointSize: var (폰트 크기)
06   * @p dpi: var (Density Per Inch)
07   * @p em: var (TTF 기본값: 2048)
08   */
09  gridToPixel(in):
10    return in * ((pointSize * (dpi / 72)) / em)
```

코드 5.17 그리드 윤곽점을 캔버스 공간으로 변환

```
01  // 샘플 값
02  pointSize = 12
03  dpi = 96
04  em = 2048
05
06  // 원점 변환은 생략. 코드 5.11 참고
07  path.moveTo(gridToPixel(394), gridToPixel(59))
08  path.curveTo(gridToPixel(494), gridToPixel(59), gridToPixel(558.5),
                 gridToPixel(122))
09  path.curveTo(gridToPixel(623), gridToPixel(185), gridToPixel(623),
                 gridToPixel(283))
```

코드 5.17을 자세히 살펴보자. 글리프 테이블에서 구한 윤곽점을 실제 화소 단위로 변경하기 위해서 gridToPixel() 연산을 수행한다. 기기의 dpi 해상도가 96이고 사용자가 기대하는 폰트 크기가 12일 때 moveTo()로 전달하는 그리드 공간의 좌푯값(394, 59)은 (3, 0.4) 화소 위치로 바뀐다. 여기서는 기기 해상도와 기준 dpi를 고려하여 최종 화소 단위의 폰트 크기를 결정하지만 폰트 크기 (pointSize)와 디바이스 환경 정보(dpi, em) 값은 변하지 않는 특성이 있으므로 사전에 계산된 값을 이용하여 변환을 수행할 수도 있다.

좋은 품질의 폰트를 출력하기 위해서는 글리프 형태가 훼손되지 않도록 주의해야 한다. 가령, gridToPixel()에 의존하여 크기를 매우 작게 축소한다면 일부 획이 사라지거나 비대칭 글리프 이미지가 생성될 수 있다. 이는 글리프를 구성하는 줄기(Stem)나 줄기와 줄기 사이의 여백 공간(Aperture)이 화소 크기

보다 작아 사라질 수 있기 때문이다.[16] 그뿐만 아니라, 스케일링 연산 중 반올림 처리로 인해 문자에서 대칭되는 획 너비가 서로 달라지는 경우도 종종 발생한다.[17] 글리프 윤곽선은 소수점 단위로 연산하지만 글리프 비트맵은 화소 단위인 정수로 출력하기 때문이다. 결과적으로 이러한 방식은 폰트 품질 문제를 떠나 가독성을 훼손하고 유효하지 않은 폰트 결과물을 생성할 수 있다.

이를 방지하기 위해서는 그리드피팅(Grid-Fitting)을 수행할 수 있다. 그리드피팅은 글리프의 주요 부분을 정렬하여 최종 픽셀 위치를 조정하는 과정을 의미한다. 이는 벡터 기반의 폰트에서 고품질을 위해 도입한 기술이다. 결과적으로 폰트에서 그리드피팅을 수행하면 낮은 해상도에서도 최적의 화소를 결정하여 더 좋은 품질의 문자 비트맵을 생성할 수 있다. 그리드피팅의 대표적인 구현 방법으로 힌팅(Hinting) 기술을 이용할 수 있다. 대표적으로 MS 윈도우, 프리타입 기반의 안드로이드에서 힌팅 기술을 지원한다.

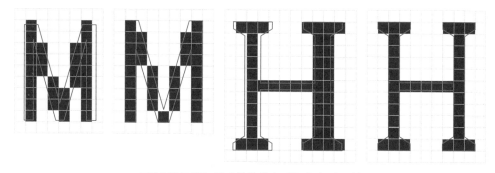

그림 5.33 그리드피팅 수행 결과(좌: 적용 전, 후: 적용 후)

힌팅의 핵심은 글리프 정보에 컨트롤 정보를 추가하고, 이 정보를 바탕으로 글리프 크기 조절 시 윤곽선을 보정하여 이미지 훼손을 방지하는 것이다. 이를 위해 TTF에서는 윤곽선 조정값을 cvt(컨트롤 값 테이블)에 기록하고, prep(컨트롤 값 수행 테이블)을 통해 내장 프로그램(Bytecode Instructions)을 시행함으로써 힌팅에 필요한 사전 작업을 수행한다. 여기서 내장 프로그램은 폰트나 폰트 크기(폰트 포인트 또는 변환 행렬)가 바뀔 때마다 실행되지만 특정 글리

16 글리프 부위별 명칭은 그림 5.3을 참고하자.
17 가령, 알파벳 'c'에서 상단, 하단의 곡선 획의 두께

프를 위한 동작이라기보다는 전역적인 동작을 수행할 때 적합하며, 실제 각 글리프에 종속된 내장 프로그램은 글리프 테이블에 기록되어 있다(그림 5.27의 바이트 코드에 해당). 힌팅을 수행하는 내장 프로그램은 cvt 테이블의 윤곽선 조정값을 참조하여 글리프 윤곽점 위치를 조정한다. 참고로 폰트 프로그램 테이블(fpgm)도 cvt와 비슷한 역할을 수행하지만 이는 여러 글리프 사이에 중복된 코드를 줄이기 위한 목적으로, 폰트가 최초로 사용될 때 한 번 수행되는 차이가 있다.

힌팅은 글리프를 변경함과 동시에 글리프의 수치 해석(metric)에도 영향을 준다(5.4.1절 참고). 힌팅으로 인해 글리프 이미지 크기가 바뀌면 글리프의 바운딩 박스 크기도 변경된다. 이는 곧 사이드 베어링(side bearings) 및 문자 간격(advance width) 값도 재조정되어야 함을 의미한다. 힌팅으로 윤곽점 위치가 1화소만 조정돼도 저해상도에서는 큰 차이를 유발할 수 있으므로 힌팅 수행 결과에 따른 글리프 수치 해석 작업이 동반되어야 한다.

힌팅 정보를 폰트 에디터나 디자인 툴로 생성하고 폰트 데이터에 힌팅 관련 테이블을 제공하지 않는다면 폰트 엔진에서 알고리즘을 기반으로 이를 보완할 수 있다. 이 경우, 품질 측면에서 디자이너가 의도한 만큼의 훌륭한 결과를 기대하기 어렵지만 폰트 데이터 제작 비용을 생각했을 때 알고리즘에 의존하는 것도 도움이 된다. 실제 프리타입에서는 알고리즘 기반 힌팅 기술(FT_LOAD_FORCE_AUTOHINT)을 제공하며 이는 힌팅 옵션을 통해서도 선택할 수 있다. 이 방법은 힌팅용 내장 프로그램을 실행하는 명시적인 방법에 비해 속도는 빠르지만 폰트 품질은 상대적으로 떨어질 수 있다. 하지만 단순 안티에일리어싱을 적용한 결과보다는 더 나은 품질을 제공할 수 있다. 참고로 힌팅에 사용하는 내장 프로그램은 비교적 크기가 큰 편으로, 폰트 파일 크기에서 차지하는 비중이 높은 편이다. Sans-Serif 폰트 파일 기준으로 확인해 보면 내장 프로그램이 추가될 때 파일 크기가 미포함 대비 60% 가량 증가한다.[18]

폰트 에디터마다 차이는 있으나 힌팅 정보를 추가하는 방식을 살펴보면 크게 정렬 영역과 줄기 너비를 지정하는 방법으로 나눌 수 있다.

---

18 15kb → 24kb, Glyphs 폰트 디자인 툴 출력 기준

정렬 영역

정렬 영역(Alignment Zone)은 글리프 윤곽점을 지정한 위치로 정렬하는 데 사용한다. 대표적으로 상·하단 정렬 힌팅 영역은 각 글리프가 영역을 초과하여 커지는 것을 방지하고 일관성 있는 높이를 유지할 수 있게 한다. 실제로 각 글리프는 서로 높이가 다를 수 있고 저해상도에서는 1화소 차이로도 심각한 폰트 품질 문제를 유발할 수 있다. 예를 들어 둥근 문자는 상대적으로 작게 보이는 시각적 특성을 보완하기 위해 3~4% 가량 더 크게 디자인하는 경우가 있다. 그림 5.34를 보면 'H'와 'O' 두 글자 사이의 높이 차이는 미세하지만, 저해상도로 출력 시 높이 차가 상대적으로 커진다.

그림 5.34 저해상도에서의 초과 영역(Overshooting) 품질 문제

정렬 영역 힌팅을 반영하면 폰트를 제작하는 과정에서 정렬 영역에 윤곽점을 연결할 수 있다(그림 5.35). 이렇게 하면 힌팅 내장 프로그램은 정렬 영역의 y 위치를 가장 근접한 화소 위치로 결정하고 연결된 윤곽점들을 정렬 영역의 y 위치에 맞추어 화소 정확도 문제를 개선한다(그림 5.36). 이러한 힌팅 작업은 저해상도에서 특히 유용하다.

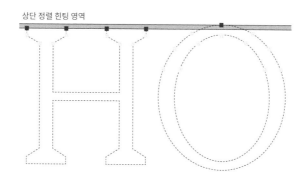

그림 5.35 상단 정렬 힌팅 영역에 연결한 윤곽점 도식화

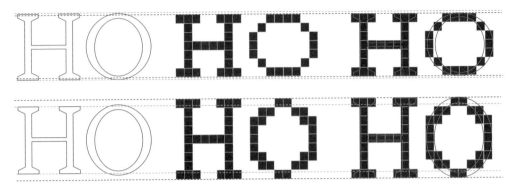

그림 5.36 정렬 힌팅 수행 결과(상: 축소 방향, 하: 확장 방향)

그림 5.36은 정렬 힌팅 수행 결과를 도식화한 것이다. 위쪽 그림은 정렬을 힌팅 영역 안쪽으로 맞춘 경우를, 아래쪽 그림은 그 반대 경우를 보여준다. 그림과 같이 힌팅 정렬 영역에 따라 디자인 결과가 달라지므로 정렬 영역은 일관성을 유지해야 한다. 핵심은 두 경우 모두 높이를 일원화하여 시각적으로 안정적인 폰트 글리프를 생성한다는 점이다.

줄기 너비

저해상도 글리프의 품질 훼손 문제는 글리프 줄기(stem)에서도 발생한다. 동일한 너비의 줄기일지라도 저해상도에서는 때에 따라 두 배 가까운 너비 차이가 나타날 수 있다(그림 5.33 H의 좌우 세로 줄기 비교). 예를 들어, 2048 크기의 엠(em) 공간, 10포인트 폰트 크기, dpi 96인 장치에서 215, 230 너비의 두 줄기를 반올림 처리한 화소 크기로 변환하면 각각 1화소, 2화소가 되며 결과적으로 이들 너비는 2배 차이가 된다. 원래 폰트 크기로는 0.06배 차이인 점을 고려하면 원래 디자인과 상당한 차이가 있다.

　디자인 관점에서 살펴보면 한 폰트에 존재하는 글리프 줄기는 몇 개의 표준이 되는 줄기 너비를 따른다. 힌팅은 이 원칙을 기반으로 줄기 너비를 일원화하는 데 목적을 둔다. 다시 말해, 줄기 너비를 조정하는 힌팅 기법은 폰트에서 표준이 되는 줄기 정보를 여럿 등록하고, 글리프에 존재하는 여러 줄기를 표준 줄기의 너비에 맞춰 조정한다. 이에 따라 저해상도의 폰트 크기를 결정할 때 prep에 기록된 내장 프로그램을 수행하고 cvt에 기록된 줄기 조정값을 참조하어 기준 줄기 너비를 먼저 결정한다. 이후 글리프마다 고유의 내장 프로그램을 수행할 때 각 글리프 줄기가 기준 줄기 너비와 동일한 화소 수를 가질 수 있도록 너비를 강제한다.

그림 5.37 줄기 너비를 일원화한 폰트 디자인

바이트코드

트루타입에서는 어셈블리 수준의 내장 프로그램(바이트코드)으로 힌팅을 수행한다. 여기서 내장 프로그램이 참조하는 cvt에는 힌팅에 필요한 수치 정보를 기록해서 글리프마다 힌팅 수행 시 참조 데이터로 사용한다. 예를 들어 초과 영역 거리, 어센더 높이, 기준선, 세리프 높이와 길이, 이탤릭 각도 그리고 기호의 줄기 너비 등이 이에 해당한다. 또한 앞서 살펴본 상·하단 정렬 영역 정보 및 직선(또는 원형) 줄기 너비 역시 cvt에 기록할 수 있다. 이러한 정보는 글리프 스타일별로, 라틴 문자의 경우 대소문자를 구분하여 제공되어야 한다.

　사실상 cvt에 특정한 정보를 기록해야 한다는 명시적인 규정은 없다. 내장 프로그램에 필요한 정보라면 어떤 수치든 기록할 수 있으며, 힌팅 정보는 폰트 에디터와 같은 내장 프로그램을 개발하는 주체에 의존한다. 따라서 cvt에 기록된 정보가 어떤 수치를 가리키는지는 이를 해석하는 내장 프로그램에 달려 있다. cvt에 포함되는 정보는 힌팅을 구현하는 폰트 디자인에 따라 다를 수 있다.

코드 5.18 cvt 정보(FreeSans)

```
01  <!-- 항목별 수치는 이를 참조하는 내장 프로그램에 따라 다르며
02      힌팅 목적에 따라 캡 높이, 초과 영역 거리, 어센더 높이 등 정보로
03      해석할 수 있다. 가령 1번 인덱스 값은 기준선 위치, 2번 인덱스 값은
04      하단 정렬 힌팅 영역 위치, 3번 인덱스 값은 하단 정렬 초과 영역 위치 등... -->
05  <cvt>
06    <cv index="0" value="0"/>
07    <cv index="1" value="524"/>
```

```
08    <cv index="2" value="700"/>
09    <cv index="3" value="729"/>
10    ...
11    <cv index="36" value="42"/>
12  </cvt>
```

힌팅을 수행하는 내장 프로그램은 전역 정보를 위한 prep과 각 글리프 정보를 위한 glyf 두 개로 나눌 수 있다. 일반적으로 폰트 크기 및 해상도가 변경되었을 때 prep의 내장 프로그램을 수행하여 글리프에서 참조할 전역 정보를 갱신한다. 이후 glyf의 내장 프로그램을 수행하여 각 글리프마다의 개별 힌팅 작업을 수행한다. prep은 해상도에 따라 힌팅을 수행할지 여부를 결정하거나(예: 2048ppem 이상의 해상도의 경우에는 힌팅 효과가 거의 없으므로 수행하지 않는다) 앞서 살펴본 cvt에 기록된 기준 정보의 크기를 결정하는 작업 등을 수행한다.

그림 5.38과 코드 5.19는 트루타입 기초 힌팅 명령어(Basic Hinting Philosophies and TrueType instructions)[19]에서 제시한 이탤릭 대문자 O의 힌팅 수행 절차를 간략히 설명한 것이다. 트루타입의 필수 요건은 아니지만 본 예시에서는 작업 효율성을 위해 세로축 방향으로 힌팅을 먼저 수행하고 가로축 방향으로 힌팅을 수행한다.

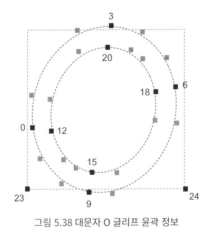

그림 5.38 대문자 O 글리프 윤곽 정보

---

19 *https://docs.microsoft.com/en-us/typography/truetype/hinting-tutorial/hinting-and-truetype-instructions*

코드 5.19 글리프 O 내장 프로그램 코드

```
01 <TTGlyph name="O" xMin="40" yMin="-23" xMax="744" yMax="741">
02   <contour> ... </contour>
03   <instructions>
04     <assembly>
05       SVTCA[Y]
06       MIAP[R], 3,3
07       MIAP[R], 9,9
08       SRP0[], 3
09       MIRP[m>RBl], 20, 73
10       SRP0[], 9
11       MIRP[m>RBl], 15, 73
12       SVTCA[X]
13       SRP0[], 23
14       MDRP[M>RWh], 0
15       MDRP[MRBl], 12, 69
16       SRP0[], 24
17       MDRP[M>RWh], 6
18       MDRP[MRBl], 18, 69
19       IUP[X]
20       IUP[Y]
21     </assembly>
22   </instructions>
23 </TTGlyph>
```

코드 5.19의 어셈블리 코드를 행 단위로 살펴보자.

5행   힌팅 방향을 Y축으로 설정

6행   3번 윤곽점을 대문자 상단 정렬 영역에 해당하는 cvt의 3번 값 위치로 이동
       하고 그리드 선에 정렬

7행   9번 윤곽점을 대문자 하단 정렬 영역에 해당하는 cvt 9번 값 위치로 이동하
       고 그리드 선에 정렬

8행   다음 명령어에서 참조할 윤곽점 3번 선택

9행   윤곽점 20번 선택 후 윤곽점 3번과 거리 조절. 이때 거리는 대문자 수직 방
       향 곡선 거리 값(cvt 73번 값)을 따르도록 지정. 또는 현재 거리를 유지하되
       그리드 선에 정렬

10행   조작할 윤곽점 9번 지정

11행   윤곽점 15번 선택 후 윤곽점 9번과 거리 조절. 이때 거리는 대문자 수직 방

향 곡선 거리 값(cvt 73번 값)을 따르도록 지정. 또는 현재 거리를 유지하되 그리드 선에 정렬

12행   힌팅 방향을 X축으로 설정

13행   다음 명령어에서 참조할 윤곽점 23번 선택

14행   윤곽점 0번을 23번 점 위치로 이동. 이는 곧 좌측 베어링 위치 조작과 동일. 이후 조작할 윤곽점을 0번으로 지정

15행   윤곽점 12번 선택 후 0번 윤곽점과 거리 조절. 이때 거리는 대문자 수평 방향 곡선 거리 값(cvt 69번 값)을 따르도록 지정. 또는 현재 거리를 유지하되 그리드 선에 정렬

16행   다음 명령어에서 참조할 윤곽점 24번 선택

17행   윤곽점 6번을 24번 점 위치로 이동. 이는 곧 우측 베어링 위치 조작과 동일. 이후 조작할 윤곽점을 6번으로 지정

18행   윤곽점 18번 선택 후 6번 윤곽점 간 거리 조절. 이때 거리는 대문자 수평 방향 곡선 거리 값(cvt 69번 값)을 따르도록 지정. 또는 현재 거리를 유지하되 그리드 선에 정렬

19행   아직 수정하지 않은 점들을 대상으로, 이들과 연결된 힌팅을 수행한 점들의 새 위치에 맞춰 X값 보간

20행   아직 수정하지 않은 점들을 대상으로, 이들과 연결된 힌팅을 수행한 점들의 새 위치에 맞춰 Y값 보간

각 수행 단계 중 그리드 선에 정렬을 수행할 때는 반올림을 수행한다. 또한, 23, 24번 점은 실제 윤곽선을 구성하지 않은 가상의 점에 해당한다. 본 예시에서는 이들 두 점을 통해 좌측 베어링과 문자 간격을 나타내며 이들 역시 바이트코드로 조작할 수 있다.

    내장 프로그램은 별도의 어셈블리 언어를 이용하므로 문법에 대한 이해가 필요하지만 이 책은 폰트 전반적인 이해에 초점을 두므로 예시 하나만 살펴보았다. 자세한 설명은 TTF 표준 문서를 참고하자.[20]

---

20 *https://developer.apple.com/fonts/TrueType-Reference-Manual/RM05/Chap5.html#intro*

5.4 텍스트 레이아웃

텍스트는 문장과 문단을 표현하기 위한 수단으로서, UI에서 텍스트를 출력하기 위해서는 텍스트를 구성하는 글리프 배치 방법을 이해해야 한다. 비트맵으로 완성한 글리프의 출력 위치를 결정하고 순차적으로 배치해야 하는데 이를 위해서 글리프 수치 해석이 선행되어야 한다. 가령, 글리프 위치는 기준선을 기준으로 커서 위치를 이동함으로써 결정한다. 이때 커서는 펜의 위치와 동일한 개념으로 볼 수 있는데 단순히 글리프의 바운딩 박스 정보만을 이용하여 커서 위치를 결정하면 안 된다는 점에 주목해야 한다. 때에 따라 글리프의 원점 및 사이드 베어링 공간이 바운딩 박스 외곽에 위치할 수 있으므로 각 글리프의 문자 간격 정보를 활용하여 다음 커서의 시작 위치를 구하되, 글리프의 추가적인 수치 해석을 통해 실제 글리프의 위치가 조정되어야 한다. 이러한 수치는 글리프 디자인 또는 언어 특성에 따라 다르다. 게다가 조합형 글리프나 커닝이 적용된 경우에는 글리프 간격 정보에 변화가 발생하므로 이들에 대한 추가 계산도 필요하다. 이와 같은 규칙을 토대로 렌더링 엔진은 폰트 엔진을 통해 폰트 디자인이 의도한 글리프의 공간 배치 규칙을 이행하고 이들을 조합함으로써 안정적인 텍스트 레이아웃을 완성하고 심미적으로, 기능적으로 완성된 UI 텍스트를 출력한다.

5.4.1 글리프 수치 해석

다양한 언어의 텍스트 레이아웃을 완성하기 위해서는 폰트 엔진이 폰트 데이터로부터 글리프 수치 해석(Glyph Metrics)을 올바르게 적용할 수 있어야 한다. 글리프 수치는 트루타입 테이블에 기록된 정보로, 바운딩 박스, 기준선, 상하 지점, 행 간격, 문자 간격, 베어링 등이 있으며 이들은 글리프를 텍스트 레이아웃 내 어느 위치에 배치할지 결정할 수 있는 보조 정보가 된다.

바운딩 박스

글리프 테이블의 Min, Max 정보로 만들어지는 바운딩 박스(Bounding Box)는 글리프의 경계 영역으로 해석할 수 있다(5.3.4절 참고). 출력하고자 하는 폰트

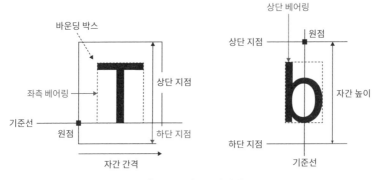

그림 5.39 글리프 수치 해석

크기로 글리프 변환 비율에 맞춰 바운딩 박스 크기를 조정할 수 있고 바운딩 박스를 참고하면 글리프 이미지를 기록할 데이터 크기를 결정할 수 있다.

그림 5.40 TTF에서 추출한 글리프 a와 바운딩 박스 영역(붉은색 외곽선)

기준선

기준선(Baseline)은 텍스트를 구성하는 글리프 간 정렬을 수행할 때 기준 위치를 제시한다. 기준선을 적용하면 수학 기호처럼 다른 글리프에 상대 위치해야 하거나 글리프 간 크기 차이가 커서 텍스트 영역을 벗어나는 경우를 방지할 수 있다. 기본적으로 기준선의 위치는 텍스트를 구성하는 첫 번째 글리프의 폰트[21]를 기준으로 한다. 다음 글리프가 다른 글꼴이거나 폰트 크기가 다를 경우에도 텍스트의 첫 번째 글리프의 폰트 기준선으로 정렬한다. 기준선을 참고할 수 없다면 기본값 0을 적용한다.

대표적인 기준선 종류로는 로만(Roman), 표의(Ideographic), 행잉(Hang-

---

21 폰트에서 이를 우성 스크립트(dominant script)로 해석한다.

ing)[22], 수학(Math) 기준선이 있다. 글리프 특성을 파악하여 기준선을 선택하고 그에 상응하는 기준선 위치를 결정하는 것이 좋다.

그림 5.41 로만 기준선(상)과 행잉 기준선(하)

그림 5.42 수직 기준선

• 로만(Roman): 라틴 계열 언어에 적용하는 정렬 방식. 대부분 글리프는 해당 기준선 위에 놓이며 글리프의 디센더(Descender)는 기준선 밑으로 출력될 수 있다.
• 중앙 정렬 표의 문자(Ideographic-centered): 문자 중앙을 기준으로 정렬하는 방식으로 중국어, 일본어와 같은 표의 문자를 정렬할 때 사용한다.

22 '매달리다'라는 뜻의 적절한 단어를 선택하지 못해 소리 나는 대로 부르는 방식을 선택했다.

그림 5.43 중앙 정렬 표의 문자

- 하단 정렬 표의 문자(Ideographic-low): 중앙 정렬 표의 문자와 적용 대상은 동일하나 문자를 조금 더 하단에 배치함으로써 표의 문자가 라틴 계열 문자와 나란히 있을 때 더욱 안정적으로 조화를 이룰 수 있게 한다.

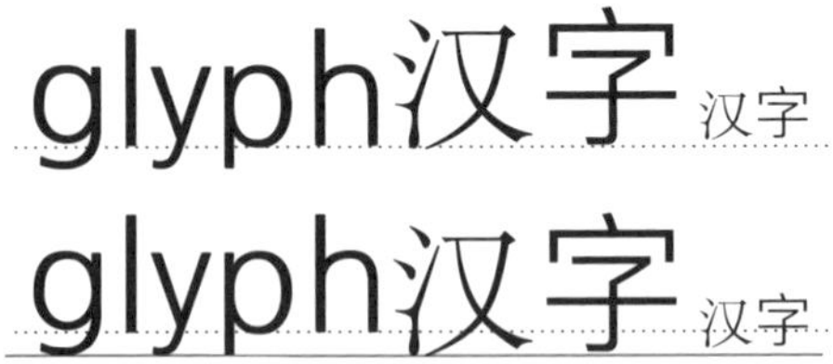

glyph汉字 汉字

glyph汉字 汉字

그림 5.44 로만(상)과 하단 정렬 표의 문자(하)의 기준선 정렬 결과 비교

- 행잉(Hanging): 산스크리트어, 힌디어 등 데바나가리(Devanagari) 문자에 적용하는 기준선으로, 글리프를 기준선 하단에 배치한다. 드롭캡(drop cap)과 같은 텍스트 정렬 방식에서도 적용할 수 있다.

हाथी ऊँट घोड़ा

W hen you create a do
cap. This is a built ii
need to get a bit cre
features, WordArt a
insert a drop cap in Google Docs, Onc

그림 5.45 힌디어에 적용한 행잉 기준선(좌)과 드롭캡(우)

- 수학(Math): +/− 와 같은 수식 기호를 추가하기 위한 기준선으로 사용한다.

OTF에서는 기준선을 기준선 테이블(BASE)에 기록한다.[23] 기준선 테이블 정보를 간략히 살펴보면 언어별(script)로 적용해야 할 기준선 종류와 y값 정보를 확인할 수 있다(코드 5.20).

---

[23] AAT는 이를 bsln에 기록한다. *https://developer.apple.com/fonts/TrueType-Reference-Manual/RM06/Chap6bsln.html*

```
01  <BASE>  <!-- OTF 전용 -->
02    <Version value="1.0"/>
03    <!-수평 텍스트를 위한 정보. 수직 텍스트의 경우 VertAxis 확인-->
04    <HorizAxis>
05      <!-- 본 폰트에서 지원하는 기준선 종류 -->
06      <BaseTagList>
07        <BaselineTag index="0" value="hang"/> <!-- 행잉 -->
08        <BaselineTag index="1" value="ideo"/> <!-- 표의 문자 -->
09        <BaselineTag index="2" value="romn"/> <!-- 로만 -->
10      </BaseTagList>
11      <BaseScriptList>
12        <BaseScriptRecord index="0">
13          <!-- 본 폰트 데이터 중 키릴 계열 스크립트 세부 정보 -->
14          <BaseScriptTag value="cyrl"/>
15          <BaseScript>
16            <!-- BaseTagList에 나열된 기준선의 위치 정보 기록 -->
17            <BaseValues>
18              <!-- 키릴 계열 기본 정책은 로만 기준선 적용 -->
19              <DefaultBaselineIndex value="2"/>
20              <!-- 행잉 기준선 적용 시 1500만큼 y값 이동 -->
21              <BaseCoord index="0" Format="1">
22                <Coordinate value="1500"/>
23              </BaseCoord>
24              <!-- 표의 문자 기준선 적용 시 -288만큼 y값 이동 -->
25              <BaseCoord index="1" Format="1">
26                <Coordinate value="-288"/>
27              </BaseCoord>
28              <!-- 로만 기준선 적용 시 0만큼 y값 이동 -->
29              <BaseCoordOffset index="2" Format="1">
30                <Coordinate value="0"/>
31              </BaseCoord>
32            </BaseValues>
33          </BaseScript>
34          <!-- 본 폰트 데이터 중 라틴 계열 스크립트 세부 정보 -->
35          <BaseScriptTag value="latn"/>
36            ...
37          </BaseScriptTag>
38          ...
39        </BaseScriptRecord>
40      </BaseScriptList>
41    </HorizAxis>
42  ...
43  </BASE>
```

코드 5.20을 보충 설명하면, 본 폰트에서 키릴(Cyrillic) 계열인 러시아 언어를 선택할 경우 기준선은 로만을 따른다. 본 폰트 다음으로 행잉 기준선을 요구하는 문자가 이어진다면 1500만큼 y값을 이동한 기준선 위치를 적용하고 표의 문자 기준선을 요구할 경우 -288만큼 y값을 이동한다.

상하 지점

어센더(Ascender)와 디센더(Descender)는 폰트 기준선으로부터 글자의 윤곽선이 위치할 수 있는 최상단, 최하단 지점을 말한다. 폰트 엔진은 글리프나 텍스트 구성 시 높이에 참고하는 수치로 활용할 수도 있지만, TTF 스펙에서 글리프가 이들 수치를 초과하는 것을 제한하지 않기 때문에 예외 처리를 염두에 둬야 한다. 이들은 TTF의 수평 헤더 테이블(hhea)에 ascent, descent 속성으로 기록된다.[24]

코드 5.21 hhea 정보(FreeSans)

```
01  <hhea>        <!-- Horizontal Header Table -->
02  ...
03    <ascent value="900"/>       <!-- 최상단 지점 -->
04    <descent value="-200"/>     <!-- 최하단 지점 -->
05    <lineGap value="100"/>      <!-- 행간 간격 -->
06  ...
07  </hhea>
```

행간 간격

행간 간격은 텍스트 두 행 사이의 공백을 가리킨다. 타이포그래피에서는 이를 리딩(Leading)이라고도 한다. 외부 행간(External Leading)과 내부 행간(Internal Leading)으로 구분하는데 여기서 말하는 행간 간격은 외부 행간을 말한다. 행간 간격은 상하 지점과 더불어 디자인 단계에서 제시할 수 있으며 hhea의 lineGap 속성으로 기록한다.[25]

---

24 OTF의 경우 OS/2 테이블의 sTypoAscender, sTypoDecender 속성이다.
25 OTF의 경우 OS/2 테이블의 sTypoLineGap 속성이다.

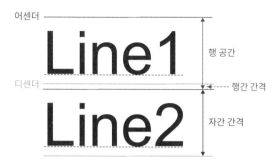

그림 5.46 행 공간(Line Space)과 행간 간격(Line Gap)

그림 5.46은 두 줄 텍스트에서 행 공간과 행간 간격을 보여준다. 행 공간(line space)은 자간 간격(advance height)[26]에서 행간 간격(line gap)을 더한 크기이며 결과적으로 이는 기준선과 기준선 사이의 거리와 크기가 동일하다.

```
advance height = ascent - descent
line space = advance height + line gap
```

참고로 내부 행간(internal leading)은 자간 간격에서 글리프 엠 공간(em size)을 제외한 거리를 가리킨다.

```
internal leading = advance height - em size
```

자간 간격

자간 간격(Advanced Width/Advanced Height)은 두 글리프의 원점 간 거리를 가리키며 한 글리프에서 다음 글리프까지의 이격 거리를 의미하기도 한다. 자

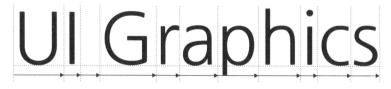

그림 5.47 자간 간격(Advance Width)

26 텍스트 전개 방향에 따라 가로(width)/세로(height)로 구분

간 간격은 글리프마다 다르므로 텍스트를 구성할 때 해당 값을 참조하여 글리프를 배치해야 한다.

자간 간격 값은 TTF의 hmtx(수평 메트릭 테이블)과 vmtx(수직 메트릭 테이블)에 advanceWidth와 advanceHeight 속성으로 기록된다. 이 값은 RTL(Right-To-Left)이나 LTR(Left-To-Right)에 상관없이 기본적으로 양수를 취한다.

코드 5.22 **hmtx 정보(FreeSans)**

```
01  <hmtx>  <!-- Horizontal Metrics Table -->
02  ...
03  <!-- advanceWidth 대신 width로 이름을 축약했다.
04        lsb는 "Left Side Bearing"의 약자로 좌측 베어링 값을 가리킴 -->
05  <mtx name="A" width="666" lsb="15"/>
06  <mtx name="B" width="664" lsb="80"/>
07  <mtx name="C" width="709" lsb="40"/>
08  <mtx name="D" width="698" lsb="80"/>
09  ...
10  </hmtx>
```

사이드 베어링

사이드 베어링(Side Bearings)은 글리프에 여백을 추가하는 용도로 사용한다. 좌측 베어링(LSB: Left Side Bearing)은 원점부터 글리프의 바운딩 박스 왼쪽 모서리(xMin)까지의 거리를 가리키고 우측 베어링(RSB: Right Side Bearing)은 바운딩 박스 우측 모서리(xMax)에서 자간 간격(AdvanceWidth)이 가리키는 위치까지의 거리를 나타낸다. 결과적으로 사이드 베어링을 잘 활용하면 글리프에 여백을 추가함으로써 타이포그래피 디자인의 완성도를 높일 수 있다.

그림 5.48 폰트 크기에 따른 좌측 베어링 크기 변화

TTF에서 좌측 베어링 값(lsb)은 hmtx의 자간 간격 값과 함께 기록한다(코드 5.22 참고). 우측 베어링(rsb) 값은 따로 기록하지 않지만, 다음 계산을 통해 쉽게 도출할 수 있다.

```
rsb = advanceWidth - (lsb + xMax - xMin)
```

수직 텍스트의 경우 사이드 베어링 정보는 vmtx에서 확인할 수 있으며, 이들은 상단 베어링(topSideBearing)과 자간 간격(advanceHeight) 속성으로 기록한다. 적용 방식은 수평 방식과 같다.

5.4.2 커닝

커닝(Kerning)은 두 글리프 사이의 여백을 조정하는 기능을 수행한다. 이는 글꼴에서 명시하는 글리프 너비와 별개로 문자 조합에 따라 여백을 달리하며, 이를 통해 타이포그래피 관점에서 최적의 텍스트를 완성한다. 가령 A와 V, T와 y를 연속 배치할 때 커닝 적용 전후를 비교하면 다음과 같은 결과를 보여준다 (그림 5.49).

AVTy AVTy

그림 5.49 커닝 적용 전(좌), 커닝 적용 후(우)

텍스트를 구성하는 과정 중에 커닝을 적용할 때는 폰트 데이터로부터 인접한 두 글리프의 커닝 값을 얻은 다음 텍스트 레이아웃 내 글리프 위치를 조정한다. 폰트 랜더링 시 각 글리프 이미지가 대상 버퍼에 중첩 기록될 수 있는데 이는 커닝으로 인해 글리프가 인접 글리프의 바운딩 박스 영역과 중첩될 수 있기 때문이다. 또 글리프의 순서에 따라 커닝 값이 달라지므로 주의해야 한다. 그림 5.50을 보면 T, J 두 글리프의 커닝 값이 배치 순서에 따라 다르다.

코드 5.23 커닝 테이블 값 참고

```
01  TJkernSize = kernTable['T']['J'];  // value = -10
02  JTkernSize = kernTable['J']['T'];  // value = 0
```

그림 5.50 글리프 배치 순서에 따른 텍스트 레이아웃 결과

트루타입에서 커닝 값은 커닝 테이블(kern)²⁷에 기록하며 지원하는 포맷을 기준으로 커닝 보조 테이블(kernsubtable)을 구성한다. 포맷은 0~3까지 총 4개의 정의 값을 가지고 있고 포맷 값에 따라 커닝 보조 테이블의 구조를 결정한다. 가장 보편적인 0번 포맷은 OTF(TTF)와 AAT에서 모두 활용하는 가장 직관적인 형태의 데이터를 구축한다. 코드 5.24는 0번 포맷으로 구성한 TTF 커닝 데이터 예시를 보여준다.

코드 5.24 kern 정보(FreeSans)

```
01  <kern>
02      <!-- 버전 정보 -->
03      <version value="0"/>
04      <kernsubtable coverage="1" format="0">
05        <pair l="T" r="y" v="-10"/>   <!-- l:left, r:right, v:value -->
06        <pair l="T" r="J" v="-10"/>
07        ...
08      </kernsubtable>
09  </kern>
```

앞서 설명한 바와 같이 포맷마다 커닝 데이터 구조가 다르기 때문에 하나의 폰트 데이터에서 커닝 테이블은 복수의 보조 테이블을 통해 여러 포맷을 동시 지

---

27 자세한 스펙 정보는 링크를 참고하자. *https://docs.microsoft.com/en-us/typography/opentype/otspec183/kern*

원할 수가 있다. 코드 5.24에서 kernsubtable의 coverage 속성은 커닝 세부 정보를 나타내며 여기서 1비트 값이 1일 경우 커닝 방향이 가로이고 0일 경우 세로임을 뜻한다. pair는 커닝을 적용할 두 문자와 조정 간격 수치를 명시한다. 대표적으로 5행을 살펴보면, T와 y를 순서대로 조합할 경우 y 문자의 x 위치를 −10만큼 T 문자 위치에 가깝도록 재조정한다. 여기서 수치 단위는 그리드 공간의 폰트 유닛이다.

OTF에서는 TTF와 달리 kern 외에 GPOS(글리프 위치 제어 테이블)을 통해 정교한 텍스트 레이아웃을 완성할 수 있다. GPOS를 활용하면 단순 글리프 위치 조정뿐만 아니라 흘림체나 합자(그림 5.51) 등 고급 텍스트 표현에 유용하다. 또한 커닝을 적용할 때 두 개 이상의 글리프가 개입할 수 있어서 더욱 복잡한 문맥에서의 확장 표현도 가능하다. 실제로 유니코드 기반 다국어를 지원하는 고급 텍스트 레이아웃 엔진이나 하프버즈(Harfbuzz) 같은 텍스트 셰이핑(Text-shaping) 엔진의 경우 OTF 포맷의 GPOS 정보를 참고하여 고품질 텍스트 레이아웃을 완성한다. 또한, GPOS를 이용할 수 없는 폰트 데이터의 경우에 합자를 미리 완성된 글리프로 제공할 수도 있다. 가령 f와 i가 인접할 경우를 고려하여 'fi'를 하나의 글리프로 제공하면, 커닝은 물론 흘림체 표현도 자연스럽게 해결할 수 있다. 물론 폰트 데이터를 제작할 때 글꼴 디자인 공수 비용은 그만큼 증가할 것이다.

그림 5.51 합자 액센트 위치 조정 전(좌)과 액센트 위치 적용 후(우)

🎁 하프버즈 / ICU / 프리바이디

하프버즈(HarfBuzz)는 텍스트 셰이핑 엔진으로, 사용자가 입력한 유니코드 코드포인트(Codepoints)(그림 5.26 참고)와 폰트 데이터로부터 사용하는 언어, 입력 시스템에 맞는 텍스트 레이아웃 정보를 반환한다. 하프버즈는 프리타입에서 파생된 프로젝트이며 프리타입의 래스터 부분을 제외하고 텍스트 셰이핑 기능만 분리하여 구축한 라이브러리이므로 자체 벡터 래스터 엔진이 있는 경우 하프버즈를 연동하면 효율적이다. 하프버즈는 트루타입, 오픈 타입, AAT 폰트와 이모지를 지원하며 라틴, 키릴, 그리스, 아르메니아, 조지아, 티피나그뿐만 아니라 인디, 아랍, 태국, 라오, 크메르, 미얀마, 티베트, 한글, 히브리 등 다양한 스크립트(언어)를 지원한다.

한편, 하프버즈는 양방향 문자열 처리를 지원하지 않아서 LTR(Left To Right), RTL(Right to Left)과 같이 진행 방향이 서로 다른 언어가 조합된 텍스트를 완성할 경우 알고리즘적으로 이를 구현하기 까다로운 부분이 존재한다. 이를 보완하기 위해 ICU(International Components for Unicode)나 프리바이디(fribidi)와 같은 외부 라이브러리를 추가로 활용할 수 있다. 이들 라이브러리는 유니코드 양방향 알고리즘을 제공하므로 아랍어와 히브리어처럼 RTL 기반 언어를 시스템에서 지원할 때 유용하다.

5.4.3 텍스트 프로세싱

텍스트 프로세싱은 글리프 수치 해석을 기반으로 글리프를 순차적으로 나열함으로써 의미를 전달할 수 있는 타이포그래피를 완성한다. 대표적으로 LTR 수평 레이아웃을 적용하는 라틴 계열 스크립트의 텍스트 생성 과정을 살펴보면 다음과 같다(각 단계별 참고할 절이나 그림은 '[]'으로 명시했다).

1) 주어진 문자열로부터 각 글리프 인덱스를 구한다. [5.3.3]
2) 첫 번째 글리프의 출력 위치를 결정한다. 주어진 텍스트 시작 위치로부터 기준선 y 위치를 적용하여 펜 위치(화소 단위)를 결정한다. [5.4.1의 기준선]
3) 출력할 글리프 이미지를 준비한다. [5.3.4, 5.5.1]
4) 커닝 테이블을 확인하고 짝(pair)이 존재한다면 커닝 값을 펜 위치에 적용한다. [5.4.2]
5) 글리프의 원점을 확인하고 펜 위치와 동기화한다. [그림 5.39의 원점]
6) 이미지 출력 메커니즘을 이용하여 글리프 이미지를 화면에 출력한다.
7) 글리프의 자간 간격을 화소 단위로 변환한 후 해당 수치만큼 펜 위치를 이동한다. [5.4.1 자간 간격]
8) 남은 글리프에 대해서 3~7번 단계를 반복한다.

위 단계에서 폰트 스타일과 크기를 결정하는 과정은 사전에 완료했다고 가정하고 모든 좌표와 크기는 그리드로부터 화소 단위로 변환한다(코드 5.16 참고). 서브픽셀 렌더링(5.5.1절)을 수행할 때는 화소 위치를 소수점 단위로 연산한다. 단계 4의 커닝 과정 중 출력할 글리프와 이전 글리프를 한 쌍의 값으로 하고, 이를 커닝 데이터에서 발견하면 커닝을 적용하고 그렇지 않으면 생략한다. 마지막으로 펜 위치는 커서 위치와 동일하다고 보면 된다. 에디트필드(Editfield)처럼 사용자가 텍스트를 직접 입력할 수 있는 커서가 존재한다면, 단계 8까지 완수하여 글리프를 모두 출력하고 이후 텍스트 커서를 마지막 펜 위치로 이동한다. RTL 레이아웃 텍스트인 경우 자간 간격을 음수로 변환하여 펜 위치를 변경한다.

수직 레이아웃을 적용할 때의 알고리즘도 수평 레이아웃과 별반 다르지 않다. 기준선과 자간 간격에 수평 대신 수직 수치(Vertical Metrics) 정보를 적용하면 된다. 가령, 상하 방향으로 텍스트를 전개한다면 수직 자간 간격만큼 y 위칫값을 이동한다. 수직 수치 정보는 vmtx를 참고한다.

스크립트 방향

텍스트 프로세싱을 수행할 때 추가적으로 양방향 프로세싱을 고려해야 한다. 이를 보통 바이디(bidi) 프로세싱이라고도 하며 LTR과 RTL 텍스트를 처리하는 과정을 지칭한다. 바이디 알고리즘은 유니코드 표준 문서[28]에 자세한 설명이 있으므로 여기서는 구체적인 해석은 생략하고 핵심 개념만 짚어본다. 바이디 프로세싱은 크게 두 가지 상황을 고려할 수 있다.

첫째로 스크립트 내부 양방향성(Intra-Script Bidirectionality)은 히브리어나 아랍어처럼 RTL 언어의 텍스트에 숫자, 수식 기호, 범위, 날짜를 포함한 경우다. 이들은 보통 LTR로 표기하므로, 이 경우 RTL 텍스트의 캐릭터를 하나씩 처리하는 과정에서 개별 캐릭터마다 유니코드 값을 확인한다. 이들 값이 LTR 범주에 해당하면 연속된 LTR 문자 끝까지 식별 후(숫자가 한 자릿수 이상일 수 있으므로) 이들을 별도의 문맥으로 처리할 수 있도록 한다. LTR 처리 이후에는

---

28 *https://unicode.org/reports/tr9/*

원래 RTL 문맥 상황으로 복귀한 뒤 나머지 문자에 대해 처리 과정을 반복한다. 다만 RTL 중에서도 응코(N'Ko) 문자, 멘데어(Mende), 티피나그(Tifinagh) 문자와 같은 일부 언어는 양방향성을 요구하지 않고 RTL만 유지하기 때문에 양방향성 규칙은 언어별 특성에 따라 달리 적용해야 하는 복잡성이 따른다.

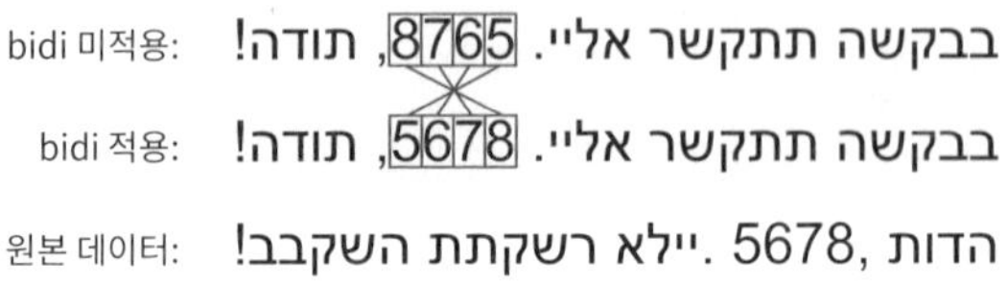

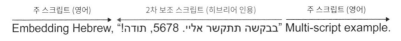

bidi 미적용: בבקשה תתקשר אליי. 8765, תודה!
bidi 적용: בבקשה תתקשר אליי. 5678, תודה!
원본 데이터: הדות, 5678 .יילא רשקתת השקבב!

그림 5.52 스크립트 내부 양방향성 예시

두 번째로 다중 스크립트 양방향성(Multi-Script Bidirectionality)은 LTR와 RTL 언어의 문자열이 조합되어 있는 경우로, 가령 영어로 작성된 텍스트에서 히브리어를 인용한 상황을 들 수 있다. 이론적으로 인용 안에 인용이 삽입될 수 있으므로 다중 스크립트의 경우에는 방향 전환 횟수에 제한이 없다. 따라서 방향을 변경하는 데 있어서 문맥이 꼬이지 않도록 주의해야 한다.

주 스크립트 (영어)
2차 보조 스크립트 (히브리어 인용)
주 스크립트 (영어)
Embedding Hebrew, "בבקשה תתקשר אליי. 5678, תודה!" Multi-script example.

그림 5.53 다중 스크립트 양방향성 예시

단락을 구현할 때 고려할 사항은 텍스트 시작 위치가 주 언어의 특성을 따른다는 점에 있다. 행 전환이 발생하면 다음 줄의 시작 위치는 현재 출력 중인 언어의 특성을 따르지 않고 주 언어의 특성에 맞춰 시작 위치를 결정해야 한다. 그림 5.54의 왼쪽 단락은 주 스크립트가 LTR인 텍스트에서 RTL 텍스트를 포함한 경우를, 오른쪽은 그 반대 경우를 보여준다.

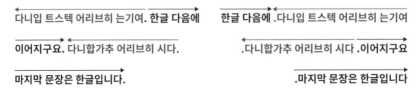

다니입 트스텍 어리브히 는기여. 한글 다음에
이어지구요. 다니합가추 어리브히 시다.
마지막 문장은 한글입니다.
한글 다음에 .다니입 트스텍 어리브히 는기여
.다니합가추 어리브히 시다 .이어지구요
.마지막 문장은 한글입니다
RTL을 포함한 LTR 단락
LTR을 포함한 RTL 단락

그림 5.54 주 방향에 따른 단락 구현 차이

그림 5.54에서 주목할 중요한 점 하나가 더 있다. 바로 마침표의 위치가 주 언어를 따른다는 것인데 이것은 인접한 두 스크립트의 진행 방향이 다르더라도, 마침표의 방향을 유지함으로써 문장의 전환 시점을 직관적으로 알 수 있도록 한다. 바이디 프로세싱에서는 마침표와 같이 주 언어를 따르는 문자들이 명시적으로 지정되어 있으며, 여기에는 대체 숫자 및 (수학) 기호 등이 포함된다. 참고로 그림 5.53에서는 인용(따옴표 안)에 해당하기 때문에 이러한 규칙이 적용되지 않는다.

이처럼 전개 방향이 다른 다중 스크립트의 경우 각 행의 시작 위치가 역전될 수 있는데 워드 래핑(Word-wrapping, 단어 단위로 끊어 행을 전환하는 것)처럼 특정 규칙을 준수하며 줄바꿈을 수행할 경우 텍스트 레이아웃의 로직 복잡도는 상당히 증가한다. 사실, 바이디 알고리즘과 별개로 텍스트 내에 복수의 언어, 스타일, 기능을 적용할 경우 텍스트 내 마크업 해석과 출력뿐만 아니라 언어별로 텍스트 출력 정책이 상충되는 경우도 종종 경험할 수 있다. 이들 문제를 해소하기 위해 많은 변칙과 예외 사항을 경험하게 되므로 기능 구현 시 세심한 주의가 필요하다.

5.5 폰트 렌더링

5.5.1 글리프 비트맵

글리프 출력

일반적인 글리프 이미지는 단색(검정)의 비트맵 이미지 정보다. RGB 정보를 기록할 필요가 없기 때문에 글리프 비트맵에 투명도만 기록하면 데이터 공간을 절약할 수 있다. 화소당 8비트(256색)를 사용하는 이미지 포맷은 글리프 비트맵 데이터로서 충분하며 RGBA 포맷(2.1.2절)에 비해 데이터 사용량을 1/4로 줄일 수 있다. 8비트로 구성한 알파 이미지나 그레이스케일(4.1.3절) 이미지 포맷은 글리프 이미지를 보관하기에 적합하다.

코드 5.25 글리프 비트맵 생성 과정

```
01  // 8비트 데이터 버퍼, 글리프 이미지 소스로 활용
02  Grayscale8 bitmap[64, 64]
```

```
03
04   /* bitmap의 각 화소는 256개의 색상을 표현할 수 있으며
        0에 가까울수록 투명하고 255에 가까울수록 불투명하다.
        이해를 돕기 위해 여기서는 bitmap에 임의의 값을 채운다. */
05   for y : 64
06     for x : 64
07       bitmap[y, x] = value
08
09   //  bitmap을 입력값으로 Grayscale8 포맷의 64 x 64 크기의 이미지 생성
10   glyphImg = NativeBuffer(bitmap, 64, 64, GRAYSCALE8, ...)
11   ...
```

더욱 공격적인 최적화를 위해 4비트 글리프 이미지를 이용하면 글리프 이미지의 데이터 사용량을 1/2로 줄일 수 있다. 이 경우 화소값 범주는 256에서 16개로 줄어들지만, 이 범주의 값으로도 안티에일리어싱을 적용한, 괜찮은 품질의 글리프 윤곽선을 보여줄 수 있다.[29]

본론으로 돌아와 글리프 이미지의 8비트 데이터는 단일 채널 정보만을 갖고 있으므로 이를 알파 값으로 하여 출력하고자 하는 텍스트 색상과 결합한 후 이미지 합성(4.5.1절 참고)을 통해 대상 이미지 위에 출력한다.

코드 5.26 글리프 비트맵 출력 로직

```
01   RGBA32 textColor = 0x0000ffff  // 청색 텍스트 출력
02   Grayscale8  srcBitmap[] = glyphImg.map()
03   RGBA32 dstBitmap[] = dst.map()
04
05   for y : glyphImg.height
06     for x : glyphImg.width
07       // 출력하고자 하는 텍스트 색상과 글리프 합성
08       RGBA32 temp = UIAlphaBlend(srcBitmap[y * glyphImg.stride + x],
                                    textColor)
09       // 글리프와 배경 이미지 합성. UIAlphaBlend() 로직은 코드 4.18 참고
10       dstBitmap[y * dst.stride + x] = UIAlphaBlend(temp,
                                          dstBitmap[y * dst.stride + x]
```

코드 5.26은 두 번의 알파 블렌딩 과정을 거친다. 먼저 출력하고자 하는 텍스트 색상과 글리프의 값을 결합하여 알파 값을 갖춘 32비트 데이터로 변환한

---

29 필자의 경험상, 폰트 품질 차이를 체감하기 어려웠다.

다. 그 다음 이를 출력 버퍼의 색상과 합성하여 최종 이미지를 완성한다. 코드 5.27은 8행의 Grayscale8과 RGBA32의 합성 로직을 구현한 것이다.

코드 5.27 32비트 색상에 알파 값 적용

```
01  /*
02   * 알파 블렌딩 구현(식: SrcRGB * Alpha)
03   * src는 미리 자신의 알파값을 적용한 데이터에 해당(2.1.2절 참고)
04   * @p alpha: Graysale8
05   * @p src: RGBA32
06   */
07  UIAlphaBlend implements UICompositor:
08    override comp(alpha, src):
09      RGBA32 out
10      out.r = src.r * (alpha / 255)
11      out.g = src.g * (alpha / 255)
12      out.b = src.b * (alpha / 255)
13      out.a = src.a * (alpha / 255)
14      return out
```

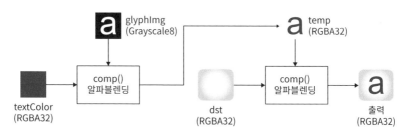

그림 5.55 글리프 이미지 출력 과정

서브픽셀 렌더링

일반적인 이미지와 달리 글리프는 채도가 높은 색을 주로 활용하기 때문에 글리프를 출력하는 화소는 선명하다. 이 경우 에일리어싱(Aliasing) 현상이 눈에 띄는데, 벡터 렌더링 엔진에서는 글리프 이미지를 생성할 때 안티에일리어싱(4.4.4절) 기법을 적용하여 글리프 품질을 개선할 수 있다. 문제는 안티에일리어싱이 글리프 이미지를 흐리게(Blurry) 하는 결과를 초래한다는 점이다. 이는 폰트 크기가 작을수록 더욱 눈에 띈다.

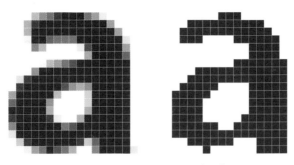

그림 5.56 안티에일리어싱 글리프(왼쪽)

폰트 품질을 개선할 수 있는 추가 기법으로 서브픽셀(Sub-pixel) 렌더링이 있다.[30] 간혹 안티에일리어싱과 혼동하기도 하지만 서브픽셀 렌더링의 핵심은 R, G, B 채널을 분리하여 색상 농도(Hue)를 적용하는 데 있다. 이는 RGB 채널을 하나의 색상으로 다루어 채널 농도를 균등하게 적용하는 기존의 안티에일리어싱 기법과 차이가 있다. 다시 말해 서브픽셀 렌더링은 화소를 결정하는 R, G, B 채널 단위로 농도를 계산, 적용함으로 더욱 정밀한 색상 표현을 수행하되 농도 계산은 디스플레이 장치의 R, G, B 발광다이오드(Light Emitting Diode) 물리적 위치에 기반을 둔다.

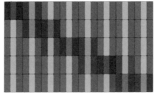
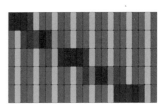

안티에일리어싱 출력 결과　　　　　서브픽셀 렌더링 출력 결과

그림 5.57 안티에일리어싱과 서브픽셀 렌더링 출력 비교

그림 5.57은 대각선을 그릴 때 안티에일리어싱과 서브픽셀 렌더링 결과물을 비교한 것이다. 왼쪽과 달리 오른쪽의 서브픽셀 렌더링 결과물은 R, G, B 채널별 농도를 다르게 적용함으로써 선이 더욱 선명하게 구분된다. 실제로 출력한 선은 그레이스케일 영상이 아니지만, 디스플레이 발광 다이오드의 물리적 크

---

30 일부 구현 방법에 특허가 적용되어 있으므로 범용 엔진에 적용 시 이 점을 고려하자. *https://en.wikipedia. org/wiki/Subpixel_rendering*

기는 사람이 인지하기에 매우 작고 조밀하기 때문에 채널별 색상이 다를지라
도 흰색 또는 검은색처럼 보인다.

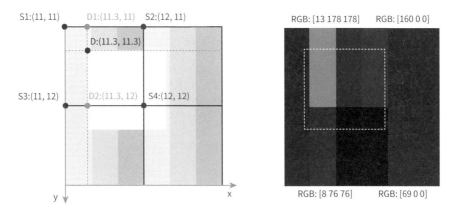

그림 5.58 서브픽셀 렌더링을 적용한 화소 출력 결과

코드 5.28 서브픽셀 화소 계산

```
01  /*
02   * 글리프 서브픽셀 렌더링 수행
03   * 색상을 혼합하지 않은, 8비트 그레이스케일 글리프를 출력
04   * @p glyph: NativeBuffer
05   * @p dst: NativeBuffer
06   * @p dx: var (글리프 위치 x)
07   * @p dy: var (글리프 위치 y)
08   */
09  ImageRasterizer.drawGlyph(glyph, dst, dx, dy):
10
11      // 버퍼 메모리 접근
12      Grayscale8 glyphBitmap[] = glyph.map()
13      RGBA32 dstBitmap[] = dst.map()
14
15      // 소수점 위치 파악
16      xFraction = dx - floor(dx)
17      yFraction = dy - floor(dy)
18
19      // 코드 간결성을 위해 범위 처리(out of range)는 생략
20      for y : glyph.height
21        for x : glyph.width
22          // S1 화소
23          value = glyphBitmap[y * glyph.stride + x]
24
```

```
25        R[0] = value * weight(xFraction, 1/3) * (1 - yFraction)
26        G[0] = value * weight(xFraction, 2/3) * (1 - yFraction)
27        B[0] = value * weight(xFraction, 3/3) * (1 - yFraction)
28
29        // S2 화소
30        value = glyphBitmap[y * glyph.stride + (x - 1)]
31
32        R[1] = value * weight2(xFraction, 0/3) * (1 - yFraction)
33        G[1] = value* weight2(xFraction, 1/3) * (1 - yFraction)
34        B[1] = value* weight2(xFraction, 2/3) * (1 - yFraction)
35
36        // S3 화소
37        value = glyphBitmap[(y - 1) * glyph.stride + x]
38
39        R[2] = value * weight(xFraction, 1/3) * yFraction
40        G[2] = value * weight(xFraction, 2/3) * yFraction
41        B[2] = value * weight(xFraction, 3/3) * yFraction
42
43        // S4 화소
44        value = glyphBitmap[(y - 1) * glyph.stride + (x - 1)]
45
46        R[3] = value * weight2(xFraction, 0/3) * yFraction
47        G[3] = value * weight2(xFraction, 1/3) * yFraction
48        B[3] = value * weight2(xFraction, 2/3) * yFraction
49
50        // 최종 화소
51        sR = R[0] + R[1] + R[2] + R[3]
52        sG = G[0] + G[1] + G[2] + G[3]
53        sB = B[0] + B[1] + B[2] + B[3]
54
55        // 대상 버퍼와 혼합
56        d = dstBitmap[(dy + y) * dst.stride + (dx + x)]
57
58        dR = (d >> 24) & 0xff
59        dG = (d >> 16) & 0xff
60        dB = (d >> 8) & 0xff
61        dA = d & 0xff
62
63        dR = sR + UIAlphaBlend(dR, 255 - sR)
64        dG = sG + UIAlphaBlend(dG, 255 - sG)
65        dB = sB + UIAlphaBlend(dB, 255 - sB)
66
67        result = (dR << 24) || (dG << 16) || (dB << 8) || dA
68        dstBitmap[(dy + y) * dst.stride + (dx + x)] = result
69
```

```
70   // R,G,B 채널에 적용할 가중치 계산
71   weight(fraction, range):
72     w = 255 * (range - fraction) * 3
73     // clamp(0 ~ 255)
74     return 255 if w > 255
75     return 0 if w < 0
76     return w
77
78   // 인접 R,G,B 채널에 적용할 가중치 계산
79   weight2(fraction, range):
80     w = 255 * (fraction - range) * 3
81     return (w > 0) ? w : 0
```

코드 5.28은 그림 5.58을 토대로 서브픽셀을 구하는 로직의 주요 부분을 보여준다. 본 예제에서는 이중 선형 보간(4.3.2절)처럼 인접 화소와 색상을 합성하지만 화소의 소수점 위치를 기준으로 R, G, B 채널에 적용할 가중치 값을 각각 계산하고 적용한다. 엄밀히 따지면, 서브픽셀 계산은 글리프 윤곽선의 선명도를 향상시키기 위한 것이므로 윤곽선 내부의 픽셀까지 적용할 필요가 없다. 3.7.1절에서 학습한 RLE 기반 글리프(도형) 출력의 경우, 이러한 측면을 고려하여 더 정교한 최적화가 가능할 것이지만, 위의 예제 코드에서는 완성된 글리프 이미지를 기반으로 서브픽셀 렌더링을 적용한 사례를 확인하였다.

한편, 서브픽셀 렌더링 기법은 각 색상 채널을 독립적으로 출력하는 LCD(또는 OLED) 디스플레이에서만 적용 가능하다는 점에서 제약이 있고, 일부 디스플레이에서는 발광 다이오드 배치 패턴이 다를 수 있으므로 각 색상 채널 단위에서 가중치를 적용할 때 시스템에 적용된 디스플레이 정보를 참고하여 색상을 계산해야 한다. 서브픽셀 렌더링의 대표적인 적용 사례로는 MS 윈도우의 클리어타입(ClearType) 폰트가 있다.

글리프 캐싱

시스템 기본 폰트나 앱에서 설정한 커스텀 폰트의 글리프는 앱이 동작하는 동안 반복 출력될 가능성이 높다. 이때 벡터 그래픽 엔진을 거쳐 생성한 글리프 이미지를 이미지 캐싱 메커니즘(4.7절)이나 캐릭터 맵 텍스처(5.5.2절)를 이용해 재사용하면 효과적이다. 핵심은 한번 생성한 글리프 이미지를 재사용하는

데 있으며 앱에서 텍스트를 많이 활용할수록 효과가 크다. 만약 전역적인 이미지 캐시 관리자를 통해 모든 이미지 자원을 관리하면 캐시 수용 공간 제약으로 인해 글리프 이미지와 다른 이미지 간 캐싱 경합이 발생할 수 있다. 가령, 사용자 콘텐츠 이미지가 모든 캐시 공간을 소진한다면 글리프 이미지를 캐싱하지 못하게 된다. 이를 해소하기 위해서 글리프 전용의 독립적인 캐시 공간을 확보하면 캐시 효과를 보장할 수 있다. 캐시 관리자의 자원 관리 범주는 설계 방침에 따라 다를 수 있지만, 폰트 엔진의 글리프 캐시 관리자 운용 과정을 개략적으로 그려보면 그림 5.59와 같다.

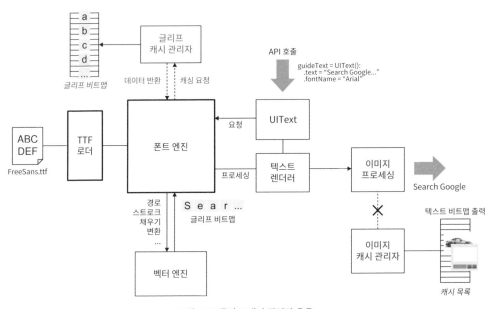

그림 5.59 글리프 캐시 관리자 운용

그림 5.59에서 폰트 엔진은 UIText로부터 출력할 캐릭터 정보를 입력받고 해당 캐릭터의 글리프 이미지를 제공한다. 폰트 엔진은 글리프 캐시 관리자에 질의하여 출력할 글리프 이미지가 캐싱되어 있는지 확인한다. 이때 글리프 이미지는 폰트명, 폰트 크기, 스타일 등 출력하는 폰트 속성이 완전히 동일해야 하므로 이들 속성을 결합하여 해시 키로 활용할 수 있다. 글리프 이미지가 캐싱된 경우 이를 곧장 반환하고, 캐싱된 글리프 이미지가 존재하지 않다면 정상적

인 글리프 렌더링 과정을 수행한다. 이 경우 폰트 데이터(FreeSans.ttf)로부터 주어진 캐릭터의 글리프 정보를 해석한 후 벡터 그래픽 엔진을 통해 글리프 이미지를 생성한다. 이후 글리프 캐시 정책에 의거해서 해당 글리프 이미지 재사용 여부를 결정하고, 재사용이 필요하다고 판단할 경우 해당 글리프 이미지를 캐싱한다. 단, 글리프 전용의 캐시 관리자를 도입할 경우 이미지 캐시 관리자가 글리프 이미지를 캐싱할 필요는 없다. 캐시 관리자 구현 방안은 4.7절을 참고하자.

5.5.2 캐릭터 맵 텍스처

캐릭터 맵 텍스처는 텍스트 렌더링 최적화를 위한 접근법 중 하나로, 텍스처 아틀라스(Texture Atlas)를 이용하여 캐릭터 맵을 구축한다. 여기서 텍스처 아틀라스는 여러 작은 이미지를 담고 있는 하나의 큰 이미지이며 리소스 분산으로 인해 발생할 수 있는 오버헤드를 방지한다. 텍스트 렌더링 시 사용할 글리프 이미지 수가 많을수록 렌더링 중 발생하는 리소스 사용 문맥 전환 횟수가 증가하고 메모리 지역성(Memory Locality)은 감소하므로, 글리프 이미지 수를 최소화함으로써 이들을 개선하고 텍스트 렌더링 성능을 개선할 수 있다. 이러한 최적화 효과는 그래픽 출력 시스템의 디자인 및 사양에 따라 차이가 있으나 그래픽 전용 메모리에 데이터를 전송하는 횟수를 줄일 수 있다는 장점이 있다. 텍스처를 전용 비디오 메모리에 업로드하여 사용하는 그래픽 출력 장치, 특히 텍스처 업로드 비용이 부담되는 저사양 디바이스일수록 효과적이다.

그림 5.60 개별 글리프 텍스처를 이용한 TEXT 출력

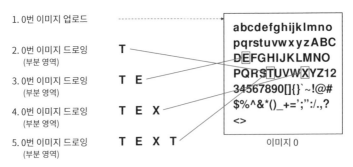

그림 5.61 캐릭터 맵 텍스처를 이용한 TEXT 출력

캐릭터 맵과 별개로 원래 텍스처 아틀라스는 다양한 종류의 이미지 리소스에 적용할 수 있다. 같은 원리로 앱에서 사용할 콘텐츠 이미지를 미리 준비하고 전처리를 통해 아틀라스 이미지를 구축하면 효율적이다. 대표적인 사례로 비디오 게임에서는 디자인 툴을 이용해 게임 그래픽 자원(resource)을 아틀라스 이미지로 생성하고 런타임에 이를 활용한다. 다만, UI 앱에서는 커스텀 폰트나 다양한 스타일의 폰트를 지원할 경우 캐릭터 맵을 사전 구축하기 어려우므로 렌더링 엔진에서 런타임에 텍스처 아틀라스를 빌드하는 기능을 제공하는 것이 좋다. 실제로 여러 UI 렌더링 엔진에서는 앱에서 사용할 글리프 이미지를 조건에 따라 동적 생성한 후 텍스처 아틀라스로 저장하고 이를 활용한다.

그림 5.62는 텍스처 아틀라스를 이용하여 캐릭터 맵 텍스처 관리자를 구현하는 구조를 그림으로 정리한 것이다. 그림에서 텍스트 렌더러는 렌더링 준비 단계에서 폰트 엔진으로부터 출력할 글리프 정보와 이미지(문자열의 경우 글리프 정보는 복수이다)를 전달받는다. 이때 폰트 엔진은 글리프 캐싱을 이용하여 캐시된 글리프 이미지를 곧장 반환하거나 새로 생성하여 반환한다. 이때 캐릭터 맵 텍스처 역시 캐싱 기능을 수행하므로 폰트 엔진의 글리프 캐싱 기능을 비활성화하여 메모리 사용 공간을 최적화할 수도 있다. 글리프 정보를 전달받은 텍스트 렌더러는 이를 캐릭터 맵 관리자로 전달하여 아틀라스 형태의 텍스처(캐릭터 맵 텍스처)로 변환을 요청한다. 요청한 글리프를 포함하는 캐릭터 맵 텍스처는 캐릭터 맵 관리자를 통해 최초 1회만 생성하며, 이후에는 완성된 캐릭터 맵 텍스처를 재활용할 수 있도록 캐싱 메커니즘을 구현한다.

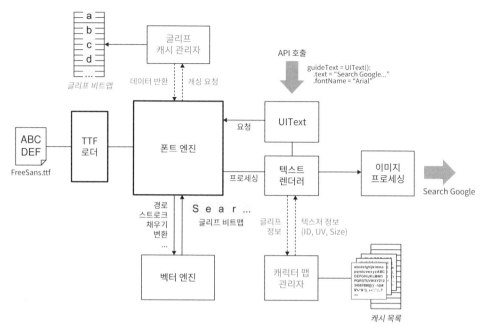

그림 5.62 캐릭터 맵 텍스처 관리자 구성

그림 5.62의 핵심은 텍스트 렌더러가 글리프 이미지를 바로 출력하는 것이 아니라 캐릭터 맵 관리자(CharMapMgr)를 통해 아틀라스 형태의 텍스처(Char MapTexture)로 변환하여 출력한다는 점에 있다. 이때 앱에서 사용할 폰트 스타일은 다양하므로 캐릭터 맵 텍스처를 정적으로 완성하기보다는 요청 받은 글리프 이미지에 맞게 동적으로 캐릭터 맵 텍스처를 완성해 간다. 이를 위해 최초로 글리프를 출력하는 상황에서는 글리프 이미지를 생성하여 캐릭터 맵 텍스처에 삽입하는 작업을 수행하고 이후에는 캐릭터 맵 텍스처에 보관된 리소스에 빠르게 접근하여 이미지를 출력한다. 이때 캐릭터 맵 관리자는 글리프 이미지의 소스 정보를 입력으로 받고, 이 글리프 이미지가 삽입된 텍스처 데이터, 텍스처 내 존재하는 글리프의 위치(UV)와 크기(Size)를 하나의 구조 정보(CharTexture)로 반환한다. 이러한 정보를 그래픽스 출력 장치에서 요구하는 인터페이스를 통해 재전송함으로써 글리프 이미지를 출력할 수 있다.

코드 5.29 캐릭터 맵 텍스처 준비 과정

```
01  /*
02   * TextRenderer는 UIText로부터 호출되며 텍스트 렌더링 관련 기능 수행
03   * prepare()는 렌더링 전 수행되는 텍스트 렌더링 준비 단계에 해당하며
04   * 출력할 글리프 목록을 준비하여 반환
05   * FontEngine 초기화 작업은 사전에 완료했다고 가정
06   *
07   * @p text: string
08   * @p fontName: string
09   * @p fontStyle: string
10   * @p fontSize: var
11   */
12  TextRenderer.prepare(text, fontName, fontStyle, fontSize, ...):
13    List glyphList    // 출력할 글리프 목록
14    var pchar          // 이전 처리한 문자
15    ...
16    // 출력할 폰트 설정
17    ctx = FontEngine.set(fontName, fontStyle, fontSize ...)
18
19    // 문자열의 문자를 순서대로 순회하며 출력할 다음 글리프 정보를 구함
20    for char : text
21      // 폰트 엔진으로부터 글리프 정보 생성 & 반환
22      glyphInfo = FontEngine.glyphInfo(ctx, char, ...)
23
24      // render() 시점에 참조해야 하므로 리스트에 기록(코드 5.30 참고)
25      glyphList.append(glyphInfo)
26
27      // 이전 글리프와의 커닝 값 계산 및 반영
28      if pchar.valid()
29        glyphInfo.offset += FontEngine.kernSize(ctx, pchar, char, ...)
30
31      pchar = char
32
33      /* 폰트 정보를 고유키로 사용하여 CharMapMgr로부터
34          현재 글리프(char)의 텍스처(CharTexture) 정보 반환 */
35      glyphInfo.texture = CharMapMgr.get(fontName, fontStyle, fontSize,
                                            char, glyphInfo.size)
36      // 글리프가 이미 기록된 경우
37      if (glyphInfo.texture.cached) continue
38
39      // 글리프가 기록되어 있지 않으면, 글리프 이미지 생성
40      Grayscale8 glyphImg[glyphInfo.size]
41      FontEngine.drawGlyph(ctx, char, glyphInfo, glyphImg,
42                           glyphInfo.size, GRAYSCALE8, ...)
```

```
43
44    // 글리프 이미지를 텍스처의 지정 위치(texture.uv)에 기록
45    glyphInfo.texture.write(glyphImg, glyphInfo.size, ...)
46
47    return glyphList
```

코드 5.29는 텍스트 렌더링 전 출력할 글리프 데이터(glyphInfo)를 준비하는 과정을 개략적으로 보여준다. 실제로는 텍스트를 준비하는 과정에서 합자, 마크업 텍스트 등을 포함하여 문자열 파싱(Parsing), 해석 과정 등을 통해 문자 스타일 정보를 추출하는 과정이 필요하지만 내용이 너무 방대해지므로 여기서는 다루지 않는다. UIText 렌더링 시점에 캐릭터 맵 텍스처를 출력하므로, TextRenderer.prepare()의 주 임무는 출력할 글리프 정보(glyphInfo)를 별도의 임시 목록(glyphList)으로 옮겨서 반환하는 데 있다(25행). 참고로 UIText는 UIObject를 확장하므로 UIText의 렌더링은 UIObject.render() 시점으로 이해하면 된다(코드 2.22 참고). 주목할 부분은 생성한 개별 글리프 이미지를 텍스처(CharTexture)로 변환하는 데 있다. CharTexture는 캐릭터 맵 텍스처(CharMapTexture)에서 글리프가 기록되거나 기록될 영역을 구조화한 데이터를 나타내며, 주요 속성으로는 텍스처 리소스(id), 텍스처 내 글리프의 위치(uv), 그리고 글리프 크기(size) 정보를 포함한다. 사실상 캐릭터 맵 텍스처는 한 장의 이미지에 여러 글리프 이미지를 포함하므로, CharTexture는 이와 동일한 텍스처 리소스를 참조한다. 다만 CharTexture는 텍스처 내 글리프가 위치한 영역 정보를 별도로 기록하여, 글리프의 단일 출력에 필요한 정보를 제공하는 목적이 있다. CharMapMgr.get()은 주어진 폰트 정보에 매칭되는 캐릭터 맵 텍스처(CharMapTexture)로부터 글리프가 캐싱된 또는 글리프를 새로 기록할 CharTexture를 반환한다(35행). CharTexture에 글리프가 준비되어 있지 않다면 폰트 엔진을 통해 글리프 이미지를 생성한 후 이를 텍스처에 새로 기록한다(39~45행). 마지막으로 준비한 glyphInfo 목록은 TextRenderer.drawText()를 통해 대상 버퍼(buffer)로 출력한다(코드 5.30).

코드 5.30 텍스트 렌더링

```
01  /*
02   * prepare()에서 준비한 glyphList를 이용하여 텍스트 렌더링 수행
03   * @p buffer: 글리프를 출력할 대상 버퍼
04   * @p glyphList: 출력할 글리프 목록
05   * @p geometry: 텍스트 출력 영역
06   */
07  TextRenderer.drawText(buffer, glyphList, geometry, ...):
08     ...
09     for glyphInfo : glyphList
10        // 텍스트 출력 기준 위치로부터 각 글리프 위치 결정
11        position = geometry.position + glyphInfo.offset
12        texture = glyphInfo.texture
13        // 글리프 역시 이미지에 해당하므로 이미지 래스터 과정을 통해 출력
14        ImageRasterizer.draw(buffer, position, geometry, texture.id,
                                texture.uv, texture.size, ...)
15     ...
```

CharMapMgr의 데이터 질의 및 접근 방식은 해시 자료 구조를 기반으로 쉽게 구현할 수 있다. 다만 텍스처 공간에 글리프 이미지를 채울 공간을 찾는 알고리즘은 최적화 대상으로 텍스처 공간에 빈 여백을 최소화하기 위한 방안이 필요하다. 여기서 공간 분할 기법(그림 5.63)을 이용하면 주어진 텍스처 공간을 네 개의 정점으로 구성된 직각형의 공간으로 구분하고 관리할 수 있으므로 글리프 이미지를 추가할 빈 곳을 빠르게 찾는 것이 가능해 보이겠지만, 글리프 이미지 삽입/삭제를 여러 번 반복한 후에는 공간이 파편화되어 비효율적인 데이터 상태로 바뀐다. 따라서 주기적으로 공간 합병(Merge)을 수행해서 데이터를 정리할 필요가 있다.

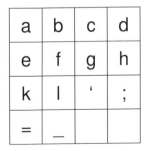
균일 격자

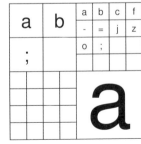
4진 트리

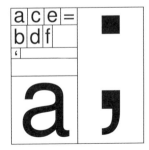
K-D-B-트리

그림 5.63 공간 분할 기법을 적용한 캐릭터 맵 텍스처 도식화

하나의 고정 크기 글꼴에서 글리프 간 크기의 차이가 크지 않다고 가정하면 균일 격자(Uniform Grid) 캐릭터 맵을 이용하여 텍스처 공간을 분리할 수 있다. 대체로 동일한 폰트 스타일의 글리프 이미지를 중점적으로 활용하기 때문에 폰트 스타일이나 크기별로 캐릭터 맵 텍스처를 할당하고 운용하면 아틀라스 공간을 세밀하게 계산할 필요 없이 글리프 이미지를 비교적 쉽고 빠르게 추가/제거할 수 있다. 또한 이 방법은 공간 합병을 수행하지 않아도 되는 장점이 있다. 코드 5.31은 앞선 설명을 바탕으로 균일 격자 방식을 적용한 CharMapMgr 코드 일부를 구현한다.

코드 5.31 균일 격자 기반의 캐릭터 맵 텍스처 캐싱 주요 로직

```
01  /*
02   * 요청한 폰트 스타일과 글리프를 위한 CharTexture 반환 (코드 5.29, 35행에서 호출)
03   * @p fontName: string
04   * @p fontStyle: string
05   * @p fontSize: var
06   * @p char: var
07   * @p size: Size
08   */
09  CharMapMgr.get(fontName, fontStyle, fontSize, char, size):
10      // 폰트명, 폰트 스타일, 폰트 크기를 조합하여 고유의 키 값 생성
11      key = UniqueKey(fontName + fontStyle, fontSize)
12
13      // 보유한 캐릭터 맵 텍스처 목록을 순회하며 요청한 스타일의 캐릭터 텍스처 정보 반환
14      for cmMap : .charMapTextures
15        if cmMap.key == key
16          // 캐릭터 맵 텍스처에 글리프가 캐싱되어 있는 경우 텍스처(CharTexture) 반환
17          texture = cmMap.request(char)
18          return texture if texture.valid()
19
20      // 글리프가 캐싱되어 있지 않은 경우 캐릭터 맵 텍스처에 새로 캐싱 시도
21      for cmMap : .charMapTextures
22        if cmMap.key == key
23          texture = cmMap.assign(char, size)
24          return texture if texture.valid()
25
26      // 주어진 스타일의 캐릭터 맵 텍스처가 전혀 없는 경우 새로 생성
27      cmMap = CharMapTexture(CHARMAP_WIDTH, CHARMAP_HEIGHT, ...)
28      // 새로 생성한 캐릭터 맵 텍스처 등록
29      .charMapTextures.add(charMap)
30      // 캐릭터 맵에 글리프 등록 및 반환
```

```
31      return cmMap.assign(char, size)
32
33  /*
34   * 캐릭터 맵 텍스처로부터 요청한 글리프가 캐싱된 텍스처(CharTexture) 반환
35   * CharMapTexture는 생성 시점에 CHARMAP_WIDTH x CHARMAP_HEIGHT 크기의
36   * 텍스처를 생성하고, 이를 균등하게 격자로 분할하여 구조화(cells)한다
37   * @p char: var
38   */
39  CharMapTexture.request(char):
40      // 캐릭터 맵 텍스처를 탐색하고 기존에 캐시된 캐릭터 공간 정보 반환
41      for cell : .cells
42        if cell.assigned and cell.char == char
43          return CharTexture(cmTexture.id, cell.uv, cell.size)
44      // 유효한 캐릭터 텍스처 없음
45      return invalid
46
47  /*
48   * 캐릭터 맵 텍스처에 새 글리프 공간(cell) 추가
49   * @p char: var
50   * @p size: Size
51  */
52  CharMapTexture.assign(char, size):
53      // 캐릭터 맵 텍스처를 탐색하고 비어있는 공간(cell)의 텍스처 정보 반환
54      for cell : .cells
55        continue if cell.assigned
56        cell.char = char
57        cell.size = size
58        cel.assigned = true      //해당 공간을 사용 중 상태로 변경
59        return CharTexture(cmTexture.id, cell.uv, cell.size)
60
61      // 모든 공간(cell)이 꽉 찬 경우
62      return invalid
63
64  /*
65   * 주어진 텍스처 공간에 글리프 이미지 기록
66   * @p srcBitmap: Grayscale8[]
67   * @p size: Size
68  */
69  CharTexture.write(srcBitmap, size):
70      // CharTexture가 소유한 텍스처 소스 데이터(CharMapTexture와 공유)
71      Grayscale8 dstBitmap[] = .texSrc.map()
72
73      // 글리프 비트맵 이미지를 텍스처 버퍼의 UV 위치에 복사
74      for y : size.h
75        for x : size.w
```

```
76        dstBitmap[(cell.uv.v + y) * .texSrc.stride + (cell.uv.u + x)]
77        = srcBitmap[y * size.w + x]
78   //텍스처의 해당 공간은 캐싱된 상태로 변경 (코드 5.27의 37행 참고)
79   .cached = true
80   ...
```

5.6 정리하기

텍스트는 이미지와 함께 UI 앱의 문맥적 이해를 사용자에게 전달하는 주요 기능에 해당한다. 이번 장에서 우리는 UI 엔진에서 텍스트를 표현하기 위한 폰트의 주요 특성과 텍스트 렌더링 과정을 살펴보았다.

가장 먼저 폰트의 글꼴 디자인 요소를 파악하고 기능적 특성을 살펴보았다. 하나의 폰트 패밀리는 여러 폰트 스타일의 집합이고, 여기에는 세리프, 산세리프, 모노스페이스, 볼드체, 이탤릭체 등이 포함된다. 이어서 여러 폰트 크기를 지원하기 위한 폰트 크기 단위와 계산 과정도 알아보았다.

다음으로, 다국어 지원을 위한 유니코드 데이터 구조와 이를 인코딩하는 방식을 학습하였다. 이 과정에서 UTF-8을 기반으로 한글 코드를 조합하여 유니코드 캐릭터를 완성하는 과정을 알아보았다. 이후 스케일러블 폰트 포맷에 해당하는 TTF/OTF의 데이터 구조와 주요 속성을 정리하고, 이를 출력하기 위한 데이터 해석 방법도 살펴보았다. 캐릭터 맵에서 글리프 정보를 찾고 이를 해석한 수치 정보를 벡터 래스터 과정을 통해 출력하는 과정, 글리프를 화면에 배치하기 위한 글리프의 주요 수치 정보와 이들을 해석하는 방법도 살펴보았다. 추가로 OTF의 가변 폰트 특성을 이용한 고품질의 볼드체 지원 기술과 힌팅으로 알려진 그리드 피팅 기술을 통해 해상도에 자유로운 폰트 품질을 제공하는 방법도 학습하였다. 이어서 텍스트 레이아웃을 완성하기 위한 핵심 로직과 함께 커닝 기술과 다국어 지원 시 필요한 양방향 텍스트 프로세싱 개념을 정리했다.

마지막으로 렌더링 엔진에서 폰트를 출력하기 위한 구현 방안을 알아보았다. 글리프 비트맵 출력 과정과 함께 고품질 폰트 출력을 위한 서브픽셀 렌더링 기법, 렌더링 최적화를 위한 글리프 캐싱 기법을 살펴보았다. 마지막으로 텍스처 아틀라스 기법을 이용한 캐릭터 맵 텍스처를 적용하는 방안도 학습하였다.

6장

비주얼 인터랙션

애니메이션(Animation)은 사물의 움직임이나 장면 변화를 표현하는 기술이다. 이는 만화나 영화, 게임 등 여러 영상 콘텐츠에서 동작을 표현하기 위한 기술로 사용하는데 이는 UI에서도 예외가 아니다.

UI 앱은 애니메이션을 적절하게 도입함으로써 사용자의 관심을 자연스럽게 이끌어, 앱의 흐름을 보다 자연스럽게 따라가도록 할 수 있다. 이를 통해 사용자는 앱을 더 잘 이해하게 되고, 동적인 UI를 통해 더 풍요로운 사용자 경험을 누릴 수 있다.

UI 시스템에서 비주얼 인터랙션(Visual Interaction, VI)은 애니메이션과 동일한 맥락으로 접근할 수 있다. UI 앱은 사용자 입력이나 제스처로부터 받아들인 데이터를 가공한 후 UI 요소를 애니메이션 방식으로 표현할 수 있다. 이러한 애니메이션 효과는 사용자 입력에 상응하는 연속 이미지를 화면에 출력함으로써 개체가 사용자 입력에 반응하는 것처럼 표현한다.

오늘날 비주얼 인터랙션은 UI의 꽃이자 필수 요소라 할 수 있다. 이번 장에서는 비주얼 인터랙션의 핵심 메커니즘을 심도 있게 학습해 보자.

☑ **학습 목표**

이번 장을 통해 다음 사항을 학습한다.

- 애니메이션 루프 기반 애니메이션 재생 방법
- FPS, 수직 동기화, 이중 버퍼링 등 프레임 제어를 위한 주요 기술 개념
- 시간을 측정하고 이를 제어함으로써 애니메이션 속도를 제어하는 방법
- 키 프레임, 프로퍼티, 벡터, 커스텀 애니메이션
- 애니메이션 응용 예제로 움직이는 이미지 필터 효과 구현
- 사용자 상호 작용 효과를 위한 사용자 입력 신호 처리 과정과 제스처 이벤트 구성 방법
- 고성능 통합 UI 엔진으로서의 스케줄링 기반 멀티 태스킹 기법

6.1 애니메이션 런타임

6.1.1 애니메이션 루프

런타임(Runtime, 앱을 수행하고 있는 시간)에 애니메이션을 구동하는 기술은 UI 엔진의 중요 기술 사항이다. UI 엔진은 메인 루프를 토대로 애니메이션 루프를 가동함으로써 애니메이션 프레임을 결정하고 화면을 갱신해서 움직이는 UI 컴포넌트나 콘텐츠를 출력한다. 여기서 애니메이션 루프는 애니메이션을 수행하기 위한 일련의 작업 루틴으로 정의할 수 있다. 핵심은 애니메이션 루프를 기반으로 동작하는 UI는 지정된 애니메이션 시간 동안 객체 동작 상태를 결정하고, 그와 관련된 속성과 리소스를 토대로 렌더링 엔진을 통해 완성한 비주얼을 출력한다는 점이다. 이 같은 동작을 보장하기 위해서 메인 루프는 지연 없이 동작하고 프레임 사이의 경과 시간을 정확히 계산하여 사용자에게 제공할 수 있어야 한다. 메인 루프를 구동하는 스레드에서 일시에 많은 작업을 처리하거나 복잡도가 큰 작업을 수행하는 등 대기를 요구하는 작업을 동반할 경우 메인 루프의 동작 사이클 수행 시간이 증가하여 애니메이션 동작이 매끄럽지 않게 된다.

　UI 및 그래픽 시스템 관점에서 애니메이션 요구 사항을 완벽하게 충족시키기는 간단하지 않다. 특히 프로세스의 실행 성능은 프로세서의 하드웨어 성능,

운영 체제의 멀티태스킹 환경, 그리고 앱의 비즈니스 로직과 밀접한 관련이 있어 애니메이션 루프의 동작 빈도를 절대적으로 보장하기란 사실상 불가능에 가깝다. 그럼에도 불구하고, 가능한 한 부드러운 애니메이션 효과를 제공하고 사용자의 만족도를 높이기 위해 최적의 시스템 구조를 설계하는 작업은 의미가 있으며 도전적인 과제다. 전통적인 시스템에서 애니메이션 루프를 구축하는 기본 설계 방안을 간단히 정리하면 그림 6.1과 같다.

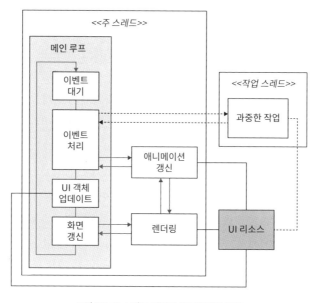

그림 6.1 주 스레드 기반의 애니메이션 루프

그림 6.1에서 빨간 화살표의 흐름은 주 스레드에 상주하는 애니메이션 루프를 나타낸다. 전반적으로 리테인드와 이미디어트 렌더링 간에 큰 차이 없이 루프 구조는 동일하다. 차이점이라면 수행할 UI 드로잉 정보가 앱(이미디어트) 또는 렌더링 엔진(리테인드)에 종속되고 관리되는지 여부다(2.1.3절 참고).[1] 주 스레드에서 메인 루프는 일련의 작업을 처리하는데, 이때 이벤트 처리 단계에서 애니메이션을 갱신하고 이를 완수한 후 렌더링을 수행한다. 이는 게임을 비롯한 여러 UI 시스템에서 많이 채택하는 구조로, 애니메이션을 갱신하는 작업

---

1 메인 루프에 대한 상세 설명은 1.3.1절을 참고하자.

과 렌더링을 수행하는 작업 모두 주 스레드를 통해 순차적으로 수행하므로 UI 공유 자원(UI 리소스)에 대한 접근이 자유롭다는 장점이 있다. 여기서 UI 공유 자원은 UI 객체뿐 아니라 이들이 참조하는 외부 리소스 모두를 포함한다. 특히 공유 자원에 대한 별도의 동기화 작업을 수행할 필요가 없기 때문에 경량 구조에 적합하다. 또한 이 구조는 UI 객체에 대한 직접 접근이 가능하므로 UI 객체를 접근하는 주체가 다양할 경우에 효과적이다. 하지만 메인 루프 사이클 동작에 지연이 발생하면 애니메이션과 렌더링 또한 지연되면서 화면 갱신이 늦어진다. 결과적으로 프레임 누락이 발생하여 애니메이션이 부드럽지 않은 결과를 초래할 수 있다. 따라서 앱에 많은 시간을 소모하는 어떤 비즈니스 로직(과중한 작업. 예를 들면 네트워크를 통해 이미지 데이터를 전송 받는 작업)이 있다면 이를 작업 스레드에서 수행하도록 코드를 작성해야 한다. 이러한 책임은 UI 앱에 있다.

한편, 기능상 중요한 UI 애니메이션의 경우 어떠한 조건에서도 동작이 지연되지 않도록 고려해야 한다. 대표적인 예로 프로그레스 UI(그림 6.2)는 사용자의 인터랙션에 실시간 반응하기보다는 사용자가 어떤 작업 결과를 기다리도록 유도한다. 따라서 프로그레스 UI의 애니메이션은 단순 효과가 아닌 그 자체로 목적이 있는 기능이기 때문에 애니메이션 품질이 상대적으로 중요하다. 최악의 경우 애니메이션이 정지된 상태로 보인다면 사용자는 UI 앱이 정지했다고 오해하거나 답답함을 호소하는 등 불편한 사용자 경험을 얻게 될 것이다.

그림 6.2 프로그레스 UI(출처: SpinThatShit)

이러한 문제를 개선하기 위해 메인 루프 기반 UI 엔진에서 구조를 확장할 수 있다. 예를 들어 프로그레스 UI를 출력하기 위한 보조 캔버스를 생성하고 이를 대상으로 애니메이션 루프를 새로 추가할 경우, 메인 루프와 별개의 동작을 수행할 수 있다(그림 6.3, 6.4). 보조 캔버스에 완성한 프로그레스 UI 출력물을 합성하는 방식으로 구현한다면 프로그레스 UI의 애니메이션은 메인 루프의 영향을 피할 수 있다. 이렇게 하면 메인 루프의 사이클 수행에 일시적 지연이 발생하거나 수행 속도가 충분히 빠르지 않더라도 프로그레스 UI 애니메이션에는 영향을 줄일 수 있으며, 결과적으로 최종 사용자는 현재 앱이 작업을 진행 중이며 대기를 요구한다는 사실을 인지할 수 있다.

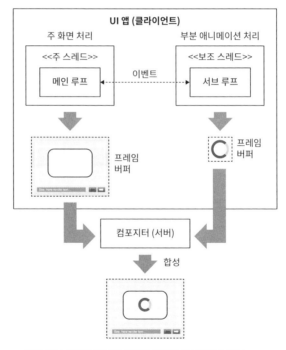

그림 6.3 보조 애니메이션 루프를 적용한 애니메이션 구동

그림 6.3의 설계 구조는 메인 루프 기반에서 렌더링 엔진을 가동하여 UI의 주 장면을 생성하되 애니메이션 루프(보조 루프)를 추가하여 프로그레스 UI의 비주얼 결과를 별도로 생성한다. 이때 애니메이션 루프는 별도로 렌더링 엔진의

인스턴스를 할당받아 렌더링을 수행함으로써 UI 앱의 주 화면과 프로그레스 UI 결과물을 동시에 생성할 수 있다. 이 구조는 외부 프로세스(컴포지터)에서 합성 작업을 거쳐 최종 장면을 출력하기 때문에 메인 루프의 동작이 지연되더라도 프로그레스 UI의 애니메이션은 끊어지지 않고 출력이 가능하다.

또 다른 공격적인 설계에서는 앱 비즈니스 로직, UI 컴포넌트, 애니메이션, 렌더링 단위 등 각 기능 범주별로 스레드를 분리하여 병렬 처리를 꾀함과 동시에 동작 지연이 해당 범주에만 영향을 주도록 설계할 수 있다(그림 6.4). 이때 스레드를 분리할수록 공유 리소스에 대한 동기화 작업 범위가 증가하므로 성능에 양날의 검이 되지 않도록 주의가 필요하다. 특히 UI 객체는 주 공유 리소스이기 때문에 이들에 접근하는 주체가 가급적 다수가 되지 않도록 설계하는 편이 유리하다. 기능 호출 단위로 동기화를 수행하는 것보다 메시지 큐(Message Queue)[2] 등을 고려하면 효율적인 다중 스레드를 운용할 수 있으니 참고하자.

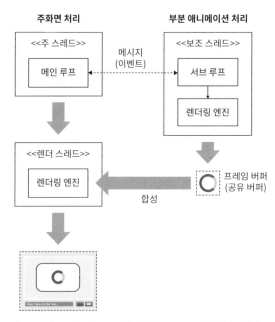

그림 6.4 렌더 스레드와 보조 애니메이션 루프를 도입한 애니메이션 구동

---

2   2.1.4절 "렌더링 커맨드 큐"를 참고한다.

앞서 살펴본 응용 방법들은 고성능 UI 시스템을 위한 설계 방법이다. 이러한 전략은 엔진의 복잡도를 증가시키고 유지보수와 앱 디버깅 등 개발에 어려움을 초래할 수 있지만, UI 애니메이션의 품질을 향상시킬 수 있다. 중요한 점은 복잡한 기술 구조와 스펙은 시스템 외부에 감추되 API를 단순화함으로써 UI 앱 개발을 쉽게 하고 앱 개발자들의 실수를 최소화하는 것이다. 또한 현 UI 엔진의 콘셉트과 구조에 맞는 설계를 하는 전략이 중요하다.

6.1.2 애니메이션 프레임

프레임 애니메이션(Frame Animation)의 원리는 준비된(또는 기록된) 장면을 순차대로 출력하는 것이다. 전통적인 필름 애니메이션 영화를 떠올리면 쉽게 이해할 수 있다. 프레임 애니메이션의 가장 쉬운 접근법은 장면 이미지를 디자인 단계에서 미리 가공하는 것이다. 30fps 이상의 고품질 애니메이션을 출력하려면 많은 장면 이미지를 미리 준비해야 하기 때문에 리소스가 다소 클 수 있지만 준비한 연속 이미지를 시간 순서대로 출력하면 되므로 구현 기술은 비교적 단순하다(그림 6.5).

그림 6.5 연속 장면 출력

프레임 애니메이션을 구현하기 위해서는 다음 두 사항을 고려해야 한다.

- (연속된) 장면 이미지 준비
- 준비된 장면을 시간 순서대로 화면에 출력

이를 코드로 옮기면 코드 6.1과 같다. 본 예제에서는 이미디어트(Immediate)
렌더링 방식을 이용했다.

코드 6.1 프레임 애니메이션 구현

```
01  // 10개의 장면으로 구성된 애니메이션 구현
02  frameAnimation():
03      // 장면 1 준비
04      img1 = UIImage():
05        .path = "frame0.jpg"
06        .geometry = {x, y, w, h}
07
08      // 첫 번째 장면을 화면에 그리기 위해 출력 영역 설정
09      invalidateArea(x, y, w, h)
10
11      // 화면 갱신 요청
12      drawScreen()
13
14      // 장면 2 준비
15      img2 = UIImage():
16        .path = "frame1.jpg"
17        .geometry = {x, y, w, h}
18
19      // 두 번째 장면을 그리기 위해 출력 영역을 다시 설정
20      invalidateArea(x, y, w, h)
21
22      // 화면 갱신 요청
23      drawScreen()
24
25      // 동일하게 열 번째 장면까지 반복 작업 수행
26      ...
```

코드 6.1에서는 순차적으로 장면 이미지를 준비하고 화면 출력 요청을 한다.
다만 여기서는 프레임을 고려하지 않고 하나의 루틴에서 모든 장면을 연속으
로 출력하고 있기 때문에 이전 장면이 화면에 보일 새도 없이 마지막 장면이
화면에 나타날 것이다. 이를 보완하기 위해 UI 엔진이 프레임마다 UI 앱에 장
면을 준비하도록 요청할 수 있다. 이는 UI 엔진이 메인 루프를 통해 프레임 변
화를 감지하고 새로운 장면을 출력해야 하는 시점을 직접 통제하기 때문에 가
능하다. 메인 루프 사이클마다 화면 갱신을 수행한다면(코드 6.2) 매 사이클을

1 프레임으로 간주할 수 있다. 이제 UI 엔진은 화면 갱신 전 애니메이션 이벤트를 발동하고, 앱은 그 이벤트를 받아 애니메이션 다음 장면을 지정할 수 있다. 이 절차를 전부 수행할 때 애니메이션 루프를 완성할 수 있으며 애니메이션을 종료할 때까지 이를 반복한다.

코드 6.2 이벤트 리스너 구조의 애니메이션 구현

```
01  /* 10장의 장면으로 구성된 애니메이션을 구현. 본 예제에서는 리테인드
02      렌더링 구조를 따르며 앱은 애니메이션 콜백 함수를 등록하고 콜백
03      함수에서 장면을 구축한다. */
04  frameAnimation():
05      /* 애니메이션 객체 생성. UIAnimation은 UIEngine으로부터 프레임마다
06          이벤트 신호를 받고 tick()을 호출 */
07      animation = UIAnimation()
08
09      /* 애니메이션 콜백 함수 구현
10          현재 프레임에 해당하는 장면을 준비
11          img 객체는 초기화되어 있다고 가정 */
12      tick():
13          // 새로운 장면 이미지로 교체
14          img.path = "frame" + frame + ".jpg"   // path = "frame0.jpg"
15          ++frame                                // 다음 프레임 번호 결정 (frame1)
16
17      animation.EventUpdated += tick
18
19      // 애니메이션 가동
20      animation.play()
```

그림 6.6은 애니메이션 루프를 완성하는 하나의 표준 사례를 보여준다. 메인 루프에 사용자 애니메이션 루틴을 연결함으로써 애니메이션 루프를 완성한다. 이때 메인 루프와 UIAnimation을 연결하고 애니메이션을 일괄 중재하는 AnimationCore 클래스를 도입할 수 있는데 이는 연결을 체계화하기 위한 가상의 클래스로 볼 수 있다. 개념을 표현한 것이므로 실제 구현은 연결 구조가 더 복잡하거나 다를 수 있다. AnimationCore는 생성된 UIAnimation 인스턴스를 리스트로 관리할 수 있으며 UIEngine은 메인 루프의 이벤트 처리 단계에서 AnimationCore에 등록된 UIAnimation 인스턴스들을 갱신하는 작업(update)을 일괄 수행할 수 있다. 그렇게 함으로써 AnimationCore는 복수의 독립 애니메이션을 동시

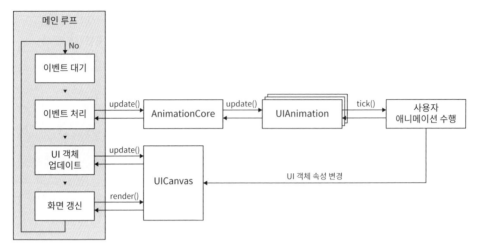

그림 6.6 애니메이션 루프 수행 과정

에 구동할 수 있게 한다. 마지막으로 UIAnimation은 사용자 콜백 함수 tick()을 호출하여 사용자 애니메이션을 수행한다.

코드 6.3 AnimationCore와 UIAnimation의 연동

```
01  /* UIAnimation은 AnimationCore에 자신의 인스턴스를 등록
02     AnimationCore는 리스트 데이터 구조를 이용하여 등록된 애니메이션
03     인스턴스를 관리할 수 있다 */
04  UIAnimation.constructor():
05    AnimationCore.register(self)
06
07  // UIAnimation은 AnimationCore로부터 자신의 인스턴스를 해제
08  UIAnimation.destructor():
09    AnimationCore.unregister(self)
```

4장에서 소개한 GIF(Graphics Interchange Format)는 프레임 애니메이션의 대표적인 예다. GIF의 수행 과정을 간략하게 요약해 보자. 앱에서 GIF 출력 요청을 받은 렌더링 엔진은 GIF 로더를 통해 애니메이션 장면 수(maxFrame)와 재생 시간 정보(duration)를 파악한다. 이후, 앞서 살펴본 애니메이션 수행 루틴을 거쳐 GIF로부터 출력해야 할 현재 프레임 번호(N)를 결정한다. 프레임 번호를 다시 렌더링 엔진에 전달하면 렌더링 엔진은 GIF 로더를 통해 GIF 디코딩 과정을 거치고, GIF 데이터로부터 해당 프레임의 비트맵 이미지(Frame image)를

생성한다. 마지막으로 생성한 비트맵 이미지를 이미지 렌더링 과정을 통해 화면에 출력한다.

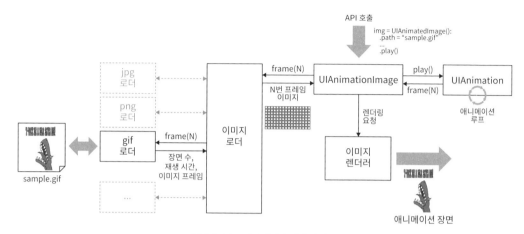

그림 6.7 GIF 애니메이션 재생 과정

이와 유사한 과정을 통해 애니메이션 루프는 GIF의 프레임 번호를 갱신하며 최종적으로 애니메이션이 동작하는 결과를 보여준다.

코드 6.4 GIF 애니메이션 호출

```
01  // UIAnimatedImage는 애니메이션 재생 가능한 이미지 출력 기능을 앱에 제공
02  img = UIAnimatedImage():
03    .path = "sample.gif"  // GIF 파일을 불러온다
04    .geometry = {x, y, w, h}
05    .play()
```

코드 6.5 GIF 애니메이션 재생부

```
01  /* 이미지 애니메이션 재생 */
02  UIAnimatedImage.play():
03    // 애니메이션 생성
04    .animation = UIAnimation()
05
06    /* 애니메이션 구현 함수 구현
07       animation은 UIAnimation 자신을,
08       target은 호출한 UIAnimatedImage 객체를 가리킨다 */
09    tick(animation, target):
```

```
10      /* 프레임 번호 결정.
11         단, 애니메이션 재생 시간(duration)을 고려하지 않았다! */
12      ++target.frame
13      // 프레임 번호가 끝에 도달하면 애니메이션 종료
14      if target.frame == target.maxFrame
15        animation.finish()
16
17   .animation.EventUpdated += {tick, self}
18   .animation.play()
```

코드 6.5는 UIAnimatedImage를 이용하여 프레임 애니메이션을 재생하는 주요 로직을 보여준다. UIAnimatedImage는 애니메이션을 재생하기 위해 UIAnimation 기능을 내부적으로 활용한다. 애니메이션 콜백 함수 내에서는 프레임 번호를 증가시키는 작업을 수행한다. 만약 프레임 번호가 마지막에 도달하면 애니메이션을 중단시킨다. 여기서 UIAnimatedImage는 frame 속성을 이용해(12행) 출력할 애니메이션 프레임 번호를 결정하는데 UIAnimatedImage는 이 정보를 UI 렌더링 엔진에 전달함으로써 GIF 데이터로부터 해당 프레임의 이미지를 디코딩하여 장면 이미지를 완성할 수 있다.[3]

6.1.3 프레임 제어

앞선 내용을 통해 연속된 장면 이미지를 호출하는 과정은 이해했지만 실제로 애니메이션을 동작하기 위해서는 지정된 시간 내에 장면을 출력할 수 있어야 한다. 이를 위해 UI 앱은 불필요한 작업을 줄임으로써 애니메이션 수행 시간을 확보해야 하고, UI 시스템은 최적의 출력 루틴을 설계하여 UI 앱의 화면 출력을 부드럽고 빠르게 수행할 수 있도록 도와야 한다.

FPS

가장 먼저 이해해야 할 개념은 FPS다. FPS(Frames Per Seconds)는 프레임률(Frame Rate)이라고도 하며 초당 화면 출력 수를 의미한다. FPS가 높을수록 부

---

3 코드 수준에서 GIF 동작 로직을 이해하고 싶다면 다음을 추천한다. *https://github.com/charlietangora/gif-h*

드러운 애니메이션 표현이 가능하지만 프레임률이 60 이상이면 시청자가 그 차이를 인지하기 어렵기 때문에 현대의 애니메이션은 60fps를 지향하고 있다. 프레임률이 과도하게 높으면 프로세싱 부하와 전력 소모만 증가할 뿐이다. 반대로 60fps 미만이면 시청자가 애니메이션이 부드럽지 않다는 느낌을 받을 수 있고 30fps 미만이라면 그 차이를 쉽게 감지할 수 있다. 이런 이유로 산업에서는 출력 장치 화면 주사율을 60Hz에 맞게 설계한다. 이 수치는 높은 반응 속도를 요구하는 일부 게이밍 또는 3D 디스플레이 장치를 제외하고 현재 상용 제품의 표준 수치로 통용된다. 따라서 소프트웨어도 디바이스 성능에 맞춰 60fps 동작을 지원할 수 있어야 한다.

이제 주 스레드 기반의 애니메이션 루프 구조(그림 6.1)를 바탕으로 실제 동작 예시를 들어보자. 60fps의 3초짜리 애니메이션을 출력한다면 총 180장면의 이미지를 생성해야 한다. 이는 `UIEngine.run()`에 의해 수행되는 메인 루프의 반복 횟수가 총 180번임을 의미하며 초당 60번을 반복해야 한다. 달리 말하면 메인 루프는 1초당 60번의 화면 갱신(렌더링) 작업을 수행해야 한다.

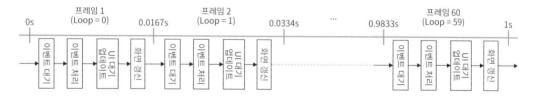

그림 6.8 고정 60fps 메인 루프 렌더링 수행 과정

그림 6.8을 보면 60fps를 보장하기 위해서는 애니메이션 장면을 준비하고 출력하는 과정을 약 0.0167초 이내에 완성해야 한다. 만약 메인 루프의 한 사이클을 수행하는 데 걸리는 시간이 이보다 적다면 60fps를 초과할 수도 있다. 이 경우엔 60fps를 초과하지 않도록 메인 루프 동작을 지연시켜야 한다. 반대로 메인 루프 한 사이클을 수행하는데 0.0167초를 초과한다면 60fps를 보장할 수 없다. 이 경우 우리가 고려할 수 있는 해결책은 소프트웨어를 최적화하는 방법인데 근본적인 개선이 불가하다면 고성능의 하드웨어 장비로 교체할 수밖에 없다. 물론, 반드시 60fps를 반드시 보장해야 하는 것은 아니므로 품질을 타협해서 낮은 프레임률을 허용하는 것도 방법이다.

시간 측정

메인 루프를 60fps를 목표로 가동하기 위해선 0.0167초 내에 한 프레임을 완수해야 한다. 이를 위해 시간 측정은 필수다. 범용 운영 체제라면 운영 체제에서 제공하는 시간 측정 기능[4]을 활용하여 경과 시간을 계산할 수 있다.

- 리눅스: clock_gettime()
- 윈도우: timeGetTime()
- 맥: mach_absolute_time()

코드 6.6 시간 계산(리눅스)

```
01  /* Linux clock_gettime()을 이용한 시간 확인(C 언어).
02     UIEngine은 시간을 확인하기 위해 time()을 호출한다고 가정 */
03  #include <time.h>
04
05  double time()
06  {
07    struct timespec ts;
08    double seconds;
09
10    // 실시간 시간 정보를 ts에 기록
11    clock_gettime(CLOCK_REALTIME, &ts);
12
13    /* ts에 기록된 시간을 초 단위로 환산
14       Nanoseconds -> Microseconds -> Milliseconds -> Seconds */
15    seconds = ts.tv_sec + (ts.tv_nsec / 1000000000L);
16
17    return seconds;
18  }
```

타임 기능을 이용하여 이전 사이클 시간과 현재 사이클 시간을 각각 기록하고 두 시간의 차, 즉 경과 시간(Elapsed time)을 통해 한 프레임에 걸린 시간을 확인한다. 만약 경과 시간이 0.0167초보다 적다면 남은 시간만큼 대기(Idle) 상태로 두어 메인 루프의 동작을 지연시킴으로써 한 프레임을 완수하는 데 걸리는 시간을 조율할 수 있다.

---

4   유닉스 계열에서는 타임스탬프(Timestamp)를 이용하여 시간을 측정할 수 있다.

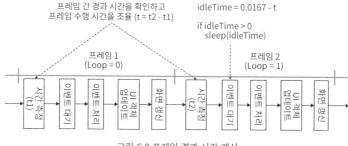

그림 6.9 프레임 경과 시간 계산

그림 6.9는 프레임 구간의 경과시간 t = (t2 − t1)을 계산하여 비교한다. 만일 이 시간이 0.0167초 미만의 값이라면 그 차(idleTime)만큼 이벤트 대기 단계에서 대기를 수행할 수 있음을 암시한다. 반대로 t가 0.0167초를 초과한다면 고정 60fps 화면 출력을 수행하는 시스템은 UI 앱의 장면 결과를 화면에 반영하지 못 할 가능성이 높기 때문에 해당 프레임은 누락되었거나 지연되었다고 해석할 수 있다. 만약 다중 버퍼링을 적용했다면 보조 버퍼에 출력물을 기록한 채 바로 다음 프레임을 수행한다.

다중 버퍼링

클라이언트에 해당하는 UI 앱이 렌더링 결과물을 출력 버퍼에 기록하는 동안 서버에 해당하는 컴포지터가 클라이언트의 출력 버퍼에 접근하기 위한 방법으로 다중 버퍼링 기법을 적용할 수 있다. 보통 이중 또는 삼중 출력 버퍼를 이용하며, 이를 더블 또는 트리플 버퍼링이라고 한다. 다중 버퍼링을 이용하면 윈도 서버가 클라이언트의 출력 버퍼에 접근하는 동안에도 UI 앱은 다음 프레임을 출력할 수 있고, 출력 버퍼를 공유하면서도 클라이언트와 서버 간 버퍼 접근에 대한 경합을 줄일 수 있어서 성능을 개선할 수 있다. 결과적으로 이는 UI 앱의 fps를 개선하는 데 도움이 된다. 물론 출력 버퍼를 추가 운용하는 것이므로 클라이언트당 메모리 사용량은 증가할 수밖에 없다.

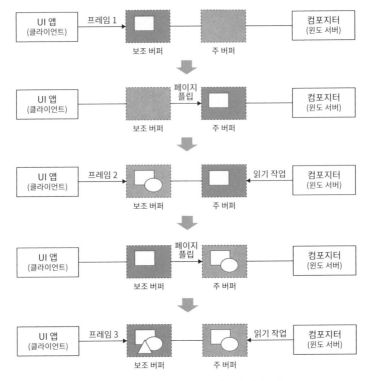

그림 6.10 더블 버퍼링 출력 시스템 동작 시퀀스 예

한편, 다중 버퍼링을 이용하는 중에 클라이언트의 화면 출력 작업이 지연될 경우 윈도 서버는 클라이언트의 주 버퍼에 저장된 이전 화면을 그대로 활용함으로써 지연 없이 동작을 수행할 수 있다. 특히 멀티 윈도 환경에서 디스플레이 장치는 여러 클라이언트가 공유하는 자원이므로 한 클라이언트만을 위해 화면 갱신 작업을 수행할 수 없다. 이러한 구조에서는 윈도 서버가 초당 60회로 클라이언트의 화면을 합성하여 출력한다. 60fps를 보장하는 시스템에서 이는 마치 시간을 엄수하며 출발하는 기차와도 같다. 따라서 윈도 서버가 화면 갱신 작업을 수행하기 전까지 클라이언트가 화면 출력을 완수하지 못한다면 윈도 서버의 다음 프레임 출력까지 클라이언트는 출력 결과물을 화면에 내보낼 수 없게 된다. 이 경우 클라이언트의 출력 장면은 다음 프레임으로 미루거나 철회할 수 있으며 다중 버퍼링을 이용하는 구조에서는 주 버퍼에 기록된 장면을 그대로 출력한다.

수직 동기화

다중 버퍼링과 더불어 함께 알아두면 좋은 개념으로 수직 동기화(Vertical Synchronization, 줄여서 Vsync)가 있다. 수직 동기화는 그래픽 출력 시스템과 디스플레이 장치 간 프레임 출력 타이밍을 맞추는 작업으로, 화면에 두 프레임이상의 장면이 동시에 출력되는 현상을 방지하여 화면 찢김(Screen Tearing)현상을 해결하는 메커니즘으로 잘 알려져 있다. 화면 찢김 문제는 디스플레이장치에 출력 이미지를 전송하는 도중에 디스플레이 장치가 화면을 송출할 때발생한다. 결과적으로 이는 사용자에게 화면이 찢어지는 것처럼 보인다.

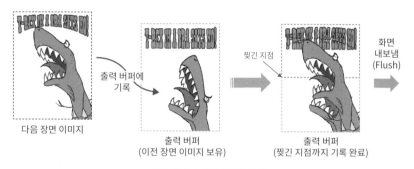

다음 장면 이미지

출력 버퍼에 기록

찢긴 지점

화면 내보냄 (Flush)

출력 버퍼 (이전 장면 이미지 보유)

출력 버퍼 (찢긴 지점까지 기록 완료)

그림 6.11 스크린 티어링 현상

수직 동기화는 출력 버퍼의 동기화 문제로 접근할 수 있다. 이는 클라이언트와윈도 서버 사이에도 동일하게 적용된다. 클라이언트가 출력 버퍼에 렌더링 결과물을 기록하는 동안 윈도 서버가 대기하거나 반대로 서버가 클라이언트의버퍼를 화면에 출력하는 동안 클라이언트가 대기한다. 이러한 동기화는 고품질을 보장할 수 있으나 대기 구간이 발생하므로 성능에는 마이너스 요소로 작용할 수 있다. 동기화 구간을 최소화하기 위해서는 앞서 살펴본 다중 버퍼링기법을 도입하여 클라이언트와 서버가 서로 다른 버퍼에 접근하도록 하여 경합 시간을 최소화한다.

🎁 CPU Scaling Governor[5]

정확한 FPS를 측정하기 위해 CPU 주파수(Frequency)를 조율하는 방법을 배워 두자. 리눅스에서는 CPU 주파수를 실시간으로 조절함으로써 프로세서 파워를 제어한다. 이 정책을 CPU Scaling Governor라고 하는데 하드웨어 성능에 민감한 임베디드 시스템에서는 CPU 주파수를 조절함으로써 프로세서 파워를 낮추고 전력 소모를 최소화한다. 문제는 이 정책으로 인해 성능 측정 중 프로세서 파워가 바뀔 수 있으며, 이는 성능 측정 결과에도 적지 않은 영향을 미칠 수 있다는 점이다. FPS를 통해 성능 비교를 할 경우 측정 환경은 동일해야 하므로 성능 측정 시 프로세서 파워를 고정하는 작업이 필요하다.

리눅스에서는 CPU 주파수 제어 정책을 정의한다. 다음 명령어를 통해 현 시스템에서 설정 가능한 정책을 열람한다.

```
$cat /sys/devices/system/cpu/cpu*/cpufreq/scaling_available_
    governors
performance, powersave, userspace, schedutil
```

다음 명령어를 통해 가장 높은 성능을 내도록 performance 정책을 이용한다.

```
$echo performance > /sys/devices/system/cpu/cpu*/cpufreq/scaling_
                    governor
```

다른 방법으로, CPU 주파수 값을 직접 명시할 수 있다. 지정된 CPU 주파수의 최소, 최댓값을 확인하기 위해서 다음 명령어를 이용한다.

```
$cat /sys/devices/system/cpu/cpu*/cpufreq/scaling_min_freq
1200000
$cat /sys/devices/system/cpu/cpu*/cpufreq/scaling_max_freq
3300000
```

현 시스템에서 사용 가능한 CPU 주파수 목록을 확인한다.

```
$cat /sys/devices/system/cpu/cpu*/cpufreq/scaling_available_
    frequencies
1200000 2400000 3300000
```

---

5 자세한 사항은 다음 문서를 참조하자. *https://www.kernel.org/doc/html/v4.14/admin-guide/pm/cpu freq.html*

프로세서를 최대 파워로 동작하도록 하기 위해 scaling_min_freq와 scaling_max_freq를 최대 수치(3300000)로 지정한다.

```
$echo 3300000 > /sys/devices/system/cpu/cpu*/cpufreq/scaling_min_
                freq
$echo 3300000 > /sys/devices/system/cpu/cpu*/cpufreq/scaling_max_
                freq
```

cpu*의 *은 cpu 번호로 대체한다. 예를 들어 8코어는 cpu0, cpu1, cpu2, cpu3 … cpu7이 된다. 멀티 코어를 활용한다면 모든 CPU를 대상으로 같은 작업을 수행한다.

6.1.4 시간 제어

앞 절을 통해 애니메이션 프레임 개념과 60fps 애니메이션의 동작 조건을 살펴 보았으니 이번 절에서는 애니메이션 시간을 제어하는 로직을 구현해 보자. 일 반적으로 디자인 단계에서 애니메이션 재생 시간을 결정하고 GIF 파일과 같은 애니메이션 리소스 정보에 이를 기록하여 전달한다. 리소스로부터 애니메이션 시간 정보를 얻었다면 가정하면, 애니메이션 시간을 제어함으로써 사전에 설 계한 애니메이션의 재생 시간을 보장할 수 있다. 이를 위해 코드 6.5의 GIF 애 니메이션 재생부 로직에 애니메이션 재생 시간을 추가할 것이다. 코드 6.5는 프레임 애니메이션을 구현하지만 재생 시간과 관련된 로직은 누락되어 있기 때문에 개선이 필요하다.

코드 6.5를 살펴보면 UIAnimation의 수행 로직인 tick()은 프레임 번호를 증 가시키면서 GIF가 가진 모든 장면을 순서대로 출력할 뿐, 이를 몇 초간 출력할 지는 지정하지 않고 있다. 여기서 기대할 수 있는 건 GIF 애니메이션의 재생 시 간이 3초라고 가정했을 때 tick()이 60fps 수행 환경에서 3초 동안 180번 호출 될 거라는 사실이다. 일단 UIAnimation 내부 구현은 무시한 채 UIAnimation() 이 애니메이션 재생 시간(duration)을 인자로 전달받고 콜백 함수는 애니메이 션 진행도(progress)를 인자로 제공한다고 가정한다. 이를 적용하면 코드 6.7 과 같다.

코드 6.7 지정 시간 동안 애니메이션 재생

```
01  UIAnimatedImage.play():
02      // UIAnimation()에 전달한 duration을 통해 애니메이션 수행 시간을 지정
03      // duration의 값은 3(단위는 초)으로 가정
04      .animation = UIAnimation(.duration)
05
06      /* tick()은 3초간 호출되며 progress는 0 ~ 1 사이 정규값
07         0은 애니메이션 시작 시점, 1은 애니메이션 종료 시점 */
08      tick(animation, target, progress):
09          target.frame = target.maxFrame * progress  // 다음 프레임 번호
10
11          /* progress가 1에 도달할 때 UIAnimation을 종료시키면 되므로
12             다음 로직은 더 이상 필요 없다 */
13          // if target.farme == target.maxFrame
14          //     animation.finish()
15
16      .animation.EventUpdated += {tick, self}
17
18      // play()는 루프 타임을 이용하여 시작 시간을 기록한다고 가정
19      .animation.play()
```

코드 6.7에서 UIAnimatedImage는 GIF 데이터를 불러오는 작업을 먼저 수행했고, GIF 데이터로부터 애니메이션 재생 시간 정보를 얻을 수 있다고 가정한다. 따라서 UIAnimatedImage는 UIAnimation을 생성하면서 애니메이션 재생 시간을 전달할 수 있다(4행). 이제 UIAnimation은 재생 시간 정보를 알고 있으므로 play() 호출 후 3초간 사용자 콜백 함수 tick()을 호출할 수 있을 것이다. 이때 재생 시간을 정규화한 값을 progress 인자로 전달한다. progress 0은 애니메이션 시작, 1은 애니메이션 끝에 해당한다. 결과적으로 UIAnimatedImage는 progress 값을 통해 애니메이션이 어느 구간에 있는지 확인할 수 있으므로 progress의 값을 GIF의 프레임 수에 매핑하여 출력할 장면 번호(frame)를 결정한다(9행). 추가로, UIAnimation은 시간 정보를 갖추고 있기 때문에 애니메이션 종료 시점을 직접 판단할 수 있으므로 UIAnimation 사용자가 finish()를 직접 호출하지 않아도 자동 종료를 수행할 수 있다(코드 6.10). 따라서 13~14행의 로직은 불필요하다.

UIEngine으로부터 콜백 함수 tick()을 호출하는 과정은 코드 6.8과 같다. UIEngine은 메인 루프 수행 과정에서 가장 먼저 현재 프레임 시간을 루프 타임

(looptime)으로 지정하고 이벤트 처리 단계(processEvents())에서 Animation Core를 통해 UIAnimation을 갱신한다(그림 6.6). 이때 루프 타임은 Animation Core를 통해 UIAnimation으로 전달한다(25행).

코드 6.8 UIAnimation 갱신 과정

```
01  /* 메인 루프 가동 */
02  UIEngine.run():
03    ...
04    while running
05      // 0. 루프 타임 기록(코드 6.6 참고)
06      .loopTime = time()
07      // 1. 이벤트 대기
08      waitForEvents()
09      // 2. 이벤트 처리
10      processEvents()
11      ...
12
13  /* 이벤트 처리 */
14  UIEngine.processEvents():
15    ...
16    AnimationCore.update(.loopTime)
17    ...
18
19  /* 현재 유효한 모든 애니메이션 갱신 */
20  AnimationCore.update(loopTime):
21    /* UIAnimation 갱신. 여기서 적용한 시간은 루프 타임에 해당한다.
22       만약 루프 타임을 적용하지 않고 각 애니메이션마다 개별적으로
23       시간을 구한다면 애니메이션 결과는 달라질 수 있다. */
24    for animation : .animations
25      animation.update(loopTime)
26
27      // 애니메이션이 종료되거나 유효하지 않은 경우 제거
28      if animation.invalid() or animation.finished()
29        .animations.remove(animation)
30
31    /* 다음 프레임에서 수행할 애니메이션이 존재한다면
32       정의한 애니메이션 이벤트를 보내 메인 루프를 계속 가동한다. */
33    if animations.count > 0
34      EventHandler.send(...)
```

코드 6.8에서 등장하는 루프 타임은 현재 프레임의 시각으로 해석해도 무방하다. 하나의 통일된 루프 타임을 각 애니메이션에 적용함으로써 각 애니메이션

의 시간대를 동일하게 맞춘다. 이는 여러 애니메이션 인스턴스 간 정확한 애니 메이션 시간 간격을 적용할 수 있게 보장한다. 루프 타임을 적용하지 않고 각 애니메이션 인스턴스들이 개별적으로 시간을 구한다면 인스턴스 순서에 따른 시차가 발생하여 애니메이션 결과가 달라질 수 있다(코드 6.9 참고). 애니메이 션 갱신 과정에도 시간이 흐르기 때문이다. UI 앱에서 커스텀 애니메이션을 구 현하는 경우에도 마찬가지이므로 루프 타임 정보를 인터페이스를 통해 제공함 으로써 UI 앱이 루프 타임 기반으로 애니메이션 시간을 계산할 수 있도록 한다.

코드 6.9 루프 타임을 적용하지 않은 로직

```
01   /* 만약 루프 타임을 적용하지 않고 각 애니메이션마다 개별적으로
02      시간을 구한다면 애니메이션 결과는 달라질 수 있다. */
03   foreach(.animations, animation)
04     animation.update(time())
```

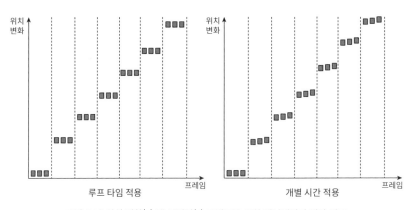

그림 6.12 위치 변화(y) 대 프레임(x) 그래프를 통한 애니메이션 결과 비교

그림 6.12는 인스턴스별로 루프 타임과 개별 시간을 적용한 애니메이션 결과 예시를 그래프로 표현한 것이다. 세 개의 개별 객체가 동일한 위치에서 동일한 속도로 동일한 거리를 이동한다고 가정했을 때 각 객체는 프레임마다 동일한 이동 결과를 화면에 보여줄 수 있어야 한다. 루프 타임과 달리 개별 시간을 적 용하면 각 객체마다 이동 결과에 조금씩 차이가 있음을 알 수 있다.

본론으로 돌아와서, 최종적으로 UIAnimation은 전달받은 루프 타임에서 애 니메이션 시작 시간을 빼서 경과 시간을 구하고 이를 정규 값으로 변환한 후 콜백 함수의 progress 인자로 전달한다.

코드 6.10 UIAnimation progress 계산

```
01  UIAnimation.update(current):
02    /* progress 값 계산. begin은 UIAnimation.play() 내에서 기록한
03      애니메이션 시작 시간이고 duration은 애니메이션 재생 시간이다. */
04    progress = (current - .begin) / .duration
05
06    // 시간 초과에 주의
07    if progress > 1
08      progress = 1
09
10    // 콜백 함수(tick) 호출하며 progress 전달
11    .EventUpdated(self, .target, progress)
12
13    // 애니메이션 종료
14    .finish() if progress == 1
```

6.1.5 가속 제어

애니메이션에 가속 기능을 추가하면 애니메이션 재생 흐름에 변화를 줄 수 있다. 가속 제어는 속성 애니메이션(6.2.2절)이나 사용자 정의 애니메이션을 구현할 때 유용하며 결과적으로 사용자가 디자인 연출 범위를 확장할 수 있도록 도와준다. 가속 제어의 구현 핵심은 애니메이션 진행 시간을 정규화한 progress(코드 6.10의 4행) 값을 결정하는 데 있다. 가령 다섯 프레임에 걸쳐 애니메이션을 수행한다고 가정하면 progress는 [0 0.25, 0.5, 0.75, 1]과 같은 선형에 수렴한 값으로 UIAnimation에 전달될 것이다. 이때 UI 엔진 중간에서 임의로 progress 값을 [0 0.125, 0.2, 0.5, 1]로 바꾼다면 애니메이션을 통해 재생되는 어떤 장면의 변화 속도는 영향을 받게 될 것이다. 이러한 원리로 progress 값을 조율하면 되감기(Rewind) 또는 반동(Bounce)과 같은 효과를 주는 것도 가능하다. 여기서 주목할 점은 가속 제어를 통한 애니메이션 속도 변화는 애니메이션 재생 시간과는 무관하다는 점이다. 재생 시간은 유지한 채 애니메이션 재생 속도만 다르게 연출된다.

되감기와 반동의 progress 변화 예시

```
되감기  [1 0.75 0.5 0.25 0]
반동    [0.125 0.2 0.4 0.8 1.125 1.2 1.125 1.0]
```

UI 시스템의 설계 방침에 의존하겠지만 이번 절에서는 가속 제어를 구현하는 하나의 접근법으로서 이징 함수를 정의하고 인터폴레이터 인터페이스를 사용자에게 제공하는 방안을 설명한다.

이징 함수

애니메이션 재생 흐름에 다양한 변화를 주는 기능으로 이징(Easing)[6] 함수를 사용한다. 이징은 '완화하다'라는 사전적 의미를 갖지만 여기서는 애니메이션 속도 변화로 이해하면 쉽다. 가령, 객체의 이동 경로가 동일하더라도 애니메이션 속도가 등속일 때와 선형 가속일 때의 결과는 최종 사용자에게 다른 느낌의 효과를 전달한다. UI 엔진에서는 일반적으로 많이 활용되는 이징 함수를 기본 기능으로 제공할 수 있다. 그림 6.13에서 이징 함수의 몇 가지 예를 볼 수 있다.[7]

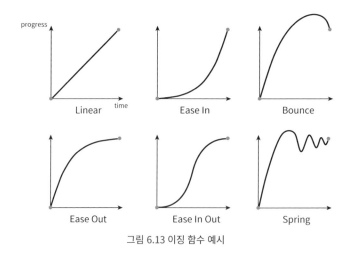

그림 6.13 이징 함수 예시

구현 관점에서 설명하자면, 애니메이션 가속은 UIAnimation의 progress 값에 의존하므로 이징 함수는 progress의 값을 결정하는 로직을 담당한다. 6.1.4절에서 살펴본 바와 같이 시간 흐름에 비례한 progress 값 증가는 기본 선형(Lin-

---

6 이징은 애니메이션의 표준 용어로 정의된 것은 아니지만 실무 UX와 여러 플랫폼에서 보편적으로 사용하여 그대로 사용하였다.
7 함수에 대한 표준은 존재하지 않는다. *easings.net*을 참고하면 더 많은 함수들을 확인할 수 있다.

ear)에 해당하고 여기에 Ease In 같은 곡선 형태의 progress 값 변화를 위해서
는 3차 방정식을 적용할 수 있다.

```
코드 6.11 이징 함수 적용 예
01   /* 이징 함수를 적용하여 코드 6.10 개선 */
02   UIAnimation.update(current):
03     // progress 값 계산
04     progress = (current - .begin) / .duration
05
06     // 이징 함수(easeIn)를 적용하여 progress 값 변경
07     progress = easeIn(progress)
08
09     // 시간 초과에 주의
10     if progress > 1
11       progress = 1
12     ...
13
14   /* 그림 6.13의 ease in 곡선 구현 */
15   easeIn(progress):
16     return (progress * progress * progress)
```

코드 6.11은 UIAnimation을 갱신하는 작업 중 이징 함수를 호출하여 progress
의 값에 변화를 준다(7행). 여기서 이징 함수(easeIn)는 3차 방정식을 이용하여
Ease In을 구현한다. easein()을 거쳐 변경된 progress 값은 애니메이션이 동작
하는 동안 그림 6.13의 Ease In 그래프와 같은 형태를 띠게 될 것이다. 주목할 부
분은 이러한 이징 함수는 애니메이션마다 개별 단위로 적용하기 때문에 Anima
tionCore가 아닌 UIAnimation 내에서 다룬다는 점이다. 또한 코드 6.11은 이징
함수로서 Ease In을 로직에 고정하고 있으므로 추가 개선 작업이 필요하다.

인터폴레이터

그림 6.13과 같이 기정의한(pre-defined) 이징 함수를 포함하여 다양한 사용자
정의 이징 함수를 선택, 적용하기 위해서는 이징 함수의 인터페이스를 설계할
필요가 있다. 인터폴레이터(Interpolator)는 progress 값을 조정하는 하나의 수
단으로, UI 엔진뿐만 아니라 UI 앱이 이징 함수를 적용할 수 있도록 해준다.

인터폴레이터 구현 요지는 인터페이스(UIInterpolator)를 정의하되, UIAni
mation에서 이를 호출함으로써 이징 함수를 적용하는 것이다.

코드 6.12 인터폴레이터 도입

```
01  interface UIInterpolator:
02    /* progress 값을 전달받고 수정한 progress 값을 반환 */
03    var map(progress)
04
05  UIAnimation.update(current):
06    ...
07    // 코드 6.11의 7행에서 easeIn() 대신 인터폴레이터 기능 호출
08    progress = .interpolator.map(progress)
09    ...
```

코드 6.12는 UIAnimation에 interpolator 멤버 변수를 새로 추가했다고 가정
하며 이후(8행) 등속에 해당하는 선형의 progress 값을 현재 설정된 인터폴레
이터의 이징 함수(map)에 입력값으로 전달한다. 이징 함수를 구현하는 map()
은 설계한 이징 함수식을 통해 출력값을 산출한 후 이를 반환한다. 마지막으로
progress 인수를 통해 이 값을 UIAnimator의 콜백 함수 tick()에 전달한다. 이
과정을 그림으로 나타내면 그림 6.14와 같다.

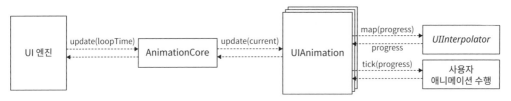

그림 6.14 UIInterpolator 동작 시퀀스

코드 6.13은 UIInterpolator 동작 기반하에서 인터폴레이터를 이용한 Ease In
기능을 재구현한다.

코드 6.13 Ease In Interpolator 구현부

```
01  /* UIInerpolator 인터페이스 구현.
02     map()은 인자 progress[0 - 1]를 3차 방정식을 통해 변경한 후 반환 */
03  UIEaseInInterpolator implements UIInterpolator:
```

```
04    override map(progress):
05      return progress * progress * progress
```

이징 함수 기능을 UIInterpolator 인터페이스로 제공함으로써 이제 사용자는
원하는 인터폴레이터를 쉽게 추가할 수 있다.

코드 6.14 사용자 정의 인터폴레이터 구현부

```
01  UICustomEaseInInterpolator implements UIInterpolator:
02    override map(progress):
03      // Sine 곡선 형태의 Ease In 구현
04      radian = Math.degreeToRadian(progress * 90)
05      return sin(radian)
```

마지막으로, UI 엔진에서 제공하는 기본 인터폴레이터 또는 사용자 커스텀 인
터폴레이터는 UIAnimator와 연동하여 사용한다.

코드 6.15 사용자 정의 인터폴레이터 적용

```
01  animation = UIAnimation():
02    ...
03    .interpolator = UICustomEaseInInterpolator  // 사용자 커스텀 인터폴레이터
04    .play()
```

6.2 모션 그래픽

6.1절에서는 런타임에 애니메이션이 어떠한 구조로 동작하고 어떻게 장면을
표현할 수 있는지 알아보기 위해 애니메이션 루프와 프레임의 동작 원리를 학
습하였다. 이를 기반으로 이번 절에서는 모션 그래픽(Motion Graphic)을 위한
몇 가지 애니메이션 기법들과 함께 필터 효과를 살펴본다. 모션 그래픽은 애니
메이션의 하위 집합으로 볼 수 있으며 일반적으로 텍스트나 정적인 그래픽 요
소들을 움직이는 방식으로 정보를 전달한다. 로고 애니메이션, 광고, 인포그
래픽 등에 사용되며, 간결하고 명확한 메시지 전달에 중점을 둔다. 쉽게 말해
UI를 구성하는 요소들(도형, 글리프 등)을 움직이도록 하는 것이 모션 그래픽
이다.

모션 그래픽을 표현하기 위한 애니메이션 기법은 여러 가지가 있다. 대표적으로 6.1.2에서 학습한 프레임 애니메이션을 포함하여 이번 절에서 학습할 키 프레임 애니메이션, 프로퍼티 애니메이션은 모션 그래픽을 구현하기 위한 기초 동작으로 볼 수 있다.

6.2.1 키 프레임 애니메이션

키 프레임(Key-frame)이라는 용어를 이해하기 쉽게 풀이하면, 애니메이션 전체 구간 중 특정 지점에 보여질 주요 프레임으로 해석할 수 있다. 일반적으로 키 프레임 애니메이션을 제작할 때 애니메이션 제작자는 키(Key)에 해당하는 장면을 결정하고 추가한다. 키 프레임 애니메이션은 애니메이션 전체 구간, 즉 모든 프레임에 대해 장면을 제작하는 것이 아니라, 핵심 프레임 장면만 제작함으로써 애니메이션 제작을 용이하게 한다. 이해를 돕기 위해 그림 6.15를 확인해 보자. 구간마다 키 프레임에 해당하는 장면이 추가되어 있는 것을 확인할 수 있다. 실제로 애니메이션 전체 구간 중 일정 간격으로 키 프레임을 추가하기도 하지만, 최적의 애니메이션을 위해서 불규칙한 간격으로 키 프레임을 추가하기도 한다.

키 프레임 애니메이션을 이용하면 모든 프레임에 대해 장면을 추가하지 않아도 되기 때문에 이전 장면과 동일하거나 차이가 거의 없는 프레임 정보는 생략할 수 있다. 또한 벡터 애니메이션과 같이 런타임에 장면 이미지를 생성하는 경우, 누락된 프레임 정보는 구간을 잇는 두 키 프레임 정보를 보간하여 생성할 수 있다(6.2.3절 참고). 결과적으로 이러한 특성은 애니메이션 제작 비용은 물론 데이터 크기를 줄일 수 있어 효율적이다.

예를 들어보자. 60fps 설정으로 2.5초짜리 애니메이션을 프레임 애니메이션으로 출력하려면 총 150장의 장면 이미지가 필요하다. 고품질 애니메이션을 목표로 한다면 좋은 선택이겠지만 재생 시간이 길 경우 애니메이션을 디자인하는 수고는 적지 않을 것이다. 만약 이를 절충하기 위해 15프레임마다 꼭 필요한 장면을 추가한다면 총 11장의 장면만 제작하면 된다.

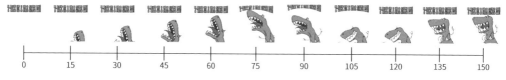

| | | | | | | | | | | |
|0|15|30|45|60|75|90|105|120|135|150|

그림 6.15 15 프레임 단위로 구성된 키 프레임 애니메이션 장면 정보

그림 6.15에서 키 프레임 애니메이션의 프레임률은 15에 해당한다. 만약 장면 사이의 누락된 프레임을 보간하여 출력하지 않는다면 0.15초(150ms) 간격으로 애니메이션 장면을 갱신하면 된다. 이를 위해서는 애니메이션 로더를 통해 얻은 총 재생 시간과 장면 수, 애니메이션 진행 시간을 이용해 장면 번호를 계산해야 한다. 여기서 말하는 로더는 GIF 로더와 마찬가지로 렌더링 엔진과 커뮤니케이션을 수행하며 애니메이션 포맷을 해석하고 프레임 단위로 장면을 구축하는 모듈을 말한다(그림 6.7 gif 로더 참고).

$$\text{현재 장면 번호} \atop (currentFrame) = \frac{\text{애니메이션 진행 시간} \atop (currentTime - beginTime)}{\text{애니메이션 총 재생 시간} \atop (duration)} \times \text{애니메이션 장면 수} \atop (maxFrame)$$

수식 6.1 애니메이션 장면 번호 계산

수식 6.1은 애니메이션 장면 번호를 계산하는 식이다. 여기 제시한 식에는 표현되어 있지 않지만 소수점은 반올림(round)하여 정수 단위의 프레임 번호를 계산한다. 이를 코드로 작성하면 코드 6.16과 같다. 코드 6.16은 출력할 키 프레임 번호를 계산하는 로직을 보여준다. 사실 코드 6.7(9행)과 코드 6.10(4행)을 살펴보면 코드 6.16의 로직을 이미 반영하고 있음을 확인할 수 있다.

코드 6.16 **프레임 번호 계산 로직**

```
01  progress = (currentTime - beginTime) / duration   // 6.10(4행)
02  currentFrame = maxFrame * progress                // 6.7(9행)
```

만약 간격이 일정하지 않은 키 프레임 애니메이션 데이터라면, 애니메이션 진행 시간에 가장 근접한 키 프레임 정보를 찾는 과정이 필요하다. 이는 간단히 선형 탐색만으로도 가능한데 현재 출력하고자 하는 장면 번호에 가장 근접한 프레임을 선택해서 해결할 수 있다. 물론 프레임 수의 많고 적음에 따라 최적의 자료 구조를 선택하고 그에 따른 탐색 전략을 펼치는 방법도 고려할 수 있다. 프레임 수가 방대하다면, 이진 탐색은 좋은 대안이 될 수 있다.

코드 6.17 프레임 탐색 로직

```
01  /* 현재 프레임 번호(num)에 가장 근접한 키 프레임 데이터를 탐색하여 반환
02     키 프레임 정보는 배열로 구축 */
03  searchFrame(num):
04    // 단일 프레임
05    if .frames.count == 1
06      return .frames[0].num
07
08    last = .frames.count - 1
09
10    // 프레임 범위 확인
11    return .frames[0].num if num <= .frames[0].num
12    return .frames[last].num if num >= .frames[last].num
13
14    // 이진 탐색 수행 인덱스
15    low = 1
16    high = last
17
18    // 이진 탐색 수행
19    while (low <= high)
20      mid = low + (high - low) / 2
21      // 현재 프레임 정보 탐색 완료
22      if num == .frames[mid].num
23        return .frames[mid]
24      else if num > .frames[mid].num
25        low = mid + 1
26      else
27        high = mid - 1
28
29    // 근접한 프레임 정보 탐색 완료
30    // 또는 .frames[low - 1]와 .frames[low]의 정보를 보간한 정보를 반환할 수 있다
31    if abs(num - .frames[low].num) < abs(num - .frames[low - 1].num)
32      return .frames[low]
33    else
34      return .frames[low - 1]
```

코드 6.17은 애니메이션 로더에서 키 프레임 데이터를 찾는 로직을 보여준다. 여기서는 키 프레임 데이터를 배열(frames)로 구축하고 각 키 프레임은 프레임

번호(num)을 갖고 있어서 탐색하고자 하는 프레임(curFramenum)과의 크기 차이(31행)를 비교하여 가장 근접한 키 프레임을 선정한다. 여기서는 선형 탐색보다 조금 더 복잡한 이진 탐색(Binary Search) 알고리즘을 활용하고 있다. 이 경우 키 프레임 데이터 양과 상관없이 비교적 안정적인 탐색 시간(logN)을 보장할 수 있는 장점이 있다.

6.2.2 속성 애니메이션

속성 애니메이션[8]은 모션 그래픽 요소의 속성에 변화를 줌으로써 움직이는 효과를 표현한다. 이는 주로 앱 화면을 구성하는 UI를 대상으로 적용하는데 가령 UI 앱의 화면 전환을 수행하거나 UI의 일부 구성을 변경할 때 적용할 수 있다. 이러한 효과는 최종 사용자가 앱의 기능 동작을 감지하기 용이하게 함으로써 UI 앱의 사용성을 개선한다.

UI 앱은 UI 컴포넌트의 속성(Property) 값을 변경함으로써 속성 애니메이션 효과를 나타낼 수 있다. 대표적인 객체 속성은 위치(Position), 크기(Size), 색상(Color) 그리고 투명도(Opacity)가 있지만 UI 객체 또는 UI 컴포넌트가 허용하는 모든 변경 가능한 속성은 속성 애니메이션의 대상이 된다.

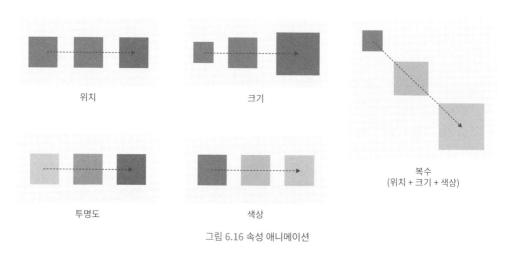

위치

크기

복수
(위치 + 크기 + 색상)

투명도

색상

그림 6.16 속성 애니메이션

---

8 트윈(Tween) 애니메이션으로 칭하기도 한다.

첫 번째 예시로 이동 애니메이션을 표현하기 위해 객체의 위치 속성을 변경해 볼 것이다(코드 6.18). 객체의 시작 지점과 종료 지점 위치를 입력으로 받고 UIAnimation의 progress를 참조하여 두 위치 사이에서 현재의 위치를 구한다.

코드 6.18 이동 애니메이션 구현부

```
01   /* 이동 애니메이션 재생부 */
02   UITranslationTransition.play():
03     ...
04     func(animation, target, progress):
05       curPos = (prop.toPosition - prop.fromPosition) * progress +
                  prop.fromPos
06       target.position = curPos
07       ...
```

코드 6.18은 이동 애니메이션의 주 구현부를 보여주며 현재 프레임의 위치(curPos)를 계산하는 로직을 구현한다. UITranslationTransition 클래스는 이동 애니메이션을 제공하기 위해 도입한 가상의 클래스이며, 속성 전이를 구현하기 위해 속성 입력 정보(시작과 종료 지점의 위치)를 prop 자료에 기록한다. prop은 단순히 속성 정보를 기록할 목적으로 정의한 하나의 자료 구조이고 fromPosition과 toPosition은 객체의 시작 위치와 종료 위치를 가리킨다. 마지막으로 target은 이동 애니메이션을 적용한 대상 객체를 가리킨다. 결과적으로 UITranslationTransition은 선형 보간식을 이용하여 두 위치 사이의 거리에 progress를 곱하고 현재 프레임에 해당하는 이동 거리를 산출하여 현재 위치로 지정한다.

또 다른 예시로 색상 애니메이션을 살펴보자. UITranslationTransition과 거의 동일한 과정으로 수행함을 알 수 있다.

코드 6.19 색상 애니메이션 구현부

```
01   /* 색상 애니메이션 구현부. */
02   UIColorTransition.play():
03     ...
04     func(animation, target, progress):
05        // toColor와 fromColor는 시작 색상과 종료 색상을 가리킨다.
```

```
06    curColor.r = (prop.toColor - prop.fromColor) * progress +
                   prop.fromColor
07    target.color = curColor
08    ...
```

속성 애니메이션은 개별 기능으로 수행할 수도 있지만 하나의 통합 클래스
(UIPropertyTransition)를 통해 여러 속성을 동시에 처리할 수도 있다.

코드 6.20 속성 애니메이션 구현부

```
01  UIPropertyTransition().play():
02    ...
03    func(animation, target, progress):
04      // 위치
05      target.position = (prop.toPosition - prop.fromPosition) *
                          progress + prop.fromPosition
06      // 색상
07      target.color = (prop.toColor - prop.fromColor) * progress +
                       prop.fromColor
08      // 크기
09      target.size = (prop.toSize - prop.fromSize) * progress +
                      prop.fromSize
10      // 투명도
11      target.opacity = (prop.toOpacity - prop.fromOpacity) * progress +
                         prop.fromOpacity
12    ...
```

속성 애니메이션을 이용하는 UI 앱은 효과를 주고자 하는 속성값을 지정해야
하므로 UI 툴킷은 사용자가 속성 값을 지정할 수 있도록 인터페이스를 제공하
는 것이 좋다. 이를 위해 코드 6.21에서는 UIPropertyTransitiond이라는 가상
의 클래스를 도입했다. UIPropertyTransition은 UIAnimatedImage(코드 6.5)와
동일하게 UIAnimation을 객체 지향 관점의 has-a 관계로 구축하여 애니메이션
을 수행한다. 지정된 속성값은 결과적으로 코드 6.20에서 보았던 toPosition,
toColor, toSize, toOpacity와 동일하다.

코드 6.21 속성 애니메이션 인터페이스 예

```
01  // 속성 애니메이션 객체 생성
02  transition = UIPropertyTransition():
```

```
03
04   // 애니메이션을 수행할 객체 속성 지정
05   .toPosition = {100, 200}
06   .toScale = {1.5, 1.5}
07   .toOpacity = 0.5
08   .toColor = "red"
09
10   // 애니메이션 추가 정보(시간, 반복 횟수, 되감기 여부)
11   .duration = 2.0
12   .repeat = 3
13   .rewind = true
14
15   // 애니메이션 대상 객체
16   .target = obj
17
18   // 경우에 따라 커스텀 인터폴레이터 적용(코드 6.14 참조)
19   .interpolator = UICustomEaseInInterpolator()
20
21   // 애니메이션 재생
22   .play()
```

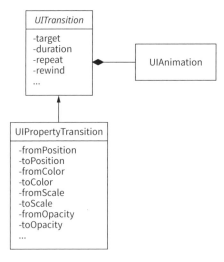

그림 6.17 UIPropertyTransition 클래스 다이어그램

속성 애니메이션은 객체의 속성들이 독립성을 가질 때 서로 다른 목적의 속성 애니메이션을 단독으로 또는 동시에 적용할 수 있다. 예를 들어, 이동과 색상 속성은 서로 독립적이므로 하나의 대상 객체에 두 애니메이션을 동시 적용할

수 있다. 결과적으로 이러한 특성은 사용자가 다양한 애니메이션 효과를 생성할 수 있도록 도와준다. 유념할 것은 동일한 속성을 대상으로 복수의 속성 애니메이션을 가동하면 애니메이션 간 충돌이 발생할 수 있으며 이로 인해 애니메이션 동작의 정확성을 보장하기 어려워진다는 점이다. 예를 들어 그림 6.18과 같이 한 객체를 대상으로 하나의 애니메이션은 크기를 줄이고 다른 하나의 애니메이션은 크기를 키우는 동작을 수행할 경우 사용자가 기대한 결과와 실제 동작 간 차이가 발생할 수 있다. 특히 이러한 상황은 UI 객체를 공유하고 있어서 동일 객체에 접근 가능한 주체가 다수일 경우에 나타날 수 있으므로 객체의 소유권에 대한 견고한 정책과 사용자 가이드가 필요하다. 앱 개발자가 동작 중인 애니메이션을 추적할 수 있는 기능(또는 개발 툴)을 제공하는 것도 좋은 방법이다.

그림 6.18 객체 공유 시 발생할 수 있는 속성 애니메이션 경합 상황

코드 6.22는 예시로서, 이동 애니메이션 경합 문제를 조율하기 위해 재작성한 로직을 보여준다(그림 6.19 참고).

코드 6.22 애니메이션 경합을 보완한 속성 애니메이션 구현

```
01  UIPropertyTransition.play():
02    ...
03    func(animation, target, progress):
04      curPos = target.position
05      prevProgress = prop.prevProgress
06
07      /* 최신 위치를 반영하여 이동할 위치를 갱신한다. 이를 위해
08         현재 위치와 목적지까지의 거리를 기준으로 진행률을 도출한다. */
09      oneStep = (progress - prevProgress) / (1 - prevProgress)
10      target.position = (prop.toPos - curPos) * oneStep + curPos
11
12      // 색상, 크기, 투명도 등 다른 속성도 같은 방식으로 구현
13      ...
14      prop.prevProgress = progress
```

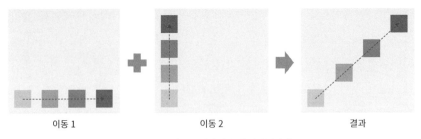

이동 1   이동 2   결과

그림 6.19 상호 보완적인 속성 애니메이션

마지막으로, 속성 애니메이션에 키 프레임 애니메이션을 연동한다면 앱 개발자는 더욱 풍부한 애니메이션을 구현할 수 있다. 가령 A, B, C, D 객체 상태를 순서대로 전환한다면, 이를 위한 방안으로 A→D로 전이하는 애니메이션을 구축하고 B와 C를 키 프레임으로 삽입함으로써 최종적으로 A→B→C→D와 같은 효과를 보여줄 수 있다. 요점은 키 프레임이 아니더라도 애니메이션 간에 연결(Transition Chaining)할 수 있는 기능을 제공하는 것에 있다.

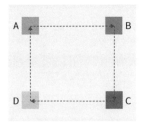

그림 6.20 애니메이션 사슬(Transition Chaining)

코드 6.23 키 프레임 삽입을 통한 애니메이션 확장

```
01  // 기본 속성 애니메이션 (A → D로 전이)
02  transition = UIPropertyTransition():
03    .toPosition = {50, 450}
04    .toOpacity = 0.25
05    .toColor = "blue"
06    .duration = 2.0
07    .target = obj
08
09  // A → B로의 상태 전이
10  prop1 = UITransitonProperty():
11    .toPosition = {450, 50}
```

```
12    .toOpacity = 0.5
13
14  // B → C로의 상태 전이
15  prop2 = UITransitionProperty():
16    .toPosition = {450, 450}
17    .toOpacity = 0.75
18
19  // C → D로의 상태 전이
20  prop3 = UITransitionProperty():
21    .toPosition = {50, 450}
22    .toOpacity = 0.25
23
24  // 키 프레임 추가(키 프레임 위치, 데이터)
25  transition.addKeyframe(0.25, prop1)
26  transition.addKeyframe(0.50, prop2)
27  transition.addKeyframe(0.75, prop3)
28
29  // 애니메이션 재생
30  transition.play()
```

코드 6.23은 속성 애니메이션에 키 프레임을 추가하는 예시를 보여준다. 이를
위해 UITransition 내부에서는 추가된 UITransitionProperty를 리스트로 관리
할 수 있으며, 애니메이션 동작 중에는 현재 progress의 다음 구간(0.25, 0.50,
0.75)에 속하는 키 프레임 자료(prop1, prop2, prop3)를 찾고 해당 자료에 입력
된 속성과 보간을 수행함으로써 애니메이션 전이를 확장한다.

6.2.3 벡터 애니메이션

벡터 그래픽의 장점을 활용한 UX에서 애니메이션은 디자인뿐만 아니라 기능
측면으로도 중요한 역할을 수행한다. 3장에서 학습한 바와 같이 벡터 그래픽
의 기능 핵심은 벡터 드로잉 요소를 조합하여 UI 및 장면을 구성하는 데 있다.
여기서 벡터 애니메이션은 벡터 드로잉 요소의 수식 인자 값을 새로 갱신함으
로써 장면에 변화를 준다. 특히 벡터 애니메이션은 MP4와 같은 영상이나 GIF,
WebP와 같은 비트맵 기반의 애니메이션과 달리 데이터 내에 픽셀 정보를 직접
기록하지 않고 필요한 드로잉 속성 정보만을 기록하기 때문에 상대적으로 데
이터 크기가 매우 작고 해상도 문제에서도 자유롭다. 뿐만 아니라 사용자 입력

에 기반하여 수식 인자를 결정하기 때문에 역동적인 사용자 상호 반응 효과를 표현하기 적합하다. 이러한 특성으로 인해 벡터 애니메이션은 마이크로인터랙션(Micro-Interaction) UX와 같은 모던 UX의 핵심 기능 요소로 자리잡고 있다.

한편, 벡터 애니메이션은 순수 코드를 작성하여 구현하기에는 직관적이지 않고 많은 분량의 코드를 작성해야 하는 어려움이 따른다. 그래서 애프터 이펙트(After Effect)와 같은 전문 제작 툴을 이용해 장면을 디자인하고, 이를 전용 벡터 애니메이션 포맷 데이터로 추출하여 사용한다. 대표적인 벡터 그래픽 기반 모션 그래픽으로는 로티(Lottie) 애니메이션이 있으며 모던 UX에 적합한 벡터 애니메이션 포맷을 제공한다.

로티(Lottie)	
기록 형식	텍스트
주 제작 도구	애프터 이펙트 및 전용 로티 제작 툴
지원 플랫폼	웹, 안드로이드, iOS, 타이젠, 플러터, 자마린, 리액트
사용자 커스터마이징	지원
상태 기반 애니메이션	마커(구간 애니메이션)를 통한 지원
사용자 상호 반응 애니메이션	미지원(지원 예정)

표 6.1 로티 포맷 특성

GIF
(321KB)

Lottie JSON
(52KB)

dotLottie
(6KB)

그림 6.21 로티 애니메이션 데이터 크기 비교

그림 6.21은 로티 애니메이션과 GIF의 데이터(파일) 크기를 비교한 것이다. 기본적으로 로티 애니메이션은 텍스트 형태의 파일 포맷(JSON)을 지원하고 이를 GZIP으로 압축한 바이너리 형태의 dotLottie 파일 포맷(파일 확장자: lottie)을 지원한다. 벡터 애니메이션은 일반 비트맵 기반 애니메이션과 달리 기능적 요

소를 추가하기 유용하다. 동적으로 장면을 생성하는 특성 때문에 기능 확장성에 열려 있다. 이러한 특성은 비트맵 이미지 로더에 비해 복잡한 구조 설계를 요구하기도 한다.

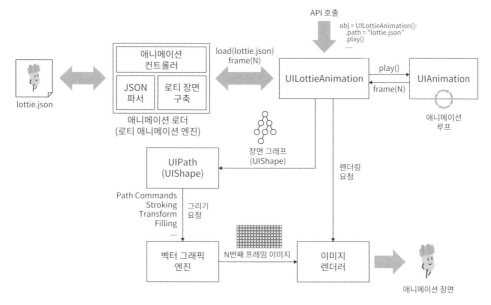

그림 6.22 벡터 애니메이션 구조 설계

기본적으로 벡터 애니메이션 포맷은 SVG(3.2절 참고)와 같이 벡터 드로잉 요소를 정의하고 이들을 기술하여 장면을 기록한다. 이 과정에서 데이터를 구조화하고 복수의 프레임 정보를 추가해서 애니메이션 정보를 완성하는데, 장면 내 존재하는 여러 사물 상태를 갱신하기 위해서 장면 그래프(2.2.3절 참고) 데이터 구조를 활용하여 벡터 장면을 구성할 수 있다. 뿐만 아니라 사용자 커스터마이징, 상태 기반 애니메이션과 같은 포맷에 특화된 부수적인 기능을 구동하기 위해서는 단순히 장면을 선택하고 출력하는 정도의 범용 인터페이스로는 충분치 않을 수 있으므로 전용 인터페이스(UILottieAnimation)도 같이 고려할 수 있다.

그림 6.22는 위와 같은 기술 사항을 기반으로 로티 애니메이션을 지원하기 위한 하나의 설계 방침을 보여준다. 여기서 눈여겨봐야 할 부분은 애니메이션

로더에 해당하는 로티 애니메이션 엔진으로, 이는 로티 파일로 애니메이션 장면을 생성하는 역할을 수행한다. 여기서 로티 애니메이션 런타임은 독립 모듈로 설계되어 렌더링 엔진에 상주하기 때문에 렌더링 엔진의 애니메이션 루프에 의존하여 장면 번호를 결정한다. 또한 API를 제공하는 UILottieAnimation과 내부에서 커뮤니케이션하기 위한 애니메이션 컨트롤러를 구축한다. 여기서 애니메이션 컨트롤러는 로티 애니메이션 엔진을 운용하기 위한 로더 영역의 인터페이스 집합으로 볼 수 있다. 마지막으로 로티 애니메이션 엔진은 해석기(JSON 파서)를 통해 로티 파일(lottie.json)에서 텍스트 정보를 파싱하고 이를 해석한 다음 로티 장면 정보(그림 6.23)를 생성하여 반환한다.[9] 렌더링 엔진은 반환받은 데이터를 벡터 엔진에서 요구하는 데이터 포맷(**UIPath**)[10]에 맞게 가공한 후 벡터 래스터 과정을 거쳐 장면 이미지(N번째 프레임 이미지)를 생성한다.

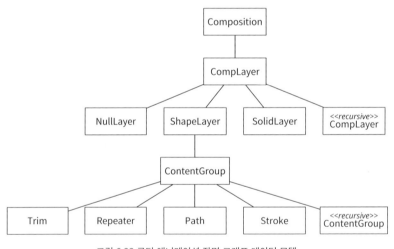

그림 6.23 로티 애니메이션 장면 그래프 데이터 모델

키 프레임 애니메이션에서 누락된 프레임 장면을 런타임에 보간, 생성함으로써 적은 수의 장면 데이터로도 60fps의 부드러운 애니메이션을 연출할 수 있다는 것이 벡터 애니메이션의 장점 중 하나다. 이는 GIF와 같은 비트맵 기반 이미

---

9 로티 애니메이션 스펙은 다음 문서를 참고하자. *https://lottiefiles.github.io/lottie-docs/concepts/#general-concepts*
10 엄밀히 말하면, 여러 도형들로 구성된 장면 정보(장면 그래프)에 해당한다.

지와 달리 장면을 구성하는 데이터가 그래픽 요소와 속성으로 구성되어 있고 조작 가능한 자료 구조이기 때문에 가능하다. 로티 애니메이션에서 키 프레임 보간의 구현 핵심은 그림 6.24와 같다. 현재 출력하고자 하는 프레임(7번)이 애니메이션 데이터에 존재하지 않으면 인접한 두 키 프레임(6번, 9번 프레임)을 찾고 두 키 프레임에서 장면을 구성하는 자료 구조를 참조하여 현재 프레임을 위한 자료 구조를 생성한다. 그리고 두 키 프레임과 현재 프레임 간의 거리 차 (w)를 통해 보간 비율 값을 결정한다. 마지막으로 두 키 프레임의 자료 구조를 비교 탐색해서 자료를 구성하는 모든 요소의 속성 값을 앞서 결정한 보간 비율 값으로 보간한 후 현재 프레임의 속성 값으로 기록한다.

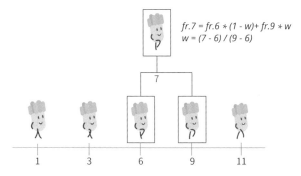

그림 6.24 키 프레임 애니메이션 보간(Ramin, Lottie Files)

그림 6.25 그림 6.24의 장면을 구성하는 데이터(벡터 그래픽 요소)

6.2.4 필터 효과

4.6절에서 학습한 이미지 필터는 비주얼 효과를 표현하는 대표 기술 중 하나로 이를 모션 그래픽과 함께 사용하면 UX 심미성을 높일 수 있다. 이번 절에서는 4장에서 다루지 않았던 이미지 필터를 직접 구현하고 애니메이션을 적용하는 과정을 학습함으로써 모션 그래픽에 대한 이해와 응용력을 보완한다.

블러 효과

블러는 대중적으로 널리 쓰이는 필터 효과로, 이미지를 흐리게 하는 효과를 제공한다. 카메라 초점을 조정하여 화상이 흐리게 보이는 것과 유사한 효과를 주어 배경 이미지나 특정 뷰를 흐리게 함으로써 특정 UI나 콘텐츠를 강조할 수 있다. 대표적으로 iOS의 팝업 UI는 사용자가 팝업 콘텐츠에 집중할 수 있도록 팝업의 하단 레이어(배경)에 블러 효과를 적용한다.

그림 6.26 모달 팝업 배경 블러 효과(iOS)

블러를 구현하는 방법은 평균(Average), 방사형(Radial), 모션(Motion) 등 여러 가지가 존재하지만, 그중 가우시안(Gaussian)은 블러를 표현하기 가장 좋은 방법이다. 원래 가우시안 분포는 정규분포 또는 연속 확률분포로써 영상 처리에서는 잡음 제거 목적으로 사용하고 결과적으로 이는 영상을 흐리게 하는 효과를 보여준다. 이차원 영상에서 가우시안 분포를 적용하면 계산하고자 하는 화소와 그 해당 화소와 인접한 이웃 화소를 합성한 색상 값을 결정할 수 있다. 이 때 표준 편차 값(σ)에 따라 합성할 화소 범위를 조정하고 영상 흐림 정도에 변화를 준다. 여기서는 직관적으로 사용할 수 있도록 사용자가 이웃 화소 반경(radius)을 직접 결정하고, 렌더링 엔진은 이를 통해 표준 편차 값을 도출함으로써 블러 효과를 완성한다.

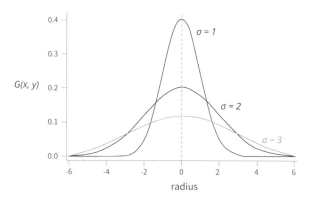

그림 6.27 가우시안 함수 그래프

가우시안 블러 구현의 핵심은 가우시안 수식을 토대로 커널을 구하는 데 있다. 커널은 영상 이미지의 변환된 화소 값을 도출하기 위한 합성 행렬(Convolution Matrix)로 볼 수 있으며, 커널 크기는 사용자가 지정한 이웃 화소 범위로 결정한다. 물론 커널 크기에 비례하여 합성할 화소의 수가 증가하므로 계산량 또한 증가한다.

$$G(x, y) = \frac{1}{2\pi\sigma^2}\, e^{-\frac{x^2 + y^2}{2\sigma^2}}$$

수식 6.2 2차 가우시안 함수

커널 값을 구하기 위해서 수식 6.2의 2차 가우시안 함수를 구현한다. x와 y는 구하고자 하는 화소 위치와 인접한 화소와의 이격 거리를 나타낸다. 가령, 커널 크기가 3인 경우 화소 거리는 (−3, −3)에서 (3, 3) 범주 값을 갖는다. σ는 표준 편차 값 1을 최솟값으로 설정하되, 이웃 화소 반경에 비례하여 크기를 조절한다. 코드 6.24는 수식을 토대로 커널 값을 계산하는 로직을 보여준다.

코드 6.24 블러 필터 커널 계산

```
01  /* UIFilter 인터페이스를 구현하여 UIBlurFilter 완성
02     UIFilter는 4.6절을 참고한다 */
03  UIBlurFilter implements UIFilter:
04    var kernel[][]  // 커널(테이블)
05    var power       // 흐림도
06    ...
```

```
07    /* 블러 필터 준비 작업 */
08    override prepare():
09      // 흐림도를 반경으로 활용
10      radius = .power
11
12      // 반경에 비례한 표준 편차 값 계산. 최소 1의 값을 갖는다
13      sigma = max(1, radius / 2)
14
15      // 커널 테이블 크기 결정. 중앙 화소를 위해 + 1 수행
16      size = radius * 2 + 1
17      .kernel = var[size, size]
18
19      // 가우시안 수식을 토대로 커널 값 계산
20      s = 2.0 * sigma * sigma
21
22      for y : [-radius ~ radius + 1]
23        for x : [-radius ~ radius + 1]
24          r = x * x + y * y
25          // Math.E = 2.718281828459
26          weight = pow(Math.E, -(r / s)) / (Math.PI * s)
27          .kernel[y + radius, x + radius] = weight
28          sum += weight
29
30      // 커널 값을 정규화하여 합이 1이 되도록 변환
31      for y : size
32        for x : size
33          .kernel[y, x] /= sum
```

코드 6.24에서 UIBlurFilter.prepare()는 필터 동작을 수행하는 UIBlurFilter.func() 이전에 호출되는 메서드로[11], 해당 필터가 작동하는 데 필요한 사전 작업을 수행한다. UIBlurFilter.prepare()에서는 가우시안 함수를 효과적으로 계산하기 위해 커널(kernel) 테이블을 계산한다. 또한 흐림 정도를 결정하는 멤버 변수 power는 사용자가 직접 지정할 수 있도록 UIBlureFilter의 입력 값으로서 제공한다.

코드 6.25 블러 필터 호출부

```
01    obj = UIObject()
02    ...
```

---

[11] 필터 수행 시퀀스는 4.6절을 참고한다.

```
03  filter = UIBlurFilter():
04    .power = 1          // 블러 단계 지정
05  obj.filters += filter  // UI 객체에 블러 필터 적용
```

테이블 크기(size)는 성능과 품질을 절충하여 가변적으로 결정한다. 성능 하락에 민감할 경우 실제 필요한 크기보다 조금 더 작은 크기로 고정하는 것도 고려해 볼 수 있다. 단, sum을 구한 후 커널 합이 1이 되도록 정규화 작업을 수행한다. 또한 커널 테이블 값은 결정형(Deterministic) 모델이기 때문에 런타임에 계산을 수행하는 방식이 아니라 미리 계산된 테이블 데이터로 대체할 수 있다. 그림 6.28은 미리 계산해 놓은 세 개의 테이블 샘플을 보여준다.

1	2	1
2	4	2
8	8	8

1 / 16

1	4	7	4	1
4	16	26	16	4
7	26	41	26	7
4	16	26	16	4
1	4	7	4	1

1/273

0	0	1	2	1	0	0
0	3	13	22	13	3	0
1	13	59	97	59	13	1
2	22	97	159	97	22	2
1	13	59	97	59	13	1
0	3	13	22	13	3	0
0	0	1	2	1	0	0

1/1003

그림 6.28 미리 계산한 가우시안 커널 테이블

커널 테이블을 구축한 후, 래스터 수행 단계에서 커널 테이블을 참조하여 화소색상을 결정한다. 현재 화소와 인접 화소 간 색상 합성은 알파 블렌딩(4.5.1절)의 색상 혼합 과정과 유사하다. 차이는 각 화소의 합성 비율에 알파 값이 아닌 커널 값을 가중치로 활용한다는 점이다.

코드 6.26 블러 필터 구현부

```
01  UIBlurFilter implements UIFilter:
02    /* 블러 필터 수행 함수
03       @p in: RGBA32 (미사용)
04       @p coord: Point */
05    override func(in, coord, ...):
06      radius = .power  // 흐림도를 반경으로 활용
```

```
07
08      // 이미지 경계 영역을 벗어날 경우 생략
09      return in if coord.x < radius or coord.x >= .src.width - radius
10      return in if coord.y < radius or coord.y >= .src.height - radius
11
12      RGBA32 srcBitmap[] = .src.map()   // 블러를 적용할 이미지
13      RGBA32 out = 0                    // 최종 화소
14
15      for(ky = -radius; ky <= radius; ++ky)
16        for(kx = -radius; kx <= radius; ++kx)
17          pixel = srcBitmap[(coord.y + ky) * .src.stride
                      + (coord.x + kx)]
18          // 가중치를 곱한 화소 합성
19          out += pixel * .kernel[ky + radius, kx + radius]
20
21      return out
```

코드 6.26을 살펴보면 블러 필터 func()가 로직의 핵심에 집중하기 위해 9, 10행에서 예외 처리를 수행하는 부분이 있는데 이는 인접 화소를 얻어오는 과정에서 이미지 데이터 범위를 벗어나는 오류를 방지하기 위함이다. 이로 인해 이미지 외곽 경계선 부근은 블러 효과가 적용되지 않겠지만 이는 독자 스스로 보완할 수 있을 것이다. 또한 17행을 살펴보면 func()는 매개변수 in 화소를 이용하는 대신 블러 필터를 적용할 장면 이미지에 직접 접근한 후 필요한 인접 화소 정보를 다수 획득한다. 사실 이미지 후처리 방식의 필터 작업은 입력 이미지를 이미 가공해 놓았다는 전제하에 진행되며, 단일 이미지를 대상으로 필터를 적용하는 경우엔 자연스럽게 이미지를 입력 데이터(src)로 활용할 수 있다. 하지만 필터 대상이 단일 이미지가 아닌 복합 비주얼 요소로 구성된 경우에는 필터를 적용할 이미지를 미리 가공할 필요가 있다. 실제로 다수의 필터 효과는 계산 과정에서 대상 이미지 데이터를 필요로 한다. 따라서 이 경우에는 필터를 적용할 UI 객체를 임시 공간(프레임 버퍼)에 먼저 그린 후 이를 입력 이미지로 해서 필터 함수(func)를 수행한다.

첫 번째 렌더링 수행   두 번째 렌더링 수행

See, here render text...

복합 비주얼 요소로부터   프레임버퍼   프레임버퍼를 입력 이미지로   출력 버퍼
입력 이미지 생성   필터 효과 수행

그림 6.29 필터 수행을 위한 2단계 렌더링

그림 6.29는 2단계 렌더링(Render Pass)을 보여준다. 렌더링 엔진은 블러 효과를 적용하기 위해 두 번의 렌더링 절차를 수행한다. 첫 번째 단계에서는 블러 필터를 적용할 UI 객체의 원본 이미지를 생성한다. UI 컴포넌트와 같이 여러 비주얼 요소를 결합한 상황이 여기에 해당한다. 생성한 이미지는 임시 버퍼(프레임 버퍼)에 기록할 수 있다. 두 번째 단계에서는 앞에서 생성한 이미지를 입력 데이터로 활용하여 필터 함수를 수행한다. 원본 이미지를 기록한 프레임 버퍼나 필터 적용 결과는 4.7절에서 학습한 이미지 캐싱 메커니즘을 통해 관리할 수 있으며, 이를 통해 비교적 비싼 필터 수행 동작을 최소화할 수 있다.

마지막으로, 일정 시간 동안 필터 값을 조정하여 필터 애니메이션을 만들 수 있다. 예를 들어 블러 필터에 애니메이션을 적용하면 시간이 경과할수록 점차 흐려지는 효과를 보여준다.

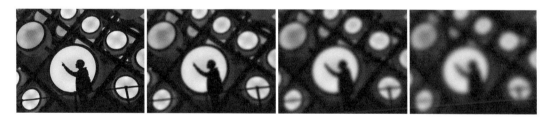

그림 6.30 블러 애니메이션(좌 → 우)

앞서 애니메이션과 블러 필터 모두 학습하였기 때문에 블러 애니메이션 구현은 어렵지 않다(코드 6.27). 블러 외에 다른 필터도 동일한 방식으로 애니메이션을 추가할 수 있다.

```
코드 6.27 블러 애니메이션 구현

01  // UI 객체에 블러 필터 추가
02  content = UIObject():
03    .filters += UIBlurFilter()
04    ...
05
06  // 블러 애니메이션 구현
07  // 블러 필터만 추가했으므로 첫 번째(0번) 필터에 바로 접근한다
08  tick(animation, obj, progress):
09    filter = obj.filters[0]
10    // 1초 동안 블러 단계는 0에서 10으로 증가
11    filter.power = (10 * progress)
12
13  // 1초 동안 애니메이션 가동
14  animation = UIAnimation(1.0):
15    .EventUpdated += {tick, content}
16    .play()
```

6.3 사용자 상호 작용

모션 그래픽과 같은 시각적 효과 외에도 사용자 입력 처리는 UI 시스템에서 중
요한 기능 요소다. 기기에서의 사용자 입력은 마우스, 키보드, 터치, 음성 입력
등 여러 종류를 고려할 수 있으며 그중 UI 앱의 전통적인 입력 수단으로는 키
보드, 마우스가 있다. 모바일 기기 등 터치 스크린이 주 입력 장치인 기기에서
는 터치 신호를 추가로 받지만 이를 가공하는 UI 시스템 관점에서는 마우스 신
호와 별반 차이가 없다. 이들은 공통적으로 입력 장치의 전기적 신호가 디바이
스를 구동하는 소프트웨어[12]를 통해 원시 시스템 이벤트(Raw System Event)로
가공된 후 발생한다. 이후 시스템 이벤트는 중간 레이어(Middleware Layer)[13]
을 거치면서 이벤트 공정 과정을 추가로 수행하고, 최종적으로 사용자 기기에
사전 정의된 입력 신호로서 UI 시스템에 전달된다. 입력 신호를 받은 UI 시스
템은 앱 화면을 구성하는 UI의 문맥을 기반으로 입력 신호를 재해석하고, 이를
UI 앱에 통보하여 사용자 상호 작용 결과를 구현하도록 한다.

---

12 OS의 디바이스 드라이버와 같은 전용 프로그램을 가리킨다.
13 일반 운영 체제나 플랫폼 같은 계층 구조 아키텍처(layered architecture)가 이에 해당한다.

한편, 프로그램 관점에서 사용자 상호작용을 해석하면 크게 입력, 조건 처리, 기능 수행, 상태 변경의 네 단계로 나눌 수 있다. 여기서 입력은 어떤 특정 조건을 만족할 때 발생하는 추상 이벤트로 해석할 수 있다. 알림(Notification) 앱을 예로 들어보자. 시스템으로부터 전달된 메시지 신호는 입력에 해당하고, 이 입력을 받은 알림 앱은 조건에 따라 기능을 수행하고 최종 사용자에게 관련 메시지 정보를 보여줄 수 있다. 이러한 동작 결과는 최종적으로 알림 앱의 상태를 변화시킨다. 물론 여기서 입력은 시스템으로부터 전달된 메시지뿐만 아니라 사용자가 UI를 통해 입력한 이벤트도 포함한다.

그림 6.31 사용자 상호 작용 수행 단계

6.3.1 입력 신호 처리

현대의 대중적인 운영 체제 기반 UI 시스템에서 사용자 입력 신호는 입력 장치로부터 OS 커널을 통해 윈도 시스템으로 전달된다. 여기서 윈도 서버로 동작하는 윈도 관리자는 전달받은 입력 신호를 먼저 처리한다.[14] 이런 과정을 수행하기 위해서 입력 처리 모듈(Input Manager)을 별도로 구성할 수 있다. 입력 처리 모듈은 입력 신호 정책에 맞게 신호를 받아야 할 클라이언트(UI 앱) 대상을 결정하고, 약속한 프로토콜에 맞게 데이터를 가공한 후 이를 클라이언트에 보낸다. 일반적인 경우에는 활동 중인 UI 앱이 이벤트 대상이 되며, 신호는 소켓 통신과 같은 IPC(Inter-Process Communication)를 통해 데이터 패킷으로 전달한다. 멀티 윈도 환경에서는 여러 UI 앱이 동시에 활동할 수 있으므로 윈도 관리자는 시스템 정책을 기반으로 입력 신호를 UI 앱에 전달해야 한다. 이를 위해 다수의 UI 앱 중 이벤트 대상을 결정할 수 있는 포커스(focus) 메커니즘이 보편적 기술로 활용된다.

---

14 타이젠 OS의 경우 윈도 관리자에 상주하는 키그래버(key-grabber) 모듈은 키 이벤트의 시스템 정책을 구현한다.

윈도 포커스

윈도 포커스와 UI 포커스는 다른 범주의 기능이고 정책 또한 상이하다. 윈도 포커스는 윈도 관리자가 수행하는 윈도 시스템의 포커스 정책을, UI 포커스는 UI 시스템이 UI 컴포넌트를 대상으로 수행하는 포커스 정책을 갖는다. 기본적으로 윈도 포커스는 UI 앱이 직접 결정하기보다는 윈도 관리자가 윈도 클라이언트들의 상태와 우선순위를 관찰하며 직접 결정하는 편이 타당하다. UI 앱은 다른 UI 앱의 윈도 상태를 알 수 없고 윈도 포커스 정책을 자세히 알고 있는 것도 아니어서 결과적으로 정책에 어긋난 행동을 요구할 수 있기 때문이다. 예를 들어 화면에 존재하는 세 개의 UI 앱이 동시에 윈도 포커스를 요청할 경우 두 앱은 포커스를 갖지 못한다. 이로 인해 UI 앱 관점에서 윈도 포커스 동작은 비결정적이고 확실한 결과를 보장받지 못한다. UI 앱은 윈도의 타입과 포커스 허용 여부 등을 결정하고 이후 윈도 관리자에 의해 포커스가 주어졌다는 신호를 받으면 그에 맞는 동작을 수행(구현)한다. 사용자가 A 앱의 콘텐츠를 선택하기 위해 화면을 터치하면 윈도 관리자는 터치 영역이 A 앱의 영역에 해당하는지 판단하고, A 앱에 포커스 이벤트를 전달한다. 이때 A 앱이 이미 포커스를 가지

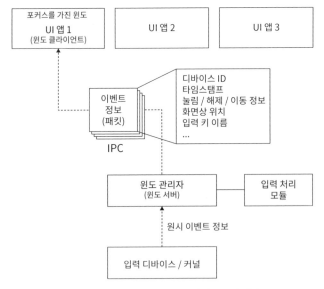

그림 6.32 윈도 시스템 기반의 입력 신호 전달 과정

고 있는 상태라면 이를 생략할 수 있다. A앱이 포커스를 가지고 있지 않은 상태였다면 직전에 포커스를 가지고 있던 앱에는 포커스 해제 이벤트를 전달하여 포커스 해제에 필요한 조치를 취한다.

코드 6.28 UI 윈도 포커스 기능 구현

```
01  MyApp implements UIApp:
02    UIWindow myWnd
03
04    // 앱 생성 단계
05    override create():
06      // 윈도 포커스 이벤트 구현
07      focused(UIWindow obj, ...):
08        // 포커스 상태에서는 사용자 입력 이벤트가 발생할 수 있다
09        ...
10
11      // 윈도 포커스 해제 이벤트 구현
12      unfocused(UIWindow obj, ...):
13        // 포커스 해제 상태에서는 사용자 입력 이벤트가 오지 않는다
14        ...
15
16      /* 팝업 타입의 윈도 생성. 윈도 관리자는 클라이언트 윈도 타입에
17         따라 포커스 우선 순위나 룰을 다르게 적용할 수 있다 */
18      .myWnd = UIWindow(UIWindow.TypePopup):
19        ...
20        .allowFocus = true          // 포커스 허용 여부
21        .EventFocused += focused     // 포커스 이벤트 등록
22        .EventUnfocused += unfocused // 포커스 해제 이벤트 등록
```

이벤트 전송

그림 6.32를 보면 입력 신호(이벤트 정보 패킷)는 여러 정보를 기록한다. 가령 어떤 장치에서 발생한 신호인지 구별하기 위한 ID, 신호가 발생한 시간 정보, 입력 신호의 화면상 위치, 키가 눌렸는지, 커서가 이동했는지 여부 등의 정보가 이에 해당한다. 터치 입력 신호의 경우엔 복수의 터치 입력을 구분하기 위한 번호도 유효 정보로 기록되어야 한다. 예를 들어 여러 개의 손가락이 동시에 화면을 터치했을 경우, 해당 이벤트가 몇 번째 손가락을 가리키는지를 알 수 있는 번호가 이에 해당한다. 서버와 클라이언트 간 이벤트 전송은 비동기적이므로 클라이언트는 전달받은 신호를 입력 신호 큐(Event Queue)에 축적한다.

그리고 UI 엔진은 입력 신호 송신을 전담하기 위한 스레드를 운용함으로써 메인 루프가 다른 작업을 수행하는 중에도 입력 신호를 놓치지 않고 받을 수 있다. 이때 메인 루프는 이벤트 대기 단계에서 입력 신호가 입력 신호 큐에 존재하는지 확인하고, 입력 신호가 있을 경우 이벤트 처리 과정으로 진입하면 된다. 그 후 입력 신호는 캔버스 및 UI 컴포넌트 엔진, (필요한 경우) 제스처 모듈 등을 거친 후 최종적으로 입력 대상이 되는 UI 객체로 전달한다.

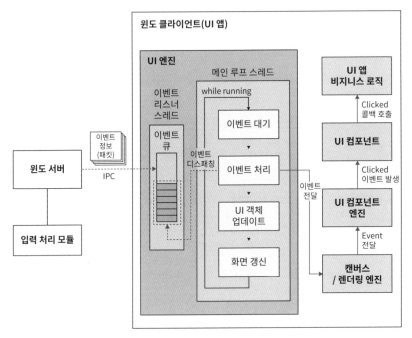

그림 6.33 윈도 클라이언트 입력 신호 처리 과정

코드 6.29 UIEngine 입력 이벤트 처리 과정

```
01  UIEngine:
02    ...
03    /* 이벤트 발생 여부 대기(코드 6.8의 8행에서 호출) */
04    waitForEvents():
05      ...
06      // 파일 디스크립터(File Descriptor)를 이용한 이벤트 발생 대기
07      fd = open("UISystemEvents", O_RDONLY)
08      // 이벤트 버퍼에 입력 신호가 입력될 때까지 대기
```

```
09      read(fd, buffer, bufferSize)
10      ...
11
12    /* 이벤트 처리(코드 6.8의 10행에서 호출) */
13    processEvents():
14      ...
15      dispatchInputEvents()
16      ...
17      AnimationCore.update(.loopTime)
18      ...
19
20    /* 입력 이벤트 디스패치 후 캔버스로 전달 */
21    dispatchInputEvents():
22      InputEventsQueue events   // 처리할 입력 이벤트 큐
23
24      // 스레드 안정성(Thread-Safety)을 위한 락킹
25      ScopeLock(InputEventListener.events)
26        events = InputEventListener.events
27
28      // 메인 루프 한 사이클 동안 발생한 입력 이벤트를 모두 처리
29      while events.count > 0
30        InputEvent event = events.pop()
31        // event를 UICanvas의 인터페이스에 맞게 추가 가공(생략)
32        ...
33        // UIEngine에 등록된 캔버스로 전달(코드 2.6의 16행 참고)
34        .canvas.trigger(event)
35      ...
```

코드 6.29는 UIEngine에서 입력 이벤트 큐에 쌓인 입력 이벤트를 캔버스로 전달하는 동작 핵심을 간략히 보여준다. waitForEvents()는 유닉스 시스템의 파일 디스크립터 활용을 흉내 낸 것으로, 어떤 정보가 전달될 때까지 메인 루프의 동작을 대기(Blocking)시킨다. 이를 위해 UIEngine은 커뮤니케이션 채널에 해당하는 가상의 파일을 통해 어떤 입력이 발생할 때까지 감시하면서 대기 상태로 머문다. 어떤 입력이 발생하면 해당 데이터를 읽고 waitForEvents()를 빠져 나온다. 여기서 UISystemEvents는 입력이 발생하면 UI 엔진이 대기 상태에서 빠져나와 다음 동작을 수행하도록 지시하는 기능만 수행한다. 따라서 메인 루프가 대기 상태로 빠지면 안 되는 모든 내부 기능들은 UISystemEvents로 입력을 보냄으로써 대기 상태에서 벗어날 수 있다. 이들의 출처는 사용자 입력

이벤트나 UI 앱의 애니메이션 등 다양하다. 그림 6.34는 이러한 설계 메커니즘을 그림으로 간략하게 표현한 것이다.

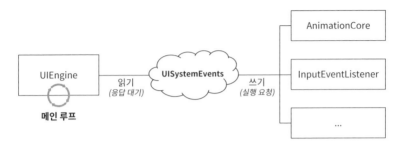

그림 6.34 메인 루프 [대기-동작]을 결정하는 FD 기반 내부 통신 구조

processEvents()에서는 애니메이션을 처리하기에 앞서 dispatchInputEvents()를 호출함으로써 윈도 서버로부터 전달된 입력 신호들을 큐에서 꺼내 캔버스로 전달하는 작업을 수행한다. 이를 위해 윈도 서버로부터 입력 이벤트(그림 6.32의 이벤트 정보 패킷)를 전송받는 역할을 전담하는 InputEventListener에서 입력 이벤트 큐를 복사해 온다(26행). 윈도 서버에서 입력 이벤트를 전송받은 작업은 별도의 스레드에서 수행하고 전송받은 이벤트는 InputEventsListener. events에 기록되므로 스레드 동기화를 위해 스레드락(ScopeLock)을 활용한다 (25행). 마지막으로 dispatchInputEvents()에서는 큐에 축적된 이벤트를 순차적으로 꺼내어 데이터를 추가 가공한 후 캔버스로 전달한다. 이 코드에서는 생략했지만, 윈도 서버로부터 전달 받은 이벤트 데이터를 캔버스에서 요구하는 형태로 변환하는 작업이 필요할 수도 있다. 이때 윈도 시스템과 UI 시스템이 서로 독립된 시스템이라고 가정하며, 일관된 인터페이스를 유지할 수 있는지 여부에 따라 변환 여부를 결정할 수 있다. 큐에 쌓인 입력 이벤트는 메인 루프 한 사이클 동안 축적된 이벤트들이며, 경우에 따라 많은 양의 이벤트가 누적되어 있거나 무시할 수 있는 수준으로 차이가 미미한 이벤트들이 반복적으로 입력되어 있을 수도 있다. 따라서 InputEventListener는 윈도 서버로부터 이벤트를 받아오는 작업(그림 6.33의 이벤트 리스너 스레드에 해당) 중 이러한 최적화 작업을 고려할 수 있다.

입력 객체 탐색

입력 이벤트를 전달 받은 UICanvas는 내부에서 관리하는 UIObject 객체 목록에서 이벤트를 받을 대상 객체를 찾아야 한다. 주어진 이벤트가 키 이벤트일 경우 포커스 객체로 바로 전달할 수 있을 것이다. 이는 캔버스에 존재하는 유일한 객체에 해당하므로 전역 객체로서 접근하여 바로 처리할 수 있다. 반면, 마우스나 터치 이벤트일 경우에는 객체 리스트를 순회하며 객체 영역(Bounding Box)과 이벤트 발생 위치를 비교하여 대상 객체를 판단한다.

코드 6.30 UICanvas 이벤트 수행 로직

```
01  /* 캔버스에서 입력 이벤트 처리(코드 6.29의 34행에서 호출)
02     event는 UIEngine으로부터 전달받은 입력 이벤트 정보 보유 */
03  UICanvas.trigger(event):
04     // 이벤트가 키 입력 이벤트일 경우 포커스 객체로 전달
05     if event.deviceId == INPUT_EVENT_KEY
06       if .focusedObj.valid()
07         .focusedObj.processKeyEvent(event, ...)
08       return
09
10     // 이벤트가 마우스(터치) 입력 이벤트일 경우 대상 객체를 찾아 전달
11     if event.deviceId == INPUT_EVENT_MOUSE
12       /* 이벤트를 전파할 대상 객체 탐색
13          객체 목록은 레이어순으로 정렬되어 있다고 가정 */
14       for obj : .objs
15         /* 현재 obj가 이벤트 대상에 해당하고 이벤트를 우회하거나
16            전파할 필요가 없는 경우 탐색 종료 */
17         return if obj.processMouseEvent(event, ...) == true
```

일반적으로 이벤트 발생 위치에 여러 객체가 중첩된 경우 최상단 객체가 이벤트 우선순위를 갖는다. 따라서 최상단 객체를 우선으로 이벤트를 호출한다. 만약 UICanvas에서 이벤트 우회(Bypass), 전파(Propagation), 차단(Block) 등 여러 이벤트 전달 방식을 고려한다면 이들 조건을 토대로 로직을 완성한다.

그림 6.35는 두 가지 시나리오에 대한 이벤트 전달 로직을 보여준다. 장면 그래프 구조에서 객체에 자식 객체가 존재한다면(아래쪽 그림), 먼저 자식 객체로 이벤트를 전달한 후 부모로 이벤트를 전달할 수 있다. 이때 객체의 이벤트 호출 영향은 형제(sibling) 객체에만 영향을 준다. 여기서는 다루지 않았지만

자식과 부모 간의 이벤트 전달 여부를 추가로 결정한다면 이벤트 전달 방식 조
건을 확장해야 할 것이다.

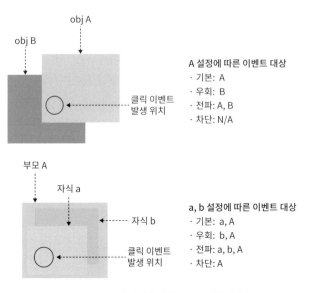

그림 6.35 이벤트 전달 방식에 따른 이벤트 대상 객체 차이

코드 6.31 객체별 이벤트 전달 방식 설정(기본, 우회, 전파, 차단 순)

```
01  obj0.eventMethod = UIObject.EventMethodDefault
02  obj1.eventMethod = UIObject.EventMethodBypass
03  obj2.eventMethod = UIObject.EventMethodPropagation
04  obj3.eventMethod = UIObject.EventMethodBlock
```

코드 6.32 UIObject 마우스 이벤트 수행 로직

```
01  /* UIObject 객체 수준에서 이벤트 처리 작업 수행
02    반환 값으로 이벤트를 다음 객체로 전달할지 여부 결정 */
03  UIObject.processMouseEvent(event, ...):
04
05    // 활성 객체인 경우에만 이벤트 수행
06    return false if self.active == false
07
08    // 이벤트 발생 위치가 오브젝트 영역 내에 위치하는가?
09    if intersects(self.geometry, event.coordinates) == false
10      return false
```

```
11
12    // 이벤트 차단
13    return true if self.eventMethod == UIObject.EventMethodBlock
14
15    // 이벤트 우회
16    return false if self.eventMethod == UIObject.EventMethodBypass
17
18    /* 장면 그래프 구조에서 자식이 존재하는 경우 자식에게 먼저 이벤트 전달
19       자식 목록은 레이어순으로 정렬되어 있다고 가정 */
20    for child : .children
21      break if child.processMouseEvent(event, ...) == true
22
23    /* 이벤트 대상 확정. 객체 상태 및 이전 입력 이벤트 등 문맥을 고려하여
24       최종 마우스 입력 이벤트(제스처) 결정 */
25    gestureInfo = UIGesture.process(self, event, ...)
26
27    // 해당 제스처 타입으로 등록된 사용자 콜백 함수 목록(그림 6.36 참고)
28    List eventCbs = .eventTable[gestureInfo.type]
29
30    // 등록된 콜백 함수 순차적 호출
31    for eventCb : .eventCbs
32      eventCb.func(self, gestureInfo)
33
34    // 이벤트 기본 수행 및 종료
35    return true if self.eventMethod == UIObject.EventMethodDefault
36
37    // 이벤트 전파
38    return false
```

코드 6.32는 UI 객체의 마우스 입력 이벤트 처리 로직을 보여준다. process MouseEvent()는 주어진 입력 이벤트를 통해 현재 객체가 대상이 되는지 여부를 판단하고, 반환 값을 통해서 다음 객체로 입력 이벤트를 전달할지 여부를 결정한다. 우선 주목할 부분은 현재 객체가 자식 객체를 가지고 있는지 확인하고, 있다면 자식 객체에게 입력 이벤트를 전달하여 이를 처리할 수 있는 기회를 제공한다는 점이다(20~21행).

이후 입력 이벤트와 현재 객체 상태 문맥을 토대로 이벤트 타입을 결정한다 (25행). 일반적으로 마우스 이벤트 타입은 누름(Press), 누름 해제(Unpress), 커서 진입(Cursor In), 커서 이탈(Cursor Out), 이동(Move) 등 원초적 형태를 갖

추지만, 탭(Tab), 더블 탭(Double Tab), 길게 누름(Long Press), 빠르게 튕김 (Flick) 등 고차원으로 가공된 제스처 형태도 갖출 수 있다. 일차적으로 이는 윈도 서버가 전달하는 이벤트 정의에 의존한다. 만약 **UICanvas**로 전달한 이벤트가 원초적 형태의 이벤트에 해당한다면 UI 시스템은 이를 제스처로 가공할 수 있다. 이 경우 캔버스는 제스처 타입을 정의하고 연속으로 발생하는 입력 신호로부터 제스처 발생 여부를 판단하여 최종적으로 입력 이벤트 타입을 결정한다. 제스처 정의는 표준이 존재하지 않고 응용을 기반으로 구현할 수 있으므로 코드 6.32에서는 개념적 접근법만 보여주고 구현 로직은 생략하였다. 제스처 종류 및 구현 로직은 전적으로 UI 시스템의 철학 및 설계 방침에 따른다. 자세한 개념 설명은 6.3.2 "사용자 제스처"를 참고하자.

다시 코드로 돌아와서 28행을 보면 **UIObject**는 타입별 콜백 함수 정보를 기록한 룩업 테이블(**eventTable**)을 구축하고 있음을 확인할 수 있다. 이는 입력 이벤트 발생 시 사용자 콜백 함수를 호출하기 위해서다. 기본적으로 UI 앱에서 객체에 등록한 이벤트 콜백 함수 목록이 이 테이블에 기록되어 있다고 이해하면 된다(1.1.3절 참고). 결과적으로 사용자가 요청한 이벤트 타입(**gestureInfo.type**)을 통해 호출할 사용자 콜백 목록(**eventCbs**)을 얻어올 수 있다.

32행에서는 사용자 콜백 목록으로부터 콜백 함수를 호출함으로써 해당 이벤트 콜백을 등록한 출처에서 제스처 이벤트(마우스 입력 이벤트)에 대응할 수 있도록 한다. 여기서 말하는 출처는 기본적으로 UI 앱을 가리키지만 UI 컴포넌트 엔진 등 UI 시스템 내부 모듈도 포함될 수 있다. 이때 제스처 이벤트 정보를 보관하고 있는 데이터(**gestureinfo**)를 함께 전달함으로써 출처에서 이벤트의

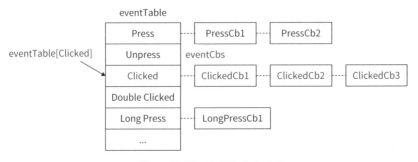

그림 6.36 이벤트 콜백 룩업 테이블 구조

상세 내역을 파악할 수 있도록 한다. 여기에는 마우스의 버튼이 클릭된 시간, 버튼 눌림 상태, 마우스 위치, 이전 마우스 위치와의 이격 거리(offset) 등을 포함할 수 있다. 마지막으로 객체에 설정된 이벤트 전달 방식(eventMethod)을 확인하고 입력 이벤트를 다음 객체로 전달할지 여부를 결정한다(34~38행).

6.3.2 사용자 제스처

제스처(Gestures)[15]는 UI 기능을 발동(trigger)하는 입력 메커니즘으로, 다양한 사용자 입력 방법을 정의한다. 가장 일반적인 탭 제스처는 누름과 누름 해제 입력이 연달아 발생할 경우 발동한다.[16] 이때 누름과 누름 해지 사이의 좌표 변화는 미리 정의한 오차 범위 내에 있어야 하고, 시차 또한 일정 간격(약 2.5ms) 내에 있어야 한다. 만약 두 입력의 좌표 위치가 오차 범위를 넘어선다면 탭이 아닌 빠르게 튕김 제스처로 해석할 수 있고, 시차가 탭 정의보다 길다면 길게 누름 제스처로 해석할 수 있다. 이처럼 제스처는 연속으로 발생하는 입력 이벤트를 미리 정의한 제스처 타입들의 발동 조건과 비교하여 결정한다.

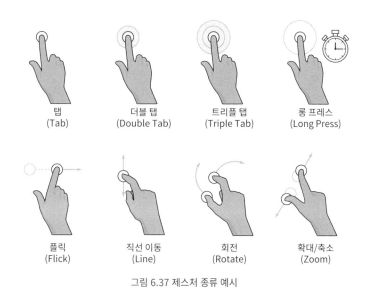

그림 6.37 제스처 종류 예시

---

15 UI 시스템의 표준 기술 정의는 아니지만 여러 시스템에서 많이 쓰는 용어여서 채택했다.
16 마우스 입력 장치의 경우 탭을 클릭(Click)으로 해석할 수 있다.

제스처는 UI 시스템마다 종류와 동작 정의에 조금씩 차이가 있을 수 있지만 최종 사용자가 보편적으로 수용할 수 있는 형태로 정의하는 것이 바람직하다. 그리고 UI 앱이 입력 제스처를 직접 정의하거나 커스터마이징하지 않고 UI 시스템에서 제공하는 기능을 활용할 수 있어야 한다. 이는 제스처 일관성을 보장함으로써 최종 사용자에게 일관된 사용자 경험을 제공하기 때문에 중요하다. 추가로, 유사 입력 기기 간 제스처 인터페이스를 일원화함으로써 다양한 종류의 디바이스에서 호환성을 보장하는 것도 고려해 볼 대상이다. 이는 앱 개발에 편의를 제공하고 앱의 기기 호환성을 높이는 데 도움을 준다. 마우스와 터치스크린은 다른 종류의 입력 장치지만 UI 앱이 이들을 동일한 입력으로 해석하면 구현 복잡도를 크게 줄일 수 있다(그림 6.38).

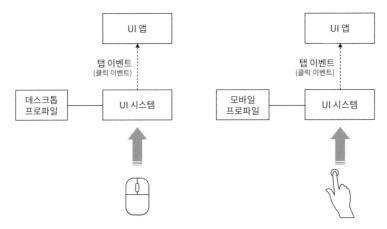

그림 6.38 서로 다른 디바이스 간 제스처 기능 호환성

제스처 설계

제스처는 윈도 서버로부터 전달받은 입력 이벤트를 UI 시스템 내에서 가공하여 제스처 신호를 생성하고 이를 앱에 전달한다. 이를 위해 UI 시스템은 제스처 신호를 생성하는 전담 모듈(UI 제스처)을 추가하고 이를 캔버스와 연동한다. UI 시스템에서 제스처를 수행할 모듈을 어디에 부착할 것인지는 UI 시스템 설계 방침에 의존하지만, 제스처를 판단하기 위해서는 캔버스에 존재하는 여러 UI 객체들의 상태와 조건을 판단해야 하므로 이 시스템에서는 캔버스가 타

당하다.[17] 그림 6.39는 캔버스로부터 가공된 제스처 신호를 UI 컴포넌트를 거쳐 최종적으로 UI 앱에 전달하는 과정을 정리한 것이다. 이러한 구조에서 제스처 이벤트를 등록한 앱은 비즈니스 로직에 해당하는 기능 동작을 구현할 수 있다.

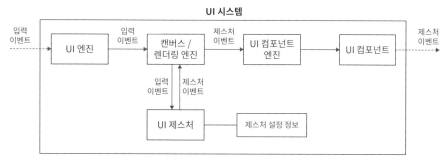

그림 6.39 UI 제스처 수행 과정

특수한 경우지만, 윈도 서버에서 제스처를 직접 처리하는 방법도 고민해 볼 주제다. 예를 들면, 모바일 기기의 퀵패널(QuickPanel)과 같은 기능을 생각해볼 수 있다.[18] 퀵패널은 사용자가 화면을 수직으로 빠르게 튕김(Flick)으로써 기능을 개시한다. 문제는 제스처를 입력하는 시점에는 퀵패널이 비활성화 상태이고 퀵패널이 독립 앱으로 운용된다면 퀵패널이 입력 이벤트를 직접 받고 처리하는 것은 복잡한 구조와 기능 수행 절차를 필요로 할 것이다. 이를 위해 윈도 서버가 입력 이벤트를 선처리하는 과정 중에 해당 제스처를 판정하고 퀵패널을 활성화하는 동작

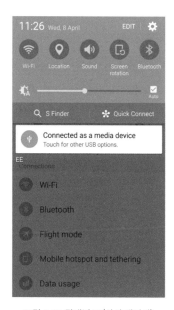

그림 6.40 퀵패널 UI(삼성 갤럭시)

---

17 예시에서는 UI 엔진, UI 캔버스, UI 컴포넌트 엔진 등 여러 후보군 중에서 고려할 수 있다.
18 태스크 바, 바탕 화면 위젯, 가상 키보드(Virtual Keyboard) 등 바탕 화면에서 실시간 상주하는 기능이 대표적이다.

을 직접 요청할 수 있다. 또한 윈도 서버와 밀접하게 소통하기 위해서는 이러한 특수 기능 앱을 윈도 클라이언트가 아닌 윈도 관리자의 모듈(그림 6.41)로서 기능을 설계하고 구현하는 접근법도 생각해 볼 수 있다. 실제로 이는 리눅스 시스템의 전통적인 윈도 관리자의 기능 범주에 해당한다.

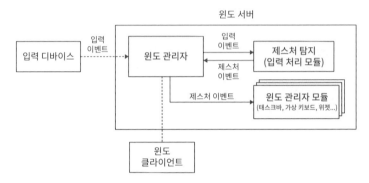

그림 6.41 윈도 관리자 제스처 기능 설계

추가로 제스처 동작을 변경할 수 있으면 기능은 더욱 유연해진다. 만약 플랫폼마다 제스처 동작이 다르다면 여러 플랫폼의 기기를 지원하는 앱[19]은 제스처 정의를 커스텀해서 입력 동작을 일원화할 수 있어야 한다. 따라서 UI 시스템은 제스처 이벤트를 추가·변경할 수 있는 인터페이스를 고려하는 것이 좋다. 새로운 제스처 형태는 제스처를 구현하는 기저 클래스를 확장하면 되고, 기존 제스처의 동작은 제스처 동작을 결정하는 요소를 도출하고 값을 변경함으로써 변경할 수 있을 것이다. 이러한 요소는 환경 설정 데이터(그림 6.39의 제스처 설정 정보)로 분리하거나 파라미터를 통해 외부로 노출할 수 있다. 제스처 커스터마이징 요소를 UI 시스템 환경 설정 데이터로 기술할 수 있다면 제품마다 동작을 쉽게 변경할 수 있을 것이다. 이는 유연한 UI 시스템을 구축하는 데 도움을 주지만 제스처 기능 변경으로 앱마다 제스처 동작이 다르다면 최종 사용자는 사용법에 혼란을 겪을 수 있다. 따라서 이러한 기능 변경(커스터마이징) 정책은 신중히 결정해야 한다.

다음 목록은 제스처 변경 요소의 예시다. 코드 6.33은 요소별 인터페이스를

---

19 독자적인 테마를 보유한 커스텀 앱들에 해당한다.

제공하고 커스터마이징을 수행하는 과정을 보여준다.

- tabTimeout(탭): 누름, 해지 허용 시차
- doubleTabTimeout(더블 탭): 두 탭 간 허용 시차
- doubleTabDistance(더블 탭): 두 탭 간 허용 이격 거리
- zoomDistanceTolerance(확대/축소): 두 좌표 간 최소 거리
- zoomFactor(확대/축소): 두 좌표 사이 거리 변화 대비 확대/축소 변화 비율
- lineLength(드래그): 직선을 판단하기 위한 두 좌표 간 최소 거리
- lineAngularTolerance(드래그): 직선에서 벗어나는 각도 변화 허용 값
- rotateAngularTolerance(회전): 회전으로 인식하는 최소 각도
- flickTimeLimit(빠르게 튕김): 누름, 해지 사이 허용 시차

코드 6.33 제스처를 이용한 확대/축소 인터랙션 구현

```
01  /* 다음 UIGesture 설정은 앱에서 사용하는 제스처 기능에 전역적으로
02     영향을 미친다. */
03
04  // 확대/축소 변화 비율을 기준 대비 1.25배로 설정
05  UIGesture.zoomFactor = 1.25
06  // 확대/축소 인식을 위해 두 탭 간 최소 거리를 100화소로 지정
07  UIGesture.zoomDistanceTolerance = 100
08  ...
09
10  // 확대/축소 제스처 발생 시 해당 값만큼 뷰를 확대 또는 축소
11  func(UIView obj, UIGestureZoomInfo gestureInfo):
12    obj.scale = gestureInfo.zoom
13
14  // 확대/축소 제스처 이벤트 등록
15  view = UIView():
16    .EventGestureZoom += func
17  ...
```

코드 6.33의 11행을 보면 확대/축소(줌) 값을 사용자(호출자)에게 제공하기 위
해 UIGestureZoomInfo 정보를 콜백 함수로 전달하는 것을 확인할 수 있다. 여
기서 UIGestureZoomInfo는 UIGestureInfo의 확장 타입으로 줌 정보를 추가로
가진 구조체 정보이며, 이는 코드 6.32의 25행 gestureInfo가 코드 6.32 32행의
eventCb.func()을 거쳐 전달된 값이다.

6.4 작업 병렬화

6.1.3절에서 언급한 바와 같이, 60fps의 앱 성능을 보장하기 위해서 UI 엔진은 약 0.0167초(16ms) 내에 메인 루프 한 사이클 동작을 완수해야 한다. 이 시간 동안 앱 프로세스는 앱의 비즈니스 로직부터 렌더링 엔진의 래스터 작업까지 완수한다. 사용자 애니메이션 수행 작업(그림 6.6 참고)이 시간을 지연시킨다 면 UI 엔진은 0.0167초 내로 장면을 완성할 수 없을 것이다. 같은 맥락으로 여 러 신호 처리 과정에 있어서 과도한 양의 데이터를 주고받는다거나 앱에서 구 현한 어떤 함수가 긴 시간을 소모하는 것도 마찬가지다. 이러한 원인들은 UI 엔진의 메인 루프 동작을 지연시키고 장면을 제때 만들지 못하게 하여 프레임 손실을 유발한다. 프레임 손실은 특히 애니메이션에서 눈에 띄며, 매끄럽지 않 은 애니메이션 효과는 사용자 경험을 떨어뜨리는 요소로 작용한다. 따라서 UI 앱이나 시스템을 개발할 때, 애니메이션이 부드럽게 움직이지 않을 수 있는 문 제를 미리 생각하고 이를 해결하기 위한 방법을 먼저 생각하는 것이 좋다.

이와 같은 이유로 UI 시스템은 시스템 내 병렬 처리를 적용하여 가용한 다수 의 컴퓨팅 유닛(CPU)을 적절히 활용하고 성능을 향상시키는 방법을 고려해야 한다. 여기서 핵심은 부하를 유발하는 작업을 별도의 스레드로 분리함으로써 메인 루프의 동작 지연을 방지하고, 결과적으로 UI 엔진의 메인 루프가 원활히 구동할 수 있도록 하는 것이다.

6.4.1 멀티 스레딩 전략

현대의 프로그래밍에서 스레드(Thread)는 원시적인 병렬 처리 기능에 해당하 지만[20] 운영 체제 관점에서 스레드는 병렬 처리의 근간이 되는 기본 개념이다. 스레드는 유닉스(Unix) 기반의 임베디드 시스템을 포함한, 사실상 거의 모든 운영 체제의 기반 요소로 동작하기 때문에 이식성이 뛰어나다. 다만 예측 불가 한 동작 순서는 비결정적(Non-deterministic)인 수행 결과를 초래하고, 이는 구 현 및 디버깅을 어렵게 한다. 하지만 섬세한 설계를 바탕으로 스레드 동기화를

---

20 모던 프로그래밍에서는 컴파일러 병렬화 자동 변환, 프로그래밍 언어나 라이브러리에 내재된 병렬 처리 기능 소환, 퓨처&프로미스(futures & promises), 태스크 기반의 추상화된 멀티 처리 기능들이 스레드를 은닉하기 때문에 직접적으로 스레드를 활용할 일은 많지 않다.

적용한다면 안정적이고 효율적인 결과를 만들 수 있다.

　UI 시스템은 사용자가 쉽고 안정적으로 병렬화를 적용할 수 있도록 UI 엔진과 상호 작용하는 스레드 기능을 구현하고 인터페이스가 편리해야 한다. 이를 위해 메인 루프를 주 스레드에 배정하고 프로세스의 수명 주기에 자연스럽게 동기화함으로써 UI 앱의 동작을 제어할 수 있다. 이때 시스템은 작업 스레드를 추가하여 메인 루프 외에 다른 추가 작업을 병렬화할 수 있다. 작업 스레드의 수행 결과물이 UI에 반영되어야 한다면 작업 스레드와 주 스레드 간 공유 자원에 안전하게 접근할 수 있는 동기화 작업을 수행한다. 기본적으로 동기화는 임계 영역(Critical Section)이라고 부르는 구간을 설정하여 수행한다. 임계 영역은 여러 스레드가 동시에 접근하면 안 되는 코드 구간이라고 말할 수 있다. 따라서 이 구간만큼은 메인 루프도 동작을 중단하고 작업 스레드와 공유 데이터에 안전하게 접근하기 위한 동기화 동작을 수행한다. 한편 작업 스레드의 결과물이 UI에 의존성을 갖지 않는다면 사용자는 작업 스레드를 독립 프로시저(Procedure)로 비교적 쉽게 운용하여 병렬화를 수행할 수 있다.

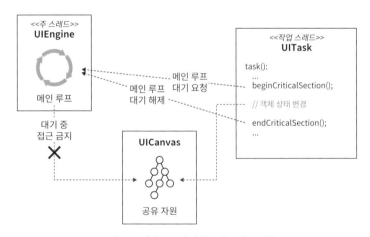

그림 6.42 메인 루프와 작업 스레드 간 동기화

그림 6.42에서 임계 영역을 지정하기 위해 작업 스레드에서 동작 중인 `UITask`가 `beginCriticalSection()`과 `endCriticalSection()`을 호출한 것에 주목하자. 주 스레드에서 동작 중인 `UIEngine`은 두 호출 구간에서 메인 루프를 대기 상태로 만들고 작업 스레드가 `UICanvas`의 공유 자원에 안전하게 접근하는 것을 보장한다.

6.4.2 태스크 스케줄러

앞서 살펴본 개념을 조금 더 보충해보자. UIEngine은 고수준 병렬 작업을 위해 병렬 처리의 기본 단위인 UITask 기능을 제공할 수 있다. UITask는 사용자가 스레드를 직접 사용하지 않고도 병렬 처리를 쉽게 구축할 수 있는 추상 개념을 제공한다. 핵심 메서드를 살펴보면 다음과 같다.

코드 6.34 UITask & UITaskScheduler 핵심 인터페이스 설계

```
01  /* UITaskScheduler의 작업 스케줄링 정책에 따라 작업 스레드 또는 주 스레드에서
        수행할 수 있도록 핵심 인터페이스를 설계한다. */
02  interface UITask:
03      /* 수행할 동기/비동기 작업을 구현한다. 비동기(async)일 경우 run()은
04          작업 스레드에서 호출되고 동기(sync)일 경우 메인 루프를 구동하는
05          주 스레드에서 호출된다. */
06      run():
07
08      /* run()이 끝나면 호출된다. done()에서는 작업 결과물을 공유 자원(UI 객체)
09          에 반영하거나 리소스를 정리하는 작업을 수행할 수 있다. */
10      done():
11
12  /* 태스크 스케줄러. 구현 핵심은 멀티 스레드를 내부적으로 운용하고
13      UIEngine과 통신을 통해 동기화를 보장하는 것이다. */
14  UITaskScheduler:
15      /* 작업 스레드를 배정하고 태스크를 실행한다. */
16      request(UITask task):
17      /* 동기화 작업 수행. 작업을 완료한 태스크들의 done() 호출 */
18      sync():
```

코드 6.34에서 UITask는 UIEngine과 동기화를 수행하는 병렬(또는 직렬) 작업을 구축한다. 따라서 사용자는 작업 병렬화를 위해 UITask로부터 사용자 클래스를 확장할 수 있다. UITask의 run() 메서드는 작업 스레드에서 수행되며 run() 종료 시, 주 스레드에서는 동기화 작업 기회를 제공하기 위해 UITask의 done() 메서드를 호출한다. UITask를 구동할 스레드는 UITaskScheduler의 정책에 따라 런타임 시 달라지므로 사용자에게는 투명하지 않다. 대신 UITask Scheduler가 스레드 가용 여부에 따라 배정받을 스레드를 알아서 결정하므로 UI 앱의 확장성이 보장된다. 그렇지 않다면 UITaskScheduler.request()의 인자로 동기/비동기 옵션을 제공하고 사용자가 이를 직접 결정할 수 있도록 선택

사항을 제공하거나, UISyncTask/UIAsyncTask와 같이 동기/비동기 작업 클래스를 분리할 수도 있다.

이제 사용자는 UITask를 확장하여 실제 수행할 작업을 구현한다.

코드 6.35 UITask를 이용한 비동기 작업 구현

```
01  /* 특정 비동기 작업을 위해 UITask로부터 UserTask를 구현 */
02  UserTask implements UITask:
03
04    /* UIImage는 캔버스에 종속된 공유 자원에 해당.
05      동기화를 무시하고 작업 스레드에서 해당 객체에 접근 시
06      주 스레드에서 구동 중인 캔버스와 불안한 경합을 초래할 수 있다 */
07    UIImage img
08
09    constructor():
10      // img 초기화 설정 (생략)
11      ...
12
13    /* 어떤 막중한(heavy) 작업을 한다고 가정 */
14    override run():
15      /* 원격으로 대용량 이미지를 내려받는다
16        내려받기를 완수하면 run()를 종료한다 */
17      ...
18
19    /* 작업 종료 수행 */
20    override done():
21      // 내려받은 이미지를 이미지 객체를 통해 출력
22      .img.path = "/tmp/downloaded.png"
```

마지막으로 사용자는 UITaskScheduler를 이용하여 준비한 비동기 작업을 호출한다.

코드 6.36 UITaskScheduler를 이용한 비동기 작업 호출

```
01  /* func()은 주 스레드에서 호출되는 사용자 임의 함수 */
02  func():
03    task = UserTask()
04
05    /* 스레드를 배정받고 task를 실행한다. 필요하면 메서드 인자나 컴파일러
06      내장 옵션을 통해 동기/비동기 수행을 결정할 수 있을 것이다. */
07    UITaskScheduler.request(task)
```

코드 6.36에서 주 스레드에서 수행 중인 func()은 UserTask 객체를 생성한다. 이 과정에서 UserTask 생성자는 이미지 객체를 생성하고 초기 설정을 수행한다. 이후 UITaskScheduler.request()를 호출하면 UITaskScheduler는 내부에서 UITask.run()를 수행할 작업 스레드를 생성하고 메인 루프와 병렬 작업을 수행한다.

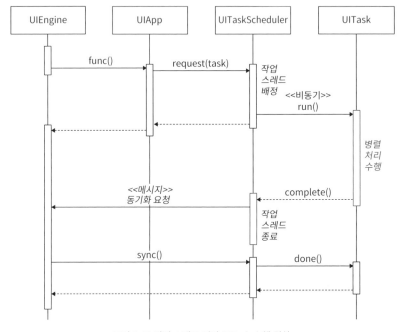

그림 6.43 멀티 스레드 기반 UITask 수행 절차

그림 6.43은 UITaskScheduler를 통한 병렬 처리 수행 과정과 UIEngine과의 동기화 작업 절차를 간단하게 보여준다. 주목할 점은 빨간색으로 표시한 작업 수행 과정(빨간색 투명 막대)이다. 이는 UITaskScheduler로부터 생성된 작업 스레드의 수행 영역에 해당하며 병렬 처리 구간으로 해석할 수 있다. 또한, UITask.run()이 종료하면 UITaskScheduler는 메인 루프와 동기화를 수행하고 UITask.done()을 호출함으로써 사용자가 준비한 이미지를 화면에 출력할 수 있게 한다. 이를 위해서 UITaskScheduler는 UIEngine에 동기화를 요청하는데 이는 다른 스레드 간 통신에 해당하기 때문에 비동기 신호로서 IPC 메커니즘을 활용해

야 한다. 대표적으로 리눅스의 메시지(Message), 파이프(Pipe), 파일 디스크립터(File Descriptor) 프로토콜을 참고할 수 있으며 6.3.2절에서 설명한 FD 기반의 통신도 이에 해당한다(그림 6.34 참고). UIEngine은 메인 루프의 이벤트 처리 단계에서 동기화 요청 메시지를 전달받고 동기화 작업을 수행할 수 있도록 UITaskScheduler에 sync()를 호출한 후 동기화 작업이 끝날 때까지 대기 상태로 머문다. UITaskSchduler와 UIEngine간 동기화 작업을 수행하는 절차를 정리하면 그림 6.44와 같다.

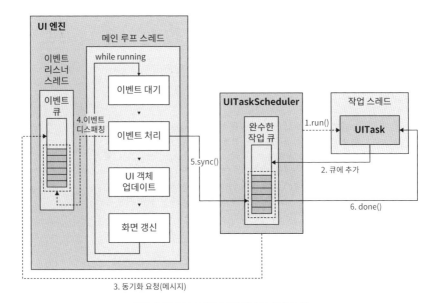

그림 6.44 멀티 스레드 기반 태스크 상호 운용

그림 6.44의 번호 순서에 따라 수행 과정이 이루어진다. 주목할 부분은 UITask Scheduler에 구성된 '완수한 작업 큐'로, UITask가 작업을 완수한 후 추가되는 큐이다. UIEngine은 주 스레드와 작업 스레드를 동기화하는 시점에 UITask Scheduler.sync()를 호출하고, UITaskScheduler는 큐에 쌓인 이미 완료된 작업들에 대해서 UITask.done()을 호출함으로써 사용자에게 필요한 동기화 작업을 수행할 수 있는 기회를 제공한다.

임계 영역

UITask를 이용하여 어떤 작업을 병렬로 수행하고 그 결과물을 done() 메서드에서 반영한다면 단발성 작업을 병렬로 수행하는 일은 어렵지 않다. 하지만 병렬 작업을 수행하면서 결과물을 주기적으로 반영해야 한다면 또 다른 스레드 동기화 메커니즘이 필요하다. 이는 작업 스레드에서 공유 자원에 접근하기 위한 방법에 해당한다. 이를 위해 UI 엔진에서 임계 영역을 지정하는 기능을 제시할 수 있다.

코드 6.37 임계 영역 지정 후 공유 자원 접근

```
01  UserTask.task():
02    /* 여기서 어떤 막중한(heavy)한 작업을 한다고 가정 */
03    while true
04      RGBA32 bitmap[] = generateImage(...)
05
06    /* beginCriticalSection()을 호출하면 메인 루프가 동작을 중단하고
07       작업 스레드에서 공유 자원에 안전하게 접근할 수 있도록
08       도와준다. 공유 자원 사용 후에는 endCriticalSection()을
09       호출하여 메인 루프를 재개한다. */
10    UIEngine.beginCriticalSection()
11      .img.load(bitmap)   // 캔버스 엔진에 종속된 공유 자원 접근
12    UIEngine.endCriticalSection()
```

코드 6.37의 beginCriticalSection()과 endCriticalSection() 구간에는 메인 루프가 동작을 멈추고 주 스레드가 공유 자원(img)에 접근하지 않도록 보호하는 역할을 수행한다. 작업 스레드에서 beginCriticalSection()을 호출하면 UIEngine은 IPC를 이용하여 작업 스레드에서 주 스레드로 동기화 메시지를 보낸다. 이후 작업 스레드는 응답을 받기 위한 모니터링(대기) 상태로 전환한다. 한편 메인 루프를 수행 중인 주 스레드는 이벤트 처리 단계에 도달하면 큐에 쌓인 동기화 메시지를 확인한다. 이후 주 스레드는 endCriticalSection()이 불릴 때까지 대기 상태로 전환하여 주 스레드에서 UI 객체에 접근하는 일이 없도록 방지하고, 작업 스레드가 공유 자원에 접근할 수 있도록 작업 스레드로 메시지를 보내 작업 스레드를 재개한다. 이후 대기 상태에서 깨어난 작업 스레드는 다음 작업을 진행한다. 마지막으로 작업 스레드는 같은 방식으로 endCriticalSection()

을 호출하면서 주 스레드와 동기화 작업을 끝마친다. 그림 6.45는 메인 루프를 구동하는 UIEngine과 UITaskScheduler가 속한 주 스레드와 태스크를 실행하는 작업 스레드 간 임계 영역을 수행하는 과정을 정리한 것이다.

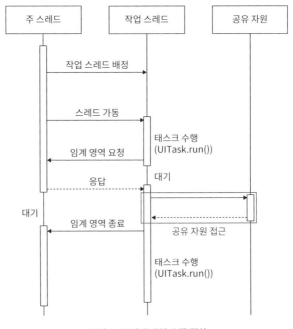

그림 6.45 임계 영역 수행 절차

첨언하면, beginCriticalSection()과 endCriticalSection() 구간은 임계 영역으로서 이때 주 스레드는 대기 상태로 존재한다. 그로 인해 메인 루프가 동작을 멈추며 화면 갱신은 지연된다. 따라서 매끄럽게 동작하는 UI 앱을 구현하기 위해서는 임계 영역을 최소로 지정해야 한다.

스레드 풀

하나의 프로세스는 사용할 수 있는 물리적 스레드(Physical Thread) 수와 동일한 수의 논리적 스레드(Logical Thread)를 운영하는 것이 이상적이다. 물리적 스레드보다 많은 논리적 스레드를 생성하면 스레드 전환에 부하가 발생하여 최적의 성능을 발휘하지 못할 수도 있다. 사실 OS 관점에서 보면 시스템에서 동작 중인 많은 수의 프로세스가 스레드를 점유하고 있을 가능성이 높으므로 사실상 최적의 스레드 수를 판단하기는 어렵지만 가장 가능성이 높은 방법이라고 판단한다. 이와 같은 맥락에서 태스크마다 스레드를 생성할 경우 스레드 과부하가 발생할 수 있다. 따라서 시스템은 최적의 스레드 운용을 위한 전략이 필요하다. 태스크 스케줄러는 작업 스레드 수에 제한을 두고 다수의 태스크를 효율적으로 처리하는 것이 좋다.

스레드 풀(Thread Pool)은 작업 병렬화를 위한 하나의 기술 전략이다. 현대의 프로그래밍에서 스레드 풀 기반 태스크 스케줄링은 멀티 코어 시스템에서 보편적인 병렬화 구현 메커니즘이다.

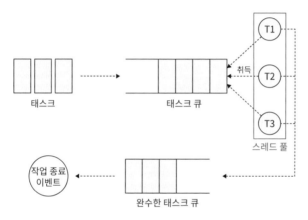

그림 6.46 스레드 풀 기반 태스크 스케줄링

그림 6.46은 일반적인 스레드 풀 기반 태스크 스케줄링을 보여준다. 태스크 스케줄링을 구현하는 태스크 스케줄러는 초기화 시점에 적정 수의 스레드(T0~Tn)와 태스크 큐를 생성한다. 이후 태스크 스케줄러는 요청받은 태스크를 스레드에 바로 배정하지 않고 태스크 큐에 추가한다. 운행 중인 스레드는 태스크를 완수할 때마다 태스크 큐에서 태스크를 추가로 취득하고 작업을 계속 진행한다. 이때 태스크 큐에 담긴 태스크는 선입선출(First-In First-Out) 방식으로 처리할 수 있다. 스레드가 처리할 태스크가 태스크 큐에 존재하지 않는다면 스레드는 추가 태스크 요청이 올 때까지 휴면(Sleep) 상태에 들어간다. 또한 스레드가 완수한 작업은 완수한 태스크 큐에 추가하고 주 스레드는 이를 꺼내 확인한다.

앞서 살펴본 개념을 토대로 UITaskScheduler가 스레드 풀 기반의 태스크 스케줄링을 수행한다면 작업이 효율적일 것이다. 시스템의 CPU 코어 또는 물리적 스레드 수만큼 스레드를 생성하고[21] UI 앱 또는 UI 시스템에서 생성한 작업을 일괄 처리한다면 더욱 효율적으로 작업을 처리할 수 있다. 코드 6.38은 이러한 태스크 큐 기반의 태스크 스케줄러의 핵심 로직을 보여준다.

코드 6.38 스케줄링 기반의 작업 병렬화

```
01  /* 태스크 스케줄러 */
02  TaskScheduler:
03    Thread threads[]        // 작업 스레드
04    Tasks pendingQueues[]   // 태스크 큐(스레드 수만큼 할당)
05    Tasks completedQueue    // 태스크 큐(스레드 수만큼 할당)
06    var threadIdx = 0       // 다음 작업에 이용할 스레드 번호
07    var threadCnt = 0       // 스레드 수
08
09    /* 생성자: 스레드와 태스크 큐 초기화 */
10    constructor(threadCnt):
11      self.threadCnt = threadCnt
12
13      for i : threadCnt
14        // 작업 스레드로 TaskScheduler.run() 실행
15        self.threads[i] = Thread(self.run)
16        self.taskQueues[i] = TaskQueue()
17
18    /* 소멸자: 수행 중인 모든 스레드와 태스크 큐 정리 */
19    destructor():
20      // 남아있는 작업 모두 정리
21      while pendingQueues.empty() == false
22        // pendingQueues에 데이터가 없을 때까지 단순 반복
23      // 작업 완료 신호 보냄
24      ScopeLock(completedQueue)
25        for task : completedQueue
26          task.done()
27      // 스레드 강제 종료(정상적인 종료 메커니즘 필요)
28      for thread : threads
29        thread.destroy()
30
31    /* 작업 스레드 수행 */
32    run():
```

21 C++ 표준 라이브러리 thread::hardware_concurrency(), 리눅스의 getcpu() 기능을 참고한다.

```
33        // 스레드 루프
34        while true
35          executed = false
36          for i : threadCnt
37              // 태스크 큐로부터 대기 중인 작업을 하나 획득한 후 실행
38              Task task
39              ScopeLock(pendingQueues[i])
40                task = pendingQueues[i].pop()
41              if task.valid()
42                task.run()
43                // 완료한 작업은 완수한 큐에 추가
44                ScopeLock(completedQueue)
45                  completedQueue.push(task)
46                executed = true
47          // 유효한 작업이 없을 경우 스레드를 휴면 상태로 전환할까?
48          if executed == false
49            sleep(0.016)
50
51    /* 비동기 작업 실행 요청 */
52    request(task):
53      // 순서대로 번갈아 가면서 스레드 큐에 작업 추가
54      threadIdx = (threadIdx + 1) % threadCnt
55      ScopeLock(pendingQueues[threadIdx])
56        pendingQueues[threadIdx].push(task)
57
58    /* 완료한 작업 정리 수행 */
59    sync():
60      task : completedQueue
61        task.done()
62      completedQueue.clear()
```

코드 6.38에서 TaskScheduler는 요청받은 스레드 수만큼 스레드와 태스크 큐를 생성한다(13~16행). 이때 각 스레드는 TaskScheduler가 종료할 때까지 run() 메서드를 실행한다(15행). 다수의 작업 스레드에서 수행되는 run()에서는 태스크 큐에 있는 작업들을 하나씩 꺼내어 실행하는 작업을 수행하고(42행) 작업을 완료하면 이를 완수한 태스크 큐에 추가한다(45행). 이후 TaskScheduler ::sync()에서는 완수한 태스크의 done()을 호출함으로써 사용자가 작업 결과물을 공유 자원(UI 객체)에 반영할 수 있는 기회를 제공한다(61행).

6.5 정리하기

애니메이션은 UI 앱을 더욱 풍성하게 해주는 핵심 기능으로 UI 엔진에서 반드시 다뤄야 하는 요소 중 하나이다. 이번 장에서는 애니메이션을 이해하고 이를 구현하는 데 필요한 필수 요건에 대해 살펴보았다.

기본적으로 애니메이션은 연속된 장면을 한 장씩 출력하여 표현한다. 이를 위한 메커니즘을 프레임 애니메이션을 통해 살펴보았다. 또한 애니메이션 루프를 기반으로 애니메이션 프레임 번호를 결정하고 이를 출력하기 위한 애니메이션 프레임워크 설계 과정도 알아보았다. 이에 더해, 부드러운 애니메이션을 표현하기 위해 프레임 시간 계산 및 이를 제어하는 방법, 그리고 애니메이션 가속 방식과 이를 커스터마이징할 수 있는 메커니즘도 함께 학습했다.

또 UI 앱에서 필요한 다양한 애니메이션 기법 중 기반 기술에 해당하는 키 프레임, 속성, 벡터 애니메이션을 살펴보았다. 키 프레임 애니메이션은 핵심 프레임 정보로 구성된 애니메이션 기법이다. 키 프레임 데이터를 기반으로 보간을 통해 애니메이션 데이터를 실시간 가공, 생성함으로써 애니메이션을 부드럽게 표현할 수 있는 방법을 이해할 수 있었다. 또한 UI 객체 속성 변화에 기반을 둔 속성 애니메이션을 통해 화면을 구성하는 UI에 애니메이션 전이를 적용함으로써 매끄러운 화면 전환을 표현할 수 있는 방법도 학습하였다. 벡터 그래픽 기반의 애니메이션의 구성 기술을 통해 벡터 그래픽의 사용자 콘텐츠 장면에 애니메이션을 적용할 수 있는 기술 방안도 함께 살펴보았다. 마지막으로 애니메이션 프레임워크를 기반으로 필터 애니메이션을 구현해 봄으로써 애니메이션 적용 사례에 대한 이해도를 높였다. 그리고 사용자 상호 작용을 위해 사용자 입력 이벤트 처리 과정을 살펴보았고 나아가 제스처 인식의 고수준 이벤트 제공 방안도 살펴보았다.

마지막으로 병렬 처리 프로세싱을 수행함으로써 매끄러운 애니메이션을 제공할 수 있는 기반 기술 지식을 완성하는 단계를 학습하였다. 이를 위해 스레드 풀을 적용한 고수준 태스크 스케줄링과 비동기 작업 수행 메커니즘을 살펴보았다. 이 과정에서 메인 루프와 더불어 여러 작업을 동시에 수행할 수 있는 태스크 스케줄링 기반의 통합 UI 엔진 구축 방안을 학습하였다.

찾아보기